北京师范大学史学探索丛书

陈其泰史学萃编

清代春秋公羊学通论

◎陈其泰 著

华夏出版社
HUAXIA PUBLISHING HOUSE

图书在版编目（CIP）数据

清代春秋公羊学通论 / 陈其泰著 . -- 北京：华夏出版社，2018.1
（陈其泰史学萃编）
ISBN 978-7-5080-9369-7

Ⅰ．①清… Ⅱ．①陈… Ⅲ．①中国历史－春秋时代－史籍②《公羊传》－研究Ⅳ．① K225.04

中国版本图书馆 CIP 数据核字 (2017) 第 288419 号

陈其泰史学萃编·清代春秋公羊学通论

著　　者　陈其泰
责任编辑　杜晓宇 董秀娟 王　敏
责任印制　汪　军 周　然

出版发行　华夏出版社
经　　销　新华书店
印　　装　三河市万龙印装有限公司
版　　次　2018 年 1 月北京第 1 版
　　　　　2018 年 4 月北京第 1 次印刷
开　　本　720×1030　1/16 开
印　　张　22
字　　数　310 千字
定　　价　66.00 元

华夏出版社　地址：北京市东直门外香河园北里 4 号　邮编：100028
　　　　　　　网址：www.hxph.com.cn　电话：(010) 64663331（转）
若发现本版图书有印装质量问题，请与我社营销中心联系调换。

陈其泰　广东丰顺人，1939 年出生。1963 年毕业于中山大学历史系。现为北京师范大学历史学院教授、博士生导师，山东大学兼职教授，全国哲学社会科学规划学科组成员，享受国务院政府特殊津贴专家。主要著作有：《陈其泰史学萃编》（九卷）、《中国史学史·近代卷》、《从文化视角研究史学》、《历史学新视野——展现民族文化非凡创造力》。主编《20 世纪中国历史考证学研究》及《中国马克思主义史学的理论成就》，分获北京市第九届、第十一届哲学社会科学优秀成果二等奖、一等奖。发表论文、文章约三百篇。

就读于中山大学 / 1960 年

与白寿彝先生合影 / 1985 年

出版缘起

在北京师范大学的百余年发展历程中,历史学科始终占有重要地位。经过几代人的不懈努力,今天的北师大历史学院业已成为史学研究的重要基地,是国家"211"和"985"工程重点建设单位,首批博士学位一级学科授予权单位。拥有国家重点学科、博士后流动站、教育部人文社会科学重点研究基地等一系列学术平台,综合实力居全国高校历史学科前列,被列入国家一流大学、一流学科建设行列,正在向世界一流学科迈进。在教学方面,历史学院的课程改革、教材编纂、教书育人,都取得了显著的成绩,曾荣获国家教学改革成果一等奖。在科学研究方面,同样取得了令人瞩目的成就,在出版了由白寿彝教授任总主编、被学术界誉为"20世纪中国史学的压轴之作"的多卷本《中国通史》后,一批底蕴深厚、质量高超的学术论著相继问世,如十卷本《中国文化发展史》、二十卷本《中国古代社会与政治研究丛书》、三卷本《清代理学史》、五卷本《历史文化认同与统一多民族国家的发展》、二十三卷本《陈垣全集》以及《历史视野下的中华民族精神》、《上博简〈诗论〉研究》等巨著,这些著作皆声誉卓著,在学界产生较大影响,得到同行普遍好评。

上述著作外,历史学院的教师们潜心学术,以探索精神攻关，又陆续完成了众多具有原创性的成果，在历史学各分支学科的研究上连创佳绩，始终处在学科前沿。为了集中展示历史学院的这些探索性成果，我们组织了这套"北京师范大学史学探索丛书"，希冀在促进北师大历史学科更好发展的同时，为学术界和全社会贡献一批真正立得住的学术力作。这些作品或为专题著作，或为论文结集，但内在的探索精神始终如一。

当然，作为探索丛书，不成熟乃至疏漏之处在所难免，还望学界同仁不吝赐教。

北京师范大学历史学院
北京师范大学史学理论与史学史研究中心
北京师范大学史学探索丛书编辑委员会

自　序

　　我于 1939 年农历十月十九日出生在粤东韩江边的一个小镇。我的外祖父是清末秀才，曾担任本地一所小学的校长，母亲于 20 世纪 30 年代初在粤东著名的韩山师范学校就读，后来辍学出嫁到陈家，我舅舅是镇上中心小学的教师。我在少年时代经常随母亲到江对岸十几里地外的外祖父家，最有兴趣的一件事情，是读舅舅房间小楼上保存得很完整的《小朋友》《东方杂志》等书刊。我的父亲和叔叔也都上过中学，家里有一个小书橱，记得书架上摆有《辞源》，鲁迅、周作人、孙伏园的散文著作集，《三国演义》和中国地图、世界地图等书，因年龄小读不懂鲁迅的文章，而《三国演义》则很有吸引力，在家里曾经如饥似渴地读过。我母亲平日也常将她学习过的古诗和散文名篇给我背诵、讲解。因此，我从小就培养了阅读的兴趣，以后上初中、高中至大学，都喜欢在课余阅读文学作品和各种报章杂志，从中吸取知识和思想营养。

　　我的初中、高中阶段更有许多值得回忆的地方。1951 年，我考入家乡的球山中学。在我就读的三年中，担任校长、教导主任的都是教育界的精英，又恰好学校从汕头、潮州聘来一批有学识、有新的观念和作风、热爱教育事业的青年教师，课程开设齐全，采用新的"五分制"，老师认真改进教学方法，重视课堂上师生互动，提高教学效果，体育课也上得新颖、活泼，活动多样，总之整个学校呈现出蓬勃向上的景象。1954 年我考入丰顺中学读高中，学校设在县城，是县里的重点中学。这里不仅学校规模更大，环境更优美，更重要的是许多任课老师讲课都很精彩，每天引导我们在知识的海洋中畅游。县城离家乡山路一百里，我们这些来自球山中学的学生只有放寒假、暑假才回家，平时每个星期天上午都坐在教室里安静地做作业，或预习，下午则到操场锻炼身体，整理内务，生活过得很充实、愉快。在校也不是死读书，学校重视社会实践和参加生产，安排学生上山植树、挖水渠，参加附近乡村的生产劳动和抗旱，我虽然个子小，视力不好，但也能在烈日下蹬水车，蹬几个小时车水抗旱，干得劲头十足。从 1951 年上初中到 1957 年 9 月考入大学，这六年时间，正是新中国成立后国家蒸蒸日上、社会风气良好的时期，我在老师指导下专心地读书，广泛地吸收知识，并且接触了一些社会实践。这是一段极其珍贵的岁月，使我以系统、坚实的各学科知识和奋发向上的社会理想武装了头脑，这对于我的人生道路和学术历程是极其重要的。在许多年之后，我的《史学与民族精神》出版，有一位作者在书评中说，"阅读本书能强烈地感受到著者论述诸多史家史著和文化传统时所怀有的昂扬、饱满的热情"。我以为这话讲出了书中的一个特点，而它恰恰是我在中学时代这一关键时期形成的世界观、价值观奠定的。

在中学阶段，我的文科、理科成绩都属优良，喜欢钻研数学、物理问题，记得高一《物理学》课本后面有约三百六十道总复习题，有的题很有难度，我利用假期大部分都做完了。当时对历史课兴趣一般，对地理却很有兴味，家中那两本《中国地图》《世界地图》是彩色大开本，虽是解放前出版的，却印制精美，又采用了一些很直观的显示方法，如"世界十大河流"，按比例并排地宛延画出每条河流从发源地流到海洋的示意图，依照当时测量的长度顺序为：密西西比河，尼罗河，亚马逊河，长江，多瑙河，黄河……并在地图边整齐地标出公里数，使读者一目了然，印象深刻难忘。我常常双手捧着"读"地图，一遍遍阅读、记忆图中城市、铁路、地形、河流、山脉、海岸线、港口、湖泊、名胜、沙漠、国界、省界、洲界等等，读得津津有味，许多知识历久而不忘。到了高中二年级时，我面临着高考选择什么志愿的问题。记得是和同学散步时一起议论，问到我报考什么时，我脱口而出："我当然报理工科。"立即有一位同学表示十分惊异，说："你怎么不报文科？你如果报理工科，考上名牌大学不一定有把握，如果报文科，就准能考上。"同学的话引起我的一番思索，我倒并不同样认为考文科定能考上最好的学校，而是考虑到自己先天性近视，报考理工科有许多限制；那就报文科吧！就这样，也没有请教过老师或其他长辈，报考文科的事情便这样决定了。到高三临近填报高考志愿时，班主任何方老师找我谈话，他是优秀数学老师，表示为我未报考理工科感到遗憾，建议我在志愿表中加填哲学系，说如学哲学，数理知识能有用处。事后多年回想起来，虽然我后来走上学习历史学科的道路，未能直接用上数、理学科知识，但是，在老师教育下长期下功夫学习数学、物理、化学、生物学等学科知识，长期地训练逻辑思维与严谨、严肃的治学态度和方法，对于以后在历史学领域的发展，仍然是十分重要的。

1957 年高考，我幸运地考上中山大学历史系。这一年正赶上大学招生的"低谷"，因为上一年，全国"向科学进军"，大学扩大招生，到这一年就赶上调整压缩，全国只招生 10.7 万人，录取率为 40%。丰顺中学由于师生奋发努力，成绩良好，录取率超过 60%，且有不少学生考上全国著名大学，我的母校因而一下子在粤东出了名。考上中山大学，当然是我学习的新起点。踏进美丽的康乐园，见到一座座古典式建筑的教学楼，藏书丰富的图书馆，宽敞的操场……这里一切都是那么新鲜！特别是，历史学系拥有一批全国著名的教授，陈寅恪、岑仲勉、刘节、梁方仲、戴裔煊、董家遵、金应熙，还有当时比较年轻的李锦全、蔡鸿生等先生，他们有的亲自为我们授课，有的虽未授课却能读到他们的著作或耳闻师生对其为人为学的讲述，让青年学子感受到他们的学术风范。我就在这样优越的环境中认真读书，吮吸着智慧的甘露。

在中大，对我影响最大的是著名史学家刘节教授。他于1928年毕业于清华大学国学研究院，师从梁启超、王国维、陈寅恪先生研习古代史。曾任国立北平图书馆金石部主任，自1946年起长期在中山大学任教授（1950至1954年兼任系主任）。他于1927年撰成的《洪范疏证》是学术界首次对《尚书·洪范》篇撰成年代进行系统、严密考证的名文，梁启超曾称赞文中提出的见解"皆经科学方法研究之结果，可谓空前一大发明"。其后撰著的《好大王碑考释》《管子中所见之宋钘一派学说》均受到学界的重视。新中国成立后，刘先生曾撰有《西周社会性质》等多篇文章，主张西周已进入封建社会，并论述由低级奴隶社会向封建制度的过渡、社会发展的不平衡性与一贯性等带规律性问题。他多年开设史料学和史学史课程，著有《中国史学史稿》，对于历代修史制度、史籍之宏富多样和著名史家的成就均有详实的论述，见解独到，尤其重视历史哲学的发展，是中国史学史学科重要代表作之一，著名史学家白寿彝先生称誉该书和金毓黻先生所著《中国史学史》"同为必传之作"。我在校即听了刘节先生开设的"历史文选"课程，对他渊博的学识和认真教学的态度深感敬佩。后来先生为研究生讲授《左传》，也让我去听讲。1963年初，全国第一次统一招考研究生，我即选择了刘先生的"中国史学史"为报考志愿。大约至5月初，正值等待录取消息的时刻，有一次恰好在路上遇到刘先生，那时他是校务委员会委员，高兴地对我说：你已被录取，校务委员会已经讨论批准，报教育部备案，你可准备下学期初开学要用的书籍。当时我们都绝未料到，一场批判刘节先生的风暴即将刮起，后来发生的一切就都完全事与愿违。虽然自毕业离校后我再无机会见到刘节先生，但我今日从事的专业，渊源则始自大学时代受业于先生，师恩难忘。

1963 年 7 月由中山大学毕业，我被分配到河南省工作，一直担任高中语文教师，至 1978 年。虽然在基层工作与科研机构差别很大，但我认真从事，十五年下来，自觉在对中国优良文化传统的认识，对古今名著名篇的钻研阐释，对语言文字的精心推敲运用等项，都有颇为深刻的体会，实也为此后学术研究之一助。粉碎"四人帮"之后，我国历史进入新时期，1978 年全国恢复统一招考研究生，我有幸考取了白寿彝教授指导的"中国史学史专业"研究生，真正实现了大学时代从事本专业的梦想。

这时，正值全国拨乱反正、解放思想的年代，举国上下意气昂扬、千帆竞发，彻底批判极左路线、砸烂思想枷锁，呼唤科学的春天、重视知识重视人才，成为不可阻挡的时代洪流。我深深庆幸自己赶上了这个伟大的时代，庆幸投到名师门下受业深造。白寿彝先生在多个学科领域均深有造诣，他又担任全国人大常委、中国史学会主席团成员、中国社会科学院历史民族宗教三个研究所学术委员等多项职务，而他的主要精力则放在学术工作上，尤其专注于主编多卷本《中国通史》和推动中国史学史学科建设。其时先生已届七旬，但他不知老之将至，相反地是迎来他学术上最辉煌的时期，许多重要著作，正是在他人生道路最后二十年中完成的。他热爱伟大祖国的历史文化，同时他坚持以与时俱进、不断发展的马克思主义来指导学术研究和各项工作。"在唯物史观指导下从事新的理论创造"这句掷地有声的话，精当地概括了白寿彝先生的学术宗旨。他真正做到了把认识和总结客观的历史、体现当今的时代要求、关心国家和民族的未来三者有机地统一起来。他几十年的著述，则是把坚持正确的理论方向、丰富详实可靠的史料、恰当优美、雅俗共赏的表现形式三者有机地统一起来。

白先生担任总主编、汇集国内众多学者共同完成的多卷本《中国通史》（共十二卷，二十二巨册，总字数约一千四百万），于1999年由上海人民出版社全部出版，被学术界誉为"20世纪中国史学压轴之作"。白先生又是中国史学史学科的重要奠基者和开拓者。他在这一领域辛勤耕耘达半个多世纪，出版有一系列重要著作，如：《史记新论》、《史学史教本初稿》（上册）、《历史教育与史学遗产》、《中国史学史论集》、《白寿彝史学论集》、《中国史学史》（第一册），并主编了《史学概论》、《中国史学史教本》、多卷本《中国史学史》等。他提出了许多精辟的论点和推进学科建设的构想，如，于50年代提出史学史研究要摆脱书目解题式格局，至80年代初进而提出要突破学术专史的局限，要总结史学如何反映了时代的特点和成功史书撰成之后又如何推动时代前进；论述研究史学史应区分精华与糟粕，传统史学是一笔宝贵遗产，应当根据时代的需要，大力继承和发扬；对于史著或一个时期的史学成就，应从历史思想、史料学、历史编纂学和历史文学四个方面来分析评价。又如，论述古代史家提出的问题可以作为今人观察历史与社会的思想资料；论述不应以凝固不变或互相孤立的观点看待古代几种主要史书体裁，而应看到其发展和互相联系，要从传统史学提出的改革历史编纂的主张获得启示，并设想以"新综合体"来撰写通史或断代史。事实证明，白先生提出的这些重要观点和命题，对于推进史学史研究均有指导性意义。先生领我走进学术殿堂，我研究生毕业后，即留在北京师范大学历史学院任教，前后跟随先生达二十一年，时时聆听教诲，使我受益终生。

我在研究生阶段除完成学位论文《论魏源的爱国主义史学著述》外，还撰写有《司马迁经济思想的进步性》《龚自珍的社会历史观》《史书体裁应有创新》《中国古代史学史分期问题》等论文。以后在教学与科研工作中，逐步确立了以先秦两汉史学、清代及近代学术史、20世纪中国史学等作为研究的重点。我念研究生时已三十九岁，深感时间珍贵，时不我待，因而认真读书、写作。先后出版的著作有十一种，主编的著作二种，另有合著三种。进入80年代以后，学术界出现前所未有的思想活跃局面，一方面是大胆破除旧的思想束缚，勇于探索和创新，另一方面，又出现不同观点的交锋和碰撞。我认为，置身于这样的环境实属难得，使我能够从多方面吸收思想营养，也启发我思考：在各种主张纷至沓来的时候，应当坚持正确观点，大力弘扬先辈们的优秀学术遗产，同时要防止和克服消极的倾向。只有这样，经过大家努力，才能不断创造学术发展的大好局面。在科研和教学工作中，我坚持两项基本指导思想。第一，史学史研究应当以发掘、阐释优良遗产为主；对于传统学术的精华，要根据时代需要加以改造和大力弘扬。第二，要充分占有材料，遵循"实事求是"的原则，严谨治学。既重视材料的发掘，又要重视理论的分析。"充分占有材料"应当包含三层意思，一是研究问题务必尽可能完备地搜集材料，通过发现新材料提出新见解；二是对材料要深入分析，去伪存真，去粗取精；三是尤应重视典型材料的价值，提供有力的论证依据。创新不是故意标新立异，不是为了取得轰动效应。尊重前人的成果，以之作为出发点，根据自己发掘的新材料，认真地进行广泛联系、上下贯通、客观辩证的分析，从而得出证据确凿、经得起时间考验的新见解，这才是学术创新的大道。

为了推进学术研究和中国史学史学科建设，我们应当着力探讨中国史学演进中带有关键性的问题，要努力总结和阐释那些显示出中国史学的民族特色，彰显民族文化伟大创造力，具有当代价值，具有中西融通学理意义的内容、思想、命题、方法，以展示传统史学和近现代史学的成就和独具魅力，促进中国学术向世界的传播。这是中国学人的时代责任。围绕这些问题，遵循这一思路，我鼓励自己深入探索，并力求作出新概括、新表述。举例来说，有以下八项。

（一）从文化视角研究史学

中国古代史学高度发达，但以往对史家、史著的研究，却容易局限于单科性的局部范围之内。因此，应当跳出这种局限，转换角度，"从文化视角研究史学"。即是说：认识历史学的发展与文化学和其他学科有多向性的联系，它跟一个时代的文化走向、社会思潮有紧密联系，不可分割。因此，研究者应当跳出单科性研究的局限，将"史学"与"文化"作互动考察。即：探究和评价一部优秀的史著，应当与它所产生的时代之社会生活、民族心理、文化思潮、价值观念等结合起来，从而更恰当地揭示出这部优秀史著的思想价值，捉住书中跳动的时代脉搏。同时，"史学"与"文化"互动考察，又能通过更加准确评价优秀史家、史著的成就，增加我们对中国优秀文化传统丰富蕴涵的了解，更加深刻地认识中华文化的向心力、凝聚力和伟大创造力，提高民族自信心。我所著《史学与中国文化传统》《史学与民族精神》《再建丰碑》《学术史沉思录》等书，对于《史记》《汉书》《史通》《文史通义》，以及《春秋》《左传》《日知录》，乾嘉考史三大家钱大昕、王鸣盛、赵翼及龚自珍、魏源、崔述等名著、名家，都力求提出新的看法，作出新的阐释。

（二）深入探索，揭示出史学演进的纵向联系和时代的特点

史学史作为一门专史，对它的研究应当将深度开掘与纵向考察二者相结合。前者是指对一部名著或一个时期的史学成就，应当从著述内容、编纂形式、同时代人的学术交往、史著与社会思潮的互动等项作深入的分析；后者是指应将史著置于史学长河的演进作纵向考察，探讨它对前代学术的承受、对后代的影响，它解决了史学演进中的什么问题而构成了新的学术高峰。还需注意对学术界曾经提出过的一些看法作出回应，或赞、引申，或解疑、辩难，通过学术争鸣，以推进真知。如《史记》，之所以被赞誉为"史家之绝唱""传统史学之楷模"，这除了司马迁本人具

有雄奇的创造力以外，又决定于他对先秦各家学说精华的大力吸收，和对汉初多元文化格局的自觉继承。汉初思想家陆贾、贾谊、晁错等人吸收秦亡教训，谴责秦的文化专制政策，他们勇于提出自己的思想主张，同时重视吸收各家之长。如陆贾重视儒家"仁义"学说，又吸收道家、法家思想。司马谈《论六家要旨》总结各家学说，有肯定，也有批评，成为司马迁的重要学术渊源。汉初学术的多元化局面，是先秦百家争鸣的继响，是对秦朝文化专制政策的巨大超越，因而成为司马迁社会思想成长的肥沃土壤。当时，封建制度处于上升时期，具有蓬勃的活力，国家的空前统一，都为他的著述提供了极好的时代机遇，因而勇于提出"成一家之言"的目标，形成自由表达思想的高尚志趣。还有，以往有的哲学史教科书评价司马迁的思想倾向是"崇道抑儒"，实际上，我们结合司马迁生活的时代，却能从书中举出大量证据，证明他高度评价"六经"对于治理国家的作用，以"继《春秋》"自任，书中评价人物和历史事件的标准均大量地以孔子的论断作为依据，其《孔子世家》系对孔子在文化史上的崇高地位作了全面的论述。所以梁启超称他是西汉时代独一无二的大儒。当然司马迁又善于吸收各家学说之所长，有拥抱全民族文化的宽广胸怀，他对道家的智慧和哲理也重视采纳。

再如《汉书》，本来历史上长期《史》《汉》并举，但是在一段时间内，《汉书》的评价却处于低谷。其中一个重要原因，是一度盛行"对立面斗争"的思维定势的影响，要肯定《史记》的杰出成就，称它是"异端"思想的代表，就要拿《汉书》作为陪衬，贬低它是"正宗"思想的典型。这与史学发展的实际情形大相径庭，需要结合中国史学的纵向发展与班固所处的时代环境作深入分析，重新评价《汉书》的历史地位。《史记》著成之后，成就卓异，人们仰慕不已，此后一百余年间只能"续作"，写出若干零篇。这些续作者自褚少孙以下有十余人，所做的工作自觉不自觉地置于司马迁巨大成就的笼罩之下。他们并未意识到需要构建新的史学体系，而这个问题不解决，则"保存历史记载长期连续"的目的便会落空。试看，这些"续作"之大部分都已湮灭无闻，就是明证。班固既继承了司马迁的纪传体结构，同时又认识到"大汉当可独立一史"，因而"断汉为史"。在内容上提供了时代所需要的历史教材，在构史体系上取得了重大突破，推动中国史学向前跨进一大步。以前，有的研究者对班固"宣汉"大加批评，认为是对封建皇朝唱赞歌。其实，与班固同时代的大思想家王充著《论衡》一书，内容有《宣汉》《恢国》《超奇》《齐世》等篇，都是记述和赞美汉朝比前代的进步。他并且尖锐地批评当时俗儒"好褒古而贬今"，因为他们生下来读的就是颂扬三代的书，"朝夕讲习，不见汉书，谓汉劣不若"，所以识古不识今。我们联系王充的大量论述，正可证明：班固是以其成功的史学实践回答了时代的需要。在历史编纂上，起自高祖，终于王莽，这一断代史格局正与以后历代皇朝周期性更迭相适应，所以被称为后世修史者"不祧之宗"，历两千年沿用不改。进而再深入探析《汉书》的内容，有大量史实证明，班固发扬了司马迁的实录精神，"不为汉讳"；在对汉初历史变局和藩国由猖獗到废灭等历史问题的阐述上，具有唯物主义的因素；有一定的人民性，尤其是对封建刑律的残酷作了深刻揭露；十志则在反映封建国家政治职能上提供了丰富的材料和很有价值的看法。简要言之，我们结合纵向和横向考察，可以雄辩地得出结论：《汉书》是一部适应时代需要的、继《史记》而起的巨著，在史学发展上无疑应占有崇高的地位。由于《汉书》的成功，自东汉至唐六百年间形成了一门发达的"汉书学"。

（三）对"经"与"史"作贯通考察，拓展史学史学科的研究领域

经史关系对史学研究有重要的意义。"六经"是中国文化的源头，是古代先民智慧的结晶。其中包含着关于自然、社会以及人类思维活动的现象和规律之深刻观察和概括，影响极其深远，

构成了中华民族的文化基因。"六经"在长期封建社会中处于独尊地位，成为政治指导思想和学术指导思想，因此，重视考察各个时代的经史关系，是深化史学史研究和拓展学术探索范围的关键之一。《春秋公羊传》即与史学的长期发展关系很大，它是儒家经典之一部，又是解释《春秋经》的三传之一，在西汉和晚清时期曾两度大盛于世，但因时过境迁，当代许多人都对它感到陌生。公羊学说既有深刻的政治智慧和精微的哲理，又包含有隐晦芜杂甚至怪异神秘的内容。研究这套学说，就特别需要思辨的智慧和剥离剔别的能力，才能于"荒诞丛中觅取最胜义"。公羊学说的源头，在于《春秋》之"义"，而《公羊传》对《春秋》大义的解释，便构成公羊学说具有活跃生机的内核。再经过汉代董仲舒和何休的大力推演，更成为有体系的学说，以专讲"微言大义"而在儒家经典中独具特色。我在以上分析的基础上，归纳、提炼出公羊学体系的三大特征：一是政治性。主张"大一统"，倡导适应时代需要而"改制"，"拨乱反正"，"为后王制法"，阐发经义以谴责暴君贼臣，关心民族关系。二是变易性。提出一套含义深刻的变易历史观，强调古今社会和制度都在变，变革是历史的普遍法则，时代越来越进步。三是解释性，或称可比附性。其优点是善于解释，在阐发经书"微言大义"的名义下，为容纳新思想提供合法的形式。但大胆解释又容易造成穿凿武断，随意比附，这又是明显的弊病。清中叶以后，研治春秋公羊学的学者甚众，有庄存与、孔广森，至晚清夏曾佑、皮锡瑞等十余家，写出风格多样的著作，经过深入探究、辨析，我们能够准确地把握住其演进脉络和本质特征。晚清公羊学说的展开，恰与清朝统治危机相激荡，又与新思想的传播相伴随、相呼应。它环环相扣，符合逻辑地有序展开，由庄存与揭起复兴序幕，至刘逢禄张大旗帜，至龚自珍、魏源改造发展，至达到极盛，成为近代维新派领袖康有为倡导变法维新的理论武器。戊戌前后，好学深思之士，都喜谈《公羊》。至 20 世纪初年，公羊学说在政治上的作用，随着变法失败而告终结，但在思想文化层面，它却成为中国学者接受西方进化论学说的思想基础，并且是五四前后兴起的"古史辨"派学术源头之一。这些足以证明，绅绎春秋学说，对于深化先秦、西汉史学的研究和清代、近代学术史的研究，确实裨益甚大。

（四）重视比较研究

比较研究的主要功能在于，它能够推进我们的认识能力，开阔我们的视野，使我们对研究对象的认识更加准确、更加深刻。事物的特点和意义是相比较而存在的，而且由于适当的比较而相得益彰。马克思研究资本主义的生产、交换、流通的特点，就不仅研究它们本身，还以之与前资本主义的生产方式相比较，与资本主义生产关系发展程度不高的国家作比较。比较不同时期的史学名著，就可以广泛地考察两者之间联系、继承、发展的各个侧面，更加清楚地认识其不同特点，以及各自在史学发展史上的地位，促使我们的认识更趋深化和更加正确。

如，《史通》和《文史通义》这两部名著被称为"古代史评双璧"，但是章学诚本人却曾经强调二者的相异，在其一封家书中说："自信发凡起例，多为后世开山，而人乃拟吾于刘知幾。不知刘言史法，吾言史意；刘言馆局纂修，吾议一家著述。截然两途，不相入也。"但我们通过认真的比较研究，却的确能够深刻地认识这两部名著的共同性：刘、章二人都重视总结史学演进的经验和教训，以理论的创新推进著史实践的发展；二人都具有强烈的批判意识，都有独到的哲学思想作指导，重"独断"之学，重"别识心裁"。通过比较研究而认识这两部书的共同性，对于史学史研究意义甚大，证明刘知幾和章学诚都重视历史体裁创新，凸显出中国史学有重视理论总结的优良传统，以之指导史学实践。这就更加彰显中国传统文化的独特魅力！通过比较研究，我们又能认识到两部著作的差异性，由此更深刻地把握唐代与清代史学面临的不同特点和刘、章二位著名史家不同的学术个性：刘知幾处在断代史正史纂修的高峰期，他承担的主要使命是总结以往、提出著述的范式，他提出的范畴、命题内涵丰富，且颇具体系性。章学诚则处于正史末流在编纂上陷于困境阶段，其主要任务是开出新路。他洞察当时史识、史学、史才都成为史例的奴隶之严重积弊，又发现晚出的纪事本末体因事命篇的优点正是救治之良方，因此主张大力改造纪传体，创立新的体裁，其论述具有深刻的哲理性和明显的超前性。

又如，魏源完成于鸦片战争时期的《海国图志》和黄遵宪于甲午战争前撰成的《日本国志》同为近代史学两部名著。《海国图志》第二次增订本为一百卷，全书包括论（《筹海篇》一至四）、图（各国沿革图）、志（《志东南洋海岸各国》《志大西洋欧罗巴各国》等）、表（《中国西洋纪年表》等）。《日本国志》全书共四十卷，分为十篇"志"（国统、邻交、地理、职官、食货等）。假如从表象看问题，《海国图志》介绍外国史地知识包括了亚、欧、美、非各大洲，而《日本国志》只专记日本一国，两书范围之广狭相去甚远，似乎不适于比较。其实，这是由于未能达到对两部史书深层认识的原故。我们试就两书的背景、观点、内容、影响作逐层比较，即可以认识：两部史书具有相同的主题，都不愧为近代向西方寻找真理的里程碑式的著作。这两部书的编纂内容和体裁的共同特点，是创造性地运用典志体以容纳具有时代意义的新鲜内容。作为谙熟史书体裁特性和感觉敏锐的学者，魏源和黄遵宪都采取改造了的典志体来撰写史著。他们充分地发挥了传统典志体所具有的两大长处。一是它适合于反映社会史的丰富内容。典志体可以包容各种典章制度、天文、地理、民族、经济、物产、军事、外交、学术文化等。每一部分既可反映社会史的一个侧面，同时又可储备各种知识。在近代，迫切需要了解外国的历史、地理、制度文化，典志体史书正适合囊括这些内容。二是具有灵活性。这种体裁没有固定的框框，可根据需要调整，可以灵活变通。通过比较，我们能够进一步认识近代史学

发展的阶段特点。在近代史开端，反侵略的需要十分迫切；到了
19世纪后期，则进而要求学习西方的制度文化。处在近代史开端
时期的进步史家向往资本主义的民主制度，但认识比较肤浅；到
19世纪后期，这种认识则要深刻得多。在历史编纂上，《海国图
志》和《日本国志》有共同的特点，但后者的编撰技术更加成
熟了。

（五）探讨传统史学向近代史学转变的途径，阐发其理论
意义

"传统史学"一词，大体上是指鸦片战争以前在中国文化自
身环境中演进的、原有的史学。至鸦片战争后，则进入近代史学
时期；而"近代史学"的正式产生，应以20世纪初梁启超发表
《新史学》，以及在此前后出版的新型学术史和通史著作，为其标
志。"传统史学"与"近代史学"基本格局迥异，近代史学无论
在历史观念、治史内容等方面都有极其鲜明的时代色彩。由此之
故，对于"传统史学是如何向近代史学转变的?"这一问题，研
究者的看法很有分歧。我国历史进入改革开放时期后，国门大
开，西方思想大量涌入，使人感到格外新鲜。于是，有的人因对
中国文化的自身价值认识不足，遂产生一种偏颇看法，认为传统
史学与近代史学之间存在一个断裂层，近代史学从理论到方法都
是由外国输入，在编纂上也是摒弃了传统史书形式而从外国移植
的。我认为，这种"断层论""摒弃论"的看法，与历史事实极
不相符。传统史学向近代史学演进的轨迹清晰可寻，而转变的动
力，乃在于传统史学内部有近代因素的孕育。研究这一"转变的
中介"，不但内涵十分丰富，而且具有重要的理论价值，进一步
证明传统文化的精华在近代具有一定的应变力，具有向现代学术
转变的内在基础。从清初顾、黄、王三大家，到乾嘉时期一批出
色学者，再而继起的龚自珍、魏源等人，都为酝酿、推动这种转
变做出了贡献。他们相继的努力汇集起来创辟了如下的转变途
径：在历史观点上，批判专制，憧憬民主，以及对公羊学朴素进

化观的阐释；在历史编纂上，是章学诚提出的改革历史编纂的方向，和魏源、夏燮等史家所作的成功探索；在治史方法上，则是乾嘉史家严密考证的科学因素在新时代条件下的发展。近代史学就是发扬传统学术的精华与接受西方新学理二者结合的产物。近代著名史家，如梁启超、王国维、陈寅恪、陈垣等人，他们都勇于吸收西方新思想，同时又都深深地扎根于中国文化土壤之中，写出来的论著都是地道中国式的，所以才为学者和大众所欢迎。

（六）高度珍视20世纪中国史学的思想遗产

20世纪中国史家人才辈出、成果丰硕。由于中国文化悠久的优良传统的滋养，又适逢中西文化交流提供的相互对话、切磋和启示，加上大量考古文物和稀有文献重见天日，凭借这些难得的时代机遇，学者们精心耕耘，因而取得众多佳绩，蔚为大观，这里包含着对待祖国文化传统的正确态度，包含对外来学说吸收容纳的勇气和善于鉴别的眼光，是留给我们的极其珍贵的思想遗产。由于20世纪史家大量的创新性、系统性研究，使我们对于中国漫长历史认识的广度、深度和准确度，都大大推进了，使我们对中国统一多民族国家如何发展巩固，各个历史时期的特点，国家治乱盛衰的总结，各种制度的建立、沿革，民族关系的处理，历史人物评价，学术文化的发展、变迁等重要方面的认识，较之以往要丰富得多、正确得多。20世纪几代学人的贡献，诚然功不可没！我们绝不能因为中国近代社会积贫积弱，就妄自菲薄，而对先辈的遗产有丝毫的低估。20世纪中国史学遗产的丰厚，最集中的显示是形成了"三大干流"，并且它们互相吸收、互相影响和互相推动。第一，是新历史考证学派。它与乾嘉考证学派有继承关系，同时又接受西方近代史家重视审查史料、拓展史料、严密考证等观念的影响，代表性人物有王国维、陈寅恪、陈垣、胡适、顾颉刚、傅斯年等。第二，是马克思主义史学流派。其创始在五四时期，以后经过奠基、壮大，新中国成立后在全国范围确立其指导地位等阶段，代表性人物有李大钊、郭沫若、范文澜、翦伯赞、吕振羽、侯外庐等。第三，是新史学流派。以往，曾称前二者是"20世纪史学两大干流"，对于"新史学"则一般只关注它是20世纪初年由梁启超倡导、形成磅礴声势的重要学术思潮，而未明确认识它事实上已经形成为一个重要"学派"。我们经过深入探究即能把握到，这一学派不但有影响巨大的领军人物、重要的代表性著作，而且有共同遵奉的学术旨趣，有明显的学术传承关系。构成"新史学流派"基本的学术特点是：以进化史观为指导，主张探求历史的因果关系和规则性；不局限于研治政治史，而要研究、叙述人类社会生活的整体面貌；史家要关心国家民族命运，著史要激发国民的爱国热情；重视史学与其他学科的关系，扩大视野，扩大史料范围；重视历史编纂的创新，写出受大众欢迎的史著。不仅"新史学"倡导者梁启超本人，他如萧一山、吕思勉、张荫麟、周予同、周谷城等，尽管各有其学术个性，而上述诸项，又构成他们学术上的共性。不同学派并非互不相干、壁垒森严，而是互相吸收、互相影响。譬如，梁启超的史学方法影响了新考证学派学者，而马克思主义史家郭沫若、侯外庐等又很重视考证学派的成就。学派繁盛，各展风采，又互相取鉴，正是20世纪中国史学发达的确证。更加深入地考察"三大干流"的形成及其影响，无疑是推进20世纪史学研究的重要课题。

推进对20世纪史学的研究，还需要着力解决一些难点、重点问题。如，唯物史观和实证史学都是为了探究历史的真相，二者之间绝非互不关联，更不是互相对立。唯物史观也强调搜集史料，要求占有充分的材料；同样重视对材料的考辨，去伪存真，重视史料出处的环境，重视甄别、审查的工作，务求立论有坚实的史料依据；同样遵从孤证不能成立的原则，遇有力之反证即应放弃，训练严谨、科学的态度，反对主观臆断，所得的结论必须经受住事后的验证，发现原先认识有错误迅即改正，决不讳饰；同样要求尊重前人的成果，同时又反对盲从，学贵独创，要有所发现，不断前进，等等。诸如此类，因为都是做学问的基本方法和原则，所以唯物史观与实证史学都是相通的。新中国成立后，许多研究者通过自觉学习唯物史观，收获巨大，能够对复杂的历史现象和学术问题，透过现象，看到本质，以辩证的眼光作具体、细致的分析，互相联系，上下贯通，从而得出正确的结论，解决了长期困惑自己的问题，获得真理性的认识。这些事实证明唯物辩证法确是比传统思想和近代流行的诸多学说远为高明，唯物辩证法能给人以科学分析问题的理论武器。当时有一批四十岁上下的学者，如徐中舒、杨向奎、王仲荦、韩国磐、邓广铭、周一良、谭其骧、唐长孺等史学俊彦，他们原本熟悉传统经史文献典籍，在运用历史考证方法上很有造诣，其具有科学价值的观念和方法，本来就与唯物史观相通；而马列主义、唯物史观理论又比传统学术、近代学术具有更高的科学性，以之为指导，能帮助研究者更全面地把握研究对象的全局，更深入地揭示研究对象的本质。因此，这些学者得到科学世界观指导以后，极感眼前打开了一片新天地，学术研究达到更高的层次。这些年，有的人由于痛恨教条主义，而不恰当地将之与提倡唯物史观联系起来。关键在于，对教条主义盛行的原因应当作深入的具体分析。"十七年"中一度教条主义泛滥，其原因甚为复杂，除了研究者因经验不足，运用不当以外，主要的，是因当时政治上"左"的路线的影响、干预，以及其后"四人帮"别有用心的破坏。实际上，"十七年"中存在着两种对立的学风，与教条主义恶劣学风相对立的，是实事求是的优良学风。这是许多正直的马克思主义学者和像徐中舒、杨向奎、谭其骧、唐长孺等一批严谨治学的学者所坚持的，因此，"十七年"史学虽经历了严重曲折，但仍取得许多重大的成绩。令人欣喜的是，进入新时期以后，教条主义恶劣学风受到彻底清算，而实事求是、坚持唯物史观与时俱进的优良学风则更加显示出其蓬蓬勃勃的活力！

（七）历史编纂学：新的学术增长点

传统史书体裁的丰富多样充分显示出中华文化的巨大创造力，每一种体裁都有成功之作，世代流传。这些名著是历史家呕心沥血著成的，其成功，包含着进步的史识，渊博的学识，高明的治史方法，合理、严密的编纂技巧，这些具有宝贵价值的内涵都承载在历史编纂的成果之中。以往一般认为，史书的体裁、体例，似乎只关乎技术性问题。其实决非如此。史书的组织形式与其内容、思想是辩证的统一，组织形式的运用，结构、体例的处理，体现出作者的史识、史才、史学，包含着多方面的思想价值和深刻的哲理。白寿彝先生在其所著《中国史学史》（第一册）中曾说："史书的编纂，是史学成果最便于集中体现的所在，也是传播史学知识的重要的途径。历史理论的运用，史料的掌握和处理，史实的组织和再现，都可以在这里见个高低。刘知幾所谓才、学、识，章学诚所谓史德，都可以在这里有所体现。"这对于我们有深刻的启发。我们应当对历史编纂学的内涵和特点重新给予恰当的定位：历史编纂学是一个时代史学发展水平的集中体现，也是衡量史家的史识、史学、史才、史德达到何种水平的有效尺度。史家再现历史的能力如何，其史著传播历史知识的效果如何，在这里都直接受到检验。历史编纂学既是史学史研究的内容之一，同时，它又是推进研究史学发展的新颖视角和重要方面。通过深入研究历史编纂学，就能提出一系列新的课题，拓展史学理论与史学史的研究广度与深度，因而是重要的新的学术增长点。近些年，历史编纂学领域的研究成果已日见增多，这是很好的现象，我们应当举起双手欢迎，并经过共同努力，尽快建立起"中国历史编纂学"这一分支学科。无论从主要史书体裁的发展，或不同历史阶段历史编纂的特点，或一些名著中对体裁体例的匠心运用等项，值得探讨的问题无疑都很多，而其中我们尤应深入地探讨"编纂思想"如何体现和运用，作为推进研究工作的关键环节；因为史书的框架设计、体例运用，都是为了反映客观历史进程的需要，而精心安排，或作调整、改造、创新。故此，应当特别重视从"编纂思想"这一角度来深入揭示史学名著成功的真谛。所谓"编纂思想"，可以初步提出主要包括以下数项：一是史家著史的立意，最著名者，如司马迁之"究天人之际，通古今之变，成一家之言"，司马光之"关国家盛衰，系生民休戚，善可为法，恶可为戒者"。二是史家对客观历史进程的理解，并在史著中努力加以凸显的。三是史家为了达到再现客观历史的复杂进程，如何精心地运用体裁形式和体例上的处理。四是史家的编纂思想如何与社会环境、时代条件息息相关。以此作为重要的切入点，再联系对风格各异的史学名著的独创性、时代性，不同时期历史编纂的特点，以及学者提出的观点主张等项深入考察，就一定能够不断获得有原创性价值的新成果。

（八）大力发掘和阐释传统学术精华的当代价值

传统文化典籍内容博大精深，承载着古代先民观察社会生活、总结历史进程所得到的睿思和经验。历史是过往的社会生活，当今时代是历史的发展。现代社会虽然比古代远为复杂和进步，但作为人类社会活动的一些最基本的内容和原理，古今是相通的，因此，古代经典中的精深哲理和先辈们的创造性成果，具有超越时空的意义，具有当代价值。我们应当大力发掘和阐释这些珍贵的原理、原则和精神，展示中华文化的独特魅力，并结合今天时代的需要进行改造和再创造，以大大增强民族文化创造活力。对于古代历史名著，同样应当努力发掘、总结其中具有珍贵价值的思想、观念和方法，作为我们发展新史学的借鉴。譬如，《史记》创立的体裁以"本纪"为纲，其余"表""书""世家""列传"与之配合，体例完善，故被后代学者称誉为"载笔之体，于斯备矣"，又称为著史之"极则"。《史记》的体裁一般称为"纪传体"，实际上其本质和优长，是五体配合的综合体裁。以后历代正史的纂修者只知因循，不求创造，只会刻板地沿用体例，而丧失运用别识心裁加以驾驭和灵活变通的能力，因而遭到章学诚的严厉批评，称之为如洪水泛滥，祸患无穷！章学诚由此提出改革历史编纂的方向："仍纪传之体，而参本末之法。"这就是：要创造性地发扬《史记》诸体配合、包罗宏富的体例特点，和根据记载客观历史变迁的需要，灵活变通、"体圆用神"的著史灵魂；同时，糅合纪事本末体的特点，以解决"类例易分而大势难贯"的严重缺陷。此后，梁启超、章太炎撰著中国通史的尝试和罗尔纲著《太平天国史》，都体现出朝着这一方向继续努力。至20世纪末白寿彝明确主张对传统纪传体实现创造性改造，用"新综合体"撰著多卷本《中国通史》，完成了既大力发扬传统史学精华，又具有鲜明时代特色的成功巨著。

我们既有历经数千年形成的中华文化优良传统，又有一百年来创造性运用马克思主义、引领社会前进的优良传统，这两者是保证中华民族处于当今国际激烈竞争中繁荣、发展的强大精神支柱。马克思主义中国化，正是中国共产党人创造性地将马恩著作中的基本原理，与中华民族的优良传统相结合而确立的正确方向。如何在实现现代化大业中，更加自觉地把这两个优良传统结合起来，是当前我们应该解决的具有重要理论意义和现实意义的课题。通过研讨，更加深刻地认识传统文化的精华与马克思主义中国化方向二者互相贯通，使我们在大力弘扬民族优良文化传统的同时，更加自觉地坚持马克思主义中国化的正确方向，与时俱进，发展21世纪的中国马克思主义理论。我在2008年主编《中国马克思主义史学的理论成就》一书时，专门写了一个题目：传统思想的精华何以通向唯物史观。我提出的基本观点是："中国传统思想中的精华，同样表达了历代人民大众的美好追求和理想，虽然未达到欧洲19世纪先进学说的高度，但其发展方向是相同的；这就成为'五四'以后先进的中国人接受唯物史观学说的思想基础和桥梁。""马克思主义的基本原理与传统思想的精华，与中国文化形成的价值观的内涵深深地相契合，无疑是马克思主义中国化的伟大事业在过去将近一个世纪中与时俱进地发展，一直保持旺盛的生命力的重要原因。"并从传统思想中有丰富的唯物主义思想资料；历代思想家有大量关于辩证、发展的观点的论述，尤辉闪耀，前后相映；历代志士仁人反抗压迫、同情民众苦难的精神；先哲们向往的大同思想四个方面，作详细论证。文章发表后，得到学界同仁的肯定和鼓励。我愿继续对此探索，为学术研究和服务社会尽绵薄之力。

当前我们正处于社会主义学术文化发展的黄金期。发扬中华文化的优良传统和近现代优秀学者的精神；当前学术界持续高涨的创新意识；大力吸收外来文化并加以鉴别、选择的自觉态度：这三大要素，为学术的繁荣、发展提供了极佳条件。我深信，更加光辉灿烂的未来必将展现在我们面前！

2015 年 3 月 17 日

于北京师范大学寓居

目　录

引言：经学史上壮观的夕照

昨日相逢刘礼部，高言大句快无加；

从君烧尽虫鱼学，甘作东京卖饼家。①

　　这是龚自珍在嘉庆二十四年（1819）写的著名诗句，当时他是有感而发，本人也未曾料想到，这首诗在文化史上竟成为清朝中叶以后今文经学派取代古文经学派，跃居学术主导地位的有力宣示。龚自珍和刘逢禄的会见，是公羊学薪火的传递，更是两代学者经过交流而促使学术思想出现升华和飞跃。刘逢禄以其历数十个寒暑的探索，重新发现公羊学"以经议政"的重要价值，故独具慧眼提出"欲正诸夏，先正京师"，预示着公羊学说将发挥政治的力量。龚自珍是嘉道年间思想界一颗耀眼的新星，有着过人的政治洞察力和深刻的哲学思考。这一年，龚自珍二十八岁，第二次到北京应试落第。此前，他已写出一系列重要政论，对腐败政治作了抨击。他从哲理高度认识到"一祖之法无不弊"、变

---

① 龚自珍：《杂诗，己卯自春徂夏，在京师作，得十有四首》之一，见《龚自珍全集》第九辑，上海人民出版社，1975 年版，第 441 页。刘礼部即著名公羊学家刘逢禄，官礼部主事。虫鱼学，指朴学末流烦琐考据、脱离实际的学风。卖饼家，指公羊学。《魏略》：严幹，字仲公，善于《春秋公羊传》。时司隶钟繇不好，而尤以《左氏》为大官厨，《公羊》为卖饼家。

革是历史的必然，又亲历大江南北，对社会矛盾、民生疾苦有切身体验，对于八股科举制度毒害士人的作用和烦琐考证禁锢士人头脑的严重危害看得更为真切。经过刘逢禄的启发，龚自珍想得更远，于是立志以阐扬公羊学说，倡导变革、揭露现实社会种种严重积弊为己任。

（一）公羊学盛行与清朝危机相激荡

公羊学说在龚自珍手里成了批判专制的武器决非偶然。在同一时期，他写有另一首著名的诗，题在北京陶然亭壁上："楼阁参差未上灯，菰芦深处有人行。凭君且莫登高望，忽忽中原暮霭生。"① 比喻清朝统治已经到了日落西山的境地，危机四伏，社会极不安定，湖草深处已有人在活动了。在此之前，龚自珍已在一篇政论中预言"山中之民"将有"大音声起"。这些，都是现实社会矛盾激化在这位诗人和思想家头脑中的反映。不久之前规模巨大的白莲教起义、发生在京畿地区的天理教起义相继爆发，新的民众反抗活动又在酝酿。当统治阶级仍在懵懵然歌舞升平的时候，龚自珍和他的挚友魏源已尖锐地论断封建统治已经到了"衰世"，更大的社会变局即将到来。清代公羊学说由刘逢禄奠定基础以后，到了龚、魏手里，便被改造成为批判的武器，倡导变革的哲学。以公羊学为中坚的今文经学的复兴和盛行，与清朝统治危机日益暴露、有识之士先后觉醒、探索救亡道路相伴随，相激荡。到戊戌时期，以康有为为代表，更将公羊历史哲学与西方政治学说和进化论相糅合，发动了近代史上意义重大的维新变法运动，公羊学说因之风靡海内。

（二）经学时代结束之前壮观的一幕

世界上任何事物都有它发生—发展—衰亡的规律，同样地，中国经学自孔子删《诗》《书》，修《春秋》，创立儒家学说起，两千多年间，也经历了它的发生、发展和衰落。经学时代的结束恰恰在 19 世纪末、20 世纪初，它的最后一幕，便是清代中叶以

---

① 龚自珍：《杂诗，己卯自春徂夏，在京师作，得十有四首》之一，《龚自珍全集》第九辑，第 442 页。

后今文经学的复兴，取代古文经学派（朴学）而成为学术思想的主流。今文经学以公羊学说为代表，在政治上有力地抨击封建专制的腐朽，冲击旧制度的根基，推动社会的变革。在思想学术上，冲破正统思想禁锢下"万马齐喑"的局面，为迎接西方进步思想的输入和创立"新学"推波助澜。进步思想家豪迈地宣称好学深思之士喜读《公羊》，顽固派则惊呼公羊学说"举国若狂"。因此，嘉庆以后公羊学说的复兴和盛行是经学时代结束前壮观的一幕，夕照辉煌，晚霞满天，预示着新世纪行将到来。

当晚清公羊学风靡于世的盛况刚刚过去，20世纪前期士林人物，不论是进步思想界或顽固派营垒，都有过值得重视的评论。顾颉刚先生认为，今文学是晚清时期向新学发展的学术潮流。陈寅恪先生说今文公羊之学在戊戌前后流被甚广。陈垣先生也曾深受晚清公羊学说的影响。[①] 顽固派代表人物叶德辉的一段话，则从反面证明公羊学说对晚清政局的巨大影响："仁和龚定盦先生，以旷代逸才，负经营世宙之略，不幸浮湛郎署，为儒林文苑中人，此非其生平志愿所归往也。曩者光绪中叶，海内风尚《公羊》之学，后生晚进，莫不手先生文一编。其始发端于湖、湘，浸淫及于西蜀、东粤，挟其非常可怪之论，推波扬澜，极于新旧党争，而清社遂屋。论者追原祸始，颇咎先生及邵阳魏默深二人。"[②] 叶德辉咒骂公羊学说是使清朝统治覆亡的祸首，实则恰从反面证明它是推动社会变革的功臣。然而，最近几十年，对清代公羊学复兴的历史作系统研究却很不够，这显然是必须补上的很有价值的工作。

（三）有序的合乎逻辑的展开

关于研究中国哲学史的态度和方法，陈寅恪有过颇为精辟的论述："凡著中国古代哲学史者，其对于古人之学说，应具了解

---

① 启功《夫子循循然善诱人——陈垣先生诞生百年纪念》有云："清末学术界有一种风气，即经学讲《公羊》，书法学北碑。陈老师平生不讲经学，但偶然谈到经学问题时，还不免流露公羊学的观点。"见《励耘书屋问学记》，三联书店，1982年版，第107页。

② 叶德辉：《郋园北游文存·龚定盦年谱外纪序》，孙文光等编：《龚自珍研究资料集》，黄山书社，1984年版，第123—124页。

之同情，方可下笔。盖古人著书立说，皆有所为而发。故其所处之环境，所受之背景，非完全明了，则其学说不易评论，而古代哲学家去今数千年，其时代之真相，极难推知。吾人今日可依据之材料，仅为当时所遗存最小之一部，欲借此残余断片，以窥测其全部结构，必须备艺术家欣赏古代绘画雕刻之眼光及精神，然后古人立说之用意与对象，始可以真了解。所谓真了解者，必神游冥想，与立说之古人，处于同一境界，而对于其持论所以不得不如是之苦心孤诣，表一种之同情，始能批评其学说之是非得失，而无隔阂肤廓之论。否则数千年前之陈言旧说，与今日之情势迥殊，何一不可以可笑可怪目之乎？"① 他讲对于古代思想家之学说，必须联系其环境背景，设身处地，采取了解、同情的态度，然后对于学说的真谛和著述的目的，才能有真了解。这与历史唯物主义关于要把问题严格地提到一定历史范围之内，具体问题具体分析的原则，是相通的，因而对我们审视历史很有启发。今文经学实以公羊学为主干。清代今文学的复兴，就是公羊学说重新提起和被改造推演的历史。公羊学的复兴和盛行，乍看起来，似乎带有怪异的色彩，有旁门左道之嫌，难以索解，实际上，我们若能知人论世，以了解、同情的态度考察，则它在百余年中，由重新提起—张大旗帜—改造发展—达于极盛，是环环相扣，十分合乎逻辑地展开，又因时代条件变化和思想家不同的学术个性而注入新的生命，更与政治、社会、外交上迭起的风波息息相关。这一学术变迁史，也从一个侧面展现出 18 世纪至 19 世纪中国人哲学探索的历程和救亡图强思想的不断高涨，就其波澜起伏、腾挪跌宕的特点而言，又可视为一部有声有色、饱含隽永哲理的多幕活剧。

① 陈寅恪：《冯友兰中国哲学史上册审查报告》，《金明馆丛稿二编》，上海古籍出版社，1980 年版，第 247 页。

第一章　一份独特的哲学遗产

一、《公羊传》：对《春秋经》
"微言大义"的阐释

公羊学的源头，在《公羊传》对《春秋经》的解释。《公羊传》是《春秋公羊传》的简称，又称为《公羊春秋》，它代表了着重从义理方面解释《春秋经》的一派，与着重从史实方面解释《春秋经》的《春秋左氏传》（即《左传》）迥异其趣。华夏文化具有"史官文化"的特点，重历史记载，重"述而不作"，酷爱注释经典，从字音、字义、礼制、典故方面一代一代不知疲倦地作注解。由于这种崇尚"述而不作"、崇尚无一字无来历的特点，不仅形成传统史学的高度发达，而且形成东汉以后专重文字训诂的古文经学在学术上居于正统独尊的地位，至清代朴学风行而达于极盛，一直到近代，新考证学派仍然在学界很有势力。唯是之故，历代不少学者中就自觉或不自觉地形成一种价值标准，喜爱重史实、重考证之学，而贬低重义理发挥、创立新说之学，恰好公羊学有价值的义理发挥又与附会穿凿甚至灾异之说相糅合，精华与糟粕杂陈，因而授人以柄，常常为世所诟病，被目为怪异之说，有类于旁门左道。实际上，公羊学说曾在历史上两次风行天下，对西汉盛世的出现和晚清社会变革产生巨大的推动作用，而且公羊学者有许多精彩的观点和具有高度智慧的历史哲学，在中国传统文化中具有独特的光彩。今文学说与古文学说各有其长，又各有其短。在一定意义上说，正因为华夏文化具有重述而不作的特点，公羊学重视义理发挥和创造性不仅不应受讥贬，反而应该受重视，今日的研究者再也不能受陈旧价值观的束缚。我们的任务是以实事求是的态度，清除掉公羊学中裹含的沙砾，把其中的真金发掘出来。

（一）《春秋》重"义"

《春秋》一书在《汉书·艺文志》著录中称为《春秋经》，是儒家最重要的经典之一，又是我国最早的编年史。它记载自鲁隐公元年至鲁哀公十四年（前722—前481），共二百四十二年史事，大致有一万五千字。它记事的特点是十分简略，文字最少的一条只有一个字，如"雨"（僖公三年夏六月），或"螟"（隐公五年）；也有两三个字的，如"城郓"（成公四年冬）、"宋灾"（襄公九年春）、"公如齐"（宣公五年春），一般不超过十字。记载最长的，一条也只有四十五字，如"公会刘子、晋侯、宋公、蔡侯、卫侯、陈子、郑伯、许男、曹伯、莒子、邾子、顿子、胡子、滕子、薛伯、杞伯、小邾子、齐国夏于召陵，侵楚"（定公四年春三月）。尽管《春秋》记载如此简略，但它在中国学术思想史乃至整部文化史上的影响却极其巨大深远，历代对它研究评论的著作多达数百种。褒扬的人对它推崇备至，甚至把它神化，称"一字之褒荣于华衮，一字之贬严于斧钺"。也有人对它批评，如宋代王安石直斥它是"断烂朝报"，贬低它不过是片断留下来的诸侯之间赴告的文字而已，没有多大价值。前一种说法完全是从封建意识出发，后一种说法也完全脱离当时的历史条件，无视创始的艰难和《春秋》中思想观点的时代合理性。

《春秋》是孔子依据鲁国史册所修成，这一点，从汉代以来绝大多数学者都没有怀疑。《史记·十二诸侯年表》序说：孔子

"论史记旧闻，兴于鲁而次《春秋》，上记隐，下至哀之获麟，约其文辞，去其烦重"。这段话是可以据信的。近代因受疑古思想影响，有的学者对于孔子修《春秋》提出怀疑，理由是《论语》中没有提过《春秋》。这种反证法根据并不充足，我们还是采取稳妥的态度，相信传统的说法为好。

《春秋》在中国几千年学术史上有巨大影响，是因为孔子通过褒贬书法表达自己的政治观点和社会理想，这就是《春秋》重"义"的特点。《史记·孔子世家》说："孔子在位听讼，文辞有可与人共者，弗独有也。至于为《春秋》，笔则笔，削则削，子夏之徒不能赞一辞。弟子受《春秋》，孔子曰：'后世知丘者以《春秋》，而罪丘者亦以《春秋》。'"《公羊传》即以口说相传，阐发《春秋》的"微言大义"。与公羊学派的认识相通的，是儒家巨擘孟子，他对《春秋》重"义"作了精辟绝伦的评价，认为《春秋》的"义"具有纲纪天下的作用，孔子修《春秋》是"行天子之事"。孟子历述自尧、舜、禹、文王、武王、周公这些圣人伟大的历史功绩之后，说："世衰道微，邪说暴行有作，臣弑其君者有之，子弑其父者有之。孔子惧，作《春秋》。《春秋》，天子之事也。是故孔子曰：'知我者其惟《春秋》乎！罪我者其惟《春秋》乎！'""昔者禹抑洪水而天下平，周公兼夷狄、驱猛兽而百姓宁，孔子成《春秋》而乱臣贼子惧。"[1] 他深刻地说明，《春秋》寄托着孔子的政治理想，孔子因目睹王室衰微，原有"礼乐征伐自天子出"的政治秩序陷于崩坏紊乱，恐惧日后情形将越发不可收拾，他要挽狂澜之既倒，于是采取修《春秋》的方式，以褒贬为手段，明是非，别善恶，要使社会恢复到他所认为的"天下有道"的局面。孔子这样做，是针砭世事以垂法后人，虽无天子之位，而行"天子之事"。孟子认为《春秋》的褒贬手法有极大的政治威力，"孔子成《春秋》而乱臣贼子惧"，同大禹治水、周公治天下一样功德盖世。孟子还总结《春秋》有史事、史文、史义，而最重要的是"义"，不仅是《春秋》的灵魂，而

---

① 见《孟子·滕文公下》，《十三经注疏》本，中华书局，1980年版。

且是孔子垂法后世、成为万世师表的关键。他说："王者之迹熄而《诗》亡，《诗》亡然后《春秋》作。晋之《乘》，楚之《梼杌》，鲁之《春秋》，一也。其事则齐桓、晋文，其文则史。孔子曰：'其义则丘窃取之矣。'"赵岐注《孟子》，称"窃取之以为素王也"。朱熹注《孟子》也说："此文承上章历叙群圣，因以孔子之事继之。而孔子之事，莫大于《春秋》，故特言之。"① 后儒的理解有助于说明，孟子这段话的深刻意思是，《春秋》是针对天下动荡的局面而作的，为后世立法，同上文"孔子惧，作《春秋》"，行"天子之事"相照应。

从《春秋》本身来考察，孔子灌注的大义主要有两项：

一是尊奉王室。这同《论语》所说"天下有道，则礼乐征伐自天子出；天下无道，则礼乐征伐自诸侯出"② 是一致的。春秋时期，周王室式微，其地位降到等于一个小国，只好依附于强大的诸侯。鲁僖公二十八年（前632）践土之会，是周王应晋文公之命赴会。孔子主张尊奉王室，反对以臣召君，要维护周王天下共主的地位，因此采取隐讳的手法，记载为："天王狩于河阳。"以此寄托希望恢复西周时代"礼乐征伐自天子出"的政治理想，垂法后世。《春秋》记事，首列"鲁隐公元年，春，王正月"，以下每年基本上一律采用这一格式，遵从周天子的正朔，当然也表示政治上尊奉王室。僖公八年载："春，王正月，公会王人、齐侯、宋公、卫侯、许男、曹伯、陈世子款、郑世子华，盟于洮。"王人而不称名，是因他系来自王室而地位低微，却序于诸侯之上，乃表示对王命的尊敬。故《公羊传》解释说："王人者何？微者也。曷为序乎诸侯之上？先王命也。"桓公五年载："秋，蔡人、卫人、陈人从王伐郑。"这是因为当时王室微弱，三国之君独能尊天子，故特别表示褒扬，意在令后世效法。故《公羊传》说："其言从王伐郑何？从王，正也。"《春秋》中这些强烈地尊奉王室的书法，被后来公羊学家所充分发挥，成为著名的公羊学

---

① 《孟子·离娄下》，朱熹《四书集注·孟子》，中华书局，1957年版。
② 《论语·季氏》，《十三经注疏》本。

"大一统"观点。

二是寓是非褒贬。司马迁概括《春秋》这一特点说："夫《春秋》，上明三王之道，下辨人事之纪，别嫌疑，明是非，定犹豫，善善恶恶，贤贤贱不肖。"并称这是"王道之大者"。①《春秋》中著明是非褒贬的大义，是同孔子十分重视"正名"的观点相一致的，目的即在于"正名"，维护"君君臣臣父父子子"的政治秩序和等级制度。孔子不赞成"礼乐征伐自诸侯出"，也反对"政在大夫"。鲁国季氏专政，鲁昭公被逐出鲁国，只好羁留在黄河边上的乾侯（今河北省成安县境）。这段时间《春秋》每年书曰："春王正月，公在乾侯。"表明仍然尊鲁昭公为国君。《春秋》以褒贬手法记载同样一件事，因文辞不同表示的是非善恶就不同。譬如，同是一个大夫被杀，《春秋》隐公四年记："卫人杀州吁于濮。"《公羊传》解释说："其称人何？讨贼之辞也。"《榖梁传》解释说："称人以杀，杀有罪也。"说卫人杀州吁，意思是卫国人都主张杀州吁，所以表示州吁有罪该杀。《春秋》僖公七年记："郑杀其大夫申侯。"《公羊传》解释说："称国以杀者，君杀大夫之辞也。"《榖梁传》解释说："称国以杀大夫，杀无罪也。"说郑国杀其大夫申侯，则只是说郑国国君个人杀了申侯，被杀者就不一定有罪或至少是杀非其罪。像这类书法上只有一字之差，却寓含着是非褒贬的"大义"。

再如，也同是一类事情，只有一个用字的不同，就表示讳饰或严重的谴责。《春秋》隐公元年记："冬，十二月，祭伯来。"《公羊传》解释说："祭伯者何？天子之大夫也。何以不称使？奔也。奔则曷为不言奔？言奔则有外之辞也。"祭伯是周天子之大夫，出奔于鲁。但《春秋》不称"奔"而称"来"，是表示天子无外，"普天之下，莫非王土"。同类的事，又见于成公十二年《春秋》所记："春，周公出奔晋。"《公羊传》解释："周公者何？天子之三公也。王者无外，此其言出何？自其私土而言也。"何休《春秋公羊解诂》进一步解释："周公骄蹇，不事天子，出

---

① 《史记·太史公自序》，中华书局，1959年版。

居私土，不听京师之政，天子召之而出走，明当并绝其国，故以出国录也。"加上一个"奔"字，表示周公对天子背叛，故严厉遣责。

以上举出《春秋》寓是非褒贬的"书法"的典型例证。其中有的属于讳饰，或是对旧有统治秩序、等级名分加以维护，表示出孔子思想保守性的一面。这样批评无疑是有道理的。但历史现象是复杂的，同时还应承认，孔子要求恢复周天子天下共主的地位，维护"君君、臣臣"的关系，在当时，又有时代合理性的一面。这是因为，春秋时期天下大乱，"弑君三十六，亡国五十二"①。以孔子所在的鲁国来说，这个周公之后、保存着西周礼乐制度、文明程度最高的诸侯国，历隐公、桓公、庄公至闵公，五十二年间，竟发生四个嗣君被弑的事件，并因宫闱淫乱而致祸国。鲁隐公十一年，鲁大夫公子挥与子允（后为桓公）密谋弑隐公，立子允为君。桓公十八年，桓公与夫人姜氏至齐，姜氏与其兄齐襄公通奸，使公子彭生杀桓公于车上。鲁庄公三十二年，庄公卒。庄公有三弟，长曰庆父，次曰叔牙，季曰季友。庄公无嫡嗣，将卒，因继立问题产生分歧。叔牙欲以庆父继位，庄公欲立妾所生公子斑。季友以庄公命毒死叔牙，遂立公子斑为君。庆父早与庄公夫人哀姜私通，欲立哀姜之妹叔姜所生公子开，乃使圉人杀公子斑。季友奔陈，庆父遂立公子开为君，是为闵公。闵公二年，庆父与哀姜通奸更甚，哀姜与庆父谋杀闵公而立庆父，庆父乃使人袭杀闵公于宫中，引起鲁国内乱。季友自陈奉公子申（公子开之弟）入，立公子申为僖公。哀姜畏罪奔邾。庆父请奔，不许，故绝望自杀。

春秋时期秩序混乱固然是旧制度崩坏过程中的现象，但是长期的混乱对于社会进步和人民生活极为不利。至战国时期，七雄争强，攻战频繁激烈，杀人盈野，故孟子代表人民的愿望，作出天下"将定于一"的预见。经过长期混乱之后，统一的王权、秩序的建立又是时代所需要的，因而孟子才如此高度评价《春秋》

① 《史记·太史公自序》。

的褒贬书法使乱臣贼子惧，称孔子著《春秋》的"大义"是行"天子之事"，可与大禹、周公一样功盖天下。至汉初，同样面临着经过大乱之后建立社会秩序和加强统一的迫切问题，因此，阐发《春秋》"微言大义"的公羊学说，便以其称扬孔子"以绳当世""立天下仪法""为后王制法"的鲜明主张，成为西汉一代显学。

（二）《公羊传》的传授和成书

《汉书·艺文志》著录《公羊传》十一卷。本注："公羊子，齐人。"颜师古注："名高。"据陆德明《经典释文·序录》："公羊高受之子夏。"则《公羊传》最早的传人公羊高是子夏的学生。他是先经过长期的口头传授，至汉景帝时才著之竹帛。《汉书》又说："及末世，口说流行，故有公羊、穀梁、邹、夹之传。"末世，一般指战国中晚期。关于公羊高以下的传授系统，唐徐彦在其为《春秋公羊解诂》所作的疏中记载说："孔子至圣，却观无穷，知秦无道，将必燔书，故《春秋》之说，口授子夏。度秦至汉，乃著竹帛，故说题辞云：传我书者公羊高也。戴宏序云：子夏传与公羊高，高传与其子平，平传与其子地，地传与其子敢，敢传与其子寿。至汉景帝时，寿乃〔与〕其弟子齐人胡毋子都著于竹帛，与董仲舒皆见于图谶。"据此，《公羊传》经过六代口说流传，至汉景帝时由公羊寿、胡毋子都写定成书。《公羊传》经过如此长期口授相传，显然不是出于一人一时之手。传中又有子沈子曰、子司马子曰、子女子曰、子北宫子曰，又有高子曰、鲁子曰，这些人也都应是传授之经师，故《公羊传》应视为一个学派的著作。

徐彦疏中又云："胡毋生本虽以公羊经传传授董氏，犹自别作《条例》。"按，徐彦此称董仲舒受业胡毋生，未必可据。《史记·儒林列传》云："言《春秋》于齐鲁自胡毋生，于赵自董仲舒。""董仲舒，广川人也。以治《春秋》，孝景时为博士。……故汉兴至于五世之间，唯董仲舒名为明于《春秋》，其传公羊氏也。"又云："胡毋生，齐人也。孝景时为博士，以老归教授。齐之言《春秋》者多受胡毋生，公孙弘亦颇受焉。"胡毋生、董仲舒同为景帝时博士，则二人年龄相差当不甚远。司马迁言公孙弘受业于胡毋生，而不言董仲舒亦受业于他。而《汉书·儒林传》于胡毋生云："与董仲舒同业，仲舒著书称其德。"称同业，则必非受业。细审《史》《汉》所载，则董仲舒公羊学亦受之于公羊寿，董、胡二人同为公羊寿弟子。

（三）《公羊传》对《春秋》"微言大义"的大力阐扬

《公羊传》着重对《春秋》义理的发挥。它与孟子应是同一师承，或至少是学术传授有密切关系。《公羊传》昭公十二年云："春，齐高偃帅师纳北燕伯于阳。伯于阳者何？公子阳生也。子曰：'我乃知之矣。'在侧者曰：'子苟知之，何以不革？'曰：'如尔所不知何？《春秋》之信史也。其序则齐桓、晋文；其会则主会者为之也；其词则丘有罪焉尔。'"这里强调孔子用不同书法表示褒贬大义，与孟子所说"孔子曰：'其义则丘窃取之矣！'"相吻合。

《公羊传》对《春秋》"微言大义"的阐扬，首先在于突出"大一统"观念，把它放在全书首要的地位，上升为儒家的重要理论，因而在历史上产生了难以比拟的巨大影响。《春秋》每年纪事首冠以"王"，称"王正月"，表示尊奉王室，但尚未提出明确的主张。《公羊传》发挥了极大的创造性，开宗明义提出"大一统"说，成为指导全中国范围政治、制度和社会生活、意识形态的理论。鲁隐公元年传解释"王正月"曰："元年者何？君之始年也。春者何？岁之始也。王者孰谓？谓文王也。曷为先言王而后言正月？王正月也。何言乎王正月？大一统也。"《公羊传》所发挥的"大一统"说，便成为孔子这位儒家圣人提出来的最高政治指导原则，要求全体臣民和社会生活的各个方面都绝对服从于"天子"之下。《公羊传》流传于战国，成书于西汉，"大一统"理论不仅为战国晚期正在进行的"统一"作舆论准备，而且适应了西汉巩固封建统一国家的迫切需要，因而立即成为西汉政治生活的指导原则。

大一统说实是《公羊传》的理论纲领，体现在各个具体史实的解释之中。僖公二十八年传解释践土之会："公朝于王所。曷为不言公如京师？天子在是也。天子在是，则曷为不言天子在是？不与致天子也。""天王狩于河阳。狩不言，此何以书？不与再致天子也。"一再表示对晋文公以臣召君行为的贬责，而为周天子讳言真相。对于周公，《公羊传》特别称颂他为建立周天子天下共主地位的贡献。文公十三年传曰："周公何以称太庙于鲁？封鲁公以为周公也，周公拜乎前，鲁公拜乎后，曰，生以养周公，死以为周公主。然则周公之鲁乎？曰：不之鲁也，封鲁公以为周公主。然则周公何为不之鲁？欲天下之一乎周也。"对于僭越天子的行为，《公羊传》则表示恐惧至于极点，不敢明言。隐公五年传云："初献六羽，何以书？讥。何讥尔？讥始僭诸公也。……始僭诸公，昉于此乎？前此矣。前此则曷为始乎此？僭诸公，犹可言也；僭天子，不可言也。"谴责僭越行为，即表示尊奉天子。

　　《公羊传》的大一统观还在民族问题上表达了深刻的思想。《公羊传》主张"内其国而外诸夏，内诸夏而外夷狄"，因为当时"诸夏"即中原地区处于较先进的社会阶段，应该阻止处于较后进阶段的"夷狄"对中原地区的袭扰。如同孔子推重管仲能联合诸侯、保卫诸夏的功绩："管仲相桓公，霸诸侯，一匡天下，民到于今受其赐。微管仲，吾其被发左衽矣。"[①]从保卫中原地区先进的生产和文化而言，《公羊传》上面的观点是有积极意义的。故《公羊传》作者称赞齐桓公北伐山戎、南服楚是王者之事，即能实行王者大一统的事业。此见于僖公四年传。《公羊传》又认为，在王室衰弱，无力阻止"夷狄"袭扰"诸夏"的情况下，诸侯力能救助危亡之小国者，则应予肯定。僖公元年传曰："齐师、宋师、曹师次于聂北救邢。救不言次，此其言次何？不及事也。不及事者何？邢已亡矣。孰亡之？盖狄灭之。曷为不言狄灭之？为桓公讳也。曷为为桓公讳？上无天子，下无方伯，天下诸侯有相灭亡者，桓公不能救，则桓公耻之。曷为先言次而后言救？君也。君则其称师何？不与诸侯专封也。曷为不与？实与而文不

---

① 《论语·宪问》。

与。文曷为不与？诸侯之义，不得专封也。诸侯之义不得专封，则其曰实与之何？上无天子，下无方伯，天下诸侯有相灭亡者，力能救之，则救之可也。"这段解释包含两层意思：一、从理想说，阻止"夷狄"、救助亡国应由天子实行，这是完全的一统，使诸侯上统于天子，不得专封；二、在天子微弱的情况下，大国有扶助弱小、保卫诸夏的职责，代行天子、方伯的任务，但文字上不能肯定，故"文不与而实与"。

尤其值得注意的是，《公羊传》不是以种族来区分"诸夏"与"夷狄"，而是以文明或道德进化程度来区分，所以"夷狄"可以称"子"，可以受到赞许，而"诸夏"在文明或道德上倒退了，则视为"新夷狄"。这是公羊学有利于多民族国家形成和巩固，有利于民族文化交流和进步的光辉思想。《公羊传》宣公十二年："夏六月乙卯，晋荀林父帅师及楚子战于邲，晋师败绩。大夫不敌君，此其称名氏以敌楚子何？不与晋而与楚子为礼也。"楚本是南方后进国家，诸夏以夷狄视之。此年楚伐郑，郑伯肉袒至楚师谢罪。楚庄王于是下令退师。将军子重谏曰，楚都距郑国数千里，此役大夫死者数人，士卒死者数百人，如此胜郑而退师，乃失民臣之力。庄王以理晓之，曰，君子笃于礼而薄于利，服其人而不取其土，郑既告服，不赦不祥。晋荀林父率师救郑，向庄王请战，庄王许之。还师而与晋师战于邲，庄王亲自击鼓指挥，大败晋师。庄王曰，两君相恶，百姓何罪之有！遂还师而放走晋军。《公羊传》所述扼要而生动，以楚庄王伐郑而舍郑、迎战晋军大战之后又让其退走的具体过程，证明楚庄王能讲礼义，在文明和道德上远胜晋人，故赞许楚王"有礼"，进爵为子，而对"诸夏"的晋国加以贬责。汉代董仲舒高度评价《公羊传》这种对"诸夏"和"夷狄"的理智态度，说："《春秋》之常辞也，不予夷狄而予中国为礼。至邲之战，偏然反之，何也？曰：《春秋》无通辞，从变而移。今晋变而为夷狄，楚变而为君子，故移其辞以从其事。"① 他评论《公羊传》对"诸夏"和"夷狄"不

---

① 《春秋繁露·竹林》，据苏舆《春秋繁露义证》本，中华书局，1992年版。

划定不可移易的界限，楚变而为君子即加褒扬，晋变而为"夷狄"即加贬责，是很中肯的。《公羊传》定公四年："冬，十有一月庚午，蔡侯以吴子及楚人战于伯莒。吴何以称子？夷狄也而忧中国。""庚辰，吴入楚。吴何以不称子？反夷狄也。其反夷狄奈何？君舍于君室，大夫舍于大夫室，盖妻楚王之母也。"前因吴能忧中国，故进而称"子"；后因其倒退为"夷狄"之行，故又以"夷狄"视之。至春秋尾声，吴北上取得中原盟主的地位，有利于"诸夏"局面的稳定，乃又"重吴"。此即《公羊传》哀公十三年所云："公会晋侯及吴子于黄池。吴何以称子？吴主会也。吴主会则曷为先言晋侯？不与夷狄之主中国也。其言及吴子何？会两伯之辞也。不与夷狄之主中国则曷为会两伯之辞言之？重吴也。曷为重吴？吴在是，则诸侯莫敢不至也。"相反，如果"诸夏"在文明或道德上倒退，则贬为"新夷狄"。此即《公羊传》昭公二十三年所说："戊辰，吴败顿、胡、沈、蔡、陈、许之师于鸡父。胡子髡、沈子楹灭，获陈夏啮。此偏战也，曷为以诈战之辞言之？不与夷狄之主中国也。然则曷为不使中国主之？中国亦新夷狄也。"

中国是多民族国家，如何对待民族关系在历史上一向是很重要的问题。如果从种族上区分"诸夏"和"夷狄"，二者之间就会形成不可逾越而且永远不变的鸿沟，对"夷狄"的歧视以至压迫就不但不会消失，而且会加剧，"夷狄"会感到文化上再进步也没有出路，"诸夏"也会因认为天生优越而不求进取，将会恶化民族关系，损害民族和好相处。相反，如果从文化上或道德上区分"诸夏"和"夷狄"，二者就成为可变的概念，"夷狄"在文化上进步了就与"诸夏"无异，平等无间，鼓励他们学习先进文化而不断提高自己，"诸夏"也要警省不断进取，不然在政治上道德上倒退就被视为"夷狄"。不论"诸夏""夷狄"，都要努力向更高水平提高自己，民族间的交流、和好就会不断促进，有利于全国的统一和安定。显然，前一种观点是落后的，不利于民族关系发展的，后一种观点是进步的，促进民族关系发展的。《公羊传》这种以文化和道德区分"诸夏""夷狄"，视为可变概念的观点,是战国以后民族间的交流融合加快,特别是汉代民族关系发展这种社会现实的反映,也是儒家思想宝贵精华之一。经过《公羊传》的阐释,从文化上区分"诸夏"和"夷狄",就成为《春秋》之"义"。这是《公羊传》一大贡献。一些陋儒生活在国势衰弱的时代,眼光狭窄,开口闭口"严夷夏之大防",好像他们是信守儒家原则,其实恰恰违背了《公羊传》所阐发的儒家精神。白寿彝先生曾深刻地论述孔子在民族问题上有理智的态度:"孔子被后世的经学家宣传为'尊周室,攘夷狄'的圣人,好像孔子对于所谓'夷狄'是很严厉的。其实,孔子在这个问题上的态度是理智的。"孔子认为"夷狄"和"诸夏"之间存在共同的道德标准,是与一些持狭隘的民族观念的人大不相同的。孔子还认为,"夷狄"也有长处,有的地方比"诸夏"还好。[①] 这些论述对我们很有启发,《公羊传》关于民族问题的进步观点,是从孔子思想接受下来并加以发展的。冯友兰先生认为:《公羊传》这种接受或背离先进文化,就是"中国"与"夷狄"的标准,一视同仁,实际上也反映了汉朝的民族政策。司马相如为使者,通西南"夷"。当时四川有一部分耆老搢绅先生反对朝廷做法,认为是"割齐民以附夷狄",意思是损害四川各郡利益而给"夷狄"以好处。司马相如批评这种说法,首先即说:"必若所云,则是蜀不变服而巴不化俗也。"让"夷狄"永远是"夷狄",是与巴蜀本身历史相违背的。巴蜀原是"夷狄",处于落后地位,因为接受了中原文化,所以才成为今日搢绅所谓中国。他进而提出武帝作为贤君,"驰骛乎兼容并包,而勤思乎参天贰地","博恩广施,远抚长驾,使疏逖不闭,曶爽暗昧得耀乎光明,以偃甲兵于此,而息讨伐于彼。遐迩一体,中外禔福,不亦康乎?""兼容并包""遐迩一体"是多民族国家的民族政策的根本。司马相如对"夷狄"和"中国"的区分,完全是从文化上讲的,这正是《公羊传》所讲的"《春秋》之义"。[②] 陈柱先生在其《公羊家哲

---

① 见白寿彝主编《中国通史·导论》,第一章第一节,上海人民出版社,1989年版,第5页。

② 冯友兰:《中国哲学史新编》下册,人民出版社,1998年版,第48—49页。

学》书中说："公羊家之于《春秋》，以谓诸夏夷狄之称，原非一定之词，唯视其进化与退化之异而已也。是故诸夏不能矜，而夷狄不必馁。""诸夏云者，犹曰进化之国而已。夷狄云者，犹曰未开化之国而已。时或贬诸夏为夷狄，斥诸夏之退化；时或进夷狄于中国，则褒夷狄之进化。"① 这些论述指出《公羊传》观点的价值，都确有见地。大一统观和民族观是《公羊传》首要精义之所在，因此我们用了较多的文字加以讨论。

《公羊传》所发挥的《春秋》大义还有：

三世异辞。《公羊传》先后三次讲"所见异辞，所闻异辞，所传闻异辞"。即：

隐公元年："公子益都卒。何以不日？远也。所见异辞，所闻异辞，所传闻异辞。"

桓公二年："三月，公会齐侯、陈侯、郑伯于稷，以成宋乱。内大恶讳，此其目言之何？远也。所见异辞，所闻异辞，所传闻异辞。"

哀公十四年："《春秋》何以始乎隐？祖之所逮闻也。所见异辞，所闻异辞，所传闻异辞。何以终乎十四年？曰：备矣。"

这是后来公羊学者推演的"公羊三世说"的雏形，其中包含着历史变易观点，人们可以据之发挥，划分历史发展的阶段。"异辞"指用辞不同。亲见的时代、亲闻的时代、传闻的时代，为何用辞不同？这是因为时代远近不同，史料掌握详略不同，文字处理因而不同。不仅如此，《公羊传》更有特别的解释："定、哀多微辞，主人习其读而问其传，则未知己之有罪焉尔。"② 讲的是时代越近，孔子因惧祸而有忌讳，故多采用隐晦的说法。司马迁很注意《公羊传》这一观点，他说："孔氏著《春秋》，隐桓之间则章，至定哀之际则微，为其切当世之文而罔褒，忌讳之辞也。"③《春秋》又何以终于哀公十四年？《公羊传》的看法是："备矣。"至此已完备齐全。何休解释说，因西狩获麟，瑞明显

① 陈柱：《公羊家哲学·进化说》，台北中华书局，1980年版。
② 《春秋公羊传》定公元年。
③ 《史记·匈奴列传》赞。

现，见拨乱功成。① 以上所说，除证明《春秋》是一部重褒贬的政治书外，还有两层意思：一、孔子著《春秋》，因所见、所闻、所传闻这三个时代的不同特点，采取了不同的态度和书法；二、孔子修这部《春秋》，起自隐公之时，最后到哀公十四年，才达到完备齐全。这样，《公羊传》再三强调"所见异辞，所闻异辞，所传闻异辞"，就包含着对待历史的一个很宝贵的观点：不把春秋时期二百四十二年视为凝固不变或混沌一团，而看作可以按一定标准划分为各自显示出特点的不同发展阶段。这种历史变易观点，在中国"述而不作"风气甚盛的文化氛围中，更显出其独特的光彩和价值，后代有的思想深刻的学者，能结合时代的感受，从中得到宝贵的启迪。

拨乱反正，以俟后圣。《公羊传》认为《春秋》有拨乱反正的政治威力，为后世立法，这在终卷以画龙点睛的方式凸显出来，与开宗明义讲"大一统"，正好首尾呼应。《公羊传》终卷哀公十四年传云："春，西狩获麟。何以书？记异也。何异尔？非中国之兽也。然则孰狩之？薪采者也。薪采者则微者也，曷为以狩言之？大之也。曷为大之？为获麟大之也。曷为获麟大之？麟者仁兽也，有王者则至，无王者则不至。"意思是，《春秋》终于此年，是孔子精心安排的。因为"西狩获麟"，是王者出现的瑞应，"受命之符"，表示新的天子要出现了，代周而起。所以孔子作《春秋》不是普通的史书，而是具有重新安排天下秩序的意义，"为一王之法"。《公羊传》进一步强调"以俟后圣"的政治意义，说："君子曷为《春秋》？拨乱世反诸正，莫近诸《春秋》。则未知其为是与？其诸君子乐道尧舜之道与？末不亦乐乎尧舜之知君子也。制《春秋》之义，以俟后圣，以君子之为亦有乐乎此也。"强调是孔子有意修成的政治书，通过明是非、别善恶，以绳当世，为后王制法，故是拨乱反正的最高准则。以上倡大一统，正君君臣臣的关系，"不与晋而与楚子为礼"，"夷狄"而忧中国则进爵为"子"，"诸夏"倒退则为"新夷狄"等项，

---

① 《春秋公羊解诂》哀公十四年，《四部丛刊》本。

无不具有拨乱反正的意义。这种纲纪天下的作用，书中随处都体现出来。公子挥因密谋弑隐公，《公羊传》认为《春秋》对他一贬到底."夏，翚（即公子挥）帅师会齐人、郑人伐宋。此公子翚也，何以不称公子？贬。曷为贬？隐之罪人也，故终隐之篇贬也。"①《公羊传》又认为，鲁隐公被弑，不书葬，是表示对君杀贼不讨的谴责，以为无臣子："冬，十有一月壬辰，公薨。何以不书葬？隐之也。何隐尔？杀也。杀则何以不书葬？《春秋》君杀贼不讨，不书葬，以为无臣子也。"② 按《公羊传》所说，孔子这样制《春秋》义法，足使乱臣贼子惧，王道大行，故是授给汉代以拨乱反正之法。

讥世卿。《公羊传》阐扬《春秋》大一统、尊王室之义，自然对大臣世袭、专擅国政、威胁君权加以讥贬。隐公三年传："夏四月辛卯，尹氏卒。尹氏者何？天子之大夫也。其称尹氏何？贬。曷为贬？讥世卿。世卿非礼也。"对于大夫擅小国国君废立之权，也予以贬责。此见于文公十四年传，晋大夫郤缺以大军压境之势，企图迫使邾娄人接纳晋国外孙接菑为国君。邾娄人陈以情势，论以利害，使郤缺明白那样做法于义不合，引师而去。《公羊传》称赞郤缺最后改变主意，然而因郤缺率大军压境，是要以大夫专擅国君废置之权，因此予以讥贬，这仍然体现了《春秋》维护"君君、臣臣"关系的原则。

九世复仇。庄公四年传："纪侯大去其国。大去者何？灭也。孰灭之？齐灭之。曷为不言齐灭之？为襄公讳也，《春秋》为贤者讳。何贤乎襄公？复仇也。何仇尔？远祖也。哀公烹乎周，纪侯谮之。以襄公之为于此焉者，事祖祢之心尽矣。襄公将复仇乎纪，卜之。曰：'师丧分焉。''寡人死之，不为不吉也。'远祖者，几世乎？九世矣。九世犹可以复仇乎？虽百世可也。家亦可乎？曰：不可。国何以可？国君一体也。"从今人看来，九世复仇，未免是太野蛮的行为。然而这是在春秋时代，又是

① 《春秋公羊传》隐公十年。
② 《春秋公羊传》隐公十一年。

宗法制度牢固的时代，复仇的观念在当时是被视为正当的。这是氏族血亲复仇的遗留。在氏族制社会，"同氏族人必须相互援助、保护，特别是在受到外族人伤害时，要帮助报仇。……所绝对承认的是血族复仇的义务。"① 在宗法制度下，宗法的继承、君主、国家为一体，所以更强调复仇是正当的，齐襄公为祖宗复仇是贤者的举动。《公羊传》隐公十一年："君弑，臣不讨贼，非臣也；不复仇，非子也。"同样申明复仇是正当的举动。

《公羊传》所讲的"微言大义"，还有闵公元年讲"为尊者讳，为亲者讳，为贤者讳"；僖公十七年讲"为贤者讳"等。

从记载简略、褒贬书法不甚明显的《春秋》，到大力推演"微言大义"的《公羊传》，是从一个侧面反映出儒家学说的发展。由此而形成了一个推崇孔子为政治家、视《春秋》为一部政治书的公羊学派，与西汉末年才流传出来、推崇孔子为史学家、视《春秋》为一部历史书的《左传》学派，形成明显不同的风格。西汉初年，经过秦末大乱以后，需要重建并巩固封建统一国家，需要创建适应封建制度成长和版图规模远超前代的制度。而《公羊传》倡导"大一统"、尊奉王室、拨乱反正、为汉代制法为孔子学说的根本大义，这就恰恰符合时代的需要，成为西汉皇朝政治指导的学说，因而显赫于世。《公羊传》又再三强调"三世异辞"，其中包含着宝贵的变易哲学观点，这又给西汉和东汉思想家以深刻的启发，使他们据此而创造出新的学说，形成一套具有积极意义，且与社会生活密切相联系的历史哲学。《公羊传》著于竹帛后，在景帝时即有两位传习的大师，"于齐鲁自胡毋生，于赵自董仲舒"②。胡毋生授嬴公，嬴公授眭孟。眭孟授严彭祖、颜安乐，严、颜二人都是春秋学博士。③《公羊传》系用汉代通行的隶书写定，与汉初流传的齐、韩、鲁三家《诗经》、伏生所传

① 恩格斯：《家庭、私有制和国家的起源》，《马克思恩格斯选集》第四卷，人民出版社，1995 年版，第 85 页。
② 《史记·儒林列传》。
③ 见《汉书·儒林传》胡毋生条，中华书局，1962 年版。

《尚书》等经典，成为今文学派，且《公羊传》即是今文学的主要代表。

《公羊传》虽以阐释大义为主，但在史实上，与《左传》相比，也有重要的补充。如：宣公六年记赵盾弑其君；宣公十二年记邲之战；宣公十五年记宋及楚平；成公八年记晋使韩穿来言归齐汶阳之田；昭公二十五年记鲁昭公攻季氏而反被季氏所逐出走等。《公羊传》的议论，有很迂腐的地方，最为明显的是僖公二十二年，宋襄公与楚期战于泓水北岸。楚师半渡泓水，宋司马子反主张乘楚师未毕渡而击之，宋襄公不许，曰，君子不厄人，吾不忍行也。既之，楚师已渡而未毕阵，子反又请急击之，宋襄公不许，曰，君子不鼓不成列。楚师已阵，然后襄公鼓之，宋师大败。《公羊传》对此役却评论说："故君子大其不鼓不成列，临大事而不忘大礼，有君而无臣，以为虽文王之战亦不过此也！"而从我们看来，宋襄公的做法完全是愚蠢至极，咎由自取，应予严厉谴责。《穀梁传》对此役的评论则是："信则攻，攻则战，少则守。人之所以为人者，言也；人而不能言，何以为人？言之所以为言者，信也；言而不信，何以为言？信之所以为信者，道也；信而不道，何以为道？道之贵者时也，其行势也。"[1] 强调因"时"乘"势"，才符合事物的"道"，谴责宋襄公的愚蠢行为。相比之下，《穀梁传》对此役的评论要高明得多。

二、董仲舒与公羊学的形成

董仲舒是汉武帝时代春秋学大师，他的春秋学实际就是公羊学说。他所著《春秋繁露》十七卷，标志着公羊学的形成。而董仲舒本人也被评价为"令后学者有所统壹，为群儒首"[2]。董仲舒（汉文帝元年至汉武帝太初元年，前179—前104），广川（今河

---

① 《春秋穀梁传》僖公二十二年。
② 《汉书·董仲舒传》。

北枣强东）人。他专治《春秋公羊传》，景帝时为《春秋》博士，多年从事《春秋》经传的传授，"下帷讲诵，弟子传以久次相受业，或莫见其面"。本人治学艰苦精深，"三年不窥园"。汉武帝举贤良，董仲舒对以《天人三策》，受到赞赏，任为江都王相。因受丞相公孙弘忌刻，徙为胶西王相。后去位归家，修学著书，然朝廷如有大议，常"使使者及廷尉张汤就其家而问之，其对皆有明法"。武帝罢黜百家，推尊儒术，及立学校之官，州郡举茂材孝廉，皆系采用董仲舒建议。史书称："仲舒所著，皆明经术之意，及上疏条教，凡百二十三篇。"① 《春秋繁露》书名"繁露"，即是对《春秋》发挥、引申之意。② 书中可能有后人附加的字句，但其思想体系和基本内容出自董仲舒无疑。

（一）构建公羊学基本理论的体系

董仲舒沿着《公羊传》的独特方向大大加以发展，形成了一套体系化的理论。公羊学有一套基本命题和道理。康有为曾有过很恰切的比喻：如同不懂四元、借根、括弧等就无法解算学题一样，若对有关的基本命题和道理无知，就无法理解公羊学说。董仲舒归纳并加以阐述的基本命题，有大一统，张三世，通三统，以《春秋》作新王，绌夏、故宋、新周等，由此便构建起公羊学理论的总体框架。

首先，董仲舒反复阐述《春秋》一书是孔子为汉制法，是从帝王到万民都必须遵奉的神圣经典。他强调《春秋》是指导一切领域的治国的根本："仲尼之作《春秋》也，上探正天端王公之位，万民之所欲，下明得失，起贤才以待后圣。故引史记，理往事，正是非，见王公。……有国家者，不可不学《春秋》。"③ 又说："（《春秋》）其辞，体天之微，故难知也。弗能察，寂若无；

① 《汉书·董仲舒传》。
② 据《中兴馆阁书目》引《逸周书·王会解》："天子南面立，繈无繁露。"注云："繁露，冕之所垂也。有联贯之象。《春秋》属辞比事，仲舒立名，或取诸此。"按，"繁露"既是"冕之所垂"，就有引申、发挥的意思。又，程大昌《书繁露后》："牛亨问崔豹：'冕旒以繁露者何？'答曰：'缀玉而下垂如繁露也。'则繁露也者，古冕之旒似露而垂。"也是引申之意。
③ 《春秋繁露·俞序》。

能察之，无物不在。"① 《春秋》是孔子为后王制法："有非力之
所能致而自致者，西狩获麟，受命之符是也。然后托乎《春秋》
正不正之间，而明改制之义，一统乎天子，而加忧于天下之忧
也。"② 在《天人三策》中，董仲舒以向最高统治者对策的方式，
把《春秋》的"微言大义"提高到前所未有的高度。他对《春
秋》首书春王正月这样解释："《春秋》之文，求王道之端，得之
于'正'。'正'次'王'，'王'次'春'。春者，天之所为也；
正者，王之所为也。其意曰上承天之所为，而下以正其所为，正
王道之端云尔。"王者承天意以行政事，封建国家的政治行动都
是由上天安排的，以此论证皇权的神圣性和正确性。他又进一步
论述《春秋》"行天子之事"，"制《春秋》义法，以俟后圣"的
意义："孔子作《春秋》，先正王而系万事，见素王之文焉。"
"故《春秋》受命而先制者，改正朔，易服色，所以应天也。"天
道和人事，古和今的各种重要道理都包括其中，因此《春秋》就
成为自帝王至万民都不能违背、指导一切的圣经。

　　《公羊传》的"大一统"主张，在战国时代是反映人们的愿
望和社会今后发展的趋势。到了汉代，维护和加强国家的空前统
一尤其成为时代的迫切需要，董仲舒的公羊学说集中地反映了这
一时代要求，因而具有极大的权威性，被帝王所采纳，学者所宗
从。他讲："《春秋》大一统者，天地之常经，古今之通谊。"③
即是天地间最长久的普遍原则，当然也是指导国家政治的最高理
论。在汉武帝时代，版图极大开拓的封建国家迫切需要巩固全国
范围的统一，同时也迫切需要加强朝廷的权力，并且儒学独尊，
以文化思想的一元来加强专制皇权。董仲舒向武帝建议罢黜百
家、独尊儒术，提出"强干弱枝，大本小末"④，宣扬"屈民而
伸君，屈君而伸天"⑤。"民之从主也，如草木之应四时"⑥，都是

---

①　《春秋繁露·精华》。
②　《春秋繁露·符瑞》。
③　以上《天人三策》引文，均见《汉书·儒林传》。
④　《春秋繁露·十指》。
⑤　《春秋繁露·玉杯》。
⑥　《春秋繁露·威德所生》。

为了实现"大一统"这一最高政治原则。

其次，是"张三世""通三统"。

董仲舒推进了《公羊传》"三世异辞"之说，初步显示出把春秋二百四十二年划分为所传闻、所闻、所见三个阶段的意向。《春秋繁露·楚庄王》说："《春秋》分十二世以为三等：有见，有闻，有传闻；有见三世，有闻四世，有传闻五世。故哀、定、昭，君子之所见也；襄、成、文、宣，君子之所闻也；僖、闵、庄、桓、隐，君子之所传闻也。所见六十一年，所闻八十五年，所传闻九十六年。于所见微其辞，于所闻痛其祸，于传闻杀其恩。"所见世，记事使用什么书法忌讳多，因而用词隐晦；所闻世，对于事件造成的祸害感受真切，因此记载明确详细；所传闻世，恩惠和感情都减弱，因此记载简略。董仲舒的论述，由《公羊传》的"异辞"发展到比较明确地划分历史阶段的不同，从而为以后何休提出"三世说"历史哲学作了准备。

"张三世"是对于眼前春秋这一历史时期提出包含"变"的观点的划分方法，"通三统"则把眼光看得更远，并且包含更加深刻的历史变易的认识和改制的主张。《春秋繁露·三代改制质文》说："王者必受命而后王。王者必改正朔，易服色，制礼乐，一统于天下，所以明易姓非继人，通以己受之于天也。王者受命而王，制此月以应变，故作科以奉天地。"意思是，当新王朝代替旧王朝兴起的时候，为了表示自己是"受命而后王"，是天命所归，就必须"改正朔，易服色，制礼乐"，以有效地实现"一统于天下"。具体来讲，夏、殷、周三代是这样"改制"的：

夏正黑统，以建寅为岁首，色尚黑。

汤受命而王，正白统，"应天变夏作殷"，改国号为殷。以建丑为岁首，色尚白，作宫邑于下洛之阳，作濩乐。

周文王受命而王，正赤统，"应天变殷作周号"。以建子为岁首，色尚赤，作宫邑于丰，武王又作于鄗，周公作于洛阳，作象乐。

"通三统"理论的外衣有神秘色彩，其实际内涵却有重要价值。董仲舒讲夏、殷、周各是黑、白、赤统，这种说法含有神秘性，因为他要宣扬帝王"应天受命而王"，而且当时天命思想盛行，非独董仲舒一人为然。我们若透过这层神秘色彩和古色古香的词句，看其实质，那么，他的理论主张的实质就是解释历史的变化和治国办法的不同，其现实价值是讲汉代要"改制"，要创立新的制度、办法。三代颁行的历法（即"正朔"）不同，夏历建寅，殷历建丑，周历建子，旧的历法不适用了要实行新历法，所以夏、殷、周有"三正"的不同。三代的服色又有尚黑、尚白、尚赤的不同。三代又有迁都、作邑的不同。董仲舒这种历史变化的观念，本来是从上述三个方面具体的变化归纳而得的，这本来是很有意义的理论创造的成果。可是他在表述时，却不说明是由具体史实变化归纳而得，而采用了相反的逻辑方法，说成演绎而得。于是这一理论颠倒过来，成为由夏、商、周三统不同，故有正朔、服色、迁都、作乐的不同；不幸又由于当时科学认识水平的限制和有意识宣扬"天命论"，更使"三统论"蒙上神秘的色彩。我们要明了古人的苦心，理解古人的局限。我们的任务，是拨开这一理论神秘的外衣，揭示出其解释历史变化和制度、办法必须变化这一合理的实质。并且要如实地指出其现实意义在于宣布汉代要改制，要创立新的制度和治国办法。在汉代，封建关系正在成长，当时的封建阶级处在上升时期，他们有创造精神，对历史有勇气向前看。董仲舒在《公羊传》基础上提出"张三世""通三统"的命题，就反映了这种时代特点。当然，这一理论除了有神化皇权的严重弊病外，它又是一种循环论，认为"三王之道若循环"，因为董仲舒不能进一步认识历史如何不断由低级阶段向高级阶段前进。

第三，"《春秋》以治人"和德刑相兼。

董仲舒发挥《公羊传》"制天下义法，以待后圣"和正君臣等级名分的观点，明确提出："《春秋》正是非，故长于治人。"①

---

① 《春秋繁露·玉杯》。

他适应汉朝统治阶级的需要，总结出德刑相兼的理论，作为统治人民、治理国家的手段。他说："国之所以为国者德也，君之所以为君者威也。……是故为人君者，固守其德以附其民，固执其权以正其臣。"① "为人主者，居至德之位，操杀生之势，以变化民。……喜怒当寒暑，威德当冬夏。"② 实行仁政、德义，是为安抚人心，使臣下感恩、归附；实行刑罚，是为了使臣下和民众畏惧、服从。德刑并用，总的目的是维护君尊臣卑、夫尊妇卑的地位和等级制度、统治秩序。故说："天道之大者在阴阳。阳为德，阴为刑；刑主杀而德主生。是故阳常居大夏，而以生育养长为事；阴常居大冬，而积于空虚不用之处。"③ "民无所好，君无以权也，民无所恶，君无以畏也。无以权，无以畏，则君无以禁制也。无以禁制，则比肩齐势而无以为贵矣。故圣人之治国也，因天地之性情，孔窍之所利，以立尊卑之制，以等贵贱之差。设官府爵禄，利五味、盛五色、调五声以诱其耳目，自令清浊昭然殊体，荣辱踔然相驳，以感动其心，务致民令有所好。有所好然后可得而劝也，故设赏以劝之。有所好必有所恶，有所恶然后可得而畏也，故设罚以畏之。既有所劝，又有所畏，然后可得而制。"④ 用天地之性情、阴阳、冷暖、寒暑、春夏秋冬四季来比附人间社会现象，将其政治伦理主张说成是由"天生而来"的先验的道理，即"天意"决定的，用神秘性来建立其权威性，以慑服民心。德刑并用，德的一手，是施以爵位、利禄、赏赐、教化，使臣下或民众从统治者那里得到好处，而遵从国君；刑的一手，是采用责辱、刑罚甚至杀戮，使臣下或民众怀有畏惧心理，容易制服。最终目的是维护帝王至高无上的尊严和等级制度的永恒。董仲舒对《公羊传》保持等级、名分的观点也加以发展，他很具体地论述帝王、诸侯、大夫、士和民众应该各自在等级结构中安

---

① 《春秋繁露·保位权》。
② 《春秋繁露·威德所生》。
③ 《天人三策》，见《汉书·董仲舒传》。
④ 《春秋繁露·保位权》。

分守己，忠心尽责，不得逾越。[①] 董仲舒既把《春秋》视为指导封建国家一切领域的圣经，又把它当作决狱量刑的法律依据。他讲用《春秋》审理案件的原则是："《春秋》之听狱也，必本其事而原其志。志邪者不待成；首恶者罪特重；本直者其论轻。"[②]《汉书·艺文志》著录有《公羊董仲舒治狱》十六卷（书已佚）。

第四，"天人感应"说和谴告说。

天人感应说也是董仲舒公羊学说的一个基本观点，指天能干预人事，人们的行为也能感应上天。谴告说是讲自然界灾异的出现表示着天对人间过失的谴责和警告。

《春秋》中记载有日食、地震、陨石、雹、虫灾等自然界异常现象，但是"记异而说不书"[③]，不宣扬迷信。《公羊传》同样有不宣扬迷信的特点。董仲舒公羊学说的不少内容却是儒学与阴阳五行学说相结合，其中的谴告说包含着有限的积极内容，其他都是糟粕，并且对西汉公羊学造成严重的负面影响。

董仲舒是儒学大师，但他极喜谈灾异迷信，他的天道观受墨家"天志"、鬼神之说和阴阳家迷信说法影响很深。《春秋繁露》各篇中，以"天"命名的即有十篇之多（为人者天、天容、天辨在人、循天之道、天地之行、天道无二、人副天数、如天之为、天地阴阳、天道施），此外还有不少篇讲阴阳，讲求雨、止雨的。《史记·儒林列传》载他曾因推论灾异有所刺讥，差点被杀。董仲舒如此的推言灾异，尚不应单纯归咎于个人的喜好，同时还有时代原因，西汉君臣好言天命、灾异、鬼神迷信，风气甚盛。古代易姓而王之后，新的统治者都要讲一通"天命"。"天命"对汉朝统治者尤其重要。秦以前的列国诸侯，以及秦朝，都是靠贵族祖先的名义，靠世代积累的权威进行统治。刘邦及其功臣，原都是下层平民，他们更需要向民众宣传他们的权威的神圣性，这就更需要"天命论"。汉武帝时董仲舒策问，第一次就问他："三代受命，其符安在？灾异之变，缘何而起？"说明武帝对天命的关

---

① 参见《春秋繁露·深察名号》。
② 《春秋繁露·精华》。
③ 《史记·天官书》。

切。董仲舒即回答说:"《春秋》之中,视前世已行之事,以观天人相与之际,甚可畏也。"董仲舒的"天",是看成一种有意志、有意识、有目的的神秘力量。认为"天亦有喜怒之气,哀乐之心";"天执其道为万物主"①,主宰人世间的一切;由"天子受命于天",再派生出整个封建社会的伦理和秩序,"诸侯受命于天子,子受命于父,臣妾受命于君,妻受命于夫"②。他把儒学与阴阳五行说结合起来,认为不但阴阳、四时、五行都是天的意志的表现,而且人也是本于天而生。③ 也即把人视为天的副本。④

天人感应说的重要内容是谴告说。董仲舒说:"孔子作《春秋》,上揆之天道,下质诸人情,参之于古,考之于今。故《春秋》之所讥,灾害之所加也。《春秋》之所恶,怪异之所施也。书邦家之过,兼灾异之变。"⑤ "小者谓之灾。灾常先至而异乃随之。灾者,天之谴也;异者,天之威也。谴之而不知,乃畏之以威。"⑥ 这种认为天有愤怒和喜悦,灾异出于天的意志的"谴告说",当然是一种神学目的论。不过,在鬼神迷信盛行的汉代,谴告说有其一定的意义。这是因为,在专制制度下,皇帝拥有至高无上、不受限制的权力。然而,为所欲为的权力,对于国家实际上又是危险的。所以封建思想家也要想办法对君权施加一点限制。可是,在君权的绝对权威下,有什么力量能予以限制呢? 这就需要抬出"天"的神秘力量。当时一些大臣或思想家,即利用"灾异"作为对暴政作斗争的合法工具。用"灾异"恐吓皇帝,要求他反省错误,施行仁政。这就是谴告说在当时具有积极意义的一面。

(二) 亲周、故宋,以《春秋》当新王

这一组命题,本来与"通三统"密切相关。但由于这些理论主张在公羊学中占有很重要的意义,而历代有不少学者因习惯于

---

① 《春秋繁露·天地之行》。
② 《天人三策》,见《汉书·董仲舒传》。
③ 参见《春秋繁露》中《为人者天》《人副天数》等篇。
④ 冯友兰说。见《中国哲学史新编》中册,第82页。
⑤ 《天人三策》,见《汉书·董仲舒传》。
⑥ 《春秋繁露·必仁且智》。

古文学派关于历史推演的模式和思维的方法，对于亲周、故宋等不理解，甚至感到骇怪，时至今日，还有专门评论公羊学的论著称这些命题是董仲舒、何休的"严重错误"。鉴于以上原故，需要单独列出来作专门讨论。

亲周、故宋，完整的说法是"绌夏、亲周、故宋"。"以《春秋》当新王"又称为"王鲁"。对此，董仲舒讲有两段很重要的话：

> 故《春秋》应天作新王之事，时正黑统。王鲁，尚黑，绌夏，亲周，故宋。……具存二王之后也。

> 《春秋》曰：杞伯来朝。王者之后称公，杞何以称伯？《春秋》上绌夏，下存周，以《春秋》当新王。《春秋》当新王者奈何？曰：王者之法，必正号。绌王谓之帝，封其后以小国，使奉祀之。下存二王之后以大国，使服其服，行其礼乐，称客而朝。故同时称帝者五，称王者三，所以昭五端，通三统也。是故，周人之王，尚推神农为九皇，而改号轩辕谓之黄帝，因存帝颛顼、帝喾、帝尧之帝号，绌虞而号舜曰帝舜，录五帝以小国。下存禹之后于杞，存汤之后于宋，以方百里爵号公。皆使服其服，行其礼乐，称先王，客而朝。《春秋》作新王之事，变周之制，当正黑统。而殷、周为王者之后，绌夏改号禹谓之帝，录其后以小国，故曰绌夏存周，以《春秋》当新王。不以杞侯，弗同王者之后也。称子又称伯何？见殊之小国也。[①]

对于董仲舒的这些说法，古文学派学者以他们熟习的经传为标准来衡量，认为王鲁、绌夏、亲周、故宋之说是无稽之谈、离奇之论。但从公羊学的角度说，则是确有根据、颇有道理的。董仲舒的根据，就是周朝建立时，曾封夏之后于杞，殷之后于宋。依据这一先例，他认为，每一"新王受命"，就须封二代之后为王。孔子作《春秋》，代表"一王之法""应天作新王之事"，以

---

① 均见《春秋繁露·三代改制质文》。

鲁为王，故"王鲁"。《春秋》继周的"赤统"，所以"尚黑"，故"正黑统"。夏离《春秋》新王远了，就不再享受先王后代的封赠，改称为"帝"，故"绌夏"。周是《春秋》新王的前代，《春秋》仍封其后人，故"亲周"。宋作为殷之后，仍得受封，使服其服，行其礼乐，称客而朝，但其位置离新王远了，所以称"故宋"。

以上是"下存二王之后"的制度，体现出"通三统"。又再推其前五代为"帝"，如周封夏、殷二代子孙以外，又存黄帝、帝颛顼、帝喾、帝尧、帝舜，"录五帝以小国"。又推其前为九皇，封其后为附庸。按董仲舒所说，这种"封二王之后以大国"和"录五帝以小国"的制度，是一种滚动式的推迁。如虞舜在殷时是二王之后，至周则绌为帝；同样，夏禹在周时是二王之后，至《春秋》作新王，则绌夏改号为帝，录其后以小国。《春秋》庄公二十七年记："杞伯来朝"，称伯而不称侯，原因即在于此。

"王鲁"，即"《春秋》托新王受命于鲁"，这一命题在《春秋繁露》中也多有阐释，因为它既表示历史的变革，易姓而王必改制，而且也是"大一统"思想在《春秋》书中特殊的显示。《奉本》篇云："今《春秋》缘鲁以言王义，杀隐、桓以为远祖，宗定、哀以为考妣，至尊且高，至显且明。……大国齐、宋，离不言会，（按，苏舆云：宣十一年"晋侯会狄于攒函"，注云："离不言会，言会者见所闻世。治近升平，内诸夏而不详录之，殊夷狄也。"然则所见〔闻〕世，远近大小若一，当书"外离会"审矣。此文盖衍"不"字。苏氏所论甚是。）微国之君，卒葬之礼，录而辞繁，远夷之君，内而不外。当此之时，鲁无鄙疆，诸侯之伐哀者，皆言我。邾娄庶其、鼻我，邾娄大夫，其于我无以亲，以近之故，乃得显明。隐、桓，亲《春秋》之先人也，益师卒而不日。于稷之会，言其成宋乱，以远外也。黄池之会，以两伯之辞，言不以为外，以近内也。"在《王道》篇中又云："诸侯来朝者得褒，邾娄仪父称字，滕、薛称侯，荆得人，介葛卢得名。内出言如，诸侯来曰朝，大夫来曰聘，王道之意也。"

这两段话，大大推进《公羊传》"制《春秋》之义，以俟后圣"的观点，明确提出孔子以《春秋》立一王之义，假托鲁受命作新王，认为《春秋》和《公羊传》在两个方面体现出这一"微言大义"：一是，以鲁为受命之新王，故诸侯及小国先来朝聘通好者，表明其尊慕王道，或先被王化，所以得褒誉。故《公羊传》隐公元年："三月，公及邾娄仪父盟于眛。及者何？与也。'会'及'暨'皆与也，曷为或言'会'，或言'及'，或言'暨'？'会'犹最也。'及'犹汲汲也，'暨'犹暨暨也。'及'我欲之，'暨'不得已也。仪父者何？邾娄之君也。何以名？字也。曷为称字？褒之也。曷为褒之？为其与公盟也。与公盟者众矣，曷为独褒乎此？因其可褒而褒之。此其为可褒奈何？渐进也。"董仲舒也肯定《公羊传》的看法，这样书法，是对邾娄仪父的褒扬，《春秋》托鲁作新王，邾娄仪父先来归附，对于后来归善者起到表率的作用。同样的道理，隐公七年载"滕侯卒"，滕是小国，称之为侯，就因滕子先朝鲁公，所以褒誉他；隐公十一年载"薛侯来朝"，托鲁为新王，故对薛侯加以褒扬，称他为"侯"。又，庄公二十三年载："荆人来聘。"前此庄公十年却称"荆败蔡师于莘"。《公羊传》："荆者何？州名也。州不若国，国不若氏，氏不若人，人不若名，名不若字，字不若子。"称"荆人"是对其来聘于鲁的褒誉的表示。僖公二十九年载："春，介葛卢来。"介是小国，葛卢是国君之名，称其名，也是对到鲁朝贤君的一种表彰。以上五项记载和书法，都是对诸侯来朝者的褒扬，体现出《春秋》"王鲁"的大义。二是《春秋》既然缘鲁以言王义，那么定公、哀公离得近，有如考妣至尊且高，而隐公、桓公之世已是远祖，恩薄情减。故《春秋》书法，定、哀之世，表示王化程度已深，记载的态度越宽厚，因时代近而密切；而对隐、桓之世态度越严，因时代远而疏淡。同样记大夫，隐公元年公子益师卒，不记日，是因疏远也；襄公二十一年，邾娄庶其以漆闾丘来奔，襄公二十三年，邾娄鼻我来奔，昭公二十七年，邾娄快来奔，这些小国大夫，都书其名，是因时代近而密切也。同样书会，《公羊传》桓公二年载："三月，公会齐侯、陈侯、郑伯于稷，以成宋乱。内大恶讳，此其目言之何？远也。"而哀公十三年载："公会晋侯及吴子于黄池。"吴进而称子，以两伯主盟之辞，因时代近，以前被"诸夏"视为"夷狄"的吴至此而忧中国，与晋国主盟，故《公羊传》曰："其言及吴子何？会两伯之辞也。""曷为重吴？吴在是，则天下诸侯莫敢不至也。"故同以"诸夏"之国视之。在桓公五年，齐是大国，如纪而不言会，同样是因时代久远之故。至定、哀之世，因时近而恩深，故记载详细，小国之君，卒均书葬。定公三年载："三月辛卯，邾娄子穿卒。""秋，葬邾娄庄公。"定公十二年载："葬薛襄公。"哀公十一年载："葬滕隐公。"又因定、哀之世时近，"夷狄"之君进至于爵，视与"诸夏"无别，而诸侯之伐鲁者皆言"伐我"，表示王者无外，鲁无鄙疆。故哀公四年，书"戎曼子"，哀公十三年，书"吴子"；而哀公八年，书"吴伐我"，哀公十一年，书"齐国书师师伐我"。

董仲舒阐发的王鲁、绌夏、亲周、故宋这组命题，其理论内涵与"通三统""张三世"相同，是从确实存在的具体史实或制度的演变出发，经过加工、概括、演绎，成为一套具有独特格调的理论。其实际意义，一是讲历史和制度是变化的，新建的王朝，后代的帝王和政治家的制度也应该变革，故"改制"是历史的必然，普遍的法则；二是，进一步从这个侧面讲《春秋》政治性的特色，发展公羊学"以经议政"、讲"微言大义"的学术风格。我们应该透过这一理论古老的语言形式，剔除其中属于主观附会的成分，正确地把握其具有积极意义的内核，承认其理论合理性和在历史上的价值。考虑到古代有许多学者往往不甚注重历史哲学的发挥，那么董仲舒据《公羊传》而阐发的这些命题就更值得珍视。在汉代，诚有一些学者也提出类似的论点或接受董仲舒的主张。《说苑》称"周道不亡，《春秋》不作"，《淮南子》讲"《春秋》变周"①，《白虎通》讲"王者所以存二王之后何也？

---

① 参见康有为《春秋董氏学·春秋改制第五》，中华书局，1990年版，第119页。

所以尊先王，通天下之三统也，明天下非一家之有，谨敬谦让之至也"①，《孝经说》讲"《春秋》藉位于鲁所托王义"②，都是显例。而最值得注意的是《史记》中两段赞成董仲舒观点的话：

> 子曰："弗乎弗乎，君子病没世而不称焉。吾道不行矣，吾何以自见于后世哉？"乃因史记作《春秋》，上至隐公，下讫哀公十四年，十二公。据鲁，亲周，故殷，运之三代。约其文辞而指博。……推此类以绳当世。贬损之义，后有王者举而开之。《春秋》之义行，则天下乱臣贼子惧焉。③

又一段是引上大夫壶遂说：

> 孔子之时，上无明君，下不得任用，故作《春秋》，垂空文以断礼义，当一王之法。④

《史记》中所言"据鲁"，即董仲舒所说"《春秋》缘鲁以言王义"；所言"亲周，故殷"，即绌夏、亲周、故殷；所言"运之三代"，即把"下存二王之后"的道理运用于夏、商、周三代，以明推迁的道理；所言"以绳当世"，就是制《春秋》义法，以俟后王。"当一王之法"，便是以《春秋》作新王，为汉制法，强调《春秋》拨乱反正的政治意义。司马迁是一位伟大的思想家、史学家，他是结合对春秋以来学术变迁和整个古代历史的演变，来肯定董仲舒上述命题的价值的。⑤

　　由于东汉以后古文学派盛行，历代有不少学者研习古文经典，思想形成了定式，因而对董仲舒王鲁、亲周、故宋等命题不理解，加以贬责，这是因学派不同形成的隔膜，并不难理解。可是，曾有学者提出一种观点，提出董仲舒"王鲁新周故宋"之说

---

① 《白虎通义·三正》，据陈立《白虎通疏证》本，中华书局，1994 年版。
② 见《春秋公羊解诂》徐彦疏引。
③ 《史记·孔子世家》。
④ 《史记·太史公自序》。
⑤ 东汉光武帝，还有以汉继周，故立殷、周二王之后为公的礼制。见《文选》卷四八《典引》"至令迁正黜色宾监之事，焕扬寓内"句，蔡邕注："武帝太初……以汉土德，服色尚黄。至光武中，乃黜黄而尚赤，立殷后曰绍嘉公，周后曰承休公，以宾而监二代矣。"

属于"重要错误",是由于"误读"所致。其理由是《史记索隐》解"据鲁"云:"言夫子修《春秋》以鲁为主,故云据鲁。"据此得出结论:这证明董、何所倡的"王鲁"必由误读"主鲁"而来。所谓"主鲁"就是"夫子修《春秋》以鲁为主"。这种看法的逻辑是,由《索隐》所说"以鲁为主"即推论为"主鲁",进一步推论就是董仲舒把"主鲁"误读为"王鲁"。然而,汉代或汉以前又有哪篇文献上讲"主鲁"?西汉的董仲舒怎么会由唐代司马贞《索隐》中的话而"误读"?这能说得通吗?置《公羊传》《春秋繁露》《史记》及其他汉人记载的各种文献于不顾,却用两层无根据的推论,就宣布董仲舒的命题是重要错误,这样做未免太过武断了。我想,仔细释读各种文献,深入弄清绌夏、故宋、亲周、王鲁这些命题的依据是什么,又加了哪些理想化成分,在当时有何意义,汉代其他思想家和后代学者是如何看待的,对这些问题系统地加以考察,这样做,才有利于推进学术研究。近代和当代还有两位学者的看法对我们理解这些问题很有帮助。近代的皮锡瑞说:"《春秋》存三统,实原于古制,逮汉以后,不更循此推迁之次,人但习见周一代之制,遂以五帝三王为一定之号。于是《尚书大传》舜乃称王,解者不得其说;《周礼》先后郑《注》引九皇六十四民,疏家不能证明:盖古义之湮晦久矣。晋王接、宋苏轼、陈振孙,皆疑绌周、王鲁,《公羊》无明文,以何休为《公羊》罪人。不知存三统明见董子书,并不始于何休。《公羊传》虽无明文,董子与胡毋生同时,其著书在《公羊》初著竹帛之时,必是先师口传大义。据其书可知古时五帝三王,并无一定,犹亲庙之祧迁。"[①] 皮锡瑞以祭祀祖先之祧迁来说明《春秋繁露》新王受命"存二王之后"推迁的制度,很有道理,汉代公羊家正是从具体的礼制的变革,进一步加工、推演,来阐述"历史变革是必然"的理论主张。当代哲学史家冯友兰先生说,《春秋繁露》所说"存二王之后"的制度,是从周朝建立

---

① 《经学通论》四"春秋","论存三统明见董子书,并不始于何休,据其说足知古时二帝三王本无一定"条,中华书局,1982年版,第7—8页。

时的做法而来的。孔子作《春秋》，是"受命"作"新王"的，《春秋》代表"一王之法"。秦虽是一个朝代，但不合法。继周的土，是《春秋》为之设计好了的汉。所以《春秋》为汉制法。①这些见解，对我们理解"王鲁""亲周、故宋"等是很有启发的。

（三）董仲舒学说与汉代公羊学的盛衰

西汉《春秋》学大盛，实则是春秋公羊学大盛。董仲舒大力推阐《公羊传》"微言大义"，提出一整套大一统、皇权神授、德刑并举、维护等级名分、天人感应的理论体系。这套公羊学说与时代的需要相适应，受到专制皇帝的激赏，从此开始了中古时代罢黜百家、独尊儒术的局面。公羊学说俨然成为统一意识形态的官方哲学。董仲舒因精通公羊学而拔任江都王相。公孙弘更因精于《公羊传》，起徒步而数年至丞相，封平津侯。当时，瑕丘江公善治《春秋穀梁传》，与董仲舒同为治《春秋》学者。"上使与仲舒议，不如仲舒。而丞相公孙弘本为公羊学，比辑其义，卒用董生。于是上因尊公羊家，诏太子受《公羊春秋》。由是《公羊》大兴。"②

由于《春秋》和《公羊传》在西汉时期具有最高理论权威和法律标准的双重作用，因而不但皇帝诏书、策问和朝臣奏议常常引用来作为持论的根据，而且当朝政大事遇到疑难不决时，也每以《春秋公羊传》作为解决问题的准则。皇帝嗣立是国事之最重大者，西汉时有三次因嗣君问题产生疑问，最后都以《春秋公羊传》作为决定的标准。一次是景帝时窦太后企图立她所溺爱的小儿子梁孝王（景帝之弟）为皇位继承人，经袁盎等以《公羊传》力争，才立刘彻（后来的汉武帝）为太子。再次是昭帝初年，有人冒充卫太子出现于长安城，引起吏民数万人围观，丞相和百官呆立街头，是靠熟悉《公羊传》的京兆尹隽不疑以传文为依据，果断地把假冒者抓进监狱，才平息了这场轩然大波。第三次，是

① 冯友兰：《中国哲学史新编》中册，第95页。
② 《汉书·儒林传》。

废掉昌邑王，立汉宣帝。^① 西汉时期这三次嗣君废立问题，或是朝廷长期争议不决，或是满朝文武面对意外风波束手无策，结果都借《公羊传》的权威迎刃而解。可见公羊学在西汉地位之显赫。《公羊传》还可用来作为决狱的法律标准。前已说到，董仲舒老病致仕，朝廷还屡派张汤亲到居处问如何判案，故著有《春秋决狱》。董仲舒曾因辽东高庙火灾，提醒武帝从《公羊传》找到依据，果断地对横逆不法的诸侯王严加诛杀。当时武帝对此并未采纳。至元朔六年（前123），淮南王、衡山王谋反，计划败露伏诛。于是武帝追思仲舒前奏，叹服其正确，深信《春秋》是裁决大狱、确定大政的依据，遂"使仲舒弟子吕步舒持斧钺治淮南狱，以《春秋》谊专断于外，不请，既还奏事，上皆是之"^②。有了《春秋》作为决狱的法典依据，竟可享有皇帝特准的对特大案件先斩后奏的权力。

《春秋》之义还被当时有见识的大臣引用处理民族问题，这可视为对《公羊传》对于少数民族有较理智态度的发展，也是春秋公羊学盛行所获得的积极意义最为明显的成果。宣帝时，大臣萧望之等曾一再引《春秋》之义陈述处理匈奴问题的建议。五凤年间，值匈奴大乱，朝臣中有不少人提出：匈奴长期为害，正好乘其内乱出兵攻灭之。宣帝向大儒、御史大夫萧望之询问对策。望之即引《春秋》之义作为根据："《春秋》晋士匄帅师侵齐，闻齐侯卒，引师而还，君子大其不伐丧，以为恩足以服孝子，谊足以动诸侯。"所举是《公羊传》襄公十九年的记载，萧望之用《春秋》之义比附当前情况，认为：匈奴单于愿意归附，请求和亲，海内百姓欣然赞同。在此情形下，伐之不义。应该派遣使者前往吊问，辅助其内部愿意与汉友好、如今仍然微弱的力量，这样定会使之感动，决意归附汉朝。宣帝遂采纳望之建议，派兵帮助呼韩邪安定匈奴内部，从此大大密切了呼韩邪单于与汉朝的关

---

　　① 参见拙著《史学与中国文化传统》书中《〈春秋〉与西汉社会生活》一章，书目文献出版社，1992年版。
　　② 据《汉书·五行志上》。

系，导致此后呼韩邪决然内附，北部边境上长达六十年的安定局面。[1] 从决定皇权的继承，大臣的征用，刑狱的判决，到处理边境民族问题，大量史实证明，西汉时代的春秋公羊学对于社会生活各个领域确实具有重大的指导作用。这是公羊学在历史上的第一次兴盛。

公羊学盛行的情况，在宣帝即位不久曾一度发生变化。宣帝听说，他的祖父卫太子在通《公羊传》之后，私下又学了《穀梁传》，并且喜爱它。而后穀梁学却一向衰微。宣帝又问丞相韦贤、少府夏侯信和外戚史高（三人都是鲁人），他们说：《穀梁传》是鲁学，《公羊传》是齐学，应该兴《穀梁传》。于是选了十名聪明的青年郎官，用十余年时间学通《穀梁传》。甘露元年（前53），宣帝一手布置了由公羊、穀梁两个学派辩论经义的石渠阁会议，两派各出五人，由大儒萧望之（太子太傅）等十一名经师议论裁决。由于有宣帝及萧望之支持，穀梁学取胜。于是将《穀梁传》列于学官，立博士二人。穀梁学遂盛行一段短时期。《穀梁传》虽也是一部解释《春秋》之义的书，书中的义理却远不及《公羊传》丰富，单靠权势者扶植，毕竟不能长期盛行。我们看到西汉后期大臣的奏议，仍是多引《公羊传》，即可清楚。

以董仲舒为代表的公羊学尊盛一时，但它本身又孕育着走向衰落的因素。董仲舒的公羊学理论对于巩固西汉统一局面和确立支配封建社会的儒学独尊地位，有其历史功绩。但他的公羊学理论又是儒学与阴阳五行相结合，这是其致命弱点。董氏有求雨开北门闭南门、止雨闭北门开南门一类法术，几乎同巫师方士没有两样。他认为，天注视并支配人世间一切活动，"天执其道为万物主"[2]；"天覆育万物，既化而生之，又养而成之，事功无已，终而复始"[3]。又说，天主宰一切，而又神秘莫测，"天高其位而下其施，藏其形而见其光。高其位，所以为尊也；下其施，所以为仁也；藏其形，所以为神；见其光，所以为明。故位尊而施

---

① 据《汉书》之《萧望之传》《匈奴传》。
② 《春秋繁露·天地之行》。
③ 《春秋繁露·王道通三》。

仁,藏神而见光者,天之行也"①。董仲舒又认为人类生产和社会
生活体现着阴阳五行的神秘法则:"水为冬,金为秋,土为季夏,
火为夏,木为春。春主生,夏主长,季夏主养,秋主收,冬主
藏。藏,冬之所成也。是故父之所生,其子长之;父之所长,其
子养之;父之所养,其子成之。"② 由于董仲舒大力宣扬阴阳灾异
和迷信思想,加上武帝、成帝这些帝王极度相信鬼神,便直接引
起和助长西汉晚期阴阳灾异之说大肆泛滥。这是历史为公羊学盛
行而付出的沉重代价!物极必反,这种阴阳五行化的儒学必然要
衰落下去。再者,由于西汉把诵习《春秋》等经书作为选拔士人
的依据,今文经学成为禄利之途,经师们便竞相加上烦琐的解
说,秦延君为讲《尧典》题目二字,用十余万言。③ 这种"章句
小儒,破坏大道"的烦琐主义做法也表明学术走到了末路。

西汉哀、平以前,立在学官的《五经》,全是今文。《诗》有
齐、鲁、韩三家;《书》有欧阳、大小夏侯三家;《礼》有大戴
(德)、小戴(圣)二家;《易》有施、孟、梁丘、京房四家;
《春秋公羊传》有严、颜二家。《春秋穀梁传》,在宣帝甘露间始
立为博士,不在十四博士之内。(《穀梁传》是今文,古代没有异
说,但近人有认为是古文学,见崔适《春秋复始》卷一。)哀帝
时,发生了刘歆移书太常博士的事件,第一次要求将古文经传建
立于学官,成为汉代学术思想的转折点,也是此后长期今古文争
论的开始。刘歆是西汉宗室、文献校雠大家刘向之子,成帝河平
年间,受诏与父向领校秘书。哀帝初即位,大司马王莽"举歆、
宗室有材行,为侍中太中大夫,迁骑都尉、奉车光禄大夫,贵
幸。复领《五经》,卒父前业"。刘歆随父典校秘书时,见古文
《春秋左氏传》,大好之。"及歆亲近,欲建立《左氏春秋》及
《毛诗》《逸礼》《古文尚书》皆列于学官。"④ 这些古文经传,是
经过秦焚书和秦末大乱之后,散落于民间,或藏于屋壁,而后发

①《春秋繁露·离合根》。
②《春秋繁露·五行对》。
③《汉书·艺文志》颜师古注引桓谭《新论》之说。
④ 见《汉书·楚元王传》附《刘歆传》。

现的。因是用先秦文字书写，与西汉初流传的用汉代通行的隶字书写的今文经传不同，称为"古文经传"。今文和古文，最初是文字记载的歧异，训读的不同，以后又形成学派之争。古文经传中最为重要的有三部典籍：《古文尚书》，"出孔子壁中。武帝末，鲁恭王坏孔子宅，欲以广其宫，而得《古文尚书》，……经凡数十篇，皆古字也。……孔安国者，孔子后也，悉得其书，以考二十九篇，得多十六篇"①。《春秋左氏传》，"汉兴，北平侯张苍及梁太傅贾谊、京兆尹张敞、太中大夫刘公子皆修《春秋左氏传》"②。《周礼》，据贾公彦《序周礼废兴》引《马融传》云："至孝成皇帝，达才通人刘向子歆，校理秘书，始得列序，著于录略。"

刘歆向朝廷要求立古文经传于学官，当然就引起与今文十四博士的激烈斗争。可是，"哀帝令歆与《五经》博士讲论其义，诸博士或不肯置对"。于是刘歆移书太常博士，加以责备。这封《移太常博士书》情辞激烈，批评今文博士"犹欲保残守缺，挟恐见破之私意，而无从善服义之公心"，"专己守残，党同门，妒道真"。③ 今文学大儒们感到怨恨愤怒，可是不正面与之论辩。"是时名儒光禄大夫龚胜以歆移书上疏深自罪责，愿乞骸骨罢。及儒者师丹为大司空，亦大怒，奏歆改乱旧章，非毁先帝所立。"④ 当时刘歆因忤执政大臣，为诸儒所讪，求外放任郡守。然而在学术上，刘歆《移太常博士书》实则显示出古文学派的第一次胜利，西汉公羊学盛行局面至此结束。刘歆政治上的支持者是王莽。王莽要代汉自立、托古改制，需要寻找新的学术观点为之开路，因此扶植古文经学。《左传》是古文学的中坚，它名为"春秋三传"的一种，但它本身所重在记载史实，以后研治《左传》的学者又重视名物训诂，这与原先盛行的公羊学派重视发挥"微言大义"、阐述政治观点和变易历史哲学的风气，形成完全不

---

① 《汉书·艺文志》。
② 《汉书·儒林传》。
③ 原书见《汉书·楚元王传》附《刘歆传》。
④ 见《汉书·楚元王传》附《刘歆传》。

同的学派风格。

三、何休对公羊家法的总结

王莽篡汉，建立新朝，任刘歆为国师公，崇尚古文。东汉继起，恢复刘姓统治，废除新莽制度，《五经》博士仍沿西汉之规，所立者均今文学。仅在光武朝曾因尚书令韩歆、太中大夫许淑等人力争，短时间立《春秋左氏传》于学官。但又引起诸儒"论议讙哗，自公卿以下数廷争之"，恰遇《左传》博士李封病卒，复又废除。但从学术风气看，东汉比西汉已大不相同，古文学派渐盛的趋势日益明显。东汉一代，古文学派相继出现了声名显著的学者，如郑众、杜林、桓谭、贾逵、马融、许慎、服虔、郑玄，而今文学家著名者却寥寥可数，仅章帝时有李育，桓、灵之间有何休，前后二人。李育习《公羊春秋》，因治学专精而且学识渊博，深为同郡班固所重，班固曾荐育于骠骑将军东平王苍，遂知名于京师。育"颇涉猎古学。尝读《左氏传》，虽乐文采，然谓不得圣人深意，以为前世陈元、范升之徒更相非折，而多引图谶，不据理体，于是作《难左氏义》四十一事"。建初四年（79）"诏与诸儒论《五经》于白虎观，育以《公羊》义难贾逵，往返皆有理证，最为通儒"①。何休则是在东汉末年古文学派兴盛之势已成的情况下，勇于坚持独立的学术见解，而对公羊学说的发展作出卓著贡献的杰出学者。

何休（东汉顺帝永建四年至灵帝光和五年，129—182）字邵公，任城樊县（今山东曲阜）人。父何豹，官少府，位列九卿。"休为人质朴讷口，而雅有心思，精研《六经》，世儒无及者。以列卿子诏拜郎中，非其好也，辞疾而去。不仕州郡。"后受太傅陈蕃辟举，参与政事。陈蕃在与宦官集团斗争中失败，何休也获罪，终身废锢不得做官，乃潜心学术，著《春秋公羊解诂》，"覃

---

① 《后汉书·儒林传》李育条。

思不窥门，十有七年"乃成。"又注训《孝经》、《论语》、风角七分，皆经纬典谟，不与守文同说。又以《春秋》驳汉事六百余条，妙得《公羊》本意。休善历算，与其师博士羊弼，追述李育意以难二传，作《公羊墨守》《左氏膏肓》《穀梁废疾》。"意为《公羊》之义不可攻，如墨翟之守城，《左氏》《穀梁》则弊病极深，不可救治。"党禁解，又辟司徒。群公表休道术深明，宜侍帷幄，倖臣不悦之，乃拜议郎，屡陈忠言。"再迁谏议大夫，卒于任上。①

著名古文学家郑玄（字康成）与何休时代相同，而比何休老寿。玄在太学受业时，师事第五元先，通《公羊传》、京氏《易》等，后又从师受《周官》《左氏春秋》《韩诗》《古文尚书》。治学博采今古文，而以古文为宗。因何休守今文家法，著《公羊墨守》等书，"玄乃发《墨守》，鍼《膏肓》，起《废疾》。休见而叹曰：'康成入吾室，操吾矛，以伐我乎！'"② 郑玄博通今文、古文，遍注群经（今通行本《十三经注疏》中《毛诗》《周礼》《仪礼》《礼记》注，即采用郑注。另注《周易》《论语》《尚书》），他是兼采了今文家的说法，将之统一在古文家说之中。"而当时学者，一则苦于今古文家法的烦琐，一则震于郑氏经术的渊博，所以翕然宗从。"③ 何休却不随时俯仰，他不顾今文学已现颓势，以坚毅特立的精神，潜心十七年，著成《春秋公羊解诂》，综合了汉代公羊学的成果，创造性地加以发展，形成了一套旗帜鲜明的独特的思想体系，其中包括着精彩而深刻的哲理性，因而堪称为经学史上宝贵的思想遗产。一千多年后，至清朝中叶，古文学派盛极而衰，在新的历史变局面前陷入困境时，何休的公羊学说却能使进步学者受到巨大的启迪，引发新义，掀起复兴今文学的运动。

---

① 《后汉书·儒林传》何休条。
② 《后汉书·郑玄传》。
③ 周予同：《经今古文学》四"经今古文的混淆"，见《周予同经学史论著选集》（增订本），上海人民出版社，1996年版，第16页。

（一）"大一统"政治观和"三世说"历史哲学

何休在《春秋公羊解诂》序中说："昔者孔子有云：'吾志在《春秋》，行在《孝经》。'此二学者，圣人之极致，治世者之要务也。传《春秋》者非一，本据乱而作，其中多非常异义可怪之论。"对于古文学家来说，《公羊传》中发挥孔子"微言大义"的命题和解释，都是令人骇异的可怪之论，而他的《解诂》恰恰是要进一步发挥这些"非常异义可怪之论"。他认为，以往传授《公羊传》者有"倍经任意、反传违戾"的过失，有的是讲解烦琐，达百万言，而犹有疑惑不解者，于是给古文学者造成攻驳的借口，①"以为《公羊》可夺，《左氏》可兴"。何休深深受到刺激，因此"略依胡毋生《条例》"，而着力于义理的发挥。

何休的理论贡献，首先是突出地推进了"大一统"说和"三世"说，确立了公羊学说的两大主干。大一统说是《公羊传》第一位的宗旨，董仲舒有所发挥，至何休《解诂》才更加理论化了。《公羊传》隐公元年："元年者何？君之始年也。春者何？岁之始也。王者孰谓？谓文王也。曷为先言王而后言正月？王正月也。"何休解释曰："变一为元。元者，气也，无形以起，有形以分，造起天地，天地之始也。故上无所系，而使春系之也。不言公，言君之始年者，王者、诸侯皆称君，所以通其义于王者，惟王者然后改元立号。《春秋》托新王受命于鲁，故因以录即位，明王者当继天奉元，养成万物。"又曰："文王，周始受命之王，天之所命，故上系天端。方陈受命制正月，故假以为王法。"何休的解释，显然有高出于中古时代"皇权神授"这一普遍认识之处，他还从事物发展变化的哲理深度加以论述，提出"元"即是"气"，是世界物质性的基础，"无形以起，有形以分"，由此构成天地万物。那么"王"作为最高权力的代表，就赋有"养成万物"、统理一切的职责。就哲学意义言，他提出"气"是万物之源的看法是深刻的。紧接着在解释"何言乎王正月？大一统也"

---

① 何休序中称"贾逵缘隙奋笔"，系指章帝时，贾逵作《长义》四十一条，攻驳《公羊》。"奏御于帝，帝用嘉之，乃知古之为真也。赐布及衣，将欲存立，但未及而崩耳。"

时，他又进一步发挥说："统者，始也，总系之辞。夫王者始受命改制，布政施教于天下，自公侯至于庶人，自山川至于草木昆虫，莫不一一系于正月，故云政教之始。"又说："一国之始政，莫大于正始。故《春秋》以元之气，正天之端；以天之端，正王之政；以王之政，正诸侯之即位；以诸侯之即位，正竟内之治。诸侯不上奉王之政，则不得即位，故先言'正月'而后言'即位'。政不由王出，则不得为政，故先言'王'而后言'正月'也。王者不承天以制号令则无法，故先言'春'而后言'王'。夫不深正其元则不能成其化，故先言'元'而后言'春'。五者同日并见，相须成体，乃天人之大本，万物之所系，不可不察也。"按何休的解释，要真正体现天子之"大一统"，就须将自王侯至于庶人，以至山川万物，统统置于天子的治理之下。同时他又以一种类似"世界图式"的理论，论证"大一统"的合理性和神圣性。在这一由"元气""天""王""天子政事""诸侯治国"五位一体的世界图式中，"王"处于中心位置：由"元"这一生成宇宙万物的来源决定天的意志，由天的意志决定王的政教设施，由王的政教设施决定诸侯的即位，由诸侯的即位决定境内的治理。如此"五者同日并见，相须成体"，难道不是确凿无疑地说明天子的一统权力是宇宙的法则、万物的根本吗？这样，对于天子大一统权力如何体现，和大一统权力从何而来这两个问题，何休都从多层面、多角度作了论证，因而比起董仲舒的论述更具理论深度和更加有力。中国是一个幅员辽阔的国家，统一局面是历史长期形成的，也是历史进一步前进的需要。何休对于"大一统"理论的阐述，剔除其中宣扬皇权神授、"天人合一"的神秘成分，那么其理论内核对历史发展是有积极意义的。在东汉末年，世族豪强的势力正在膨胀，阶级矛盾日益尖锐，分裂割据已出现苗头，国家统一局面已经受到威胁，因而何休这样突出地阐发"大一统"政治观，就具有现实的意义。何休站在"尊天子"的立场，因而必然要发挥《公羊传》"讥世卿"的观点。《春秋公羊解诂》隐公三年："礼，公卿大夫士皆选贤而用之。卿大夫任重职大，不当世为，其秉政久，恩德广大，小人居之，必夺君之威权。……君子疾其末而正其本也。"他对于世卿豪族掌握重大权力，因世袭而形成盘根错节的势力、威胁君权的危害，讲得很中肯，这不仅指春秋时代的世卿，且对于东汉时期具有明显割据倾向的世族豪强势力也具有现实的针对性。

"三世说"历史观是何休又一重要理论成果。它与"大一统"观有联系，而更要紧的是形成了一套具有深刻哲学内涵的关于历史演进的理论体系。

"三世说"在《公羊传》中刚刚有点萌芽，董仲舒加以发展，把《春秋》十二公具体划分为所见、所闻、所传闻三世，孔子对三世的感情程度即态度不同，表现为书法的不同；但董仲舒的论述仍很简略，理论性不强。何休《春秋公羊解诂》则发展为系统的历史哲学。

何休曾提出"三科九旨"，"三世说"是其中的核心部分。《监本附音春秋公羊注疏》隐公卷第一徐彦疏云："问曰：《春秋说》云：《春秋》设三科九旨，其义如何？答曰：何氏之意，以为三科九旨，正是一物。若总言之，谓之三科，科者，段也；若析而言之，谓之九旨，旨者，意也，言三个科段之内，有此九种之意。故何氏作《文谥例》云：三科九旨者，新周、故宋、以《春秋》当新王，此一科三旨也；又云所见异辞、所闻异辞、所传闻异辞，二科六旨也；又内其国而外诸夏，内诸夏而外夷狄，是三科九旨也。"

何休对"三世说"的系统阐发，则见于《解诂》隐公元年对传文"所见异辞，所闻异辞，所传闻异辞"的解释：

> 所见者，谓昭、定、哀，己与父时事也；所闻者，谓文、宣、成、襄，王父时事也；所传闻者，谓隐、桓、庄、闵、僖，高祖、曾祖时事也。异辞者，见恩有厚薄，义有深浅。时恩衰义缺，将以理人伦、序人类，因制治乱之法。故于所见之世，恩己与父之臣尤深，大夫卒，有罪无罪皆日录之，"丙申，季孙隐如卒"是也。于所闻之世，王父之臣恩少杀，大夫卒，无罪者日录，有罪者，不日，略之，"叔孙得臣卒"是也。于所传闻之世，高祖、曾祖之臣恩浅，大夫

卒，有罪无罪皆不日，略之也，"公子益师、无骇卒"是也。
于所传闻之世，见治起于衰乱之中，用心尚麤觕，故内其国
而外诸夏，先详内而后治外；录大略小，内小恶书，外小恶
不书，大国有大夫，小国略称人，内离会书，外离会不书是
也。于所闻之世，见治升平，内诸夏而外夷狄，书外离会，
小国有大夫，宣十一年，"秋，晋侯会狄于攒函"，襄二十三
年，"邾娄鼻我来奔"是也。至所见之世，著治太平，夷狄
进至于爵，天下远近小大若一，用心尤深而详，故崇仁义、
讥二名，晋魏曼多、仲孙何忌是也。所以三世者，礼，为父
母三年，为祖父母期，为曾祖父母齐衰三月，立爱自亲始，
故《春秋》据哀录隐，上治祖祢。所以二百四十二年者，取
法十二公，天数备足，著治法式。

用形象化的、简洁的语言，描述历史变易进化的哲学道理——这
是何休"三世说"的灵魂。不独"三世说"为然，"三科九旨"
也是从不同的角度讲"变"的，互相有着紧密的联系，故徐彦
《疏》云："何氏之意，以为三科九旨，正是一物。"一科三旨，
"新周、故宋、以《春秋》当新王"，是把"通三统"与"三世
说"直接联系起来，共同体现公羊家历史观"变"的实质。"新
周、故宋、以《春秋》当新王"主要是从总结以往的历史讲
"变"；"所传闻世、所闻世、所见世"本身是讲春秋二百四十二
年的"变"；从中引申、发挥的"据乱世、升平世、太平世"，则
是讲包括未来在内的历史全局的"变"。"二科六旨"（所见异
辞、所闻异辞、所传闻异辞）在整个"三科九旨"中处于核心地
位。"内其国而外诸夏，内诸夏而外夷狄"则是上述核心部分在
民族关系上的体现。

何休的"三世说"吸收了古代思想家的成果，创造性地熔为
一炉，以其哲理内涵的深刻性和理论的多层次性，为清代公羊学
者引发新义、创立新说奠定了雄厚的根基。何休论述所传闻世、
所闻世和所见世三世的历史变化，第一个层面是从孔子修《春
秋》书法的不同讲的。所传闻世（隐、桓、庄、闵、僖），是高
祖曾祖时事，时代久远，恩薄义浅，书法从略，记大夫卒不论其

有罪无罪，一概不记日；外记大略小，内小恶书，外小恶不书，大国称大夫，小国称人，鲁国君赴会书，诸侯赴会不书。所闻世（文、宣、成、襄），是祖父时事，时代较所见世为远，恩义也减一等，书法比所传闻世要详一些，大夫卒，无罪者记日，有罪者不记日；书诸侯赴会，小国称大夫。至所见世（昭、定、哀），己与父时事，恩义尤深，书载最详，大夫卒，不论其有罪无罪一概记日；也由于时近切己，忌讳很多，因此用辞至为谨慎，隐晦地表达意思，"此孔子畏时君，上以讳尊隆恩，下以辟害容身，慎之至也"[①]。以上是从时代的远近和书法的不同，论证历史可以划分为不同特点的阶段。

何休又从第二个层次论证：孔子对所传闻世、所闻世、所见世还有进一层的深意，他寄托了不同的政治态度和理想。对所传闻世，之所以"内其国而外诸夏"，"内离会书，外离会不书"，就因为把"正鲁"作为"正天下"的起点。故《公羊传》隐公二年载"公会戎于潜"，何休解释曰："凡书会者，恶其虚内务，悖外好也。古者诸侯非朝时不得逾竟。所传闻之世，外离会不书，书内离会者，《春秋》王鲁，明当先自详正，躬自厚而薄责于人，故略外也。"这是孔子对据乱世的态度。而到了定、哀之世，《春秋》则表示"拨乱功成"，所以"讥二名"[②]、书"西狩获麟"。据何休看来，《春秋》"始于粗粝，终于精微"，不只是书法不同，而更重要的是通过记载态度的差别，表明孔子寄托其由衰乱之世达到王化大行的理想。他解释说："《春秋》定、哀之间文致太平，欲见王者治定，无所复为讥，唯有二名，故讥之。此《春秋》之制也。"[③] 由于国家由乱到治，社会越来越进步，德泽大洽，"天下之人人有士君子之行而少过"，故与据乱世"始言大恶杀君亡国"不同，批评的标准也随着道德水平的提高而更

[①] 《春秋公羊解诂》定公元年。

[②] 《春秋》定公六年："季孙斯、仲孙忌帅师围郓。"又，哀公十三年："晋魏多帅师侵卫。"仲孙忌原名仲孙何忌，魏多原名魏曼多，《公羊传》对此解释说："讥二名。二名，非礼也。"（定公六年）

[③] 《春秋公羊解诂》定公六年。

加严格，"唯有二名，故讥之。"乃有《春秋》终篇的"西狩获麟"，何休解释曰："上有圣帝明王，天下太平，然后乃至。""人事浃，王道备。必止至于麟者，欲见拨乱功成于麟，犹尧舜之隆，凤凰来仪。故麟于周为异，《春秋》记以为瑞，明太平以瑞应为效也。"获麟，是太平之世的象征，明瑞应为效，孔子以此表示他拨乱功成、理想实现。

何休"三世说"第三个理论层次，是他总结出"据乱世—升平世—太平世"这一系统的历史哲学，这是何休理性精神的深刻体现，也是中古时代历史进化观的出色成果。在中国历史上，封建生产方式长期延续，生产技术、生产工具改进缓慢，而国家一治一乱却反复出现，社会矛盾、民生困苦更是触目皆然。这一切，比起社会的进化来说，是更加明显和大量存在的事实，所以古代流行着循环史观、复古史观。何休的观点却与之不同，他能观察到历史进化的本质，并且建构起有系统的历史哲学。他对于人类社会从低级阶段逐步前进到高级阶段具有信心。据乱—升平—太平，首先是国家的治理越来越好，民众的生活越来越得到改善，何休在书中曾多处表达他对贤君治国和民众安居乐业的关切。他所论升平世、太平世，也有统一局面向前推进、民族关系发展的内容。据乱世，尚处在内其国而外"诸夏"阶段，未能达到统一局面；升平世，推进到内"诸夏"而外"夷狄"阶段，中原地区得到统一；到太平世，则实现"夷狄进至于爵，天下远近小大若一"的理想，达到空前的大一统，而且民族之间平等、和好相处，不再有民族的歧视、压迫和战争。在阶级压迫、民族压迫不断的封建时代，何休却能提出这样美好的理想，这说明他眼光的远大，视野的开阔。在何休以前的思想家，孔子曾提出周监于夏、殷二代，而文物制度胜过二代。韩非曾提出"上古之世，人民少而禽兽众"，而到中古之世、近古之世社会进步，故如果有"夸美尧舜鲧禹汤武之道于当今世者，必为新圣笑"[1]。司马迁

---

[1] 《韩非子·五蠹》，《诸子集成》本，上海书店，1986年版。

曾赞扬"汉兴，海内一统"，出现政治、经济超越前代的盛况。①何休的进化史观继承了这些思想家的成果而加以发展，因为他从具体历史问题概括出历史由低到高进化的哲理，在理论思维上实现了质的飞跃。何休的"三世说"历史哲学，以其对历史本质的哲理概括和对未来社会的信心，深深启发了清代的龚自珍、康有为，使他们各自结合自己时代的环境和迫切问题，发展了公羊学说。

（二）对"新周、故宋，以《春秋》当新王"的发挥

这个问题有两方面的意义：一是回答何休对于"三科九旨"中的"一科九旨"是如何具体论述的；二是回答何休公羊学说与董仲舒的关系。若依何休《春秋公羊解诂》序所言"略依胡毋生《条例》，多得其正"，则似乎何休的学术成就与董仲舒关系不大。实则相反，何休既是发挥胡毋生《条例》，又大量吸收和发展董仲舒《春秋繁露》中的命题，这才使得《解诂》一书成为公羊学发展的里程碑。

以下采用择要列举的办法，只要细审何休的原文，就能得出明确的结论，不需要逐条详加解释。

《解诂》隐公元年，"王正月也"。何休解释曰："王者受命，必徙居处，改正朔，易服色，殊徽号，变牺牲，异器械，明受之于天，不受之于人。夏以斗建寅之月为正，平旦为朔，法物见，色尚黑。殷以斗建丑之月为正，鸡鸣为朔，法物芽，色尚白。周以斗建子之月为正，夜半为朔，法物萌，色尚赤。"

隐公三年，"八月，庚辰，宋公和卒"。何休解释曰："宋称公者，殷后也。王者封二王后，地方百里，爵称公，客待之而不臣也。诗云'有客宿宿，有客信信'是也。"

庄公二十七年，"杞伯来朝"。何休解释曰："杞，夏后，不称公者，黜杞，新周，而故宋，以《春秋》当新王。"

僖公二十三年，"冬，十有一月，杞子卒"。何休解释曰："卒者，桓王存王者后，功尤美，故为表异，卒录之。始见称伯，

---

① 《史记》之《太史公自序》及《货殖列传》。

卒独称子者，……《春秋》伯、子、男一也，辞无所贬。贬称子者，《春秋》黜杞不明，故以其一等贬之，明本非伯，乃公也。"

《解诂》隐公元年，解释"三月，公及邾娄仪父盟于眜"，何休曰："《春秋》王鲁，托隐公以为始受命王，因仪父先与隐公盟，可假以见褒赏之法。"

隐公二年，解释"春，公会戎于潜"，何休曰："《春秋》王鲁，明鲁当先自持正，躬自厚而薄责于人。"

哀公十四年，传云：西狩获麟。孔子反袂拭面涕沾袍。君子曷为为《春秋》？拨乱世、反诸正，莫近诸《春秋》。何休解释曰："夫子知其将有六国争强，从横相灭之败，秦项驱除，积骨流血之虐，然后刘氏乃帝，深悯民之离害甚久，故豫泣也。""绝笔于春，不书下三时者，起木绝火，王制作道备，当授汉也。""后有圣汉，受命而王，德如尧舜，之知孔子为制作。"此外还见于隐公七年、隐公八年、隐公十一年、庄公三十一年等，不再一一罗列。

从以上列举《解诂》各条的解释，结论是明确的：何休书中对绌夏、新周、故宋、以《春秋》当新王这些命题都有中肯的阐释，这些论述都与其对"大一统""三世说""待圣汉之王以为法"的论述有机地相联系，因而使其公羊学说具有丰富的内容。何休十分重视董仲舒的理论成果，他谙熟《春秋繁露》中所论述的有关命题，运用自如，并加以发展，故有充分的根据证明何休对董仲舒的继承关系。唯其充分地吸收了《公羊传》、胡毋生、董仲舒的思想，又发挥自己理论上的出色创造性，《春秋公羊解诂》才能成为"比较完备的公羊学派义法的总结"[①]。

（三）何休思想的人民性内涵

《解诂》中还鲜明地表现出何休思想中具有人民性、民主性的内涵。何休提出社会最后要进步到"太平世"，作为一种社会理想，其中包含着他对民众生活的关切，希望达到人民安居乐

---

① 杨向奎：《论何休》，《绎史斋学术文集》，上海人民出版社，1983年版，第163页。

业、老有所养、幼有所长、没有压迫剥削的美好境界。《公羊传》宣公十五年："什一者天下之中正也，什一行而颂声作矣。"何休解释曰："颂声者，太平歌颂之声。帝王之高致也。《春秋》经传数万，指意无穷，状相须而举，相待而成。至此独言颂声作者，民以食为本也，夫饥寒并至，虽尧舜躬化，不能使野无寇盗；贫富兼并，虽皋陶制法，不能使强不陵弱。是故圣人制井田之法而口分之，一夫一妇受田百亩，以养父母妻子，五口为一家，公田十亩，即所谓什一而税也。……老者得衣帛焉，得食肉焉，死者得葬焉。……司空谨别田之高下善恶，分为三品，上田一岁一垦，中田二岁一垦，下田三岁一垦，肥饶不得独乐，硗埆不得独苦，故三年一换土易居，财均力平。……三年耕，余一年之畜，九年耕，余三年之积，三十年耕，有十年之储。虽遇唐尧之水，殷汤之旱，民无近忧，四海之内莫不乐其业，故曰颂声作矣！"尽管何休提出来解救社会疾病的方案仍是古老的井田图，但他的论述中，深刻地透露出他对民生疾苦深切的同情。他憎恨贫富分化与土地兼并，造成平民饥寒并至，痛苦不堪，因而强烈地希望通过分田、授田、教育、选贤及采诗向君王反映民间呼声等办法，消除人间的压迫、奴役，而臻于理想境界。

《解诂》中还一再论述国重君轻，愤怒地斥责暴君的罪恶。《公羊传》桓公十一年："九月，宋人执郑祭仲。祭仲者何？郑相也。何以不名，贤也。何贤乎祭仲，以为知权也。"何休注曰："祭仲知国重君轻，君子以存国除逐君之罪，虽不能防其难，罪不足而功有余，故得为贤也。"当时郑国的情形是，郑庄公新卒，郑相祭仲立太子忽为国君。忽之弟子突是宋雍氏女所生，宋庄公闻祭仲已立忽，乃使人诱召祭仲而执之，威胁他"不立突，将死"。何休认为，处在这种情势下，如果祭仲拒绝宋公的要求，那么，根据宋强郑弱的形势，宋派兵攻郑，郑国必定灭亡。相反，如果祭仲有策略地先答应宋国的要求，那么即使暂时负逐出国君的罪名，以后也可设法逐出子突，重新接纳子忽返国。祭仲果能先答应宋公的要求，说明他懂得"国重君轻"的道理。故他的这种懂得权变，值得赞扬，足可抵消其逐君之罪而有余。何休的着眼点仍在于使郑国民众免受大军压境、死人无数的灾难。

何休还阐述对于暴君"诸侯所当诛，百姓所当叛"的道理。《公羊传》桓公三年解释经文所载"冬，有年"云："此其曰有年何？仅有年也。彼其曰大有年何？大丰年也。仅有年亦足以当喜乎？恃有年也。"何休注曰："恃，赖也。若桓公之行，诸侯所当诛，百姓所当叛。而又元年大水，二年耗减，民人将去，国丧无日。赖得五谷皆有，使百姓安土乐业，故喜而书之。所以见不肖之君为国尤危，又明为国家者不可不有年。"鲁桓公是与公子翚合谋，杀隐公而自立。二年，宋公冯与华督共杀宋殇公而立，鲁桓公与齐侯、陈侯、郑伯会于稷，本欲共诛宋公冯，因受赂而还，令宋乱遂成，并以宋公行贿赂之大鼎供于太庙。何休认为这样的不肖之君当政，实使国家处境危殆，他斥责这样的暴君，是"诸侯所当诛，百姓所当叛"。同时通过因五谷皆有，使百姓安土乐业感到由衷喜悦，表达对民众生活的关注。我国历史上，先秦思想家有比较显著的民本思想，秦、汉以后，由于专制政治不断强化，要求臣下对专制皇帝绝对服从，也不再讲对暴君的反抗是正义的。何休处在东汉时代，却突出地发扬孟子"民贵君轻"、"闻诛一夫纣，未闻弑君也"[①] 的思想，是具有反对专制主义强化的进步意义的。

卫州吁骄奢、好兵，弑君自立，被卫人所杀。《公羊传》载曰："九月，卫人杀州吁于濮，其称人何？讨贼之辞也。"何休注云："讨者，除也。明国中人人得讨之，所以广忠孝之路。书者，善之也。"又，《公羊传》僖公十九年载："梁亡。此未有伐者，其言梁亡何？自亡也。其自亡奈何？鱼烂而亡也。"何休注："梁君隆刑峻法，一家犯罪，四家坐之，一国之中无不被刑者。百姓一旦相率俱去，状若鱼烂，鱼烂从内发，故云尔。著其自亡者，明百姓得去之，君当绝者。"何休在这些注文中，有力地申言对于祸民虐民之君，国中人人可得而讨之。与民为敌的统治者，一旦被民众抛弃，状若鱼烂，强调百姓抛弃暴君是正义的。这些同

---

① 　分别见《孟子·尽心下》及《离娄上》。

上述对民众的疾苦深切关怀，昌言"国重君轻"的言论一样，都是具有明显人民性、民主性的思想精华。

《春秋公羊解诂》以解释经传的特殊形式进行理论创造，何休为此付出十七年的心血，从哲理的高度，论述他对历史进化和治国安民等重要问题深入思考而得的主张。这在东汉中期以后思想界比较苍白的时期是相当突出的。后代有的学者，因不明公羊学说的独特学术路数，诬称何休是《公羊》的罪人，实则恰恰相反，何休是《公羊》的功臣。后代通行的《十三经注疏》仅有《春秋公羊解诂》一种保存今文家说，这也证明何休对《公羊传》的解释发挥是无法替代的。《解诂》也有明显的糟粕，何休相信纬书，故书中杂有灾异迷信之说。他对《公羊传》庄公七年所载"夏四月辛卯，夜，恒星不见。夜中星陨如雨。……何以书？记异也"作如下解释："列星者，天之常宿，分守度，诸侯之象。周之四月，夏之二月，昏，参伐、狼注之宿当见。参伐，主斩艾立义；狼注，主持衡平也。皆灭者，法度废绝，威信陵迟之象，时天子微弱，不能诛卫侯朔，是后遂失其政，诸侯背叛，王室日卑。星陨未坠而夜中星反者，房心见其虚、危、斗。房、心，天子明堂布政之宫也。虚、危齐分，其后齐桓行霸，阳谷之会，有王事。"① 何休相信占星术，且比董仲舒走得更远。这次"星陨"，据近代天文学家研究，是公元前687年3月16日发生的天琴星座流星雨纪事。《春秋》保存了这一很有价值的古代天文学资料，《公羊传》也只是肯定《春秋经》记载了异常的自然现象。至董仲舒便以"天人感应"说比附政治现象，以为："列宿不见，象诸侯微也；众星陨坠，民失其所也。夜中者，为中国也。不及地而复，象齐桓起而救存之地。乡亡桓公，星遂至地，中国其良绝矣。"② 他比附列宿是诸侯，众星是万民，诸侯微弱，民失其所，幸而后来遂有齐桓公挽持危局，故而星陨不及地而复。何休相信董仲舒的说法，又作更进一步的比附，称夏历二月黄昏，应

① 《春秋公羊解诂》庄公七年。
② 见《汉书·五行志》第七下之下，列董仲舒所说。

52

见参伐、狼注二星，之所以隐而不见，乃象征周天子威权丧失，无力控制诸侯。夜半星复其位，象征天子明堂布政的房、心出现，而象征王室处境安危的虚、危二星位置齐分，正是此后齐桓公辅助王室实行霸政的征兆。何休对"天人感应"说发挥得越多，比附得越详细，说明他宣扬这类迷信说法走得越远。同在此年，他解释"无麦苗。……何以书，记灾也"，说："先是庄公伐卫纳朔，用兵逾年，夫人数出淫佚，民怨之所生。"又，庄公六年，"螟"，何休解释说："先是伐卫纳朔，兵历四时乃反，民烦扰之所生。"[①] 与上述用天象解释周天子微弱，同是宣扬"天人感应"的迷信之说。《解诂》哀公十四年解释"君子曷为为《春秋》? 拨乱世、反诸正，莫近诸《春秋》"，何休引用纬书《春秋说》，云："得麟之后，天下血书鲁端门曰：'趋作法，孔圣没。周姬亡，彗东出。秦政起，胡破术。书记散，孔不绝。'子夏明日往视之，血书飞为赤乌，化为白书，署曰《演孔图》，中有作图制法之状。孔子仰推天命，俯察时变，却观未来，豫解无穷。知汉当继大乱之后，故作拨乱之法以授之。"这些话竟把孔子描写成神怪，端门血书、飞为赤乌之说，更是宣扬纬书上荒诞无稽之谈。何休是因为要发挥孔子著《春秋》为汉代制法这一命题而走得太远了，此项内容也成为后人诟责公羊学的根据之一。对于《解诂》中这类宣扬灾异迷信的糟粕，我们应予摒弃。

公羊学说的形成和丰富，自战国起至东汉末，经历了五六百年。由《公羊传》奠基，胡毋生《条例》和董仲舒《春秋繁露》发展，何休《春秋公羊解诂》系统地总结，如此世代努力，构建起公羊学说的理论体系，并成为今文学派的中坚。中国儒学具有繁富的内容，在不同的时期，以及在不同学派身上，形成不同的特色。就汉代形成的今文学派和古文学派而言，就各具特色，在此后历史长河中，适应不同时期政治、文化条件的需要。古文学派有其长处，如重视史实，讲实事求是的治学风格，不讲或少讲灾异迷信，讲究文字、制度、名物训诂等。与之相比，以公羊学说为代表的今文学派也有自己的特色，可以概括为如下三项。

一是政治性。中国历代志士仁人均怀抱着"以天下为己任"的高尚精神。孔子志在安邦治国，希望实现"天下有道"的局面。孟子反对暴君污吏，反对战争给人民带来灾难，主张实现统一，主张施行"仁政"。公羊学派继承了先秦儒学这种积极的精神，主张"大一统"，倡导适应时代条件的变化而"改制"，谴责暴君贼臣，关心民族关系。公羊学这种"以经议政"的传统，到封建制度衰败的时期，更加闪射出批判的光芒，发挥出战斗的力量。

二是变易性。公羊学形成了一种具有深刻意义的变易历史观。由《公羊传》提出"三世异辞"，是处于萌芽状态，至董仲舒便明确划分春秋十二公为三世，到何休更发展成为"据乱世—升平世—太平世"这一具有系统性的进化历史哲学。公羊学者吸收了先秦思想家的思想资料，如孔子认为后代对前代制度加以"损益"，韩非认为今胜于古，也吸收了《周易》"变则通，通则久"的思想。何休的"三世"历史哲学，还糅合了《礼记·礼运》篇中关于大同、小康的描绘而加以改造。《礼运》篇讲"天下为公"的"大同"世是在遥远的古代，而现今是"大道已隐，天下为家"的小康世，历史是退化的。何休加以改造，概括出社会由低级阶段向高级阶段发展的进化历史观，相信人类社会将进步到"天下远近小大若一"的理想境界。"三世说"与"通三统"相贯通，强调自古代以来，社会和制度都在变，那么变革是历史的普遍法则，又强调时代越来越进步。这两个核心观点都反映了历史演进的本质，在中国思想史上独树一帜。到了清中叶以后，中国社会处在旧制度行将崩溃，近代化进程即将开始，西方的侵略和西方文化传播同时出现的特殊阶段。面临这种空前历史变局，公羊变易历史哲学便被进步思想家们所利用、改造，形成一套敏锐反映时代前进脉搏的新的变革学说，从而迸发出异彩。

三是解释性。公羊学说专讲"微言大义"，对《春秋》或

《公羊传》中简略的文字，大胆地阐释、发挥，故公羊学说可视为中国古代的一门解释学。从《春秋》的"春王正月"可以得出"大一统"的解释，又从《公羊传》的"大一统"而得出董仲舒"天地之常经，古今之通谊"的解释，而进一步又得出何休"自公侯至于庶人，自山川至于草木昆虫"，无不归于王者政教统摄之下，以及其以王为核心、"五者相须成体"的"世界图式"。公羊学说这种解释性特点，既有突出的优点，又有明显的弊病。由前面的某一点为发端，解释者可以引发出去，畅意讲出自己的理解，发挥理论的创造性，借解释以立新说，这是其突出的优点。但这种大胆解释，又容易造成穿凿武断，随意比附，流于主观性，这又是其明显的弊病。就公羊学说创造性的优点而论，清代中叶以后进步思想家龚自珍、魏源、康有为将之发扬光大，他们需要倡导变革维新、救亡图强，倡导了解世界，学习西方民主政体和进步学说。公羊学说恰恰在解释经书"微言大义"的名义下，为容纳新思想提供了方便的途径和合法的形式。

综上所述，何休对公羊家法作了比较完备的总结，至此，公羊学说以其鲜明的政治性、变易性和解释性，成为儒学中具有独特思想体系和风格的一个学派。清代学者继承了这份宝贵的哲学遗产，进行了再创造，迎来公羊学的复兴，掀起学术史上的巨大波澜，并且推动了中国社会历史性变革的新潮流。

第二章　复兴序幕的揭起

一、千年消沉和赵汸著书

东汉末年郑玄遍注儒家经典，主古文家说而兼采今文，实际上是把今文家说统一于古文之中，于是古文学派盛行，以公羊学为主干的今文学派遂告衰落。东晋元帝设立五经博士，都用古文学。从东汉末年起，至清代乾隆年间庄存与著书重新提起公羊学说，中间经过千余年的消沉，今文学"澌灭殆尽"了。

在此一千多年间，能提到公羊学说哲理者，诚为空谷足音。唐代文学家、思想家韩愈注意到公羊学说含有深刻的哲理。在《原道》这篇名文中，韩愈引用公羊学家关于民族问题的理智的观点："孔子之作《春秋》也，诸侯用夷礼则夷之，进于中国则中国之。"当时，殷侑有志于撰一部《公羊传》的注疏，韩愈深感在公羊学说几绝，要妙之义无人寻绎的情况下，这种志向大可嘉许，于是致书鼓励，愿意为他写序。信中说："近世公羊学几绝，何氏注外，不见他书。圣经贤传，屏而不省。要妙之义，无自而寻。非先生好之乐之，味于众人之所不味，务张而明之，其孰能勤勤缕缕若此之至？固鄙心之所最急者，如遂蒙开释，章分句断，其心晓然。直使序所注，挂名经端，自托不腐，其又奚辞？"① 可惜殷侑对公羊学的见解无从得见，其书成否也未能知晓。由于公羊学说长期几乎无人问津，故像明清之际顾炎武这样渊博的学者，也对公羊学说无所了解，他从古文学派的立场，认为何休对"三世异辞"的解释，既费事，又不通，"甚难而实非"②。只有元末学者赵汸著有《春秋属辞》，与公羊家法关系密切，而成为清代学者庄存与著书的直接先导。

（一）求经义和史例的会通

赵汸，元末明初学者，安徽休宁人，字子常。自幼励志向学，不事科举。曾拜九江黄泽为师，学《春秋》之要。后复从临川虞集游，获闻吴澄之学。筑东山精舍，读书著述其中。著有《春秋师说》三卷，《春秋集传》十五卷。尤以二十年之精力，著成《春秋属辞》十五卷。另成有《左传补注》十卷。明初诏修《元史》，征汸预其事，书成辞归，未几而卒。学者称东山先生。

赵汸著《春秋属辞》的意图是，他不满意当时学者只据《左传》解释《春秋》，认为"《春秋》断截鲁史，有笔有削，以寓其拨乱之权，与述而不作者事异"③。故认识到《公羊传》重视《春秋》的"义"是对的，但他不用推阐"微言大义"的方法，而通过考证"属辞比事"，来推求《春秋》之旨。宋濂为赵书作序，批评前人解《春秋》之失，云："其所蔽者，《左氏》则以史法为经文之书法，《公》《穀》虽详于经义，而不知有史例之当言，是以两失焉尔。……有能会而同之，区以别之，则《春秋》之义昭若日星矣。"④ 宋濂的话，实即称赞赵汸运用了探求经义和归纳史例二者会通的方法，可谓深得赵汸二十年著书之苦心。

赵汸采取按照《春秋》属辞归类、求得义例的方法，将全书

---

① 《答殷侍御书》，见《昌黎先生集》，《四部备要》本。
② 见《日知录》卷四"所见异辞"条，《四部备要》本。
③ 《春秋属辞》自序，台湾商务印书馆《景印文渊阁四库全书》经部春秋类，第一五八册。
④ 《春秋属辞》序。

分为八篇：（1）存策书之大体；（2）假笔削以行权；（3）变文以示其义；（4）辩名实之际；（5）谨中外之辩；（6）特笔以正名；（7）因日月以明类；（8）辞从主人。

其中，第（1）至第（6）是主要部分。因为，据作者的认识，"自《左氏》不知有笔削之旨，为公羊学者遂以《春秋》为夫子博采众国之书，通修一代之史者，于是褒贬之说盛行。又有以为有贬无褒者，又有以一经所书皆为非常，而常事不书者，有谓黜周、王鲁者，有谓用夏变周者。其失在不知有存策书之大体之义而已"①。又说："圣人拨乱以经世，而国书有定体，非假笔削无以寄文"，因而应该注重"假笔削以行权"。"然事有非常，情有特异，虽笔削有不足以尽其义者，于是有变文，有特笔。而变文之别为类者，曰辩名实，曰谨中外。"故又应该注重"变文以示义""特笔以正名"。②

《春秋》一书记载简略，若欲从中归纳出整齐有法的"例"，必然此通而彼碍，陷于支离破碎的地步，故董仲舒已有言之，"《春秋》无达例"，实已告诉人们此路不通。赵汸为求《春秋》的例，烦琐不得要领，结果《春秋》的义，晦而不明。他列"存策书之大体"共七卷，一百二十一目，读之使人感到主次难辨。他所列举的例目，有：

> 嗣君逾年即位，书元年春王正月，公即位。不行即位礼，不书即位。告朔朝正，书王正月。
> 即位不在正月，故不书正月。
> 岁首必书王月。无系月之事，不书王月。
> 一时无事，书首月。
> 事之系日者，遇晦朔则书晦朔。
> 公母弟卒书弟书字。

诸如此类。像这样归纳出来的"例"，实在对理解《春秋》拨乱反正的"大义"无甚帮助。而赵汸不赞成公羊学家探究《春秋》

---

① 《春秋属辞》卷一"存策书之大体序"。

② 《春秋属辞》自序。

的褒贬，反对王鲁、黜周这些命题，更是把公羊学的主旨掩盖了。

（二）肯定《公羊传》得"学《春秋》之要"

然则在东汉以后公羊学沉寂千余年中，赵汸著成的这部《春秋属辞》究竟有何价值呢？其价值在于，赵汸在书中肯定《公羊传》得"学《春秋》之要"，从而启发后人推寻公羊学的真义。

卷八《假笔削以行权》序云："孔子作《春秋》，以寓其拨乱之志，而国史有恒体，无辞可以寄文。于是有书，有不书，以互显其义。其所书者则笔之，不书者则削之。《史记》世家论孔子为《春秋》，笔则笔，削则削，子夏之徒不能赞一辞，正谓此也。……而夫子于《春秋》独有知我罪我之言者，亦以其假笔削以寓拨乱之权，事与删《诗》定《书》异也。自《左氏》不明此义，为其徒者遂不知圣人有不书之法。《公羊》《穀梁》每设不书之问，盖其所承犹得学《春秋》之要，而无所考据，不能推见全经。"赵汸讲《春秋》一书乃孔子假笔削以寓褒贬之权，并认为《公羊传》得学《春秋》之要，这在千余年的沉寂中显属难得，提醒人们记住《春秋》中寓含圣人笔削的大义，并称《左氏》"不明此义"。这就对后人提出了值得思考的问题，而不再一味盲目因袭古文学派的成说。赵氏书中《特笔正名第六》对《春秋》的"特笔"区分甚详，有："讳会天王以王狩书"；"嗣君出奔复归称世子"；"以庶孽易嫡嗣未逾年见弑，称杀其君之子"；"诸侯灭吾同宗之国称名"等。这样做也在客观上引导后人去推究《春秋》之义。总之，赵汸《春秋属辞》虽未能求得《春秋》拨乱反正大义之所在，但因为赵汸志在推寻《春秋》之旨，并认为《公羊传》比《左传》在"学《春秋》之要"上做得更好，这就启发后代有识之士继续去做更有价值的探究。

二、庄存与：清代公羊学的开创者

庄存与是清代公羊学复兴的代表人物。由于他的成就，一下子打破了千余年的消沉,接续了西汉董仲舒和东汉何休的公羊学说统绪,使这一独特的儒家古代学说重新获得生命。他的著作,为清代公羊学创辟了得以继续前进的基地。

庄存与(康熙五十八年至乾隆五十三年,1719—1788),字方耕,江苏武进人。乾隆十年中一甲二名进士,授翰林院编修。在考试中他模仿《天人三策》第三篇,做了出色的文章,因"素精董子春秋,且于原文册曰以下四条,一字不遗。上大嘉叹,即擢侍讲"①。历任直隶学政、礼部右侍郎及湖南、山东学政,典湖北、浙江乡试各二次,充天文、算法总裁官及乐部大臣。乾隆三十二年命在上书房行走,"卯入申出,寒暑无间,皇子时亲讲说,爱敬日深"②。与金甡、刘星炜三人同称为"乾隆中直上书房诸臣以学行称者"③。又曾被命与礼部尚书德保重辑《律吕正义》。年七十,卒于官。他的主要著作是《春秋正辞》《春秋举例》《春秋要旨》。另外又著有《周官记》《周官说》《毛诗说》,仍主古文经传之说。《清儒学案》称他:"生平践履笃实,于六经皆能阐发奥旨,不专事笺注,而独得先圣微言于语言文字之外。"④魏源则称他学术的特点是:"崒乎董胶西之对天人,醇乎匡丞相之述道德,肺乎刘中垒之陈今古,未尝凌杂钺析。"⑤龚自珍曾记载庄氏生平轶事:"公性廉鲠,典试浙江,浙巡抚馈之以金,不受,遗以二品冠,受之。及途,从者以告曰:'冠顶真珊瑚也,值千金。'公惊,驰使千余里而返之。为讲官日,上御文华殿,同官者将事,上起,讲仪毕矣。公忽奏:讲章有舛误,臣意不谓尔也。因进,琅琅尽其指,同官皆大惊,上竟为少留,颔之。"⑥这

---

① 刘逢禄:《记外王父庄宗伯公甲子次场墨卷后》,《刘礼部集》卷十,光绪十八年(1892)延晖承庆堂重刻本。

② 臧庸:《礼部侍郎庄公小传》,《碑传集补》卷三,台湾文海出版社,1972年版。

③ 《清史稿》卷三〇五《庄存与传》,中华书局,1977年版。

④ 徐世昌:《清儒学案》卷七十三《方耕学案》(上),中国书店,1990年影印本。

⑤ 《魏源集·武进庄少宗伯遗书序》,中华书局,1983年版,第237—238页。

⑥ 《资政大夫礼部侍郎武进庄公神道碑铭》,《龚自珍全集》第二辑,第142页。

两件事反映的庄氏认真的性格与其治学的诚笃是有联系的。庄存与的学术影响了其从子述祖，孙绶甲，外孙宋翔凤、刘逢禄，皆喜谈公羊学说，成为清代著名的常州学派，刘逢禄尤能传其学。但在当时，庄氏所究心的专讲"微言大义"的公羊学，与当时盛行的训诂考证的学术风气相异趣，故他有关公羊学的著作长时间不被学者所重视，魏源对此曾发出慨叹：庄氏的公羊学著作，"世之语汉学者鲜称道之"。魏源又表彰庄氏具有因权奸当道而忧心国事的志操："君在乾隆末，与大学士和珅同朝，郁郁不合，故于《诗》《易》君子小人进退消长之际，往往发愤慷慨，流连太息，读其书可以悲其志云。"①庄氏这种鲠直的性格反映在学术上，便是重视特识真见和开创新学派的风格。

（一）求公羊学说之正途

庄存与著《春秋正辞》，直接是受到赵汸的影响，同时他又公开举起旗帜，要尊汉代董仲舒、何休今文学家之"古"，求公羊学之正途。

《春秋正辞》②共十三卷。庄存与开宗明义，宣布自己不同于赵汸的主张：

> 存与读赵先生汸《春秋属辞》而善之，辄不自量为隐括其条，正列其义，更名曰"正辞"，备遗忘也。以尊圣尚贤，信古而不乱，或庶几焉。

由赵汸的《春秋属辞》到庄氏的《春秋正辞》，一字之差，实包含着性质上重大的变化。在阐释《公羊传》的标准上，他明显推尊董仲舒、何休，这即其"尚贤"的含义，故庄氏所说的"信古"，实则指信两汉今文学派家法之"古"。他依照这一标准去求《春秋》辞句中蕴涵的正确的义理。

上文说到，赵汸《春秋属辞》是在长期湮灭无闻之中为公羊学说保存了"火种"。然而他的书对《春秋》义旨的总结又属于比较表层的，未能深入到公羊学的实在意义。我们比较赵汸和庄存与两人对

---

① 《魏源集·武进庄少宗伯遗书序》，第238页。
② 《春秋正辞》，见《皇清经解》卷三七五至卷三八五，学海堂刻本。

隐公元年即位与否的不同解释，即可明了庄氏学术旨趣的特色。

赵汸《春秋属辞》首条提出："嗣君逾年即位，书元年春王正月，公即位。不行即位礼，不书即位。告朔朝正，书王正月。"这一义例，是他从"隐公元年春王正月"至"哀公元年春王正月公即位"，见于《春秋》中十一条记载归纳得出的。赵汸认为：鲁桓、文、宣、成、襄、昭、哀七个国君，都是第一年嗣子继位，"逾年正月朔日，乃先谒庙，以明继祖，还就阼阶之位，见百官，以正君臣"。国史因书"元年春王正月公即位"。而隐、庄、闵、僖四君元年，都仅书"元年，春王正月"，不书即位。赵氏认为这些都有特殊原因，如"隐公摄君位，不行即位礼"①。

按赵氏所说，隐公元年首条的记载，只是据鲁史而来，毫无深切微妙之意旨。

然则，按庄存与的解释，这一记载却包含非常重要之意义。他说，《春秋》这样书法，不是隐公未尝践位、行礼。"公践其位，行其礼，然后称元年，君之始年，非他人，隐公也。"进而说，这样书法，是表示隐公只摄相位，以将来让位于其弟桓公。可是，桓公后来弑其兄隐公，是大恶的行为，恰是隐公助长他的。所以隐公这种让恰恰应受到谴责。他由此得出一条原则："《春秋》之志，天伦重矣，父命尊矣。让国诚，则循天理、承父命不诚矣。虽行即位之事，若无事焉。是以不书即位也。君位，国之本也。南面者无君国之心，北面者有二君之志，位又焉在矣！十年无正（按，指自隐公二年至十一年，《春秋》经文中均无"正月"字样），隐不自正，国以无正也。元年有正，正隐之宜为正，而不自为正。不可一日而不之正也！"②

庄存与这样解释，《春秋》中首条的书法，实包含有国君应遵从天理、父命，庄严治国，而讥评鲁隐公却未能依此而行这些深刻的意义。

庄氏《春秋正辞》全书分为正奉天辞、正天子辞、正内辞、

---

① 《春秋属辞》卷一"存策书之大体"。
② 《春秋正辞》"内辞第三"。

正二伯辞、正诸夏辞、正外辞、正禁暴辞、正诛乱辞、正传疑辞
九类，是按庄氏所理解的公羊家的观点，将《春秋经》重要的文
辞按类归纳，逐条作出自己的阐释。

　　庄氏解释"元年春王正月"中元、春、王、正月、即位五项
一同出现，是代表了王承天而治、诸侯上奉王政这一套最根本、
最重要的意义。因而称之为"建五始"，作为"正奉天辞"的第
一项。他重申何休所说："政莫大于正始。故《春秋》以元之气，
正天之端；以天之端，正王之政；以王之政，正诸侯之即位；以
诸侯之即位，正竟内之治。""五者同日并建，相须成体，乃天人
之大本，万物之所系，不可不察也。"且又引述董仲舒《天人三
策》所言人君依天意行事，以正朝廷百官，统率万民，四方之内
正气充旺，邪气荡清，达到风调雨顺，万民协和，五谷丰登，草
木茂盛，四海太平的境地，王道得到完美的实现这番话。这就有
力地证明：庄氏的公羊学著作是以董仲舒、何休的学说为根本出
发点，利用公羊学来宣扬王权神授、天人合一、君臣名分不可逾
越的观点。

　　庄氏还归纳了另一条原则："宗文王"。他这样主张：

　　　公羊子曰：王者孰谓？谓文王也。闻之曰：受命之王曰
　　大祖，嗣王曰继体。继体也者，继大祖也。不敢曰受之天，
　　曰受之祖也，自古以然。文王，受命之祖也，成、康以降，
　　继文王之体者也。武王有明德，受命必归文王，是谓"天
　　道"。武王且不敢专，子孙其敢或干焉。命曰文王之命，位
　　曰文王之位，法曰文王之法。所以尊祖，所以尊天也。①

文王者，代表本朝的"太祖"，只有他才是受命于天。其余历世
君王只是"受之祖"，都要奉行太祖规定的成法，这样才是"尊
祖"，才是"尊天"。庄氏的解说，是要强调他治公羊学的目的也
在证明王权受命于天，后代必须恪守祖宗成法，否则就是违反
"天道"！这位处于乾隆时期清朝统治所谓"盛世"的公羊学提倡

---

①　《春秋正辞》"奉天辞第一"。

者，其学术宗旨分明在于"拱奉王室"。

（二）大一统·通三统·张三世

此三项，本是汉代公羊学家最重视的信条，然而在儒学演变的历程中，它们早被人们遗忘。庄氏由于尊奉董仲舒和何休的学说，必然要重视这些信条，学者社会一千几百年所失落的，如今重新被拾起，《春秋正辞》中所论，真可谓是两汉公羊学大师在千余年后引起的回响。

庄氏旁征博引，对"大一统"加以发挥：

> 公羊子曰："何言乎王正月，大一统也。"《记》曰："天无二日，土无二王。国无二君，家无二尊。以一治之也。"子曰：吾说夏礼，杞不足征也，吾学殷礼，有宋存焉。吾学周礼，今用之，吾从周。王天下有三重焉，其寡过矣乎！

显然，庄存与没有拘泥于何休《公羊解诂》的字句。何休对隐公元年"何言乎王正月？大一统也"解释的原文是："统者，始也，总系之辞。夫王者始受命改制，布政施教于天下。自公侯至于庶人，自山川至于草木昆虫，莫不一一系于正月，故云政教之始。"这里，何休用国君受命改制，使举国上下一致奉行周王的正朔，表示"自公侯至于庶人"无不奉行周王的政教。其实质意义，是讲用封建专制政治来统一全国，不过意思不够明显。庄氏有见于此，他更加直截了当，指明"《春秋》所以大一统者，六合同风，九州共贯"。任何人都不允许有违背于专制王权统一政教的行为。为了突出这项意思，他又引述董仲舒所说："《春秋》大一统者，天地之常经，古今之通谊也。今师异道，人异论，百家殊方，指意不同。是以上亡以持一统，法制数变，下不知所守。臣愚以为，诸不在六艺之科，孔子之术者，皆绝其道，勿使并进，邪辟之说灭息，然后统纪可一，而法度可明，民知所从矣。"对此，庄氏特别加注，说："此非《春秋》事也。治《春秋》之义莫大焉。"意思是，上引这段话不是《春秋》一书中本有的内容，是董仲舒运用《春秋》大一统观点加以发挥的，在汉代产生了极大作用，今天仍然有指导意义。这些都是治《春秋》者所加的

"义"，足见《春秋》公羊学说多么重要！

再者，关于"通三统"这一公羊学的又一根本观点，庄氏的解释有很中肯之处，也有理解不够深入之处。他阐释的原文是：

> 何休曰："夏以斗建寅之月为正，平旦为朔，法物见，色尚黑。殷以斗建丑之月为正，鸡鸣为朔，法物牙，色尚白。周以斗建子之月为正，夜半为朔，法物萌，色尚赤。""……王者存二王之后，使统其正朔，服其服色，行其礼乐。所以尊先圣，通三统，师法之义，恭让之礼，于是可得而观之。"子曰："殷因于夏礼，所损益可知也；周因于殷礼，所损益可知也；周监于二代，郁郁乎文哉！"子曰："行夏之时，乘殷之辂，服周之冕，乐则韶舞。"……刘向曰："王者必通三统，明天命所授者博，非独一姓也。"按，日月星辰之行始于日至。阴阳风雨之气，征于丑仲。王政民事之序，揆于寅正。三正并行而不悖，尚矣。①

"三正"，是夏、商、周三代所实行的三种不同历法，是由于天象观测取得进步和生产经验积累推动历法的沿革。公羊学家即针对这种历法制度的变革，引申出一套理论：三代分别实行三种历法，新朝建立，就要确立新的正朔，规定朝廷所崇尚的服饰的颜色，说明不同的朝代，制度上必然要有适当的变革。这就是"通三统"，由此引申出"改制"之说。公羊学家还认为，孔子所说殷代对夏代礼乐制度，周代对殷代的礼乐制度，都有继承，又有损益，"改制"的主张正符合孔子"损益"之说。庄氏又引用刘向所称"天命不独私一姓"，还包含有一层积极意义：正如旧历法沿用既久误差过大即要废除，新的正朔将取而代之一样，朝代也是要更易的，一姓的君王不可能永远不变，"天命"有可能转授别人，让他姓做君王。

庄存与对"张三世"的论述，文字简略，但也包含有重要的意义。其原文是：

> 据哀录隐，隆薄以恩，屈信之志，详略之文。智不危

---

① 《春秋正辞》"奉天辞第一"。

　　身，义不讪上，有罪未知，其辞可访。拨乱启治，渐于升
平，十二有象，太平以成。

这段话有两层含义。第一层，是解释《公羊传》原本所有"所见
异辞，所闻异辞，所传闻异辞"。《公羊传》隐公元年云："公子
益师卒。何以不日？远也。所见异辞，所闻异辞，所传闻异辞。"
原意是，由于这一年所记鲁隐公时事，离孔子修《春秋》的哀公
时代已经很远了。因年代远近不同，所据材料详略不同，事件、
人物与记载者关系密切的程度不同，故在用辞上自然有所不同。
然则其中包含着春秋十二世二百四十二年不应视为凝固的、死板
的整体，而应按一定的标准区分为不同阶段这一可贵的合理因
素。经过董仲舒解释，何休又将之进一步发挥，这"所见异辞，
所闻异辞，所传闻异辞"三句话，便具有深刻得多的内涵。庄存
与采用了董、何的解释。"据哀录隐，隆薄以恩"，即何休所说因
时代远近不同，"见恩有厚薄，义有深浅"，故采用异辞，使之符
合于人伦名分。"于所见之世，恩己与父之臣尤深，大夫卒，有
罪无罪皆日录之"；"于所闻之世，王父之臣恩少杀，大夫卒，无
罪者日录，有罪者，不日，略之"；"于所传闻之世，高祖、曾祖
之臣恩浅，大夫卒，有罪无罪皆不日，略之也"①。《公羊传》又
说："定、哀多微辞，主人习其读而问其传，则未知己之有罪焉
尔。"② 何休对此作了解释："此假设而言之。主人，谓定、哀也。
设使定、哀习其经而读之，问其传解诂，则不知己之有罪于是。
此孔子畏时君，上以讳尊隆恩，下以辟害容身，慎之至也。"③ 说
明孔子修《春秋》，对定、哀两世，因与现实太近，故多忌讳，
而采用委婉隐晦的笔法，让当日国君读了这样的记载也无法找到
把柄，断定他有罪。然而，后人却能够根据他用辞的曲折微妙，
去探求深切的寓意。故说："屈信（同伸）之志，详略之文。智不
危身，义不讪上，有罪未知，其辞可访。"以上是庄氏重申董仲舒

---

① 《春秋公羊解诂》隐公元年。
② 《春秋公羊传》定公元年。
③ 《春秋公羊解诂》定公元年。

及何休用"三世说"解释"所见异辞，所闻异辞，所传闻异辞"。

第二层意思，是用"据乱世—升平世—太平世"解释三世说。这一项，何休原来所作的解释内容相当深刻，并且在社会进化和民族融合观点上都具有明显的进步意义。可是庄氏却说得很简单："拨乱启治，渐于升平，十二有象，太平以成。"他对此体会甚浅，所谓"十二有象"，是指《春秋》十二公的数目与一年十二月一致，符合于天数，也即何休所言："《春秋》……所以二百四十二年者，取法十二公，天数备足，著治法式。"① 尽管未能做到深入的解释，但庄氏毕竟接触到"三世说"这一要义，这就接续上董、何的义法，并给后来者以启示。

三、庄存与对"微言大义"说的推进

（一）独到的解释

强调《春秋》在语言文字之外有微言大义存，以探求和阐释其"非常疑义可怪之论"，是汉代公羊学派的特征。庄存与作为清代第一个探求公羊学说的学者，他一开始就注重阐释《春秋》的微言大义，并且对汉代公羊学有所推进，这是很可贵的。上一节所述有不少都属于他对微言大义的阐释，以下再择举颇有价值的几项，加以论述。

其一，从有关"王伐""王使"的记载，论《春秋》非记事之史。

《春秋》桓公五年载云："秋，蔡人、卫人、陈人从王伐郑。"《公羊传》对此有极简单的解释："从王，正也。"何休对此加以发挥，并认为对王的行为有所讽刺。他先解释何以从王即表示正："美其得正义也，故以从王征伐录之。盖起（按，此字应作"其"）时，天子微弱，诸侯背叛，莫肯从王者征伐。以善三国之君独能尊天子死节。"然则，何休又认为《春秋》的书法中包括

---

① 《春秋公羊解诂》隐公元年。

对周天子的讥讽，这是《公羊传》所未言及的。其理由是："称'人'者，刺王者也。天下之君，海内之主，当秉纲撮要，而亲自用兵，故见其微弱。……不使王者首兵者，本不为王举也。"批评周天子已处于微弱地位，又不能秉操天子的大权，而轻率地征伐郑国。庄存与对此作了更进一步的发挥。他着重论述两层意思。第一层，郑伯确有罪当诛，但作为周天子，决不应如此轻率行动，这样做有失于至尊的地位，而又使民众劳于征伐，致使王室危殆。请细绎其所作解释："蔡、卫、陈皆何以称人？侯不行，使大夫从也。……《春秋》不志王室事，天子伐国不可见，以从王伐国者见之。何为见之？非所以伐也。郑伯当诛矣，王躬不可以不省，不可以不重。轻用其民，王室危；轻用其身，天下危。……郑罪既盈于诛，《春秋》之义，务全至尊而立人纪焉。月不系王，伤三王之道坏也。诸侯不知有天子，此可忍言，孰不可忍言？"第二层意思，强调"天子"是受天命而治，这是人伦纲纪的根本，绝对不能动摇："以天下言之，曰天王，王承天也。系王于天一人，匪自号曰天王也。自侯氏言之，从王焉，朝于王焉，至尊者，王也，不上援于天。若王后、王世子、王子、王姬，系于王则止，皆不得以不称天为疑问矣。"① 从《公羊传》只用"从王，正也"四个字的简略解释，到庄存与作如此长段的议论，显然是把公羊学派讲"微言大义"的风格突出地表现出来了。

《春秋正辞》中对有关"王使"的两条解释同样显示出这种特点。《春秋》隐公七年和隐公九年各有一条"王使"的记载："（七年）冬，天王使凡伯来聘。""（九年）春，天王使南季来聘。"庄氏阐述前一条，强调这是天子使者聘问诸侯，使鲁国至感光荣，格外重视，故《春秋》予以记载：

> 此天子之使，其言聘何？天子所以抚诸侯者，存颢省问皆聘也。北面称臣，受之于大庙，则何以书？荣之也，喜之也。诸侯有功德于其民，则天子使问之云尔。鲁使（按，

---

① 见《春秋正辞》"天子辞第二"。

"使"字当为刊误，应改为"侯"）可以自省矣，有则荣之，无则愧之。……公羊家传之矣。

按照庄氏的解释，周王对于诸侯拥有无上的权威，天子褒奖，鲁侯极感荣耀，从《春秋》简略的记载中，应能体会出语言文字之外的义旨。

关于后一条的解释，庄存与更强调《春秋》"非记事之史"：

> 八年于兹，公不一如京师，又不使大夫聘，天王则再使上大夫来聘，周德虽衰，不如是甚也。公如京师矣，以为常事而不书也。宋公不王，而谋伐之，在此岁矣。齐人朝王，在往年矣。书曰："天王使南季来聘。"见公之朝于天子也，公一朝，王比使聘，则以为非常数而志之矣。得其常数，不志于《春秋》。《春秋》，非记事之史也。①

这番议论，符合于公羊学家"于所书求所不书"这一典型的治学路数。《春秋》中记载的是周天子的使者聘鲁。庄氏却强调，这段时间内一定有鲁侯亲自朝见周天子和鲁使者聘问周王室的事。其理由，一是反证法。"周德虽衰，不如是甚也。"堂堂的周天子，哪能在鲁国君不朝、鲁使者不聘的情况下，一次再次地派大夫使鲁呢？一是旁证法。因为在此年，宋国君"不王"（按，不供王职），故诸侯共谋攻伐宋国；而在去年，齐人朝王，又清清楚楚地记载在《春秋》上。那么为何鲁侯朝见和鲁国使者聘周都未予记载呢？则是因为鲁侯朝见和鲁使聘周都属于正常礼节范围，"得其常数，不志于《春秋》"。而周两次派出使者，乃是"非常数"。这同样证明《春秋》不是普通的"记事之史"，它有深远幽隐的义旨，学者务必做到"于所书求所不书，于所不书求所书"。

其二，论《春秋》对齐桓霸业的评价。

庄氏站在"尊王"即尊奉周天子的立场，对齐桓公有所讥评。见于"正内辞第三"中"公会诸侯"条，解释《春秋》僖

---

① 见《春秋正辞》"天子辞第二"。

公十年所载"春王正月，公如齐"，及僖公十五年所载"春王正月，公如齐"。庄存与认为，鲁侯这样过于频繁地会见齐桓公，是"非礼"的举动。诸侯之间互相朝见聘问，符合周礼的做法应是："岁相问，殷相聘，世相朝。"而如今齐桓公却拥有号令诸侯的地位，诸侯相朝过于频繁，"三岁而聘，五岁而朝"。鲁僖公甚至"五岁而再朝"，庄氏更视为"非礼也"，《春秋》之所以这样记载，即因其"非常事也"。庄氏很不满于齐桓公的威望竟凌驾于周天子之上，指责说："桓、文之令诸侯，则三王之罪人。齐桓之志，为已满矣，始干王章，以令于天下。"

上述庄氏言论，显然因出于"尊王"立场而显得迂腐。不过，他又确实见到了齐桓的称霸，使中原各诸侯国得以安宁，制止了混乱的局面，出现了各国之间密切往来的正常秩序。故在解释《春秋》庄公二十五年所载"春，陈侯使女叔来聘"时，他这样评论齐桓公称霸的事业：

> 终《春秋》而一志聘者，中国诸侯惟陈尔。舍陈则无简者乎？曰：郑亦简矣。舍郑则无简者乎？曰：有，皆狄之矣。陈侯使女叔来聘，何以书？录齐桓之功也。桓公纠合诸侯，谋其不协，玉帛之使盛于中国，不可胜书。书必于其简者，陈三恪之封也。自我言之，迹与戚不若宋、卫；自陈言之，齐桓没而日役乎楚矣。齐桓主中国，则陈不知有楚患，国家安宁，而志一以奉王事，嘉好之使，接于我焉。志陈之聘我，则中国诸侯见矣。终《春秋》而一志聘者，陈与郑尔。何言乎陈侯使女叔来聘？言齐桓之力，安中国而义睦诸侯也。①

庄存与这番议论，可谓因小而见大，由微而知著，很有深度。陈侯派女叔到鲁国聘问这件事，在他看来，完全不是孤立的。《春秋》全书记载诸侯国派使者前来聘鲁，只有陈国、郑国各一次。为何独独重视陈侯派使者来聘呢？因为陈是古帝王之后，它与鲁

---

① 《春秋正辞》"内辞第三"。

的关系，远不及宋、卫之亲近。如是，越是证明陈国来聘之举有不平常的意义。这就是齐桓公的霸业协调了诸侯各国的关系，因而出现使者交聘于道的友好和睦的局面。而陈国又处在北方势力与南方楚国势力交锋的前哨，在齐桓公霸主地位的保护下，陈这个毗邻于楚的小国，才不受楚国的威胁，得以与中原诸侯融洽地交往。一旦齐桓称霸的局面结束，陈国又陷入楚国的奴役。所以，庄氏强调陈侯使者来聘这件事，实则反映了中原各国大局的许多问题，突出地表明"齐桓之力，安中国而义睦诸侯"的历史贡献。

其三，认真地总结了《春秋》"同辞而异义"的特点。

庄存与发挥了公羊学者所持《春秋》具有"美恶不嫌同辞"的特点的看法。《春秋》有下面三项诸侯国使者聘鲁的记载：

文公四年，"卫侯使宁俞来聘"。

成公三年，"冬，十有一月，晋使荀庚来聘"。

昭公二十一年，"晋侯使士鞅来聘"。

庄氏认为，记载卫侯使宁俞来聘，是表示对卫国处境由危转安而感到喜慰。卫与鲁，是兄弟之国。前此曾亡于狄，因齐桓公伐狄，使卫国得以复存。以后又因晋、狄交祸，使卫处于危殆境地。由于卫君迁都帝丘，与晋讲和，从此才获得安宁，"玉帛之使行，卫庶无患矣"。所以，《春秋》"志宁俞之来聘，喜卫之无患而志之也"。

对于晋使两次来聘，庄氏又有另说。他认为记荀庚来聘，是表示抑晋，理由是："晋，兄弟之国也，我事之敬矣。敬不答乎？何逮乎成之篇而后言来聘？向以为常事焉，而不书也。晋侯使荀庚来聘，何以书？抑之也。何抑尔？礼之始失也。偶晋于京师，其甚也！以共（供）京师者共（供）晋，微见乎僖，至成而甚焉，晋侯益骄，非鲁所望也。志晋之聘，见晋之为晋，我之适者而已矣。曷为于此焉始？曰：王使不志矣，而后志晋使，《春秋》之大教也，不可不察。隐、桓之《春秋》，志王使聘五焉。成、襄之《春秋》，志晋使聘九焉。鲁人之所以荣且喜者移于晋矣，以共京师者共晋，圣人之所甚惧也。舍隐、桓则志王使也罕，自成而下王使亦绝不见。章疑别微，以为民坊，《春秋》之大教也。《春秋》终不使鲁人以待王使者待晋使，绝之若不相见者。然以尊王而抑晋，微故尊之，僭故抑之。王聘屡于隐、桓，晋聘屡于成、襄，皆以为非常焉尔。"① 这里，庄存与强调了两项所谓"《春秋》之大教"，即极重要的义旨。一是"王使不志矣，然后志晋使"。他认为，自隐、桓之时，记载周王室派使者来鲁国，符合于周礼，体现出"尊王"。自成公以下，记晋侯来聘，却是有意抑晋，因为自此以后，王室衰微，晋侯骄盛，其地位简直比拟于周天子，诸侯拿供奉周王的礼数来供奉晋国，庄氏认为是破坏君臣关系的严重事件，故一再加以谴责："偶晋于京师，其甚也！""晋侯益骄，非鲁所望也。""以共京师者共晋，圣人之甚惧也。"由此又得出《春秋》另一重要义旨："章疑别微，以为民坊，《春秋》之大教也。"必须仔仔细细辨别，才能体察出文字内里尊王室、抑僭越的"大义"，而这就须按公羊家法努力发掘、阐释。同样的道理，庄氏认为昭公二十一年所载晋使来聘，更是礼崩乐坏至极的证据。"天子微，诸侯僭，大夫强，诸侯胁，于是相贵以等，相觌以货，相赂以利，而天下之礼乱矣！自是无书聘者矣。志齐侯使其弟年来聘，② 以谨其始，志晋侯使士鞅来聘，以谨其终。玉帛之事，君子尽心焉而已。"③ 意即必须努力发掘其中的"微言大义"，《春秋》才能读懂、读活。

不过，庄氏所作归纳的大缺点是过于琐碎，"内辞"（上）归纳为十六类，"内辞"（中）为三十三类，"内辞"（下）为十三类，竟达六十二类之多，若不下一番提炼的功夫，从中择出其紧要者，则令人不得要领。

（二）宣扬阴阳灾异

汉代公羊学家喜言天人感应，附会阴阳灾异。庄存与《春秋正辞》继承这一特点，对阴阳灾异大加宣扬。《春秋》有所谓"无事而书"。如庄公五年，书曰："春王正月。"桓公九年，书

---

① 《春秋正辞》"内辞第三"。
② 齐侯使其弟年来聘，见《春秋》隐公七年载。
③ 《春秋正辞》"内辞第三"。

曰："夏四月。"隐公六年，书曰："秋七月。"桓公元年，书曰："冬十月。"如何理解这种无史事记载却仍记四时的书法呢？庄氏汇集了三家说法。公羊子的解释是："《春秋》编年，四时具，然后为年。"何休所说是："明王者当奉顺四时之正也。"西汉宣帝时丞相魏相则认为："天地变化，必由阴阳，阴阳之分，以日为纪。日冬夏至，则八风之序立，万物之性成，各有常职，不得相干。""明王谨于尊天，慎于养人，故立羲和之官以乘四时，节授民事。君动静以道，奉顺阴阳，则日月光明，风雨时节，寒暑调和。"阴阳本指自然界冷热寒暑的运行变化，也可用来指代或概括自然界以至人间社会共处于统一体中的矛盾对立两个方面。在古代，农业生产对经济生活至关重要，又加上科学水平低下的局限，故思想家和政治家把代表寒暑变化的阴阳和四时运行视为生产活动以至于社会生活和国家政治中的大事，这是可以理解的。问题在于，言阴阳五行和言灾异灵验的人，把阴阳夸大为万事万物和国家政事的根本，用它解释一切，附会一切，这就是唯心和迷信的说法了。庄存与恰恰这样附会，故说："臣愚以为：阴阳者，王事之本，群生之命，自古贤圣，未有不繇者也。天子之义，必纯取法天地，而观于先圣。"①

庄氏又在《春秋正辞》"奉天辞"中辟出"察五行祥异"一个专栏，征引《洪范五行传》②之中关于阴阳灾异的说法：五行、五事、八庶徵、六沴，宣扬灾异之可畏。庄氏进而引申说："天有五行③，地有五行，陈天之五，合地之五，明天道也，重皇极也。……且夫皇极所以立命，故曰建五事，所以事天，故曰敬事。一不修敬有阙，尔皇之不极，非不克建而已，乃荡然大坏，逆天道甚也。"按此说法，原来有朴素唯物意识和朴素辩证法的阴阳五行之说，被衍化为神秘莫测的"天道""皇极"之说，且

---

①　《春秋正辞》"奉天辞第一"。

②　《洪范五行传》为刘向、刘歆所作，原书佚失，其说法保存在《汉书·五行志》。

③　此"行"字误，应作"星"。《史记·天官书》云："天有五星，地有五行。"庄氏所说即本此。

一旦不慎，未加修敬，便要受到"天道"的惩罚，"乃荡然大坏"，无可挽回！庄氏又提出"事天"的主张："事天如事亲，父母怒之，必诚求其所以然，多方拟议之，既得之而后已，此之谓修省。怒而不知惧，顽也；顽而不知救，慢也；救而不察类，舛也；不当而不问其人，傲也。顽则绝之，慢则疏之，舛则谪之，傲则厌之。"① 此类说法，与宣扬求天保佑、降福消祸的迷信思想已没有差别了。庄氏收集了《春秋》中无冰、火灾、无麦苗、大水等记载，分别归入木不曲直，火不炎上，稼穑不成，水不润下，恒阳，恒燠……灾异现象甚多，占去《春秋正辞》的大量篇幅，实在没有意义。

（三）《春秋举例》和《春秋要旨》

庄存与又撰有《春秋举例》和《春秋要旨》。《春秋举例》是总结《春秋》属辞比事的规则，主要从技术角度着眼。庄氏总结为十例：

（1）《春秋》贵贱不嫌同号，美恶不嫌同辞。

（2）《春秋》辞繁而不杀者，正也。

（3）一事而再见者前目而后凡也。

（4）《春秋》见者不复见也。

（5）《春秋》不待贬绝而罪恶见者，不贬绝以见罪恶也。

（6）贬绝然后罪恶见者，贬绝以见罪恶也。

（7）择其重者而讥焉。

（8）贬必于其重者。

（9）讥始。疾始。

（10）书之重，辞之复，呜呼，不可不察其中必有美者焉。②

上述十例，多系庄氏根据汉代公羊学家及赵汸的书归纳得出的。公羊学家总结出这些例，是企图以带规律性的东西证明他们所阐发的微言大义确是孔圣人的原旨。譬如，既然美恶可以同

---

① 均见《春秋正辞》"奉天辞第一"。

② 庄存与：《春秋举例》，《皇清经解》卷三八六，学海堂刻本。

辞，贵贱可以同号，那么，《春秋经》中同一书法，同一称谓，把它解释为肯定、褒奖，似乎也有道理；相反说它是讥讽、贬责，好像也说得通。故"贵贱不嫌同号，美恶不嫌同辞"的提法，实则难以说出确凿的根据。其他如说《春秋》有"不贬绝以见罪恶"的书法，又有"贬绝以见罪恶"的书法，既说"《春秋》见者不复见"，又说"书之重，辞之复，呜呼，不可不察其中必有美者焉"：也是说两种相反的情况都是《春秋》的定例，实则自相矛盾。董仲舒已经讲过："《诗》无达诂，《春秋》无定例。"这正是苦心冀求总结出《春秋》中的定例而无法得到的学者早已得出的结论。

《春秋要旨》[①] 则主要从撰述义旨上总结。其中重要者，颇得公羊学家之义法，故对清代公羊学者产生了深刻影响。譬如：

强调对《春秋》的理解，不能"执一"，应该"知权"。庄氏对此作为《要旨》的首条来论述："《春秋》以辞成象，以象垂法，示天下后世，以圣心之极。观其辞，必以圣人之心存之，史不能究，游、夏不能主。是故善说《春秋》者，止诸至圣之法而已矣。公羊子曰：王者孰谓？谓文王也。其诸君子乐道尧、舜之道与？无或执一辞以为见圣，无或放一辞而不至于圣。推见至隐，怀之为难，违之斯已难；得其起问，又得其应问，则几无难。应而不本其所起，见为附也；起而不达其所以应，见为惑也。《诗》曰：唐棣之华，偏其反而。《春秋》之辞，其起人之间，有如此也。执一者不知问，无权者不能应。"庄氏此论，反复申明要深入体会圣人之心、圣人之法，即领会精神实质，灵活变化。不可按照刻板的定例去理解，不要拘泥于具体的论断，墨守一二现成的结论。

强调《春秋》非记事之史，不书多于书，启发读者推求圣人的微言大义于语言文字之外。庄氏区分为有意避去、隐去不书者，不当书而书者，可去可省而书者几种情况，并加以论定："《春秋》之义，不可书则辟（避）之，不忍书则隐之，不足书

---

① 庄存与：《春秋要旨》，《皇清经解》卷三八七，学海堂刻本。

则去之，不胜书则省之。辞有据正则不当书者皆书，其可书以见其所不可书。辞有诡正，而书者皆隐其所大，不忍辟（避）其所大，不可；而后目其所常，不忍常，不可也。辞若可去可省而书者，常人之所轻，圣人之所重。《春秋》非记事之史，不书多于书，以所不书知所书，以所书知所不书。"这就给引申、解释、发挥《春秋》的微言大义，提供了充分的余地和理论根据。庄存与如此突出地阐释公羊学的这一特点，使刘逢禄以下的清代公羊学者受益极大。

强调《春秋》的义旨直接关系到国家治乱、礼法伦常，圣人对此有精心的安排："《春秋》详内略外，详尊略卑，详重略轻，详近略远，详大略小，详变略常，详正略否。""《春秋》治乱必表其微，所谓礼禁未然之前也。凡所书者有所表也。是故《春秋》无空文。"这些论述都有力地启发后人深刻地去理解公羊学说政治性的特点。

庄氏还论述《春秋》"辞旨"与"事"与"文"的关系："《春秋》辞异则指异；事异而辞同则以事见之，事不见则文以起之。嫌者使异，不嫌使同。"论述记载天事灾异必有征验的原则："《春秋》志天事必以尊严之辞承之。志灾异，皆以前后事求之。异不在大，于事有明征则记之；征之不明，则不存也；人莫之省，则不记也，患其袤之也。志分土，近者详，远者略，见经世之志。"这些也都与前面有关"大一统"、"通三统"、《春秋》经世等项具体论述相发明。

（四）庄氏学说拱奉王室的特色

上一节中已指出庄存与的公羊学说具有拱奉王室的特色。对此他表达得极为真切："天无二日，民无二王。郊社宗庙，尊无二上。治非王则革，学非圣则黜。"[1]坚决要求拥戴皇室，从政治上、制度上和思想学说上维持封建主义的统治。他对《春秋》和《公羊传》的解释，充满强烈地维护封建统治秩序的说教，他大力宣扬帝王是承天命而治，"大哉受命，钊我至圣，弗庸践于位，

---

① 《春秋正辞》"奉天辞第一"。

皇惟飨德，乃配天地"。"王者承天以抚万邦，为生民共主。"[①]反复申明要"尊天""尊祖"，尊奉皇帝才符合"天理""天道"；强调国君为正，"不可一日而不之正"，并要求铭记皇帝的大恩，臣下安乐知足敬上，永保太平，"君父忧勤，臣子安乐，其永言哉！"[②]

拱奉王室，维护封建纲纪秩序，就必然要反复进行服从统治、恪守法度、宣扬天命神圣、诛绝僭越行为的说教。庄存与阐释公羊学的"微言大义"，即特别注重这些方面，可谓不遗余力。以公羊学说三大特征来说，他感兴趣的是其政治性、可比附性，而对于变易性一项，他不甚理解，更不加发挥。这是因为，变易性是宣扬变革的理论，强调变革，即要改变既成的制度秩序，而这是庄存与这位被皇帝眷顾的经师所不愿看到的。故此，三世说和朴素进化观，在《春秋正辞》等著作中不占什么地位。这种特点不仅与庄存与个人的际遇有关，同乾隆时期仍号称"盛世"尤大有关系。当庄氏从事著述的时期，封建国家仍保持着其外表的强盛，统治局面仍保持相对的稳定，乾隆帝本人则自诩为武功盖世的"十全老人"。社会矛盾仍暂时被掩盖着，无怪乎庄存与要唱出"君父忧勤，臣子安乐"的颂词。清代公羊学要向批判专制、讥议时政的性质转变，还有一段相当艰巨的路程要走。

四、孔广森的著述及其误区

孔广森（乾隆十七年至乾隆五十一年，1752—1786）字众仲，一字㧑约，号㦬轩。山东曲阜人，孔子六十八代孙，袭"衍圣公"传铎之孙。乾隆三十六年中进士，授翰林院检讨。"年少入官，翩翩华胄，一时争与之交。然性恬淡，耽著述，裹足不与要人通谒，告养归不复出。"[③]后屡遭家庭变故。先是因孔府遭官

---

① 《春秋正辞》"叙目"。
② 《春秋正辞》"内辞第三"。
③ 《清儒学案》卷一〇九《㦬轩学案》。

司，他扶病奔走江淮河洛间。不久，又因祖母及父亲相继去世，广森哀痛过度而卒，时年才三十五岁。他是庄存与门人，著有《公羊通义》。少年曾受业于戴震、姚鼐，究心研治经史及文字训诂之学，并学习骈体文。又著有《大戴礼记补注》《诗声类》《礼学卮言》，时人称其治学尤精三礼。他服膺戴震，曾撰文评价其学术，对戴氏《孟子字义疏证》《原善》极为推崇，称："君之学术，此其大端欤！"所写骈体文为汪中称善。①

（一）论《春秋》"重义"

孔广森《公羊通义》撰成于乾隆年间，是清代继《春秋正辞》之后第二部公羊学著作，因而对于引起学者社会注意和研究公羊学说，毕竟有些作用。孔氏不赞成《春秋经》要靠《左传》相辅翼才能读懂的说法，重申《春秋》"重义"的主张：

> 大凡学者谓"《春秋》事略，《左传》事详，经传必相待而行"，此即大惑。文王系《易》，安知异日有为之作十翼者？周公次诗，安知异日有为之作小序者？必待《传》而后显，则且等于扬雄之首赞，朱子之纲目，非自作而自解之不可也。圣人之所为经，词以意立，意以词达。虽无三子之传，方且揭日月而不晦，永终古而不敝。鲁之《春秋》，史也；君子修之，则经也。经主义，史主事。事故繁，义故文少而用广。世俗莫知求《春秋》之义，徒知求《春秋》之事，其视圣经，竟似《左氏》记事之标目，名存而实亡矣！②

孔广森针对当时盛行于许多朴学家中专重史事、忽视史义的观点，响亮地提出：孔子据鲁史而修成的《春秋经》，所着重的是义旨。"词以意立，意以词达"，所表达的义旨足以昭示千古。经与史不同，"经主义"，文字简略而包含广泛正是其特点，不需要依赖对它解释的传方得明显；"史主事"，要靠详细的叙述才能把复杂的事件讲清楚。二者性质相去悬殊。如果拿史书的标准要求《春秋》，责备它记载过于简略，那等于把"经义"全部抛弃

---

① 参见江藩《汉学师承记》卷六，万有文库本。
② 《春秋公羊经传通义叙》，《皇清经解》卷六九一，学海堂刻本。

干净!

孔广森突出地主张《春秋》"重义",就这一项而论,同汉代公羊学者的看法是接近的。故此,他又强调唯《公羊传》最知《春秋》的义旨,《左》《穀》二家则谈不上掌握"圣人制作之精意"。他的看法见于解释《公羊传》哀公十四年"制《春秋》之义以俟后圣"句,其论云:

> 君子岂不乐当世有圣帝如尧舜者,知君子而用之也?既不可得,退修《春秋》,以俟后世王者复起,推明《春秋》之义以治天下,则亦君子之所乐也。《左氏》驰骋于文辞,《穀梁》圈囿于词例,此圣人制作之精意,二家未有言焉。知《春秋》者,其唯公羊子乎?①

这里讲《公羊传》独擅《春秋经》中包含的治理天下的"大义",语气非常明确。孔广森《公羊通义》中这些主张,对于清中叶以后学者注意研究、重新继起这门千年绝学,应该说有其一定的意义。

(二)自立"三科九旨"

然而十分遗憾的是,孔广森的公羊学著述没有找到正确的方向,陷入了误区。其严重的失误之一,是自立"三科九旨"。

孔广森的治学路数跟公羊学家是极不相同的。他是乾隆中期以后达到极盛的"汉学"阵营中的一员,所熟悉、所信服的是考订、训诂一类方法。用这种标准来看待公羊学,他极不满意于那些"非常异义可怪之论",认为它们"支离""拘窒",毫不足取,故弃之若敝屣,另来一套。公羊学说核心内容之一"通三统"是阐述各个朝代的制度并非沿用不变。孔广森对此不理解,他拘泥于训诂学的解释方法,只把"通三统"解释为三种历法的演变。故说:"正朔三而改,文质再而复,先王治天下之大法,虽文王不是废。……继周而王者,当反寅正。"他解释鲁隐公三年经文"三年,春正月己巳,日有食之"句,即说:

---

① 《春秋公羊经传通义》,《皇清经解》卷六九〇。

　　然不日王春正月，而日"春王正月"者，正以三王不共春，施王于春上，则存三统之义不显。《汉·律历志》述刘歆曰："春三月，每月书'王'，元之三统也。"是古《左氏》师说亦然。①

由于孔广森是用古文学家文字笺注的方法来治学的，"通三统"这一公羊学家宣传历史变易、政治上必须实行"改制"的学说全然不见了，只剩下建子、建丑、建寅三种历法的演变，而且他所理解的是循环变化，这就严重违背了公羊学说的本旨。

　　公羊学原有的"三科九旨"，是何休依据西汉胡毋生、董仲舒传授的渊源，加上自己的钻研而总结出来的。它包括：新周，故宋，以《春秋》当新王，一科三旨也。所见异辞，所闻异辞，所传闻异辞，二科六旨也。内其国而外诸夏，内诸夏而外夷狄，三科九旨也。徐彦所引的三科九旨，内容虽未见完整，但它鲜明地体现出公羊学说的政治性和变易性的特点，代表了公羊学的真谛。但是，孔广森却不守何休的解释，自立"三科九旨"，倒退到赵汸的水平。孔氏自立的"三科九旨"是：

　　《春秋》之为书也，上本天道，中用王法，而下理人情。……天道者，一曰时，二曰月，三曰日；王法者，一曰讥，二曰贬，三曰绝；人情者，一曰尊，二曰亲，三曰贤。此三科九旨，既布而壹裁。②

　　我们只须拿孔氏的第一科"时、月、日"来作分析，便可明白孔氏的失误，在于用"属辞比事"来理解《公羊传》的义旨。孔氏认为系时、系月、系日是《春秋》表示"大义"的主要方式，且十分推崇赵汸的见解。故对时、月、日的作用有这样的论述：

　　《春秋》之序事甚简，称言甚约。记战伐，知战伐而已，不知其师之名；记盟聘，知盟聘而已，不知其事之为。若乃

① 《春秋公羊经传通义》，《皇清经解》卷六七九。
② 《春秋公羊经传通义叙》，《皇清经解》卷六九一。

情状委曲，有同功而异赏，亦殊罪而共罚，抑扬进退，要当随文各具，非可外求。但据记事一言，终无自寻其抑扬进退之绪。诚求诸系时、系月、系日，繁杀之不相袭，则其明晰有不啻若史传之论赞者。东山赵氏尝言之曰："事以日决者系日，以月决者系月，逾月则系时，此史氏之恒法也。东周王室衰微，夷狄僭号，五等邦君，以强弱易周班，而伯者之兴，几于改物，其灾祥祸福之变，礼乐政刑之乱，必皆有非常之故焉。……孔子之修《春秋》也，至于上下内外之无别，天道人事之反常，史之所书，或文同事异、事同文异者，则皆假日月以明其变，决其疑。大抵以日为详，则以不日为略；以月为详，则以不月为略。其以不日为恒，则以日为变；以日为恒，则以不日为变；甚则以不月为异，其以月为恒，则以不月为变；以不月为恒，则以月为变，甚则以日为异。将使学者属辞比事以求之，其等衰势分甚严，善恶浅深奇变极乱，皆以日月见之，如示诸掌。"善哉！自唐迄今，知此者惟汸一人哉！

孔广森提出一个问题：《春秋》以如此简略的文字记载史事，往往只知道有这么回事，而不明事件的原因、背景，如何体会其中的褒贬大义呢？他认为应采取赵汸的办法，找出其属辞比事的特点，才是最好的办法。于是要一一穷究《春秋》所载时、月、日书法的不同：同是记大夫卒，明确记日的是"详"，不记日的是"略"；同是记交聘活动，明确记月的是"详"，不记月的是"略"；……孔广森总结的这套"时、月、日"，表面看似乎条理分明，实则往往难以自圆其说，因为历来治公羊学者都承认要总结《春秋》的例，必定是此通彼碍，无法划一。故一向称"《春秋》无达例"，于是，还得讲"贵贱不嫌同号，美恶不嫌同辞"，"事同而辞异，事异而辞同"。孔广森明知这其中有很多无法说通之处，所以只好说"大抵"云云，这是事先为讲不通之处留下借口。

孔广森自立的"时、月、日"，"讥、贬、绝"，"尊、亲、贤"，这"三科九旨"都是企图深究《春秋》属辞比事的"凡例"，但又都往往陷于捉襟见肘，故只好随时推说"特例"来敷衍。更为紧要的是，孔广森的"三科九旨"是向赵汸的水平倒退，只从技术性着眼。他抛弃了何休的"三科九旨"，便完全违背从政治性和变易性角度考察的正确方向，这就无法发掘出《春秋》的"义"，加以发挥，表达本人的思想主张。

抛弃了何休的"三科九旨"和公羊学的政治性等项特点，孔广森对《公羊传》所作的解释就失去活泼的生命力，变成一般的朴学家的训诂考订文字，公羊学应有的思想上哲理上的启发力量骤失。鲁隐公元年传文是《公羊传》的开篇，哀公十四年传文则是压轴之作，故何休对它们的解释，特别付出匠心，所阐发的问题也更有全局的意义。拿孔广森删改后的新注来对比，便可显出二者的高下悬殊。

试比较《公羊传》隐公元年三处重要传文何、孔二家解释的不同：

元年《传》："元年者何？君始年也。"何休的解释是："君，鲁侯隐公也。年者，十二月之总号，《春秋》书十二月称年是也。变一为元，元者气也，无形以起，有形以分，造起天地，天地之始也。故上无所系，而使春系之也。不言公，言君之始年者，王者诸侯皆称君。所以通其义于王者，惟王者然后改元立号。《春秋》托新王受命于鲁，故因以录即位，明王者当继天奉元，养成万物。"何休强调两层意思：其一，"元"代表天地之始。"元"字上无所系，而下系"春"，表示"天命""天意"至高无上，任何人都必须服从。其二，本来只有王者才配得上改正朔、改订礼乐制度，而《公羊传》称"君始年"，可以理解为其中寓含着把鲁君视为王的意思，因为《春秋》为后王制法，故"托新王受命于鲁"。这同样为了说明《春秋》是讲"改制"的书。孔广森拿朴学家的眼光来看问题，觉得这些解释以训诂、考订意义来讲全无意义，故直斥何休违背传文本旨，而另作解释："《尔雅》曰：元，始也。天子、诸侯通称君。古者诸侯分土而守，分民而治，有不纯臣之义，故各得纪元于其境内。而何邵公猥谓：'唯王者然后改元立号。经书元年，为托王于鲁。'则自蹈所云'反传违戾’之失矣。"孔广森所讲"古者诸侯各得纪元于其境内"云云，从训诂角度看或许可通。但是去掉了发挥"改制""以《春秋》作新王"这些道理和比附的说法，公羊学就失去了灵魂，只剩下躯壳。

元年《传》："何言乎王正月？大一统也。"何休的解释是："统者，始也，总系之辞。夫王（按，据阮元《校勘记》，此字应作"文"）者，始受命改制，布政施教于天下，自公侯至于庶人，自山川至于草木昆虫，莫不一一系于正月，故云政教之始。""故《春秋》以元之气，正天之端。以天之端，正王之政。以王之政，正诸侯之即位。以诸侯之即位，正竟内之治。诸侯不上奉王之政，则不得即位，故先言正月而后言即位。政不由王出，则不得为政，故先言王而后言正月也。王者不承天以制号令，则无法，故先言春而后言王。夫不深正其元，则不能成其化，故先言元而后言春。五者同日并见，相须成体，乃天人之大本，万物之所系，不可不察也。"何休这段诠释对于公羊学义法来讲是极其重要的。孔广森却大加删砍，他只采用自"统者，始也"以下至"故云政教之始"这一段，删掉以下大段意思，代之以"谨案，《尔雅》曰：正，长也。谓之正月者，十二月之长"。被删掉这一段的重要意义在于：对"元、春、王、正月、即位"这五项并举，先顺着解释每一层对下一层的制约，又反过来讲下一层如何受上一层的限定，构成一套由天地元气决定万物，王者承天以制号令、政由王出、诸侯奉王政而治国这样一个体系，故说："五者同日并见，相须成体，乃天人之大本，万物之所系，不可不察也。"这些正是公羊学说基本理论之一。孔广森却嫌何休的解释缺乏训诂上的足够依据而将之全部砍掉，这么一来，公羊学说遂失去可供思想深刻的人物据以发挥的思想武器的特点了。

元年《传》："所见异辞，所闻异辞，所传闻异辞。"何休对此的解释，是公羊学阐述变易的、进化的历史观和民族观的基本观点，也是公羊学说发展到东汉而形成的精华，解释的原文前面已有称引。孔广森却认为这些都是违碍之论，故弃之不顾。他别作解释："《春秋》分十二公而为三世。旧说：所传闻之世，隐、桓、庄、闵、僖也。所闻之世，文、宣、成、襄也。所见之世，昭、定、哀也。颜安乐以为：襄公二十三年，邾娄鼻我来奔。《传》云：邾娄无大夫，此何以书？以近书也。又昭公二十七年，邾娄快来奔。《传》云：邾娄无大夫，此何以书？以近书也。二文不异，同宜一世。故断自孔子生后即为所见之世。广森从之。所以三世异辞者，见恩有深浅，义有隆杀。所见之世，据襄为限，成、宣、文、僖四庙之所逮也。所闻之世，宜据僖为限，闵、庄、桓、隐亦四庙之所逮也。亲疏之节，盖取诸此。凡大夫卒，日者，主为恩痛录之。所传闻世，恩杀，恒不日，驱牙之日有故焉尔。所闻世，恒日，惟得臣、仲遂以罪不日。至于所见之世，虽有罪，皆日卒矣。董仲舒曰：于所见，微其辞；于所闻，痛其祸；于传闻，杀其恩。与情俱也。《解诂》曰：主所以卒大夫者，明君当隐痛之也。君敬臣，则臣自重；君爱臣，则臣自尽。"若按照孔广森的这番解释，公羊学独树一帜的划分为三个阶段的朴素历史进化思想即化为乌有。只剩下追究鲁僖公、鲁襄公应划入何世，而所谓根据，又在斤斤计较书日与不书日之争。这种治学路数和看法又何异于一般的历史考证之学？足见孔广森的解释与公羊学说的真谛是直接背道而驰的。孔氏拾取的只是"君敬臣，则臣自重"两句，因为这两句符合于维护封建统治说教的需要。

如何解释鲁哀公十四年传文是又一关键，我们对何、孔二家解释再作比较。

《公羊传》哀公十四年："何以终乎哀十四年？曰：备矣。"何休的解释是："人道浃，王道备。必止于麟者，欲见拨乱功成于麟，犹尧舜之隆，凤皇来仪。故麟于周为异，《春秋》记以为瑞，明太平以瑞应为效也。"此以解释哀公十四年经文"西狩获麟"是《春秋》表示全书记载完备的象征。经过十二公二百四十二年，历史进化据乱—升平—太平三个阶段已经完成。这种"三世说"历史观念是何休为了对抗俗儒复古倒退历史观而提出来的，而将春秋十二公作为一个具体的例证。然则定、哀之世正当分裂混乱的年代，称之为"太平世"实在勉强，故何休曾作了说明，讲是"太平世"只是"文致太平"而已。这又表明：公羊义法的特点之一是，具体的史实与所阐述的历史观点、政治主张有时只要求在某一方面相同或相似，而不要求全部符合。这是公羊学家独特的路数。东周快灭亡了，却又出现麟这种祥物，它对于东周来说是异常现象；但又可理解为，祥物的出现又确有道理，它象征着由拨乱到太平至此成功。孔广森反对这种解释。他认为，所谓"备"，指全部《春秋》至此已将对于君臣父子、等级名分、纲常伦理的看法，都表达出来："上治隐、桓，而贬绝之法立；下录定、哀，而尊亲之义著。君君、臣臣、父父、子子、夫夫、妇妇，采毫毛之善，讥纤芥之恶，凡所以示后王经制者，靡不具焉。"孔广森只含糊地讲"经制"，指的是一般的礼制、人伦、纲常。他不注重体会"拨乱反正""据乱—升平—太平"的意义。

哀公十四年《传》："拨乱世，反之正，莫近于《春秋》。"何休作了这样的解释："孔子仰推天命，俯察时变，却观未来，豫解无穷。知汉当继大乱之后，故作拨乱之法以授之。"何氏是把孔子描述为一个无比神圣、能洞察未来、预先规定好治国方案的超凡政治家。《春秋》为后王制法，即为汉立法，汉朝从秦末大乱中建立起来，孔子早有预见，故制订了这部拨乱反正之法留下来。这些仍然是为了强调《春秋》具有强烈的政治性特点。孔广森则对此一律摒弃，他另作解释："子曰：我欲托之空言，不如见之行事之深切著明也。盖理不穷其变则不深；事不当势则不切；高论尧、舜之道而无成败之效，则不著不明。故近取诸《春秋》，因乱世之事，季俗之情，渐裁以正道。庶贤者易勉，不肖者易晓，亦致治太平之所由基也。"他完全不理解"拨乱之法""豫解无穷"的意义，只是一般性地解释为：孔子的时代是衰乱之世，是季世习俗浇漓，失去盛世升平敦厚的景象。

（三）抹杀今文、古文界限

朴学家的思维在形式逻辑方面为所擅长。他们重证据，重条理严密，重归纳方法。事事要证据确凿，按部就班。而他们的弱点往往是小心翼翼，过于机械、拘泥，抽象能力缺乏，不理解事物的飞跃和突变，故难免"识小不识大"之诮。孔广森抛弃公羊学说的精华，务求用训诂考证的方法来注释这部特殊的经典，即是明显的例子。他作为朴学家，对于古文经一向推崇，甚为欣赏《左传》那样的注重史实的风格。他选择了一个对自己并不适合的课题——公羊学，他认定的努力方向是要纠正何休的"缺漏"，在今文、古文中求折衷。所得的结果实与其愿望相反，于古文无补，于今文则混淆了公羊家法。这是孔广森所陷入的又一误区。

孔广森主张三传平起平坐，一样看待："公羊、穀梁、左丘明并出于周秦之交，源于七十子之党，学者固不得畸尚而偏诋也。"此即成为他把古文学派的家法引入今文学派的理论根据。他把折中、弥缝作为自己著作的出发点，害怕按汉代公羊学者的解释而与《左传》《穀梁》造成分歧，落下被人指责的把柄，故有如下一段评论：

> 方东汉时，帝者号称以经术治天下，而博士弟子因端献谀，妄言西狩获麟，是庶姓刘季之瑞，圣人应符，为汉制作，黜周，王鲁，以《春秋》当新王云云之说，皆绝不见本传。重自诬其师，以召二家之纠摘矣。……虽然，古之通经者首重师法，三传要各有得失，学者守一传即笃信一传，斤斤无敢废坠，其失者犹日有所受之，其得者因而疏通证明，诚可以俟圣人复起而不惑，倘将参而从焉，衡而取焉。彼孰不自以为择善者，讵揣量其知识之所及，匪唯谬于圣人，且不逮三子者万分一。逞臆奋笔，恐所取者适一传之所大失，所弃者反一传之所独得，斯去经意弥远已。①

孔广森所严词指责的"重诬其师""逞臆奋笔，恐所取者适一传之所大失"云云，实则都是因为不满于何休《春秋公羊解诂》而发。训诂考据的学术路数严重地限制了他，故他无论如何也不能了解公羊学者借解释《春秋》而发挥的改制之说。所谓"黜周"，并非一般意义上理解的"贬黜周王室"。《公羊传》与《春秋经》

---

① 《春秋公羊经传通义叙》，《皇清经解》卷六九一。

一样，所持的是尊奉周王室的立场。公羊学者讲"黜周，王鲁，以《春秋》当新王"，是要讲王者必"改制"，一个新王朝建立起来，正朔要改，服色要改，所保留祭拜的古代帝王也要随之改变，这一切即意味着治国制度也要有新改变，以适应新的政权面临的新情况。"周王室"原拥有号令天下的全权，随着《春秋》假托以鲁为新王，"周"的地位自然下降。故公羊学者讲"亲周、王鲁、以《春秋》当新王"，三者都是指时代改变、制度也要改变的意思。孔广森局限于训诂学的方法，严重地障碍了他，使他无法理解问题的实质。

孔广森还直接指责何休"时有承讹率臆，未能醇会《传》意"。提出何休《解诂》尤为"不通"的有两项，一是"自设例，与经违戾"，二是"不肯援《穀梁》以释传"，"不肯取证《左传》"。孔氏列举的具体例证有数条，这里只能择举其中之二事略加辨析。

一是举公子季友等三人卒，书日，以证成孔广森本人所持僖公应划"所见世"之说。

本来，何休进一步发挥董仲舒"三世说"，其意义不在争论鲁国某公应划入三世中的哪一世。相反，主要意义在说明《春秋》二百四十二年应视为三个有区别的历史阶段，这是公羊"改制"说的一个组成部分。孔广森争论僖公应划入所见世，议论再多，实在无关公羊学的宏旨。再者，"《春秋》无达例"，"异事而同辞"，已为治此学者所共知。从书中举出某一项不符合全书的例，原也毫不足怪，任凭你说得振振有词，也只是个人之见，未必能否定别人已经归纳的"例"。

孔广森所举是《春秋》鲁僖公十六年记："三月壬申，公子季友卒。""四月丙申，鄫季姬卒。""秋，七月甲子，公孙慈卒。"孔广森认为既然此三人卒都书日，违背了传闻世"大夫之卒有罪与否，例不日"的例。但是，何休《解诂》对此已经解释了为何"书日"：

> 贤之，明季子当蒙讨庆父之功，遏牙存国，终当录也。
> 日者，僖公贤君，宜有恩礼于大夫，故皆日也。一年丧

骨肉三人，故日痛之。

此见于僖公十六年何注。前一段，是说明季友曾讨伐鲁国之祸首庆父，阻遏叔牙弑庄公的阴谋，是一位贤大夫。后一段，则说明鲁僖公是贤君，对于一年之中死去三位大夫及亲人，应该感到哀痛，故特别"书日"，表示僖公对大夫有恩礼。三人中之公孙慈是鲁大夫。鄫季姬是鲁公室女，嫁给鄫子作夫人。鄫季姬卒，书日，此系援用僖公九年"伯姬卒"之例处理的。按照治《春秋》学者所说"贵贱不嫌同号，美恶不嫌同辞"的解释方法，何休所作解释，也可圆通。孔广森指责何休"自设例，与经违戾"并不恰当。

二是卫公子辄距其父蒯聩入卫之事，载于哀公三年《公羊传》。这件事在汉代和清代成为有关《公羊传》的一段公案，研究者意见分歧，各执一词，故需要多费一点笔墨来说明。

蒯聩是卫灵公太子，他因与卫灵公夫人不和，于定公十四年被卫灵公所逐，蒯聩出奔，先至宋，后又至晋。至此哀公三年，蒯聩被晋国护送入卫国，居于戚。《公羊传》对此事这样记载："三年春，齐国夏、卫石曼姑帅师围戚。齐国夏何为与卫石曼姑帅师围戚？伯讨也。（何休注：方伯所当讨，故使国夏首兵。）此其为伯讨奈何？曼姑受命乎灵公而立辄，以曼姑之义为，固可以距之也。辄者何为者也？蒯聩之子也。然则曷为不立蒯聩而立辄？蒯聩为无道，灵公逐蒯聩而立辄。然则辄之义可以立乎？曰：可。其可奈何？不以父命辞王父命，以王父命辞父命，是父之行乎子也。不以家事辞王事，以王事辞家事，是上之行乎下也。"[1]

《公羊传》这段解释，主要讲了三层意思：第一，晋国护送蒯聩入卫国的戚，致使公子辄从卫国出走，被认为是对卫国内部政事的干涉，破坏了卫国的正常秩序，故齐国以一方（地区性）诸侯霸主身份，派大夫国夏与卫国大夫石曼姑一同围戚，被认为是合乎情理的军事行动。第二，认为蒯聩行为无道，故被卫灵公所逐。公子辄则是卫灵公所立，蒯聩被逐出后辄当国君，是正当

---

[1] 《春秋公羊传》哀公三年。

的。第三，公子辄对蒯聩拒而不纳，符合不以父亲之命否定祖父之命的道理。总之，《公羊传》解释这一事件的中心意思在："辄之义可立乎？曰：可。其可奈何？不以父命辞王父命。"何休正确地把握住《公羊传》的意思，故他作了如下解释："明父得有子（按，父指卫灵公，子指蒯聩）而废之，子不得有父之所有，故夺其国，文正其义也。不贬蒯聩者，下曼姑围戚，无恶文嫌曼姑，可为辄诛其父，故明不得也。……辄出奔不书者，不责拒父也。"（按，徐彦疏："辄出奔不书云云，知辄出奔者，正以蒯聩之入故也。诸侯之礼，礼当死位，若其出奔者皆书而责之。今不书者，正欲不责辄之拒父故也。"）"以父见废故辞让不立，是家私事；听灵公命立者，是王事，公法也。"[1]

详审《公羊传》、何休的解释，他们的理解是一致的。他们的主要根据都是：蒯聩行为无道，已被灵公所废，公子辄拒而不纳，是符合于"义"的。蒯聩和辄虽是父子关系，但此是家事，而辄已受卫灵公之命立为国君，此是国事，故辄拒而不纳符合于家事服从国事的道理。从我们今天的观点看，蒯聩既然行为"无道"，那么他的被拒，没有什么可同情，相反应认为辄做得对，取消一个无道的太子的国君继承权，这种思想包含着民主性精华。

孔广森则反对这种解释。一方面，他无法否认卫灵公废蒯聩而立辄是正当的，另一方面，他又竭力维护"父子之道"，死死扭住子（辄）必须服从父（蒯聩）的所谓道理不放。他的解释牵强而绕远，说："《传》言可者，谓卫人可以王父之命立辄，非谓辄可仇雠其父，偃然居也。……辄有王父命为可立，蒯聩无父命必不可立。《经》若恶蒯聩，即似与辄，与辄，是亲亲之义不著也；恶辄，即似与蒯聩，与蒯聩，是尊尊之义不著也。故但得托齐伯讨，以两见其义。言乎辄使曼姑距父则不可。……辄之道虽当让，而卫人奉辄，自不失尊王父之意。"[2] 孔广森要竭力维护"亲亲之义"。言下之意，是认为若肯定公子辄拒其父的行为，即

---

① 《春秋公羊解诂》哀公二年、哀公三年。

② 孔广森：《春秋公羊经传通义》，《皇清经解》卷六九〇。

宣扬子仇其父。至晚清光绪年间，反对公羊学者诋斥今文学派是鼓动"父仇子劫"，也是指《公羊传》中这一类内容。

对比自汉代至清代两种对立的看法，何休所持的见解是符合《公羊传》原意的。而且包含着对于"无道"的父，不能服从而应该反对，这样做符合国家利益这层意思，于义为长。孔广森称"《传》本未与轹距父"，指责何休的解释"不通"①，实在违反《公羊传》的原意，而且露骨地宣扬、维护"子必须绝对服从父"的封建伦理，进行即使父的行为无道也不能反对这种陈腐的说教，毫无进步意义。

孔广森作为孔府裔孙，他的公羊学说又反映出世族地主向朝廷闹独立的倾向。在包括前代在内的历代皇朝中，孔府是以世袭儒宗出现的世族大地主，与封建朝廷互相利用，但在土地兼并和占有依附农民逃避徭役上又与朝廷发生矛盾。乾隆时，"衍圣公"孔昭焕即因不满地方官差徭过多而遭到议处。孔广森的公羊学著作也打上了他的阶级地位的烙印，要求巩固世族地主的地位，他鼓吹古代诸侯有不纯臣之义，分土而守，分民而治，就包含有这一层意义。孔广森不谈公羊学的"大一统"意旨，却把古代曾存在过的诸侯在某种程度分立的历史状况拿到清代来宣扬，跟公羊学意旨直接相违背，反映了世族地主要求保持自己的庄园具有独立的地位，这是严重的倒退。"存在决定意识，孔广森为自己的贵族地主地位作辩护。""这种不纯臣的现象到乾隆时已不存在，如果说还有类似典型的话，当时的曲阜孔家是一个。"②

总起来说，孔广森在乾隆年间著成《春秋公羊通义》，对于进一步引起人们对公羊学研究的兴趣是有些作用的。然而，他不能把握公羊学的实质，抛弃了何休学说中有价值的内容，自立"三科九旨"，混淆公羊家法，故《春秋公羊通义》一书既无进步色彩，又无甚学术价值。由于孔广森从反面提出了不少问题，必须经过论辩加以澄清，公羊学才能走出误区。

---

① 见孔广森《春秋公羊经传通义叙》，《皇清经解》卷六九一。
② 杨向奎：《清代的今文经学》，见《绎史斋学术文集》，第335、334页。

第三章　张大旗帜

由庄存与首开其端的清代公羊学，到了他的外孙刘逢禄手里，发皇成为一种有深刻哲学思想体系作指导、有多种著作形成坚实基础的学问。故刘逢禄实为常州学派的关键人物，他的思想和著作在嘉道年间发挥了明显的影响力。

一、刘逢禄：重理公羊学的统绪

（一）完成清代公羊学的系列著作

刘逢禄（乾隆四十一年至道光九年，1776—1829），字申受，江苏武进人。幼年即由母亲庄氏授西汉贾谊、董仲舒文章。至刘逢禄十一岁，见外祖父庄存与，详细询问逢禄所学何书后，叹曰：此外孙必能传吾学。其后，读《春秋繁露》《春秋公羊解诂》，发愤研治公羊学。十九岁时，逢禄跟从舅庄述祖学公羊传三正等知识，及六书古籀之学，尽得其传。述祖曾称：吾诸甥中，若刘甥可师，若宋甥（翔凤）可友。二十五岁拔贡，与同邑李兆洛（字申耆）齐名，号"常州二申"。嘉庆十九年中进士，年三十九。殿选二甲，选庶吉士。后改礼部主事，至道光四年改仪制司主事。先后在礼部服职十二年，其子承宽称他对本职做到："据古礼以定今制，推经文以决疑难。"又论其学问："大抵府君于《诗》《书》大义及六书、小学多出于外家庄氏（述祖）；《易》《礼》多出皋文张氏（张惠言）。至《春秋》则独抱遗经，自发神悟。""微言千钧一发"，"若钩幽起坠，……自汉以后府君一人而已"①。

刘逢禄潜心公羊学的著述一二十年，最重要的著作是《春秋公羊经何氏释例》，并著有《公羊何氏解诂笺》《发墨守评》《穀梁废疾申何》《箴膏肓评》《左氏春秋考证》《论语述何》，俨然成为清代公羊学的系列著作，从各方面阐述和发挥公羊学说。他的好友李兆洛称他"一意志学，洞明经术，究极义理。凡所著书，不泥守章句，不分别门户，宏而通，密而不缛"②。梁启超论清代今文学派崛起的历史，称刘逢禄发扬庄存与开创的学术，"大张其军，自是'公羊学'与许郑之学代兴，间接引起思想界革命"。而常州学派成为"一代学术转捩之枢"③，尤为确评。

（二）揭起旗帜　重理统绪

刘逢禄对清代学术的最重要贡献是：他响亮地提出只有公羊学说才得孔子真传，并重理了《公羊传》—胡毋生、董仲舒—何休前后相承的今文学派系统，堂堂正正地拿出来与古文学派相抗衡，强调这是被埋没的儒家正统。晦暗千余年的公羊学说，至此才得显扬。

刘氏精心撰写的《春秋公羊经何氏释例叙》，不啻是一篇清代公羊学的学术宣言书，集中而鲜明地提出了需要研求和发挥的三个互相密切关联的重要问题。一是认为《春秋》集中体现了孔子治天下的精义。刘氏引用孔子的两段话："吾志在《春秋》"，"知我者其唯《春秋》乎！罪我者其唯《春秋》乎！"又引《孟

---

① 刘承宽：《先府君行状》，见《刘礼部集》，清光绪十八年（1892）延晖承庆堂重刻本。

② 见张舜徽《清人文集别录》引，中华书局，1963年版，第368页。

③ 梁启超：《近代学风的地理分布》，《饮冰室合集》文集之四十一，中华书局，1989年版，第66、65页。

子》所说，《春秋》行天子之事，继王者之迹。据此，刘逢禄强调《春秋》不仅体现出孔子经世之志，为后代治国者制天下之法，同时《春秋》又是掌握孔子全部学说的关键，故说："学者莫不求知圣人，圣人之道备乎五经，而《春秋》者五经之筦钥也。""拨乱反正莫近《春秋》。"二是认为《公羊传》才得孔子真传，董仲舒对阐扬孔子学说立了大功。"传《春秋》者言人人殊。惟公羊氏五传，当汉景时，乃与弟子胡毋子都等记于竹帛。是时大儒董生下帷三年，讲明而达其用，而学大兴。故其对武帝曰：非六艺之科，孔子之术皆绝之，弗使复进。汉之吏治经术，彬彬乎近古者，董生治《春秋》倡之也。"由是宣布公羊学说在汉代立了大功。三是他本人的职志，是继承董仲舒、何休学说的统绪，重新发扬早已幽暗的"圣人之微言大义"，求得儒家学说中"经宜权变""损益制作"的真谛。

刘逢禄所撰《春秋论》[①] 同样是集中论述其理论主张之作，可与《春秋公羊经何氏释例叙》提出的论点相发明。刘逢禄对孔广森所著公羊学著作的功过有精辟的评论。他认为，孔广森"以公羊春秋为家法，于以扩清诸儒据赴告、据《左氏》、据《周官》之积蔀，箴砭众说无日月、无名字、无褒贬之陈羹"，故有继承绝学之功。同时，刘逢禄又纠正孔广森别立"三科"的不恰当做法，第一个站出来予以明确的批评："乃其三科九旨，不用汉儒之旧传，而别立时、月、日为'天道科'，讥、贬、绝为'王法科'，尊、亲、贤为'人情科'。如是则《公羊》与《穀梁》奚

---

① 见《刘礼部集》卷三。这篇《春秋论》，与《魏源集》（中华书局1976年版）中《公羊春秋论》仅文字上稍有出入，而思想内容基本相同。《魏源集》注云："据《古微堂文稿》。"笔者撰本书初稿时，只是依据了《魏源集》，而未作进一步考证，因而错误地认为该文是魏源所作。在书稿撰成并交出版社之后，才相继读到陈鹏鸣博士《刘逢禄生平及著述略考》（载《史学史研究》1996年第1期）和刘兰肖博士《〈魏源集·春秋公羊论〉作者补证》（载《近代史研究》2003年第4期）两文。两位作者均提出，《刘礼部集》编成于道光十年，魏源曾特为写序，说明他直接参与其师刘逢禄文集的编定工作，诚决无将本人所写文章羼入《刘礼部集》之理。而《魏源集》中《公羊春秋论》，则先不见于《古微堂集》，后人据录的《古微堂文稿》更非魏源手定之篇，实不足作为凭据。这两篇文章给我宝贵的启发，修改稿时采用他们的看法，判定《春秋论》作者应为刘逢禄，并增写了这段文字。谨此志谢。

异？奚大义之与有？推其意，不过以据鲁、新周、故宋之文疑于倍上，治平、升平、太平之例等于凿空。不知孟子言《春秋》继王者之迹，行天子之事，知我罪我其唯《春秋》。为邦而兼夏、殷、周之制，既以告颜渊；吾岂为东周，又见于不狃之召；夏、殷、周道皆不足观，吾舍鲁何适，复见于《礼运》之告子游。""是故以日月名字为褒贬，《公》《穀》所同，而大义迥异者，则以穀梁非卜商高第，传章句而不传微言，所谓众人以下不可语以上与！"刘逢禄明确纠正孔广森的错误，堵住了混淆公羊家法、抽调了公羊学灵魂的歧路，指出了继起的学者应该遵循的方向，这对于清代公羊学的发展实具关键的意义。

刘逢禄在《春秋论》中再次昌言春秋公羊学的基本观点：《春秋》的实质是"因鲁史以明王法，改周制以俟后圣"。"《春秋》为百王之法，岂为一人一事而设哉！故曰'于所见微其词，于所闻痛其祸，于所传闻杀其恩'，此一义也。……于所传闻之世，见拨乱致治，于所闻世见治升平，于所见世见太平，此又一义也。即治《公羊》者亦或未之信也。孟子述孔子成《春秋》，于禹抑洪水、周公兼夷狄之后，为第三治，请引之以告世之以《春秋》罪孔子者！"[1] 在这里，刘逢禄深刻地指出：只有把《春秋》视为一部政治书，孔子以褒贬书法寄托了自己的政治立场和政治理想，等于为后代治国者确立了根本大法，只有这样看才符合孔子及孟子的意思，也才能理解孔子所说"知我罪我其唯《春秋》乎"，及孟子把孔子修《春秋》视为与禹治洪水、周公抑夷狄同功的深刻含意。这些论述表明了刘逢禄的深刻洞察力，堪称继绝起废。这样就进一步整理了公羊学说由《公羊传》而后董仲舒、胡毋生至何休的统绪，提高了《公羊传》作为得孔子学说之真传的地位，不仅足与古文学派抗衡，而且强调这是被埋没的儒学正统。晦暗千余年的公羊学说，至此才得显扬。

为公羊学说大张其军，还必须勇敢地直面古文学家拿古文经典非难《公羊传》的说法，作出响亮的回答。刘逢禄正是这样做

---

① 均见《刘礼部集》卷三。

的。他回击古文学家拿《周礼》《左传》攻驳《公羊传》的说法，说《周礼》为"战国阴谋渎乱不验之书"，[①] 又称《左传》一书经过了刘歆伪窜。更有战斗意义的是，刘逢禄反驳了清代朴学家钱大昕在《潜研堂答问》中对《公羊传》的非难。钱氏称："《左氏》之胜《公羊》，宜乎知之。而范升抗议于前，何休申辨于后，汉儒专己党同如此。"刘逢禄在《春秋论》中作了有力的反驳："吾谓此非《公羊》之不及《左氏》，乃《春秋》之不及《左氏》也。《左氏》详于事，而《春秋》重义不重事；《左氏》不言例，而《春秋》有例无达例。惟其不重事，故存什一于千百，所不书多于所书；惟其无达例，故有贵贱不嫌同号、美恶不嫌同辞；以为待贬绝不待贬绝之分，以寓一见不累见之义。如第以事求《春秋》，则尚不足为《左氏》之目录，何谓'游、夏之莫赞'也？如第以一例以绳《春秋》，则且不如画一之良史，何必非断烂之朝报也？"刘逢禄进而申述说：《公羊》不仅不同于《左传》，也不同于《穀梁》。"《穀梁》只传章句，不传微言"。"《春秋》之有《公羊》，岂但异于《左氏》而已，亦且异于《穀梁》。《史记》言：《春秋》上记隐，下至哀，以制义法，为有所刺讥褒讳抑损之文，不可书见也。故七十子之徒口受其传旨。《汉书》言：仲尼殁而微言绝，七十子丧而大义乖。夫使无口授之微言大义，则人人可以属辞比事而得之，赵汸、崔子方何必不与游、夏同识？惟其无张三世、通三统之义以贯之，故其例此通而彼碍，左支而右绌。"

与古文学家以记事作为评价高下的标准而贬低《公羊传》的做法相反，今文学家是以"载义"作为评价的尺度，故视《公羊传》乃得孔子学说之精意，二者立场不同，看法完全相反。钱大昕要拿古文学家的价值标尺衡量一切，这岂不是圆凿方枘，扞格不入吗？刘逢禄牢牢地把握住今文学重视"微言大义"、强调"为后王制法"的价值观，所以他能对何休的《春秋公羊解诂》作系统而深刻的总结。

---

① 《春秋公羊经何氏释例·朝聘会盟例第十五》，《皇清经解》，学海堂刻本。

《春秋论》中上述基本观点，在刘逢禄所撰《申左氏膏肓序》等篇可以得到补充和呼应。他说："东汉之季，古文盛行，《左氏》虽未立学官，而并列于经传久矣。《左氏》以良史之材，博闻多识，本未尝求附于《春秋》之义，后人增设条例，推衍事迹，强以为传《春秋》，冀以夺公羊博士之师法，名为尊之，实则诬之。"①据此，则证明《左传》是一部历史著作，它的长处实在于记载史实，因而剥夺了它独传《春秋》的神圣经典地位。既然《左传》与《春秋》经义并无关联，又经过后人窜改，那么它的价值便无法与解释《春秋》"微言大义"的《公羊传》相比。刘逢禄又以《公羊传》与《穀梁传》作对比："窃尝以为《春秋》微言大义，鲁论诸子皆得闻之，而子游、子思、孟子著其纲，其不可显言者属子夏口授之。公羊氏五传，始著竹帛者也。然向微温城董君、齐胡毋生及任城何邵公三君子同道相继，则《礼运》《中庸》《孟子》所述圣人之志，王者之迹，或几息矣！穀梁子不传建五始、通三统、张三世、异内外诸大旨，盖其始即夫子所云中人以下不可语上者。而其日月之例，灾变之说，进退予夺之法，多有出入，固无足怪。玩经文，存典礼，足为公羊氏拾遗补缺，十不得二三焉。其辞同而不推其类焉者，又何足算也！"②刘逢禄通过对比，确证《穀梁传》不传《春秋》大旨，以此更强调《公羊传》的价值。

刘逢禄以几十年的努力，为清代公羊学说争得了足与古文学派相抗衡的牢固有力的学术地位。他的经学成就，实包括内部开掘构建与外部廓清两个方面。对《公羊传》所蕴涵的内容、宗旨，他作了深入的开掘、总结和阐发，使公羊学成为一门有高明的义理、丰富的例证，自成体制，有很高学术价值的学问。在外部，对于常被拿来作为非难《公羊传》所依据的《左传》《穀梁传》，又揭露其弱点，动摇其地位。基于上述两项，他有理由宣布说：《春秋》在儒家经典中有"网罗众经"的地位，代表了儒

① 《申左氏膏肓序》，《刘礼部集》卷三。
② 《申穀梁废疾序》，《刘礼部集》卷三。

家学说的精华。《公羊传》得其真传，董何之书，一语一言，皆精妙绝伦。何休之学远远高出于古文，时罕其匹，晋唐以来却无人能理解，其学风也宏阔宽厚。① 既然如此，他阐扬董仲舒、何休学说，就不是学派门户之争，而是重新继承和弘扬久被湮没的孔学之真传；他张大公羊学的旗帜，也不是出于个人偏爱，而是事理发展之必然，是学术演进所赋予的时代使命！由庄存与重新提起的公羊学说，至此才发皇壮大，真正实现了"复兴"。

二、造端宏大，奠定基础

刘逢禄所处的时代已经与庄存与明显地不同，清朝统治的"盛世"已经过去，开始走上下坡路，逐步显示出衰败的局面。而刘逢禄公羊学说的核心，正是阐发一套反映这种时代特点的"变"的哲学。这在《春秋公羊经何氏释例》这部清代公羊学奠基时期的代表作中有充分的体现。刘逢禄一反赵汸、孔广森的做法，他独创性地发挥了董仲舒、何休的观点。将《春秋公羊解诂》的注文作了一番深入的开掘和系统的整理，总结成三十例，即有关公羊学三十个方面的问题。显示出公羊学乃是有义理、有例证、自成体系和义法的学说，从而把公羊学的发展推向一个新阶段，称这部著作造端宏大，确实当之无愧。书中每一例都列出何休的原注，加上刘氏本人的"释"或序论，进行详析。其中较重要的有：一、二、三、四、五、六、七、八、九、十一、十二、二十、二十四、三十各例。尤其是"张三世例""通三统例""内外例"这三项更有全局性的意义。

（一）"张三世例"：阐发变易进化的历史哲学

"张三世"的观点在公羊学说中有特殊的意义。刘逢禄搜集、发掘了《公羊传》及何休注文中的有关内容，反复申明要领会公羊学"变"的观点，以此观察社会的演进变化。《春秋公羊经何

---

① 刘逢禄：《春秋公羊解诂笺序》，《刘礼部集》卷三。

氏释例·张三世例第一》中举出各方面的有力证据，我们选择其中几项，以见一斑：

《公羊传》隐公元年、桓公二年和哀公十四年三次明言："所见异辞，所闻异辞，所传闻异辞。"

《春秋经》桓公五年："齐侯、郑伯如纪。"《公羊传》："外相如不书，此何以书？离不言会。"何休注："《春秋》始录内小恶，书内离会；略外小恶，不书外离会。至所闻之世，著治升平，内诸夏而详录之，乃书外离会。嫌外离会常书，故变文见意，以别嫌明疑。"

今按，古文"离"字有附着、附丽之意，引申为两国国君或使者相会。《谷梁传》定公十年："公至自颊谷，离会不致。"范宁注即据此解释："二国会曰离，各行其所是，非其所非……是非不同故曰离。"何休的注是着重解释《春秋经》对于"所传闻世"和"所闻世"书法的不同。"齐侯、郑伯如纪"，是桓公五年事，属于所传闻世。按何休总结的书法之例，在传闻世，只对鲁国内部的事件记载得详，对华夏各诸侯国的事件（如诸侯之间相会聘问）记载得略。至所闻世，是进到"著治升平"阶段，书法也因之变化，"内诸夏而详录之，乃书外离会"。齐侯、郑伯到纪会见纪伯这件事，现在却按照"所闻世"的书法记载了，原因即在此次会见不属于重要的会盟，只是属于"离会"，即一般的低调的会见，所以称"齐侯、郑伯如纪"。有意作这样的"变文"处理，避免书法的不妥，并且用"如"字这一特别的用语，表示出"所传闻世"和"所闻世"的差别。

《春秋经》昭公十六年，"楚子诱戎曼子杀之"。何休注："戎曼称子者，入昭公见王道太平，百蛮贡赋，夷狄皆进至其爵。"据公羊家说，从昭公开始，进入所见世，其特征是"见治太平"。这时，对"戎""狄""蛮""夷"这些后进的少数民族，已不再拿"所闻世"时"内诸夏而外夷狄"来对待了，而是"天下远近小大若一"，以平等态度对待。故戎曼这样的小国之君，也进而称为"子"。《春秋》书法这一"夷狄"进至其爵的变化，不仅突出地体现了历史阶段不同、历史家的看法也不同的变易进化历史观，同时也是在民族问题上极其难得的进步观点。

《春秋经》定公六年，"季孙斯、仲孙忌帅师围郓"。《公羊传》："此仲孙何忌也。曷为谓之仲孙忌，讥二名。二名，非礼也。"何休注："《春秋》定、哀之间文致太平，欲见王者治定，无所复为讥，唯有二名，故讥之。此《春秋》之制也。"这里提出《春秋》有讥二名之例，也是与"所见世"相联系的一种特殊的书法。所谓"讥二名"，包含两层意思。一是，仲孙忌本来双名"何忌"，《春秋经》嫌写上双名在这里不合适，故只称"仲孙忌"，表示讥嫌。二是《春秋经》何以对这样细小的事也要表示讥嫌呢？这是因为，定公之时，早已属于公羊三世的"所见世"，"见治太平"。为了在文辞上表示出这一时期已经处于"王者治定"，其他找不出什么大毛病来加以讥嫌，所以就用"讥二名"这种讥嫌小事的方式，反衬出"定哀之间，文致太平"。

"文致太平"之说，又见于哀公三年和哀公十四年。《春秋经》哀公三年，"冬十月，癸卯，秦伯卒"。何休注："哀公著治太平之终，小国卒、葬，极于哀公，皆卒日、葬月。"这是指明：小国国君卒，详细记载月、日，只是在"所见世"才这样做的。哀公是《春秋》十二公之末，按公羊三世进化观，哀公是"著治太平之终"，而对小国国君卒的记载，也比以前"所传闻世"和"所闻世"都详细。又，《春秋经》哀公十四年，"春，西狩获麟"。《公羊传》："何以书？记异也。何异尔？非中国之兽也。然则孰狩之？薪采者也。薪采者，则微者也。曷为以狩言之？大之也。曷为大之？为获麟大之也。曷为为获麟大之？麟者，仁兽也。有王者则至，无王者则不至。有以告者，曰：有麕而角者。孔子曰：孰为来哉？孰为来哉？反袂拭面，涕沾袍。颜渊死，子曰：噫，天丧予。子路死，子曰：噫，天祝予。西狩获麟，孔子曰：吾道穷矣。《春秋》何以始乎隐？祖之所逮闻也。……何以终乎哀十四年，曰：备矣。"何休注中有这样的解释："据天子诸侯乃言狩。天王狩于河阳，公狩于郎是也。河阳冬言狩获麟。春言狩者，盖据鲁，变周之春以为冬，去周之正而行夏之时。""人事浃，王道备。必止于麟者，欲见拨乱功成于麟，犹尧舜之隆，凤皇来仪，故麟于周为异，《春秋》记以为瑞，明太平以瑞应为效也。"

在哀公十四年这一终卷之篇记"西狩获麟"，是具有特殊象征意义的重大事情，故《公羊传》称"大之也"。按照礼制，"狩"是应在冬季进行的。《春秋》桓公四年："春正月，公狩于郎。"何休认为此处书月是讥词。因为周之正月当夏之十一月，阳气始动，草木已萌，动物生命活动新的周期也即将开始，不是行"狩"之时，故书月，以讥之。《春秋》僖公二十八年，"冬，天王狩于河阳"。就"狩"本身来说，时为夏历十月，当季冬，是行狩之时，故《春秋》书冬，"狩于河阳"是正常的。现在《春秋》终篇载"春，西狩获麟"，是孔子欲据鲁为王，改正朔，欲改周历之春为夏历之冬，去周之正月为夏之时，故春而言狩。《春秋》终篇这种"改正朔"的做法，实则显示出孔子受命于鲁、以《春秋》作新王的政治意图。这是第一层意思。次一层意思，麟是瑞兽，是"太平之符，圣人之类"，可以理解为孔子这位圣人的象征，此时得麟是一头已死之麟，意味着孔子的生命已届结束，"天告夫子将没之征"。第三层意思，此时周朝早已衰亡，故麟的出现对周来说是变异，而《春秋》却托以为祥瑞的象征，证明《春秋》二百四十二年按照据乱世—升平世—太平世的"三世说"进行，至此《春秋》终笔之年，拨乱致治，至于太平，大功已成，祥瑞的出现就是太平世到来的显著证明。尽管定、哀之世鲁国衰微，天下处于分裂混乱的时代，但在历史观念上已达到"太平世"，所以在文辞表达上有"讥二名"，更有表现太平的异物出现，这就是《春秋》"文致太平"的特点。

上述刘逢禄《春秋公羊经何氏释例·张三世例第一》的若干条目确有典型意义。经过刘逢禄作这番择举同类例证、加以总结发挥的工夫，进一步证明：从变易的观点来说，在《公羊传》和《公羊解诂》所阐释的政治—历史哲学中，"张三世"是首要的大义，也是公羊学理论的核心。按公羊学家看法，《春秋》中对二百四十二年历史的记载绝不是呆板凝滞的，其中充满着活跃的变动的因素。年代不同，恩德远近深浅不同，孔子就运用不同的褒贬书法，国家治乱、社会进化的程度也不同，民族关系的融洽程度也不同，并且孔子为了表达他这一套极其重要而微妙的历史观点，还采取"变文""文与而实不与"的特殊手法。春秋末年社会动荡，但是从"三世说"视角来说，历史是进化的，社会应该进化到"太平致治"之世，所以要表示出"人事浃，王道备"。读《春秋》者，绝不能拘牵于具体的史实，具体的字句，应向无字句去求，体会出其中这一套极其丰富而又奇特的理论。

刘逢禄治学极注重理论上的总结、阐发，这跟清代绝大多数朴学家只限于排比资料、训诂考证而不擅长于义理的分析、综合大不相同。《春秋公羊经何氏释例》中，刘氏大致对每一"例"都写有释论或叙论，从大量的实例（即论据）中总结引申出道理来。《张三世例第一》的释论，从三方面作了重要的阐释：

一是进一步发挥了公羊学进化发展的历史观。刘逢禄认为"等"的观念在儒家极其重要，"亲亲之杀，尊贤之等，礼所生也。……等之不著，义将安放？""等"的原义是制度、等第的不同，这里引申为差别和阶段之意。"故（《春秋》）分十二世以为三等，有见三世，有闻四世，有传闻五世。于所见微其词，于所闻痛其祸，于所传闻杀其恩。由是辨内外之治，明王化之渐，施详略之文。"这些即是刘逢禄用新的语言对公羊家法的概括。"辨内外之治"说明在"三世"之三个历史阶段中国家治理进展的程度不同；"明王化之渐"，说明随着文明程度的进化向新的阶段发展，历史家的视野由"内其国而外诸夏"达到"内诸夏而外夷狄"，又进一步达到"天下远近小大若一"，原先被视为边鄙"夷狄"的小国，现在也能以平等的态度对待它们了；"施详略之文"，说明历史阶段不同，记载的详略和"书法"也不同。刘逢禄强调理解《春秋经》和《公羊传》的一个关键，是掌握春秋末期现实政治衰乱与表达观点的文辞二者的背反，故说："鲁愈微而《春秋》之化益广，内诸夏而不言鄙疆是也；世愈乱而《春秋》之文益治，讥二名、西狩获麟是也。"刘逢禄还举了董仲舒《春秋繁露》中所举出的"王化"覆被渐广的事实：《春秋》襄公五年，载：仲孙蔑、卫孙林父会吴于善稻。今按：依公羊家说，襄公是"所闻世"，是"三世"的第二阶段，王化之被已较前为广，所以将属于诸夏的卫与鲁国列在一起，表示出"先内卫"的义旨。再者，《春秋》哀公时两次诸侯出兵伐鲁，都只记载"伐我"。一是哀公八年，载，"吴伐我"；一是哀公十一年，"春，齐国书帅师伐我"。这样的事件，若在"所传闻世"或"所闻世"记载，则言"伐我西鄙""伐我北鄙"。而哀公时已是"所见世"，王化益广，鲁与诸侯已无内地鄙疆之分。故《春秋》对这两次事件都记载为"伐我"，也是公羊学"张三世"义旨的明显证据。

二是塑造孔子政治预言家的形象。刘逢禄认为：孔子删定《诗经》，列《周南》《召南》为十六国风之首，是大有深意的："以先王之教系之召公，著王道之始基，而驺虞为之应；以文王之风系之周公，著王道之太平，而麟趾为之应。"今按，驺虞、麟趾各见《诗经》中《驺虞》及《麟之趾》两篇。按照朱熹《诗集传》的解释：麟是瑞兽，毛虫之长者。麟之足不践生草，不履生虫。麟性仁厚，故其趾亦仁厚，象征文王、后妃仁厚，故其子孙亦仁厚。驺虞是不食生物之兽，同样是王化之象征。孔子编《诗经》，把《驺虞》《麟之趾》两篇各列于《召南》《周南》之终篇，就不应是随意编次，而是有意安排，显示王道始肇基和王化大行各有瑞应。孔子修《春秋》更是事关国家治理和社会进化的重大事件，书中寄托着他的理想和预见。故说："至于西土亡、王迹熄，鸣鸟不闻，河图不出，天乃以麟告：'文王既没，文不在兹乎？'愀然以身任万世之权，灼然以二百四十二年著万世之治。且曰：其或继周者，虽百世可知也。"刘逢禄强调：《春秋》终篇麟的出现同样具有政治象征意义。此时情况特殊，历经东周王室陵夷，春秋末年已是衰乱之世，"西狩获麟"恰恰象征天意赋予孔子继承文王功业的重任。孔子以身受万世之权的身份，在《春秋》记载的史事中寄托治天下的仪则，为后世王者制法。"其或继周者，虽百世可知也。"这是孔子对后世所作的预言，治理国家者必须实行损益之道，就像他在《春秋》中所体现出来的这样。

三是从文字上、哲学上、社会生活上广泛寻找根据，证明公羊"三世说"是普遍的、正确的，"变"是普遍适用的真理。刘逢禄著此书是在嘉庆初年，此时清朝统治已经由盛转衰，爆发了白莲教起义。刘逢禄对于"变"是普遍规律的论述，已经透露出对于封建统治前途的隐忧，所以他带着几分忧惧的心情阐述朴素的辩证法和发展观，实际上已曲折地反映出时代的矛盾。他说：

> 古之造文者三画而连其中，谓之王。《易》之六爻，夏时之三等，《春秋》之三科是也。《易》一阴一阳，乾变坤化，归于乾元，用九而天下治，要其终于《未济》，志商亡也。《诗》《书》一正一变，极于周亡，而一终《秦誓》，一终《商颂》，《秦誓》伤周之不可复也，《商颂》示周之可兴也。夏时察大正以修王政，修王政以正小正，德化至于鸣隼，而推原终始之运，本其兴曰：正月启蛰；戒其亡曰：十有二月陨麋角。《春秋》起衰乱以近升平，由升平以极太平，尊亲至于凡有血气，而推原终始之运，正其端曰：元年春王正月公即位，著其成曰：西狩获麟。
>
> 故曰：治不可恃，鸣隼犹获麟也，而商正于是乎建矣。乱不可久，孚于东方，蝥于十二月，灾于戒社，京师于吴楚犹《匪风》《下泉》也，而夏正于是建矣。无平不陂，无往不复，圣人以此见天地之心也！

刘逢禄这段言论，无愧是清代中叶关于历史必变思想的精彩论述。他讲古老的夏正、商正、周正的改易，讲《易》《诗》《书》《春秋》这些儒家经典中体现出来的阴阳、正反、治乱、盛衰的道理，因而总结出"治不可恃""乱不可久""无平不陂，无往不复"的原理。在这里，刘逢禄虽然借用传统的语言，却融注了他处于清朝统治由盛转衰时代所得到的感受。他自信所揭示的变易发展的原理对于国家社会意义重大，所以深沉地强调这是"天地之心"，是一切个人、社会和自然都不能例外的普遍法则，这样，他就已经隐约地传达了时代变动的重要信息。

（二）"通三统"：论治国之道"穷则必变"

刘逢禄又大力阐发公羊学另一核心理论——"通三统"。"通三统"与"张三世"是相通的，其共同处是都强调以"变"的观点来观察事物。"张三世"主要论述历史发展表现出的阶段性，故具有历史哲学的特色。"通三统"主要论述治理国家的制度、办法应随时代而变化，具有政治哲学的特色。

在《春秋公羊经何氏释例·通三统例第二》中，刘氏突出地论证了"穷则必变"和"《春秋》经世"两个理论问题。为此，他同样连类择举《公羊传》和何休《公羊解诂》中的典型例证，作为论证的有力依据。

《春秋》鲁隐公元年，"春王正月"。何休注："王者受命必徙居处，改正朔，易服色，殊徽号，变牺牲，异器械。明受之于天，不受之于人。……"今按，刘逢禄所引何氏《解诂》此条，是对公羊学"受命改制"这一要旨的集中阐发。古代新建国的国君为证明其统治的合法性，故有迁都邑、改正朔、易服色、换徽帜、改变礼制用物等项举动。如夏都安邑，汤都亳，周都镐京，新朝常新择地建都筑城。正朔是一个朝代颁行的历法。古代有过夏历、殷历、周历等。故以夏历建寅、殷历建丑、到周历建子三种历法的变易，引申出表示夏、商、周三王之道不同的"三统"说。既然夏为黑统，殷为白统，周为赤统，那么继周而王者必定要改制，治国的政策制度要加以改变。刘逢禄以这套理论来论证他所主张的"变"的观点，是有进步意义的。但他不能摆脱"三王之道若循环"的旧格局，尽管他对时代的变动已经隐约地有所感受，然而在强大而牢固的封建思想体系和制度面前，他既缺乏叛逆的勇气，更缺乏冲击的力量。

《春秋》隐公三年，"春，王二月"。何休注："二月、三月皆有王者，二月、殷之正月也，三月、夏之正月也。王者存二王之后，使统其正朔，服其服色，行其礼乐，所以尊先圣，通三统。"何休又注云："王者封二王后，地方百里，爵称公，客待之而不臣也。"刘逢禄择举《公羊解诂》这一例证，意在说明在

"存二王之后"这一制度变迁上所表现出来的"通三统"的义旨。这又进一步证明，随着朝代更改，不仅服色、正朔、治国办法都改变，"存二王之后"的礼制也随之改变。"变"是普遍的原则。

《春秋》隐公七年，"齐侯使其弟年来聘"。《公羊传》："母弟称弟，母兄称兄。"何休注："分别同母者，《春秋》变周之文，从殷之质，质家亲亲，明当亲厚，异于群公子也。"按照公羊家说法，从殷到周，经过了由尚质到尚文的变化，周代尚文已出现了极敝，故又应变回到殷之尚质。又，《春秋》隐公十一年，"滕侯、薛侯来朝"。何休注："滕序上者，《春秋》变周之文，从殷之质。质家亲亲，先封同姓。"也是要实现由尚文到尚质的改变。何休对此有详细的理论发挥，见于《春秋公羊解诂》桓公十一年"郑忽出奔卫"的注，他说："《春秋》改周之文，从殷之质，合伯子男为一。一辞无所贬，皆从子，《春秋》进爵称子是也。……王者起，所以必改质文者，为承衰乱救人之失也。天道本下，亲亲而质省；地道敬上，尊尊而文烦。故王者始起，先本天道以治天下，质而亲亲；及其衰敝，其失也亲亲而不尊。故后王起法地道以治天下，文而尊尊。及其衰敝，其失也尊尊而不亲，故复反之于质也。"何休上述解释中虽有循环论的错误，但其主要内涵仍是强调"变易"，刘逢禄选择这一例证所要突出的也是这一点。

刘逢禄值得称道之处，是他发挥了公羊学家的论点，并从春秋时期再放大到自有古史以来的历史时期来观察，强调朝代的变化就意味着正朔、服色、礼制和治国措施的变化，因而得出"穷则必变"这一具有现实意义的论点。他在《通三统例第二》中说："昔颜子问为邦，子曰：'行夏之时，乘殷之辂，服周之冕。'终之曰：'乐则韶舞。'盖以王者必通三统，而治道乃无偏而不举之处。自后儒言之，则曰'法后王'。自圣人言之，则曰三王之道若循环，终则复始，穷则反本，非仅明天命所授者博，不独一姓也。夫正朔必三而改，故《春秋》损文而用忠；文质必再而复，故《春秋》变文而从质。受命以奉天地，故首建五始；至于治定功成，凤皇来仪，百兽率舞，而韶乐作焉。则始元终麟之道，举而措之，万世无难矣。"值得注意的是，在《释三科例中》一文中，他又作进一步的论述，引申出主张改革的思想："三王之道若循环，非仅明天命所授者博，不独一姓也。天下无久而不敝之道，穷则必变，变则必反其本，然后圣王之道与天地相终始。"

刘逢禄讲"法后王"，讲"天下无久而不敝之道，穷则必变"，是强调面向现实，找出有效的办法。故在《诗古微序》中，他又明确提出："因革损益之道，三王五帝不相袭。"这些，对于后来龚自珍、魏源这样的更加敏锐感受时代变动的青年公羊学者，更是有力的触动。

刘逢禄又进一步阐释公羊学"经世"的宗旨，强调"易"（即"变"）和"权"的观念。他认为，掌握了春秋公羊学"张三世""变文从质"的大旨，对于理解《周易》变的哲学是极其重要的。故说："明《春秋》然后可与言《易》。《易》观会通以行典礼，而示人以易；《春秋》通三代之典礼，而示人以权。经世之志，非二圣其孰能明之？"这里，明显地把古代两部重要的儒家经典中所包含的两套变易学说放在同样重要的地位。刘逢禄所讲的"《易》观会通"，指《周易》的变易哲学是从自然和社会的普遍现象中总结出来的，"《春秋》通三代"，指春秋公羊学的"三统说"历史变易观点，是根据三代正朔不同、治国的制度办法不同而总结出来的。前者告诉人们事物的"变"，后者告诉人们应该对治国政策、措施进行变革（即"权"），来适应社会历史的变迁。只有把《周易》的"变"和《春秋》的"权"这两套变易的哲学观点付诸实行，才能体现出儒家圣人"经世之志"。在乾嘉时代，朴学盛行的时代氛围使人们长久遗忘了儒家"经世"的主张，遗忘了公羊学的变易观点，刘逢禄则明确地强调它们是圣人的学说的根本宗旨，这在当时对于扩大公羊学说的影响实具不可忽视的巨大作用。

基于同样的认识，刘逢禄还用"通三统"的观点来解释《诗》的编排："《诗》之言三正者多矣，而尤莫著于三颂。夫子既降王为'风'，而次之'邶''鄘'，之后言商、周之既亡，终之以三颂，非新周、故宋、以鲁颂当夏而为新王之明征乎？夫既以鲁颂当新王，而次之周后，复以商颂次鲁，而明继夏者殷，非所谓三王之道若循环者乎？故不明《春秋》，不可与言五经。《春秋》者，五经之筦钥也。"用历史变易的观点对儒家经典作灵活的解释，是公羊学的特点。刘逢禄解释《诗经》的编排正是这样。《诗经》王风为十六国风之一，王指周东都洛邑王城畿内方六百里之地。按朱熹的解释，周平王东迁，徙居东都王城，"于是王室遂卑，与诸侯无异，故其诗不为'雅'而为'风'，然其王号未替也，故不曰'周'而曰'王'"①。刘逢禄即根据东周王城的诗篇不归到"雅"而降为"风"这一点加以发挥，认为这正体现出"天命所受不私一姓"的三统说。他又认为：与此相呼应，《诗经》中的三颂，继周颂之后是鲁颂，也正是托鲁"受命作新王"的具体表现。据此三统说，鲁以后，则是朝代更替、历史变迁的又一周期，若以鲁相当以夏，则此后继起者可比为殷，所以鲁颂之后即有商颂。刘逢禄认为，孔子对《诗经》的编排也同样体现出"三统说"。诚然，刘逢禄所作解释有不少牵强之处，这些地方不必深究。重要的是，他由此而引申出来的论点：《公羊春秋》的"变"的观点是理解全部儒家经典的钥匙，不懂春秋公羊学就无法领会儒家学说的真谛。刘逢禄把问题提高到如此的高度，对于后来继起的公羊学者尤其具有警醒的意义。

（三）阐发"大一统"思想

在《春秋公羊经何氏释例》的《王鲁例》和《秦楚吴进爵表》等篇中，刘逢禄阐发了公羊学的大一统思想。刘氏的论述包含了两层意思：第一，孔子处在春秋末年各国分裂、战争不断的时期，却以修《春秋》寄托他实现全中国统一局面的理想，这一理想是以"王鲁"的形式出现的。第二，大力阐发公羊学通过历史阶段的进化实现"大一统"的观点，并表达"夷狄进至于爵"，

---

① 朱熹：《诗集传》卷四，中华书局，1958 年版。

并与华夏族平等的开明态度。

刘逢禄认为：在春秋时代，由周天子号令诸侯各国的局面早已过去，经由大国争霸、大夫专政、陪臣执国命几个阶段，各国处于混乱纷争状况。孔子痛感这种礼坏乐崩、分裂混乱的局面，在《春秋》中寄托了他的"大一统"的理想，这在历史发展上曾经起到过极大的作用，故是春秋公羊学宝贵的思想遗产。但在当时，王室势力衰微已至极点，决不能依靠周天子来实现"大一统"，于是需要有一个"新王"。刘逢禄一再总结由西周初年的"一统"到东周出现混乱局面的历史变化，而《春秋》王鲁即希望再度出现历史变局，由分裂纷争重新变为"大一统"。故他大力宣扬"王鲁"：

> "王鲁"者，即所谓以《春秋》当新王也。夫子受命制作，以为托诸空言，不如行事博深切明，故引史记而加乎王心焉。孟子曰："《春秋》天子之事也。"夫制新王之法，以俟后圣，何以必乎鲁？曰：因鲁史之文，避制作之僭，祖之所逮闻，惟鲁为近，故据以为京师，张治本也。圣人在位如日之丽乎天，万国幽隐，莫不毕照，庶物蠢蠢，咸得系命，尧舜禹汤文武是也。圣人不得位，如火之丽乎地，非假薪烝之属，不能舒其光，究其用。天不生仲尼，万古如长夜，《春秋》是也，故曰：归明于西，而以火继之，尧舜禹汤文武之没而以《春秋》治之，虽百世可知也。①

"引史记而加乎王心焉"，这是自董仲舒《春秋繁露》以来公羊学者所持的重要见解，指孔子以鲁国官府的历史记载为依据，而在整理过程中贯穿了"以鲁作新王"的指导思想。故称"以《春秋》当新王"，即以理想的新局面为王，克服各国分裂互争的局面，重新实现中国（也是当时人们心目中的"天下"）的"大一统"。《春秋》为后王制法，以后落实为替汉朝制法，从汉高祖到汉武帝，实现了空前规模的"大一统"，儒家发挥其"经世"思

---

① 《春秋公羊经何氏释例·王鲁例第十一》。

想而同现实政治密切结合，这也是春秋公羊学的"大一统"学说在历史上起到的积极作用。刘逢禄对此极为重视，故他曾评论桓公三年"春正月"何休注文"明《春秋》之道，亦通于三王，非主假周以为汉制而已"，加了这样一段按语："在汉言汉，即《传》所云，制《春秋》之义，以俟后圣也。"公羊家的大一统理想果然由汉实现了，当然证明了公羊学说对形成统一国家起到推动作用，也证明公羊学家的历史观是向前看的。公羊学家希望未来的中国应该是实现"大一统"，对于这一点，庄存与并未予以重视，孔广森更不理会这一点，他所代表的世族地主的利益与此直接相违背，而刘逢禄则昌言"据鲁以为京师"，"尧舜禹汤文武没则以《春秋》治之"。故杨向奎教授指出：刘逢禄鼓吹"大一统"学说，由此而使清代公羊学的局面为之一变。这同刘逢禄处于嘉庆年间内忧外患的局面实有关系，"他有所望于新王，希望有一个新局面来维持这即将紊乱的社会秩序"。① 这可帮助我们了解刘逢禄"大一统"思想的时代特点。

公羊学家"大一统"理想的实现，本身也体现了进化的阶段性。对此，何休曾表述为：由"内其国而外诸夏"到"内诸夏而外夷狄"，到"夷狄进至于爵，天下远近小大若一"。刘逢禄十分重视对此的阐发，对于公羊学家在民族问题上的开明态度发挥尤为出色。在《内外例第三》中，刘氏重申了公羊学所论《春秋》书法的特点："录其内而略外，于外大恶书，小恶不书。于内大恶讳，小恶书。"② "内女归例月，外女不月。" "内女卒例日，外女不日。" "内杀大夫，例有罪不日，无罪日；外杀大夫，皆时。"③ 并且重申公羊学者认为《春秋》书法体现出自近者始阶段性递进的认识："《春秋》以内为天下法，动作当先自克责，故小有火，如大有灾。"④ "殊会吴，外吴也。曷为外也？《春

---

① 杨向奎：《清代的今文经学》，见《绎史斋学术文集》，第343页。

② 按，这是《公羊传》总结《春秋》"传闻世"的书法特点。见《公羊传》隐公十年。

③ 按，这是何休对《春秋》书法的总结，分别见《春秋公羊解诂》庄公元年、庄公二年、僖公二十八年注。

④ 按，这是何休对《公羊传》襄公九年"内不言火者，甚之也"的解释。

秋》内其国而外诸夏，内诸夏而外夷狄。王者欲一乎天下，曷为以外内之辞言之？言自近者始也。"① 这些例证，说明《春秋》书法也体现了"三世"说的阶段变化，尤其在对"夷狄"小国的称号、顺序安排上，在"所传闻世"和"所闻世"都有明显差别，到了"所见世"才做到"夷狄进至于爵，天下远近小大若一"。

刘逢禄为《秦楚吴进黜表第十九》精心撰写了一篇序，集中论述了"夷狄"进至主盟中国的历史性变化：

> 余览《春秋》进黜吴楚之末，未尝不叹圣人驭外之意至深且密也。昔圣人序东周之《书》，唯存《文侯之命》及《秦誓》，著其盛衰大旨。其于删《诗》，则列秦于《风》。序《蒹葭》曰："未能用周礼。"序《终南》曰："能取周地。"然则代周而改周法者，断自秦始，何其辞之博深切明也。秦始小国僻远，诸夏摈之，比之戎狄，然其地为周之旧，有文武贞信之教，无敖僻骄侈之志，亦无淫佚昏惰之风，故于《诗》为夏声，其在《春秋》无僭王滑夏之行，亦无君臣篡弑之祸，故《春秋》以小国治之，内之也。吴通上国最后，而其强也最骤，故亡也忽焉。秦强于内治，败殽之后，不勤远略，故兴也勃焉。楚之长驾远驭强于秦，而其内治亦强于吴，故秦灭六国而终覆秦者楚也。圣人以中外狎主，承天之运而反之于礼义，所以财成辅相天地之道而不过乎物，故于楚庄、秦穆之贤而予之，卒以为中国无桓、文则久归之矣。何待定、哀之末而后京师楚哉！于吴光之败陈、许，几以中国听之，慨然深思其故曰：中国亦新夷狄也。……故观于《诗》《书》，知代周者秦，而周法之坏，虽圣人不可复也。观于《春秋》知天之以吴、楚狎主中国，而进黜之义，虽百世不可易也。

刘逢禄以朴学家罕有的宏观眼光，用变的观点看待先秦历史的趋

---

① 见《公羊传》成公十五年。

势，总结出"夷狄"因内治成功而地位上升，"诸夏"因内政不振、纷扰互争则地位可以下降，最后四"夷"与"诸夏"达到平等地位，从民族关系方面体现出理想的"大一统"局面。具体来说，他论述了三层意思：

第一，秦是因改变周法而强盛的。秦国本来僻居西境，为诸夏所摈，比之"夷狄"，但能振作求治，改变周法，勇于改革，加上其地是周之故土，有民风淳厚的良好传统，而无敖僻骄侈之志、淫佚昏惰之风，所以代周而起，成为强国。《春秋》便不以"夷狄"待之，而视为"诸夏"之一员，故称"《春秋》内之"。

第二，吴、楚也因内治有成而先后狎主中原，《春秋》也提高了它们的地位。吴与中原上国交往最迟，刘逢禄特地用"表"的形式逐项记载吴与中原的交往。在"所传闻世"（鲁隐公至僖公）从未有关于吴的记载。吴国始见于《春秋》是在鲁成公七年，此时已属"所闻世"（即升平世），故称吴通上国最后。鲁成公十五年，《春秋》记载："叔孙侨如会晋士燮、齐高无咎、宋华元、卫孙林父、郑公子鰌、邾娄人，会吴于钟离。"按公羊家解释，这样记载是表示"外吴"。因为吴与楚国不同。楚国在"所传闻世"即见于《春秋》，当时从鲁国讲，是"内其国而外诸夏"阶段，不应该对楚再行黜降，"至所闻世，又卓然有君子之行"，故楚得与"诸夏"处于同列地位。吴的文明程度尚达不到，仍类似"夷狄"，而当时又处于"所闻世"，故独黜吴。鲁襄公二十九年，《春秋》载："吴子使季札来聘。"这时吴已"进至于爵"称为子。《公羊传》解释说："吴何以有君有大夫？贤季子让国也。札何以名？许夷狄者，不一而足也。季子者，所贤也。曷为不足乎季子？许人臣者，必使臣；许人子者，必使子也。"①

又，鲁昭公二十三年，《春秋》载："吴败顿、胡、沈、蔡、陈、许之师于鸡父。胡子髡、沈子楹灭，获陈夏啮。"按照公羊家的解释，这样记载表示：不使中国主之，中国亦新"夷狄"也。此时已是"所见世"即太平世，称吴获陈夏啮，表示对吴已

---

① 《公羊传》襄公二十九年。

按“诸夏”对待。同时，“不使中国主之，亦新夷狄也”。所以刘逢禄强调此役“于吴光之败陈、许，几以中国听之，慨然深思其故曰：中国亦新夷狄也”。鲁哀公十三年，《春秋》载：“公会晋侯及吴子于黄池。”按照公羊家解释：“吴称子，主会也。以会两伯之辞言之，重吴也。吴在，是则天下诸侯莫敢不至也。”[①] 这正是“所见世”吴狎主中国的证据。而楚国在楚庄王时已经强大，故《春秋》“于楚庄、秦穆之贤而予之，卒以为中国无桓、文则久归之矣”。

第三，与“夷狄”进至于爵相联系，公羊学家对政治混乱的“诸夏”国则不客气地视之为“新夷狄”。被视为“夷狄”或“诸夏”，取决于本身的状况，如果内治成功，文明进步，原先的“夷狄”可以进至中国，与“诸夏”平起平坐，并且主中国之盟。相反，如果治国无方，制度崩坏，文明后退，原先的“诸夏”也可黜降为“新夷狄”。这样，“夷狄”与“诸夏”，文明与野蛮，先进与后进，都不是天生注定、永远不变的。原来后进的民族，只要变革落后的旧规，“强于内治”，进化到较高水平，就能受到尊重，不至于再受歧视。刘逢禄相当深刻地把握了公羊学这一重要观点，因而作了精辟的阐释，并且对于历史前途表示出乐观的态度。他所说“张三国以治百世，圣人忧患之心，亦有乐乎此也”[②]，就是让人们从秦、楚、吴这样当初被作为“夷狄”对待的后进国家，却因自致强盛而狎主中国的事实中，获得历史进化的生动启示，暂居后进的不应自轻自馁，已居先进的不敢自恃自傲，都遵循“变”的必然法则求得进步，因此，人们对于社会发展的前途是完全可以乐观的！“天下远近小大若一”的理想是可以实现的！“大一统”是公羊学的理想目标，历史的变易进化则是达到此一目标的有力杠杆。刘逢禄对此是确有感受的，他所讲“变”是“天地之心”无疑也应包括这些内容。

《春秋公羊经何氏释例》这部著作，以大量的例证和精彩的

① 《公羊传》哀公十三年。

② 《春秋公羊经何氏释例·秦楚吴进黜表第十九》前序。

议论，深刻地阐发了"张三世""通三统"和大一统理想，从而为清代公羊学树立了宏大的规模，奠定了基础，这是刘逢禄的重大贡献。故梁启超曾评论说："（刘逢禄著）《春秋公羊经何氏释例》，凡何氏所谓非常异义可怪之论，如'张三世''通三统''绌周王鲁''受命改制'诸义，次第发明。其书亦用科学的归纳研究法，有条贯，有断制，在清人著述中，实最有价值之著作。"①

三、刘逢禄公羊学说的二重性

（一）贯通公羊学与《论语》

由庄存与开山、刘逢禄大张其军的清代公羊学说堪称是清代学术的一支别动队。刘逢禄的著述尤其长于发挥义理，他对以公羊变易学说"经世"的宗旨反复致意，具有对历史演进作宏观概括，总结出社会发展某些法则的深刻眼光，这些都是当时为数众多的埋头考据的朴学家们所无法比拟的。前面我们论述了刘逢禄对公羊学说核心问题的发挥，即充分体现出治学上下贯通、大胆解释的风格。

这种风格还表现在他把公羊学说与《论语》作贯通研究上。刘氏撰有《论语述何篇》。因为前人不惟未曾将《论语》与公羊学联系起来研究，甚至还有人因《论语》这部记孔子言论的书中没有讲到《春秋》而怀疑《春秋》是否孔子所修，故刘氏此作实是大胆尝试。刘氏的意图，仍在于阐发公羊学说的变易理论。他解释《论语·八佾》中孔子所说"吾从周"："正朔三而改，文质再而复，如循环也。故王者必通三统。周监夏、殷，而变殷之质，用夏之文。夫子制《春秋》，变周之文，从殷之质，所谓从周也。"② 这是将"从周"大胆解释为像周那样勇于变革旧俗，

① 梁启超：《清代学术概论》，《饮冰室合集》专集之三十四，第54页。
② 《论语述何篇》，《刘礼部集》卷二。

因为周的立国和强盛是它曾经变革了殷俗。刘氏又说："文质相复，犹寒暑也。殷革夏，救文以质，其敝也野；周革殷，救野以文，其敝也史。殷周之始，皆文质彬彬。《春秋》救周之敝，当复反殷之质，而驯致乎君子之道。"他又用"通三统"的理论解释《论语·为政》中"其或继周者，虽百世可知也"句："继周者，新周故宋，以《春秋》当新王。损周之文，益夏之忠；变周之文，从殷之质。百世以俟圣人而不惑者也。"又说："（孔子）寓王法于鲁，黜杞、故宋、亲周，因周礼而损益之，以治百世也。"① 这些论述，都强调体会孔子主张对前代礼制损益的"大义"，强调总结历史经验，主张以"变革"的态度对待现实，把理想的新局面寄托于未来。

（二）奖掖龚魏，壮大队伍

刘逢禄深信公羊学说在学术和经世上都具有重大的意义。他发愤著述二十个寒暑，完成了令人瞩目的公羊学系列著作，如魏源所评价的："任重道远，死而后已。"② 但他对此并不满足，他看得更远，他要造成群体的力量，因而十分重视扩大公羊学的影响。他呼吁要认识《春秋》作为政治书、为百代立法、具有"经世"的普遍意义："天不欲孔子救东周之乱，而命以《春秋》救万世之乱。"③ 他本人以继往开来自任，希望有闻风而起者共同担负起继此绝学的重任："《春秋说》曰：孔子作《春秋》，万八千字，九月而书成，以授游、夏之徒，不能改一字。盖鲁史记之文本录内而略外，圣人取百二十国宝书而损益之，其大致则略同，故曰：述而不作。述文王也，非述鲁也。鲁史记之例，常事不能不悉书备载，《春秋》尽削之，其存什一于千百，以著微文刺讥，为万世法。故曰：非记事之书也。……呜呼，陆淳、赵匡之流，以不知而作，开非圣之罪，而显经隐权之义，且千有余年莫有讲明而切究之也，惜哉！"④ "先汉以《公羊》断天下之疑，而专门

---

① 均见《论语述何篇》，《刘礼部集》卷二。
② 魏源：《刘礼部遗书序》，《魏源集》（上册），第243页。
③ 《春秋公羊经何氏释例·公终始例第二十》。
④ 《春秋公羊经何氏释例·不书例第十三》。

学者，自赵董生、齐胡毋生而下不少概见。何氏生东汉之季，独能隐括两家，使就绳墨，于圣人微言奥旨，推阐至密。惜其说未究于世，故竟其馀绪，为成学治经者正焉。"①

当刘逢禄撰著公羊学著作大成，并一心希望收罗力量、形成有力的学派的时候，他在京师遇到两个青年学者龚自珍、魏源，立即在学术思想上产生了共鸣。刘逢禄以极大的热情培养了这两位晚清今文学的健将，这也是刘逢禄对清代学术和思想界的一大贡献。嘉庆二十四年（1819），龚自珍在京师从刘逢禄受《春秋公羊传》，此举对龚自珍实有改变其一生学术方向的异乎寻常的意义。有龚自珍所写"昨日相逢刘礼部"诗句为证。至龚自珍晚年写《己亥杂诗》，仍有一首专写此事，十分中肯地推崇刘逢禄是公羊绝学在清代的传播者。而龚氏明确宣告，自己敬从师说，要做公羊学说微言大义的继承者。

从刘逢禄受公羊学者还有魏源。至道光六年（1826），龚、魏双双参加会试。刘逢禄是分考官之一。他发现有两份经义精深、见解惊人而又引证浩博的试卷，断定是龚自珍、魏源两人答卷，于是极力推荐，可惜竟未能奏效，龚、魏两人终被排斥在录取之外。刘逢禄对此极感伤心，痛惜真才未被选拔。他写了极其感人的《伤浙江、湖南二遗卷诗》："之江人文甲天下，如山明媚兼嶙峋，益益春溪比西子，浣花濯锦裁银云。神禹开山铸九鼎，罔两魍状归洪钧。锋车昔走十一郡，奇祥异瑞罗缤纷。兹登新堂六十俊（自注：浙卷七百余，独分得六十卷），就中五丁神力尤轮囷。红霞喷薄作星火，元气翁郁辉朝暾，骨惊心折且挥泪，练时良吉斋肃陈。经旬不寐探消息，那知鹔羽投边尘，文字辽海沙虫耳，司中司命何欢嗔？更有无双国士长沙子，孕育汉魏真经神，尤精《选》理跻鲍谢，暗中剑气腾龙鳞。侍御披沙豁双眼，手持示我咨嗟频。（自注：湖南玖肆，五策冠场，文更高妙，予决其为魏君源。）翩然双凤冥空碧，会见应运翔丹宸。萍踪絮影

---

① 《春秋公羊经何氏释例·主书例第二十九》。

亦偶尔，且看明日走马填城闉。"① 龚、魏两人的才华本已著闻京师，现又有刘逢禄这位长者大力举荐和表扬，于是声誉更高，并自此"龚魏"并称，成为清代公羊学的有力开拓者。魏源于这一时期著成《诗古微》，刘逢禄撰文予以热情鼓励："予向治春秋今文之学，有志发挥，成一家言，作辍因循，久未卒业，深惧大业之陵迟，负荷之隕越，幸遇同志，勇任斯道，助我起予，昔之君子，其亦有乐于斯乎！"② 表示对公羊学派壮大力量的衷心喜悦。

（三）刘逢禄学说的消极面

刘逢禄耗其一生心血，为公羊学说作出很大贡献。他为庄存与开启的清代公羊学张大其军，重理公羊学说的统绪，阐发"张三世"、"通三统"、大一统等公羊学说的核心问题，强调学术经世的意义，并且培养了晚清今文学的健将。因此，刘逢禄不愧是承先启后、张大旗帜的重要人物。但刘氏的公羊学说又有相当严重的消极面。他虽然努力地阐发公羊学的"非常异义可怪之论"，但其思想体系仍然未能冲破封建意识形态的范围。他讲时代的变异和治策的变革，讲学术经世，但其目的仍然是要维护封建统治。因此他提出要以"王纲"来正天下万世的主张：

自王纲不振，《小雅》尽废，强大兼并，君臣放弑，诸侯奔走，不得保其社稷者不可胜数。极于中国微灭，吴楚狃主，而三代之彝伦法制敦坏，简弃无复存者。盖夏商之末失以强，而周之末失以弱。……厉幽之亡，不生孔子，天将以《春秋》之制统三王而正万世也。周之衰也，始则礼乐征伐自诸侯出而专封专讨，天子不能问也。继则大夫出而擅作威福，君将赘旒，下至陪臣效尤，而皂隶舆台，启假威坐床之釁，外至四夷乘便，而文身左衽，张僭号争长之心。……夫子遂为之极其义曰："臣弑其君，子弑其父，非一朝一夕之故，其所由来者渐矣，由辨之不早辨也。"……然犹以为托

① 见《刘礼部集·诗》，参见吴昌绶《定盦先生年谱》，《龚自珍全集》附录，第611页。
② 《刘礼部集》卷九。

之空言，不如见诸行事之深切著明，于是受命制作，取百二十国之宝书，断二百四十二年之行事，上诛平王而下及于庶人，内诛鲁公而外及于吴楚，虽冒万世之罪而不敢避。……夫医者之治疾也，不攻其病之已然，而攻其受病之处。《小雅》尽废，乱贼所以横行也。《春秋》欲攘蛮荆，先正诸夏，欲正诸夏，先正京师，欲正士庶，先正大夫，……欲正诸侯，先正天子京师，天子之不可正则托王于鲁以正之。①

刘逢禄对于代表封建统治集团利益的彝伦法则的败坏是痛心的，而对诛绝那些危及统治阶级秩序的乱臣贼子是大加赞成的。他竟情不自禁地希望从京师到边陲，从封建臣僚到士庶，都要尊奉封建的王纲法制。清朝统治虽然从乾隆末年起开始衰落，而在刘逢禄生前，社会危机已经显示却尚未充分暴露，更未有出现一股强大的力量推动他在阐发"变易"哲学上走得更远。所以他仍然诚心地拥护封建统治，在他身上找不到叛逆的色彩。

由此可见，刘逢禄虽然讲"变易""因革"，而实际上，他的心目中有两个层次的"道"。一是具体的治国措施、制度之类，属于较低层次，刘氏认为这是应该随时势变化而变化的。另一种是根本性的"道"，即封建统治制度，则是不能改易的。

刘逢禄的论述还有很迂腐的地方。他相信汉儒"天人感应"之说，对《公羊传》所谓"时月日"之法作了这样的总结："昔子思之赞《春秋》也，曰：上律天时。……故天不言，以三光四时为言，视言相万也。圣人不辨，以时、月、日为辨，视辨相万也。详略之以理嫌疑，偏反之以制新义。故君子不必亲相与言，以礼乐相示，而感之者意变色动；《春秋》不待褒讥贬绝，以日月相示，而学之者湛思省悟。故曰经世先王之志，圣人议而勿辨，其言弥微，其旨弥显，使人属辞比事而辨惑崇德，斯善学矣。不善学者，或欲屠其赘而悉置之，或不得其说而胶执之。（自注：如《榖梁》《左氏》，及晋以后治《春秋》者皆不免，崔

---

① 《春秋公羊经何氏释例·诛绝例第九》。

子方《本列》、赵汸《属辞》尤甚。)"① 他认为《春秋》中每一处记时、记月、记日的书法都必定包含有深意，于是便产生同样记鲁与诸侯会盟记月，却解释为有"危之"与"善之"的区别。如此归纳和引申，只会把人引向钻牛角尖的地步。刘逢禄还究心于用《春秋》来定礼制、决疑难。他曾自谓："予自束发治《春秋》，所拟议礼、决狱、答难，至今未能卒业。"② 其子刘承宽也称他在礼部十二年，"据古礼以定今制，推经义以决疑难"③。刘逢禄向往西汉董仲舒以《春秋》断狱的做法，又服膺董氏"先德而后刑"的主张：

> 或称《春秋》为圣人之刑书，又云五经之有《春秋》犹法律之有断令。而温城董君独以为礼义之大宗何哉？盖礼者刑之精华也，失乎礼即入乎刑，无中立之道，故刑者礼之科条也。《春秋》之道始于元，终于麟，绝于夏之冬而犹系于周之春，威严而不试，刑措而不用，此亦太平之极轨也。若乃意深于拨乱，故制刑常用重典，无变三代之实而有异文武之文，然其原心诛意，禁于未然，其立法严，其行法恕，匪用为教，覆用为虐，则秋荼也。曲学阿世，缘经文奸，岂非罪哉！抑又闻之董生，《春秋》显经隐权，先德而后刑，其道盖原于天。……夫刑反德而顺于德，亦权之类矣。……矫枉者弗过其正则不能直，故权必反乎经，然后可与适道④。

这段议论着重批评忽视刑律的过失，斥责只讲礼不讲刑的人是："曲学阿世，缘经文奸，岂非罪哉！"他认为《春秋》所体现的"礼"和"刑"是相通的，都是维护封建统治秩序不能缺乏的，故称"礼者刑之精华""刑者礼之科条"。他又特别强调在"拨乱"阶段，制定刑律更须从严，"制刑常用重典"。要用矫枉过正的办法来实现封建社会的法治，故说"刑反德而顺于德"，

---

① 《春秋公羊经何氏释例·时月日例第四》释论。
② 《尚书今古文集解序》，《刘礼部集》卷九。
③ 刘承宽：《先府君行状》，见《刘礼部集》。
④ 《春秋公羊经何氏释例·律意轻重例第十》。

"矫枉者弗过其正则不能直，故权必反乎经，然后可与适道"。刘逢禄以《春秋》作为确定法制、裁断刑律的标准，其维护封建统治秩序的用意是十分明显的。在《刘礼部集》中，还保存着刘氏先后引用《春秋》《尚书》《周礼》《公羊传》《穀梁传》《白虎通》等，论断武进张氏女之狱等案件的记录。难怪道光年间梁章钜对刘逢禄有"古心朴学"的评论，[①] 此朴学，实指其学很有复古的意味。

清代公羊学的复兴尚要靠后继者再接再厉地努力。刘逢禄作为奠定基础的人物，他既有奠定基础的历史功绩，特别是他贯通上下、注重经世的治学方向能给后继者以宝贵的启迪。但由于时代条件的限制，他未能冲破封建思想体系的束缚。杨向奎教授论述其学术的特点说：他"发挥了前期公羊学的传统，鼓吹'三科九旨'，大体依何而有所创造"，而他"以《春秋》为刑书"的议论，本意则是"要挽救这即将倾圮的封建古厦"。[②]

刘逢禄作为一生潜心学术、具有特识的学者，一生以宣扬公羊学为职志，自然对《春秋公羊传》极力推崇。而他对《左传》一书，既有激烈的批评，又不抹杀《左传》在记事上的成就，肯定其在史学上的贡献。他著有《左氏春秋考证》一书，提出《左传》中书法及"君子曰"等乃后人所加："余年十二读《左氏春秋》，疑其书法是非多失大义。继读《公羊》及董氏书，乃恍然于《春秋》非记事之书，不必待《左氏》而明。左氏乃战国时人，故其书终三家分晋，而续经乃刘歆妄作也。"又说："凡引'君子'之云，多出后人附益，朱子亦尝辨之。"并且以《史记》证《左氏》，发现《左氏》记载有不同于《史记》者，遂以为后人的附益。刘逢禄的这些看法，引起了近代以来学者的批评。如杨向奎教授曾针对刘氏的看法而提出反驳的意见：前人也有因《左传》书法多乖违的地方，而疑其为伪的，然乖违和伪窜，固不能并为一谈。又有因书法凡例多有截断上下文字的地方，疑为

① 梁章钜：《南省公馀录》卷七《刘申甫主事》，江苏广陵古籍刻印社，1995年版。

② 杨向奎：《清代的今文经学》，见《绎史斋学术文集》，第350—351页。

后人伪加者，这固然有相当的理由，然书法凡例和《左传》记事，本来不是一个来源。《左传》的记事本于各国的策书旧文，《左氏》的作者取来加以编裁，再加上当时的史学理论、礼俗、禁忌等以成其所谓书法凡例。因为《左传》的来源不一，致有不相协调的地方。"总之，《左传》之书法、凡例等，自《左传》撰述之初，即已和各国策书之记事合编为《左氏春秋》，非出后人之窜加也。"① 刘逢禄因《左传》中书法有乖违之处，即指为刘歆窜加，这种说法实属武断。但同时刘逢禄又盛赞《左传》作为一部历史书，完全可与《史记》《汉书》相媲美：

> 左氏以良史之材，博闻多识，本未尝求附于《春秋》之义。后人增设条例，推衍事迹，强以为传《春秋》，冀以夺《公羊》博士之师法。名为尊之，实则诬之，《左氏》不任咎也。观其文章赡逸，史笔森严，才如迁、固。②

刘氏并不因推崇《公羊》而否定《左传》的价值。刘逢禄又尝论汪中《述学》一书的成就："其学综周、秦、两汉而深通其条贯，其文兼汉、魏、六朝下止中唐，而不苟为，炳炳麟麟渊渊乎！文有其质，儒家之隽才也。先生尝绅校文宗、文澜二阁全书，绳愆纠缪，不下数百万言。又尝标举国初以来大儒七人通人十九，以诏后学。其自命，盖司马迁、刘向、扬雄之俦。"③ 这些都说明刘逢禄治学有比较实事求是的态度，因而值得肯定。

四、凌曙和陈立

凌曙是与刘逢禄同时代的公羊学者，而治学旨趣与刘逢禄迥然而异，从这里，我们更可看清楚刘逢禄成就所具有的不平常价

---

① 杨向奎：《论左传的性质及其与国语之关系》，见《绎史斋学术文集》，第188—189 页。
② 《申左氏膏肓序》，《刘礼部集》卷三。
③ 《汪容甫遗书序》，《刘礼部集》卷十。

值，并进一步认识清代公羊学复兴所走过的艰巨历程。

（一）罗列众说，缺乏断制

凌曙（乾隆四十年至道光九年，1775—1829）字晓楼，一字子昇，江苏江都人。初为香作佣役，旋充塾师，后入京师为阮元校辑《经郛》，得见群书。喜公羊学说，自称"笃嗜《公羊春秋》，覃精竭思，力索有年矣"。[①] 先后撰成《春秋公羊礼疏》十卷，《公羊礼说》三十篇，《公羊问答》二卷，《春秋繁露注》十七卷。

凌曙讲过《春秋》所重在义理的话："《春秋》乃明义之书，非纪事之书也。若云纪事，一良史之才已足，何至游、夏之徒，一辞莫赞？将谓《春秋》非事实不明，孔子不能逆料丘明为之作传，世无《左传》，而圣经亦因之而晦乎？似非通论也。《春秋》固无传而明者也。孔子假当日之行事，而王法寄焉尔，其事实不足系有无之数也，故《公羊》略之。史重事，经重义。……若已修之《春秋》，重义而不重事矣。孟子曰：'其事则齐桓、晋文，其文则史。孔子曰，其义则丘窃取之矣。'事与义之辨，岂不彰明较著也哉！"他又认为《公羊传》独得圣人之"微言大义"："若舍《公羊》而求义，是水行而弃舟楫也，……然则《公羊》，其治经之梯航也乎？"凌曙的这些话，写于嘉庆二十四年（1819），说明经过庄存与、刘逢禄的倡导与开拓，清代学坛中毕竟已有更多的人承认公羊学这门绝学的地位，承认重视发挥"义理"这一公羊家法对于治《春秋》具有特殊的意义。他还以"由声音训诂，而明乎制度典章，以求进夫微言大义"，作为自己治公羊学说的途径。

问题是凌曙的著作在多大程度上体现出公羊学注重发挥义理这一特点。我们对于前人所做的有利于拓宽这一领域的成绩，哪怕最有限的成绩，都要重视将它发掘出来，予以表彰；但如果没有达到，则也不能拔高，应该严格遵循实事求是的原则，真正做到恰如其分的评价。在凌曙书中，对公羊义法作出阐发的地方是

---

① 《春秋公羊礼疏》二序，丛书集成初编本，商务印书馆，1937 年版。

极难找到的。《公羊传》讲"所见异辞，所闻异辞，所传闻异辞"，何休注中讲"据乱—升平—太平"，这些公羊学说的核心问题，在他的书中根本找不到，更不用说加以阐发了。"通三统"是又一根本问题，凌曙在《春秋公羊礼疏》中稍稍涉及了。他就《公羊解诂》隐公三年"春王二月"何休注所说"二月三月，皆有王者，二月，殷之正月也，三月，夏之正月也。王者存二王之后，使统其正朔，服其服色，行其礼乐，所以尊先圣，通三统。师法之义，恭让之礼，于是可得而观之"一段话，作了疏解。我们对此认真加以分析，即能得出他治学的特点。他解释说：

> 《白虎通》：王者所以存二王之后何也？所以尊先王，通天下之三统也。明天下非一家之有，谨敬谦让之至也。故封之百里，使得服其正色，用其礼乐，永事其先祖。《论语》曰：夏礼吾能言之，杞不足徵也。殷礼吾能言之，宋不足徵也。《春秋传》曰：王者存二王之后，使得服其正色，行其礼乐。《诗》曰：厥作裸将，常服黼冔。言微子服殷之服，助祭于周也。《周颂》曰：有客有客，亦白其马。此微子朝周也。《郊特牲》疏：尊贤不过二代者，所以尊贤之事取其法象，但代易时移，今古不一。若皆法象先代，今则不可尽行。故所尊之贤，不过取二代而已。若过之远，难为法也。按《异义》：《公羊》说，存二王之后，所以通夫三统之义，引此文古。《春秋左氏》说：周家封建夏殷二王之后，以为上公，封黄帝尧舜之后，谓之三恪。许慎谨按云：治《鲁诗》丞相韦元成，治《易》施雠等说引《外传》曰：三王之乐，可得闻观乎？知王者所封，三代而已。与《左氏》说同。郑驳之云：所存二王之后者，命使郊天以天子之礼乐，祭其先祖受命之王，自行其正朔服色。恪者，敬也，敬其先圣而封其后，与诸侯无殊异，何得比夏殷之后？如郑此言，《公羊》自据二王之后，《左传》兼论三恪，义不乖异也。

凌氏这段对"春王二月"的疏解，典型地反映出他的撰述之特点，这就是：罗列各种成说，而缺乏断制和识见。《白虎通》

作为东汉初年写成的综合今文经学义旨的"政治学提要"①，在解释"王者存二王之后"时，能对"通三统"的要义有所认识，故释为"明天下非一家之有"，也即寓含着一个朝代实行的制度久必生弊，最后导致旧朝代废亡、新朝代代立，制度发生变化。"天下非一家之有"，也即是对历史"穷久必变"的另一种说法。《论语》所言"夏礼吾能言之"一段话，也能说明朝代改易、制度必然有所损益的道理。治公羊学者，正应抓住这种关键问题大加发挥，勇于面对社会现实，作出大胆解释，反映社会变动的要求；或者作纯义理的解释，作出哲学上的探索，给人有益的启迪。凌曙引用了这两段话，却毫无发挥。他甚至连所引用的两段话究竟能说明何休注文中什么问题都不清楚，自己本来懵然，又何能使读者弄懂公羊学的真谛?! 故后面竟照抄《郊特牲》中的孔颖达疏语，而不明白孔颖达的说法不仅不如许慎《五经异义》之能看出今文、古文所说的不同，也不如郑玄驳论中所言对二王之后赠以封号，使"祭其先祖受命之王"所达到的认识。而贸然用孔颖达的不通之说，把代表今文的《公羊传》与代表古文的《左传》两种说法相调和弥缝，根本掩盖了何休注中所包含的历史变易的观点。

凌曙自称由文字训诂到典章制度进入到微言大义，实际上他对公羊大义并不理解，更无疏明，于制度的解释，他也并不内行。这段疏语下面又引《通典》所云"三恪、二王之义有三说"，不厌其烦地列出三种说法，而何者可取、何者不可取，也无裁断，徒然增加歧解。相比之下，《公羊问答》卷上的一段解释尚略为触及到公羊义法：

> 问隐公三年注：二月三月皆有王者，二月，殷之正月也，三月，夏之正月也。于鲁史而并记夏、殷正，何也？
>
> 曰：春王正月者，周之正月也；春王二月者，殷之正月也；春王三月者，夏之正月也。《春秋》通三王之统，故

---

① 范文澜说。见《中国通史简编》（修订本）第二册，人民出版社，1964年版，第238页。

《尚书大传》曰：王者存二王之后，所以通三统之三正。必通三统者，二王之后，使为三恪，各统其正朔，服其服色，行其礼乐，如微子朝周，常服黼冔是也。孔子删诗，存周颂五篇，以备三颂。孔冲远以为所以通夫三统。后汉章帝元和二年诏书：《春秋》于春每月书王者，重三正、慎三微也。《鲁恭传》：孝章皇帝，深惟古人之道，助三正之微，定律著令。魏明帝青龙五年诏书：夫言三统相变者有明文，云虞夏相因者无其言也。又云：仲尼大圣之才，祖述尧舜，宪章文武，制作《春秋》，论究人事，以贯百王之则，故于三微之月，每月称王，以明三正迭相为首。夫祖述尧舜，则其明义，岂近在殷周而已乎？自此以后，不复言三统矣。后儒既昧此义，遂以三月亦为时王之月，岂不谬乎？即《左氏传》解谊，服虔亦云孔子作《春秋》，于春每月书王，以统三王之正。舍此不谈，而逞其臆说，何耶？

这段解释，除了"二王之后，使为三恪"，属于将古文学派《左传》说法拉来解释今文学说，显属不当外，其余所言略有可取之处，说明按公羊义法，春王二月包含着殷代正朔、制度之意，代表了三统中之一统；春王三月包含着夏代的正朔、制度之意，代表三统中的又一统。春王正月与此二者，代表着"三统"中历史变易的不可缺少的环节。而批评后儒把三月当作时王之月，失却"三统"之意的错误。

（二）舍其本而求其末

通观凌曙所撰《春秋公羊礼疏》《公羊问答》诸书，能略略涉及公羊义法者实在很难觅得。舍其本而求其末，舍其大而得其小，是凌氏学术的特点。他的学生刘文淇称凌氏学术"独理何氏，方诸前贤，如合符契"，显然是溢美之辞，不足凭信。倒是凌氏本人有自知之明，他说自己治学是"穷其枝叶，而未及宗原"，算是有承认自己致命弱点的勇气。如，《春秋》哀公十四年"春，西狩获麟"。何休注："河阳，冬，言狩获麟。春言狩者，盖据鲁变周之春以为冬，去周之正而行夏之时。"凌氏对此作疏解云：

> 《大戴礼·夏小正》：十有一月，王狩。《传》：狩者，言
> 王之时田也。冬猎为狩。《孔丛子》：县子问子思曰：颜渊问
> 为邦。夫子曰：行夏之时。若是，殷周异正为非乎？子思
> 曰：夏数得天，尧舜之所同也。殷周之王，征伐革命以应乎
> 天，因改正朔，若云天时之改耳，故不相因也。夫受禅于人
> 者，则袭其统；受命于天者，则革之。所以神其事，如天道
> 之变然也。三统之义，夏得其正，是以夫子云。《淮南子》：
> 夫殷变夏，周变殷，春秋变周，三代之礼不同，何古之从？
> 《宋书·礼志》：黄武元年，诏云：孔子称行夏之时，乘殷之
> 辂，服周之冕，乐则《韶舞》。此圣人集群代之美事为后王
> 制法也。

何休注中称"据鲁""去周之正而行夏之时"，是讲孔子含有深意
地变周历的春季为夏历的冬季，预示着朝代要改变，新局面将出
现。凌氏却一引《大戴礼》冬猎为狩之旧说，了无新义；二引毫
不相干的伪书《孔丛子》"三统之义，夏得其正"的无根之说，
与公羊义法风马牛不相及；最后引宋帝诏书称"圣人集群代之美
事为后王制法"，把何休解释孔子修《春秋》不但具有预示政治
局面要发生巨大变化，进而说明历史必变的思想，降低为在礼制
上采集众说以实行之。像这样的疏解，根本不着公羊学的要领，
相反地只能把读者引向歧路。

《清儒学案》卷一三一为凌曙立了"晓楼学案"，将陈立附于
其后，对二人的学术有一段总评云：

> 乾隆、嘉庆之际治公羊学者，以巽轩孔氏、申受刘氏为
> 大师，皆谨守何氏之说，详义例而略典礼训诂。晓楼盖亦好
> 刘氏学者，而溯其源于董子，既为《繁露》撰注，又别为
> 《公羊礼疏》《礼说》《问答》等书，实为何、徐功臣。卓人
> 传其师说，钩稽贯串，撰《义疏》一书，遂集《公羊》之大
> 成矣。

《清儒学案》编撰者对于学术源流实在隔膜，对于公羊学说更是
暗昧无知，凌曙学术风格与刘逢禄迥然不同，诚如杨向奎教授指

出的，刘氏是"贤者识其大"，凌氏是"不贤识其小"。他对《清儒学案》这段话作了精彩的评论："《清儒学案》编者椎埋无文，鲜通学术，不治《公羊》，孔广森实非《公羊》大师，谈'三科'迷途，论'九旨'失路，刘申受始续邵公之业，注意到《公羊》义法而略于典礼训诂，此所谓'贤者识其大'也。凌曙……喜好《公羊》，但改变了刘申受的学风而注意于《公羊》的礼制，多卑微不足道，可谓'不贤者识其小'。原《公羊》中的礼制或寓有褒贬义，但殊难发挥；'三科九旨'之言枝叶扶疏，寓历史变化于三世之中，盖调停先王、后王之折衷论者，在保守的儒家学派中亦新奇可喜，影响大而变化多端。舍其大而逐其小，是凌、陈学风，但陈立的《公羊义疏》用力勤而取材丰富，在清人的义疏中，论材料之丰富可称上选，但缺乏断制工夫，以致獭祭而无所适从，更谈不到'集《公羊》之大成。'"①凌曙舍弃义理的大端宏绪，选择从礼制作疏解，所走是一条狭窄的小径，所言确实是卑之无甚高论。

譬如，《公羊传》隐公五年："初献六羽。何以书？讥。何讥尔？讥始僭诸公也。六羽之为僭奈何？天子八佾，诸公六，诸侯四。诸公者何？诸侯者何？天子三公称公，王者之后称公，其余大国称侯，小国称伯、子、男。天子三公者何？天子之相也。……始僭诸侯，昉于此乎？前此矣。前此，则何为始乎此？僭诸公，犹可言也，僭天子，不可言也。"何休注文有云："《传》云尔者，解不讫（今按，讫字误，应据阮元《校勘记》改为托）始也。前僭八佾于惠公庙，大恶不可言也，还从僭六羽，议（今按，议字误，当据阮元《校勘记》改为讥）本所当托者，非但六也，故不得复传上也。"②据《公羊传》和何休注的解释，《春秋》载"初献六羽"，正是孔子表示对天子威权下降、诸侯僭越、礼制崩坏的不满，是以褒贬书法表示孔子政治观点的明证。同时其中又有值得深思的"微言大义"。鲁国君此番初献六羽之舞，

---

① 杨向奎：《清代的今文经学》，见《绎史斋学术文集》，第351页。
② 《春秋公羊解诂》隐公五年。

这是僭越的举动，因为按周礼的规矩，天子用八佾之舞，三公用六佾之舞，诸侯用四佾之舞，用六羽之舞，超越了诸侯的规定而僭于三公之规格（六羽与六佾，同为六列、每列六人之舞，因持羽而舞，故称六羽）。这是无视周礼、无视周天子规定的尊卑贵贱等级的行为。而鲁国的僭越举动已不是第一次，先前在鲁惠公庙，曾用八佾之舞，僭越之罪更严重。因僭越天子，事属"大恶"，已至无法直书的程度，故《春秋》用"实诛而文不诛"的原则来对待，用"初献六羽"这一特殊书法，表达对先前僭越天子更加严厉的谴责，因此而寓彼，这比起直书"八佾舞于惠公之宫"的谴责更加严重。按公羊义法讲，阐发上述褒贬含意是文中应有之义，又可以此体现公羊学说与政治之紧密结合。凌曙却对公羊学这种紧密结合政治的特点毫无体会。他的疏解离开了核心问题，而滑向礼制旧说的罗列：

> 《白虎通》：天子八佾，诸侯四佾，所以别尊卑也。乐者，阳也，故以阴数法八风、六律、四时也。八风、六律者，天气也，助天地成万物者也；亦犹乐，所以顺气变化万民，成其性命也。故《春秋公羊传》曰：天子八佾，诸公六佾，诸侯四佾。诗传曰：大夫士，琴瑟御。八佾者，何谓也？佾者，列也，以八人为行列，八八六十四人也。诸公六六为行，诸侯四四为行。蔡邕《月令章句》：天子省风以作乐舞，所以节八音而行八风。天子八佾，诸侯六佾，大夫四佾。佾，列也，每佾八人，每服冕而执戚。①

凌曙的解释只是杂陈旧说敷衍成文，对《春秋》大义绝无发明。

凌氏有一段关于古帝感天而生的疏解。《公羊传》宣公三年，何休注："祖，谓后稷，周之始祖，姜嫄履大人迹所生。"凌氏疏云："《序》（按，指《诗序》）：《生民》，尊祖也。后稷生于姜嫄，文武之功起于后稷，故推以配天焉。《异义》：《诗》齐、鲁、韩，《春秋公羊》说，圣人皆无父感天而生。《左氏》说，圣人皆

---

① 《春秋公羊礼疏》卷一。

有父。谨按：《尧典》：'以亲九族。'即尧母庆都感赤龙而生尧，尧安得九族而亲之？《谶》云：'唐五庙。'知不感天而生。驳曰：玄之闻也，诸言感生得无父，有父则不感生，此皆偏见之说也。《商颂》曰：'天命玄鸟，降而生商。'谓娀简吞鳦子生契。是圣人感生，见于《经》之明文。刘媪是汉太上皇之妻，感赤龙而生高祖，是非有父感神而生者耶？且夫蒲卢之气，姁煦桑虫，成为己子。况乎天气，因人之精，就而神之，反不使子贤圣乎？是则然矣，又何多怪！"①

感生说的产生和盛行，都来源于统治阶级为了神化自己，抬高自己，证明他们生来异于常人，是得天命而降生，是"天子"，是"神圣"，无可怀疑地享有统治民众的权利。在两汉时代，由于封建专制统治更加强化，汉朝统治者更有意识地制造和提倡感生说，于是汉高祖刘邦是母刘媪感赤龙而生的怪诞神话广泛流行，今文学家喜言灾异迷信，用儒学与阴阳五行说相结合的手段维护和神化专制统治，对于感生说同样热心宣扬。有的古文学家，如《五经异义》作者许慎和对《五经异义》作驳难的郑玄，他们从古文经学较为朴实的学风出发，对于感生说半信半疑，故有许慎据《尧典》等说法提出对感生说的怀疑。郑玄则自认为正确地划分出有感生说和无感生说两大类。他们的怀疑说法都距离科学的认识很远很远。凌曙是生活在19世纪前期的人，对于这一问题却竟然倒退到两汉言灾异的今文学家的水平。所说"且夫蒲卢之气，姁煦桑虫，成为己子"，"况乎天气，因人之精，就而神之"云云，更是离奇古怪，不知所云。总之，凌氏十分缺乏前代公羊学者向前看的可贵眼光，不能把握公羊学与现实政治相结合的传统，而在哲学思维上又窒碍贫枯，因而所撰《春秋公羊礼疏》《公羊问答》诸书均不被人看重。杨向奎教授评论他说："论义理无发挥，论考据不精辟，论材料不丰富，唯唯诺诺，虚应故事，很难说他是及格的公羊学家。"② 诚为公允的评价。

---

① 《春秋公羊礼疏》卷六。
② 杨向奎：《清代的今文经学》，见《绎史斋学术文集》，第353页。

（三）陈立《公羊义疏》的基本倾向

陈立与凌曙有师承关系，陈立治公羊学的路数与凌曙基本相同，而成就高于凌曙。

陈立（嘉庆十四年至同治八年，1809—1869）字卓人，又字默斋，江苏句容人。道光二十四年进士，改翰林院庶吉士，散馆授刑部主事，升郎中。授云南曲靖知府，因道阻，不克上任，旋转东归。《清儒学案》称其"先后受事，皆刑名至重，先生处以详慎，于丧服变除、宗法淆异，多能折衷，协于礼律"。可见他是进士出身、重视礼制和宗法的官员。早年客居扬州，曾从梅植之受诗及古文辞，从凌曙、刘文淇受《公羊春秋》。刘文淇尝谓："汉儒之学，经唐人作疏，其义益晦。徐彦之疏《公羊》，空言无当。近人如曲阜孔氏、武进刘氏，谨守何氏之说，详义例而略典礼、训诂。"① 从陈立日后的学术实践看，这位著有《春秋左传疏证》的朴学家的这段话对他的影响极大，他相信孔广森"谨守何氏之说"的说法，并且走上着重从礼制、训诂注解《春秋公羊传》的道路。他的主要著作《公羊通义》，共七十六卷，被称为"博稽载籍，凡唐以前公羊大义，及有清诸儒说公羊者，左右采获，择精语详。草创三十年，长编甫具，南归后乃整齐排比，融会贯通"而成。② 另著有《白虎通疏证》十二卷，《尔雅旧注》二卷，《说文谐声孳生述》三卷，《句溪杂著》六卷。

陈立《公羊义疏》可取之处是，他对孔广森混淆公羊家法的某些说法有所驳正。关于《公羊传》隐公元年何休注"惟王者然后改元立号"，孔广森《公羊通义》对此极致不满，以粗暴的态度指责何休："天子、诸侯通称君，古者诸侯分土而守，分民而治，有不纯臣之义，故各得纪元于其境内。而何邵公猥谓'唯王者然后改元立号'，经书'元年'为托王于鲁，则自蹈所云'反传违戾'之失矣。"孔广森宣扬古者诸侯"有不纯之义"相当露骨地反映出历代衍圣公以"素王"自居与官府分庭抗礼的割据倾

---

① 《清史稿》卷四八二《儒林传三·陈立传》。

② 均据《清儒学案》卷一三一。

向。对此，陈立重申何休的论点，反驳说："按公羊家以《春秋》托王于鲁、明假鲁为王者，故谓唯王者然后改元立号也，有何'反传违戾'之有？"而且进一步提出自己的看法："若然《白虎通·爵篇》云：《春秋》曰：元年春王正月公即位，改元位也。王者改元即事天地，诸侯改元即事社稷者，盖春秋之世，容有诸侯各自纪元于其国中者，如桓二年《左传》云：惠之二十四年、惠之三十年是也。《春秋》自论其正，故云唯王者然后改元立号。其实隐公即位，当时自己称元，必不仍平王四十九年之称。圣人即其称元以著王法，所谓假事以托义也。"① 陈立讲"《春秋》自论其正"，是强调按春秋公羊学者的看法，宣扬"大一统"、尊奉王室是崇高的原则，所以何休书中强调"唯王者然后改元立号"。陈立所谓"圣人即其称元以著王法"，是认为实际上当时鲁国新国君当位后，除了尊奉周天子的纪年外，也应有本国的纪年，故隐公即位也有"称元"，如《白虎通》上所说的"诸侯改元即事社稷"，而孔子修《春秋》时，就利用了隐公的改元这一具体事实，来宣扬尊奉周天子的"大义"。故陈立认为这种做法是"假事以托义"，即历史的实际与孔子寄托自己政治意图的"大义"二者联系在一起了。陈立这一见解，对于公羊义法也不失为一种解释。

关于公羊学家所传闻世、所闻世、所见世的说法，陈立也重申了何休的解释，而不赞成孔广森的别解。按照何休的说法，所传闻世，包括隐、桓、庄、闵、僖五世；所闻世，包括文、宣、成、襄四世；所见世，包括昭、定、哀三世。孔广森则据颜安乐之说，以隐、桓、庄、闵为所传闻世，僖、文、宣、成为所闻世，襄、昭、定、哀为所见世。理由则为：襄公二十三年，邾娄鼻我来奔。《传》云：邾娄无大夫，此何以书？以近书也。又，昭公二十七年，邾娄快来奔。《传》云：邾娄无大夫，此何以书？以近书也。二文不异，宜同一世。故断自孔子生后即所见之世，把襄公之世包括在内。孔广森从之。颜安乐和孔广森都是春秋学的外行，历代《春秋》学者都讲过《春秋》"有例无达例"和

————
① 《公羊义疏》，《皇清经解续编》本。

"贵贱不嫌同号，善恶不嫌同辞"一类话，都说明对于《春秋》的例不应拘泥，而应有灵活分析的眼光，这是《春秋》学的关键，孔广森为此大费唇舌完全多余。陈立的《公羊义疏》举《春秋繁露·奉本》篇所言："今《春秋》缘鲁以言王义，杀隐桓以为远祖，宗定哀以为考妣。举其始终言之也。"又引同书《楚庄王》篇云："《春秋》分十二世以为三等，有见有闻有传闻，有见三世、有闻四世、有传闻五世。故昭、定、哀，君子之所见也。襄、成、文、宣，君子之所闻也。僖、闵、庄、桓、隐，君子之所传闻也。所见六十一年，所闻八十五年，所传闻九十六年。"以上证明何氏所言与董仲舒的看法相合，"故何氏以《春秋》说为正"，对孔广森的说法予以摒弃。陈立又针对徐彦旧疏引郑玄云："九者，阳数之极，九九八十一，是人命终矣。故《孝经·援神契》云，春秋三世，以九九八十一为限，然则隐元年尽僖十八年为一世，……襄十三年尽哀十四年又为一世。"对郑玄所云，陈立驳之曰："按，襄十三年孔子未生，不得为所见世。《孝经》说未可从。颜氏以从生以后，理不得谓之所闻，然孔子于襄末始生，尚无知识，亦不得遽为所见。邾娄鼻我、邾娄快虽同以近书之，《传》旧疏云：一自是治近升平书，一自是治近太平书，不相干涉，是也。"① 陈立这些说法虽也拘泥于具体年数，但大旨是重申何休的说法，因而符合于公羊义法。

陈立此书虽以"义疏"名，然则疏解公羊学的义理实非其所长，他的兴趣乃在礼制训诂方面，仍然是"舍其本而逐其末"，故当代学者评价此书不足以称"义疏"，而应该称"集解"。陈立舍弃了公羊学"张三世""通三统"的大义，根本不理解这些问题的重要性，而把自己疏解的目标集中在"错综"异例和异辞上，故说："后世惟说三科九旨有异。孔氏广森著《公羊通义》，遗何氏而杂用宋氏。……此三科九旨既布，而一裁以内外之异例，远近之异辞，错综酌剂，相须成体是也。"这就把研究的兴趣降到很低的层次。陈立曾引用刘逢禄的话来引申何休注中

① 　均据《公羊义疏》三。

"《春秋》托新王受命于鲁"句，而且本人作了阐释："以《春秋》当新王，不能见之空言，故托之于鲁，所以见之行事也，所谓托新王受命于鲁也。托王于鲁，非以鲁为王。夫子以匹夫行褒贬之权，不可无所藉，故托鲁为王，以进退当世士大夫，正以载之空言，不如行事之深切著明也。……俗儒不察，猥以王鲁之说，集矢于《公羊》，此不知《春秋》者也。"① 从这些话看，似乎也接触到公羊学的义蕴，若结合公羊义法"张三世""通三统"等正确发挥，一定能获得相当的成绩。不料陈立却贪多骛博，又引用了同时代学者包世臣《王鲁说》所云："《春秋》，鲁史也，因鲁以明王法，是之谓王鲁云尔，王法非周之法，唐虞夏殷相传之法也。周室东迁，三代之纲纪文章荡然矣。上无道揆，下无法守，圣人不得已而作《春秋》，以明一王之制始于麟㹸，极于精详，盖以继周氏之绝业，反衰世之凌夷。故曰'拨乱世而反之正，莫近乎《春秋》。'《春秋》以鲁史拨周乱，因曰'王鲁'，何尝假王号于鲁哉?"包氏这段话实在迂腐，其要害处，是解释"王鲁"即"因鲁以明王法"，而这个王法竟是要袭用"唐虞夏殷相传之法"。这是复古倒退的观点，同公羊家把大一统理想寄托于未来的观点，以及公羊学"变易"的观点大相径庭。而包氏所谓王鲁是意味着以鲁史拨周乱，决非"假王号于鲁"，也同《春秋》托新王受命于鲁直接违背。而陈立竟得出包氏之说"较刘氏尤为畅洽"的结论，实在是误之甚矣。他一味把各种说法收集罗列，对于互相矛盾之说也务求折衷，依违其间。其结果，必然是磨去公羊学非常异义可怪之论的棱角，极力使之适合于历代相传的诸多古文经学家"崇古""复古"的消极主张。

陈立解释"何言乎王正月? 大一统"句，也从根本上改变了何休"受命改制"的意思，又去掉了刘逢禄"变"的观点，只剩下卑卑不足道的文字训诂。何休解释《公羊传》隐公元年"何言乎王正月? 大一统也"句，注曰："统者，始也，总系之辞。夫王者始受命改制，布政施教于天下，自公侯至于庶人，自山川至

---

① 《公羊义疏》一。

于草木昆虫，莫不一一系于正月，故云政教之始。"这段话中，"受命改制"四字实是关键。刘逢禄《春秋公羊解诂笺》中对此有一段解释虽不算精彩，但明显地宣传"变"的观点："大一统者，通三统为一统。周监夏、商而建天统，教以文，制尚文。《春秋》监商、周而建人统，教以忠，制尚质也。"刘逢禄讲"通三统为一统"，是指"质文互变"，包括"穷极必变"的意思，认为这是贯穿"天统""地统""人统"三者的，故称"一统"。他没有达到发展的、有系统的哲学理论高度，仍处于朴素变易观点的阶段，不理解社会由低级向高级发展。而封建社会一治一乱的局面，不断重复出现，也确实使人很难超出"质文互变""三统循环"的概括。何休则有卓异的思想，他提出据乱—升平—太平三世说这一朴素历史进化观，难能可贵，堪称"天才的闪光"。同时，他又继承董仲舒三统循环、周而复始的观点。刘逢禄讲"质文互变"，未能摆脱循环论，但他强调历史的变易、制度的因革，则是可取的。他有相当突出的"变"的思想，符合何休"改制"的本意，故能注意到将公羊学说与时代变易结合起来。陈立却不理解这一点，他解释："《礼记·祭统》郑目录云，统，犹本也。《易》乾彖传云，乃统天。《释文》引郑注：统，犹本也。本有始义。《汉书·儿宽传》'统摄群元'，臣瓒曰：统犹总揽也。《文选·笙赋》'统大魁以为笙'注：统，总也。《周礼》'太宰以八统诏王驭万民'注：统所以合率以等物也。凡统领、统率，皆与总音义近，故云总摄之辞也。王者受命制正月，凡一切政令，无不奉以为始，故统兼两义。"[①] 陈立此段释义，罗列了各种"统"的释义，说明他只注重从训诂着眼。其要害处，在将何休的"王者始受命改制"变为"王者受命制正月"，去掉"改"字，差之毫厘，失之千里，这不是偶失，而是说明陈立没有"变"的观念！

由于陈立未能通晓公羊家法，致使他又将公羊学家纯理论的发挥与公羊学政治性的特色二者生硬牵合，结果非但意义无法揭

---

① 《公羊义疏》一。

明，反被掩盖而晦暗。他疏解何休"于所传闻之世，见治起于衰乱之中，用心尚麤觕"一段话，云："哀十四年传：拨乱世反诸正，莫近于《春秋》。乱，谓隐、桓，春秋之初。由衰乱而升平，而太平，所谓反诸正，此《春秋》之义也。"陈氏此说误甚。按公羊义法，"反诸正"是指《春秋》具有指导政治的作用，即用褒贬大义，表达尊奉王室、严格区分上下尊卑贵贱的观点，以重新匡正社会伦理秩序，恢复君君、臣臣、父父、子子的等级关系，因此能使乱臣贼子惧，这些是孟子所大力阐明、而且为司马迁所采用的。三世说则是公羊学家纯理论的发挥，即何休总结出一套朴素的进化的历史哲学，表达他对社会进步的一种理想。此两项对于公羊学说都是关键所在，而各有其意义和作用，不应互相混淆。陈立却不明了这一点。本来公羊学说具有重要价值而又大有发挥余地的两项基本观点，在这里却被生硬地牵合，各自深刻生动的内容横遭窒息，遂使他的著述陷于思想贫枯的境地，成为干涩乏味，无有启发意义的文字。

陈立不明白公羊学的精髓在于"变"，用变易的观点看待社会、制度等等的演变，故此他对"升平""太平"诸义，均停留在字面的理解，拘泥刻板之甚。他疏解何休注"至所见之世，著治太平"句，即说："襄二十三年注云：'独举一国者，时讥实未有大夫，治乱不失其实，故取足张法而已。'然则所见昭、定、哀世亦非太平，但《春秋》著治太平于此世也。故文、宣、成、襄之世，亦非实升平，《春秋》之义，治之升平尔。"[①] 按，公羊学的本义，第三阶段要达到"太平"之世。但当时的社会现实是春秋末年分裂衰败的局面，故这一"太平"理想，要寄托于后王即未来的统治者去实现。《春秋繁露·俞序》对此作了颇有见地的阐释："孔子曰：吾因行事加吾王心焉。假其位号以正人伦，因其成败以明逆顺。故其所善则桓、文，行之而遂；其所恶则乱国，行之终以败。故始言大恶，弑君亡国，终言赦小过。是亦始于麤粗，终于精微，教化流行，德泽大洽，天下之人人有士君子

---

① 《公羊义疏》三。

之行而少过矣。亦讥二名之意也。"这是认为《春秋》通过"褒善贬恶""贤贤贱不肖"的方式，达到纲纪人伦、判明是非，彰显成败教训的目的，以图达到教化流行、人人从善拒恶的大治境界。并且按照《春秋繁露》的解释，《春秋》中所使用的褒贬手法也并非首尾固定不变，而是对前期的事件少有避忌，敢书大恶，对后期的事件则多有宽容，赦其小过。这与显示由弑君亡国的乱世到教化流行的治世的变化正相适应。何休提出"三世说"显然是受到《春秋繁露》的启示，并加以发展。陈立不能深刻领会公羊家法，更不善于发挥。像据乱—升平—太平这样对公羊学极其关键而且本该能够有所发挥的地方，陈立的表现实在使人失望。他只作了这样的疏解："旧疏云：'升，进也。'稍稍上进至于太平矣。"他的确讲不出什么义理。

（四）详于材料而缺乏时代气息

然则，陈立是博学之人，他的著作征引礼制极详，若细加披绎，有其参考价值。这是《公羊义疏》可取之处。"告朔"是古代一项重要的礼制，故有这样的制度："《礼》：诸侯受十二月朔政于天子，藏于太祖庙，每月朔，朝庙使大夫南面奉天子命，君北面而受之。此时使有司先告朔，慎之至也。受于庙者，孝子归美先君，不敢自专也。"[1] 因每月以朔告神，谓之"告朔"，故《论语·八佾》有"告朔之饩羊"的说法。诸侯国君于此时听治此月之政事，谓之"听朔"，对此《礼记·玉藻》篇有所论述。"听朔"又谓之"视朔"，《春秋》文公十六年所记"公四不视朔"即是。告朔又谓之"告月"，《春秋》文公六年"闰月不告月"即是。行此礼又谓"朝享"，天子行于明堂，诸侯行于太祖庙，礼讫，然后祭于祖庙，司尊彝铭即有"朝享"。又称为"朝庙"，《春秋》文六年之"犹朝于庙"即是。又称为"朝正"，《春秋》襄公二十九年"释不朝正于祭"即是。又称为"月祭"，《祭法》云"皆月祭之"即是。对于古代这一重要的典礼，陈立《公羊义疏》征引各种记载备述其重要性，云："使有司先告朔，

---

① 据何休《春秋公羊解诂》文公六年注。

即上注'使大夫奉天子命，君北面而受之'者是也。故下十六年注云：礼，月终，于庙先受朔政，乃朝，明王教尊也。然则告朔之后，于是朝庙，以祭其先，视朔以治其臣民也。其礼则《玉藻》注云：凡听朔必以特牲告其帝及神，配以文王、武王，此天子礼也。其诸侯则当以特羊告太庙，故《论语·八佾》云'子贡欲去告朔之饩羊'，郑注'诸侯告朔以羊，则天子特牛焉'是也。……皇侃《义疏》云：礼，天子每月之旦居于明堂，告其时帝布政，读《月令》之书毕，又还太庙，告于太祖。诸侯无明堂，但告于太庙。是诸侯告朔、朝庙，同一处也。……天子尽臣礼以事天，诸侯尽臣礼以事天子，是以国治而天下平，则告朔者天子之事，所以制诸侯者。《月令》：季秋月为来岁受朔日。先郑谓十二月朔布告天下诸侯者，盖以季秋行而期以仲冬毕达，必先以十二月行告朔诸侯之礼。每岁一行，必于诸侯之祖庙。而每月之朔，必先使大夫南面奉天子命，君北面受，是为告朔，若为天子告之也。诸侯既受告朔之命，于是有朝庙以事其亲，有视朔以使其臣。……《史记·历书》曰：天下有道，则不失纪序；无道，则正朔不行于诸侯。幽厉之后，周室微，陪臣执政，史不纪时，君不告朔，故畴人子弟分散。此天子不告朔之始也。故《礼运》：孔子曰：吾观周道，幽厉伤之，谓不告朔。则王政不行自幽厉始。又曰：吾舍鲁何适矣！谓鲁秉周礼，遂有历官。故《汉书·艺文志》有夏、殷、周、鲁历十四卷，《史记·十二诸侯年表》《汉书·律历志》并以春秋续共和以前之年，所谓鲁历，即春秋之历也。鲁既有历，故能行告朔之礼。其始犹以大夫奉天子命而受。至文公四不视朔之后，而告朔、朝庙之礼并废。文公始不视朔，当是《春秋》先师所传，而《公羊》述之，非能虚造也。"[1]
从以上所引疏解来看，陈立虽然未能在义理上作出独到的发挥，但从他所广泛征引的古代有关记载，我们即可清楚"告朔"之所以非常重要，乃是由于各国诸侯行告朔礼以表示奉行周天子所颁行之正朔，同时又是郑重治理本国政事的仪式。故对《春秋》为何如此重

----

① 《公羊义疏》四十。

视记载鲁文公"闰月不告月，犹朝于庙"，就可明白无疑。

又，《春秋》文公十六年记载："夏五月，公四不视朔。"《穀梁传》注："是后视朔之礼遂废。"孔广森《公羊通义》也云："自二月朔不视朔，凡历四朔。至是书者，四月以前本为有疾，五月朔，疾已愈矣，故特言之，以起无疾不视朔之始。"针对这两种说法，陈立又引江永《乡党图考》加以辨正："自文后视朔之礼亦非尽废，或行或否，故至定、哀时，有司犹不敢去其羊，但不行之日为多，故子贡欲去之。"①由于原先每月举行告朔典礼是关系奉周天子正朔和处理本国政事的隆重典礼，它的废止不会是陡然完全消失，而应有一个或行或否的过程，这样更加符合事情发展的规律。

陈立另撰有《春秋王鲁说》，讲他对公羊义法的理解。比起七十余卷的《公羊义疏》来，此篇有以较短篇幅集中显示陈立学术旨趣的好处，从这里也可印证出我们在前面对其学风的分析，故摘引其中所论如下：

> 《孟子》之说《春秋》曰：《春秋》，天子之事也。是故孔子曰：知我者其惟《春秋》乎？罪我者其惟《春秋》乎？又曰：其义则某窃取之矣。赵氏于前注曰：孔子惧王道遂灭，故作《春秋》，因鲁史记设素王之法，谓天子之事也，言孔子以《春秋》拨乱也。于后注曰：其义，史记之义。孔子自谓窃取之以为素王也。明乎"设"之义，"窃取"之义，可无疑于今文《春秋》王鲁之说矣。
>
> 隐元年何君注曰：《春秋》托新王受命于鲁，故因以录即位，又云，方陈受命制正月，故假以为王法。
>
> 然则王鲁者，托王于鲁，非以鲁为王也。孔子当世衰道微之世，惧王道之熄灭，作《春秋》以拨乱，上刺王公，下讥卿大夫，而逮士庶人。以匹夫行天子之权，不能无所寄。鲁者，父母之国也，有所见、有所闻、有所传闻，较百二十国宝书为信。故据以为本，而以行赏罚、施黜陟，盖托之空

---

① 《公羊义疏》四十三。

言，不如见诸行事之深切著明，故引史记而加乎王心也。

殷继夏、周继殷、《春秋》继周，以隐为受命王。《春秋》之隐公，则周之文王也。故仪父慕义，则字之；宿男与盟，则卒之；滕薛来朝，则褒之。于所传闻世，见治起于衰乱之中，于所闻世，见治升平，于所见世，著治太平。仅于讥二名，人道浃，王道备。功至于获麟。故麟于周为异，于《春秋》为瑞。周南之麟趾，召南之驺虞，犹斯道也。……

然则君人者能继天奉元，养成万物。行《春秋》之道，则可以拨乱，则可以反正，则可以获麟。故麟之瑞于鲁，为《春秋》之鲁言之，非为衰周之鲁言之也。王鲁故新周，新周故故宋、黜杞。所谓异义非常可怪之论此也。若徒以《春秋》为鲁史记之别名，则一记载占毕之徒了此矣，何至笔则笔，削则削，游、夏之徒不能赞一词哉！善乎刘君申受之言曰："《春秋》者，火也。鲁与天王诸侯皆薪烝之属，可宣火之明，而无与火之德。……"

从此文可清楚看出，陈立引用赵岐注《孟子》中，对孔子作《春秋》"天子之事""其义则丘窃取之矣"二句的解释，以证明公羊学讲微言大义之有据，这是其可取之处。他讲《春秋》的"大义"，对清代公羊学有扩大宣传的作用。但是陈立多因缀成文，不敢联系社会衰败、时代剧变的形势，讲公羊学"变"的观点；又不能从哲理上对三世说作出阐释，故虽然有的地方似也接触到公羊春秋拨乱反正、为后王制法的意义，却又把所传闻、所闻、所见局限于史料比其他各国史书为可靠的狭窄范围，故无时代气息，且比刘逢禄后退。

陈立生活在嘉庆、道光时代，清朝统治的严重危机已日益暴露，时代的要求，是在哲学思想上实现变革，用新的学说批判专制制度、揭露其罪恶。但是陈立却做不到。此一时期若仅有陈立的《公羊义疏》，则公羊学将因完全脱离社会现实而枯萎。陈立著成此书时，中国与外国关系更出现了亘古未有的变局，新的哲学家需要有探求世界的眼光，这更是陈立所未梦见。批判专制和认识世界，这两项艰巨任务需要龚自珍、魏源这样的出色人物来完成。

第四章　清代公羊学说的
　　　　巨大飞跃（上）

一、清代学术思想的分水岭

（一）封建社会的"衰世"

龚自珍（乾隆五十七年至道光二十一年，1792—1841）和魏源（乾隆五十九年至咸丰七年，1794—1857）生活的时代，正当清朝统治由盛转衰，并且在下坡路上急剧滑落。他们敏锐地认识封建"衰世"的到来，向世人大声疾呼挽救社会的危机，公羊学说在他们手里得到了改造，成为批判黑暗恶浊的现实、呼吁变革的思想武器，因而对晚清社会产生了巨大深远的影响。

自康熙末年至乾隆中叶，曾是所谓"康乾盛世"，清朝统治相对稳定，社会经济获得恢复并且发展。但是社会财富却集中到贵族、官僚、地主、商人手里。至乾隆末年，早先掩盖在"盛世"表象下的各种社会矛盾终于很快暴露出来，清朝统治随之陷入危机。当时，土地兼并恶性发展，大官僚、大地主占田多达几千顷至几万顷。直隶怀柔县郝氏是一个"膏腴万顷"、豪富异常的大地主。据说,有一次乾隆皇帝"驻跸其家",郝家"进奉上方水陆珍错至百余品,其他王公近侍以及舆儓奴隶,皆供食馔"。皇帝一日三餐,郝家费至十余万。河南仪封县地主周伯章,"田连四邑,亩以万计","东西南北各十里"之内,"田皆为周氏"。山东莱州府潍县,有丁、岳、郭、王四大姓,土地几占半县,都是著名的大地主。苏北海州直隶州地主孟思鉴,占有土地约五千余亩。苏南土地兼并更加激烈,"大抵豪家巨族,田连阡陌,盈千累万"。有记载说,至乾隆时,湖北已是"近日田之归于富户者十之五六,旧时之人,今俱为佃耕之户"。广西也"田大半归富户,而民大半皆耕丁"。① 由于官僚、地主攫取土地遍及各省,农民失去土地,沦为佃户,首先受高额地租剥削。而给农民带来更大灾难的是苛捐杂税、横征暴敛。农民被逼得实在无法生存下去了,只好外出逃亡,造成了嘉道年间极为严重的流民问题。当时,有成千上万失去土地的农民转移流徙在高山密林、深壑荒岛之间,挣扎在死亡线上。川陕鄂三省交界的大山林聚集最多。别的地方也有数量不同的流民聚集。据《续文献通考》和《清实录》等书记载:广东、福建的流民流向台湾,关内的流向关外,还有贵州的苗山,浙江宁波、台州交界的南田地区,以及淮河边上,都有流民聚集。数以千万计的流民转徙各地,突出地表明社会之不安定,危机之深重。

当时封建统治已腐败不堪。贵族、百官、大地主、大商人穷奢极欲,挥霍无度。乾隆皇帝就是奢靡享乐的典型。他六次南巡,每次往返近六千里,途中建筑行宫三十处,以备驻跸,又每隔二三十里设尖营。巡幸的船队,有船千余艘,旌旗蔽空,用纤夫三千六百名,征调役夫近万人。每到一地,用于兴建土木、接待、赏赐、宴玩资费累千巨万。乾隆四十五年(1780),皇帝在承德避暑山庄过七十岁生日,四方贡献的车辆达三万辆,"又人担、驼负、轿驾而去,势如风雨"。浩浩荡荡的运输队伍,拥挤

---

① 乾隆末年土地兼并的情况,参见戴逸主编《简明清史》第二册,第十三章第一节,人民出版社,1984年版;翦伯赞主编《中国史纲要》下册,第七章第七节,人民出版社,1963年版。

在狭窄的山道上，入夜以后"见车乘争道催促，篝火相照，铃铎动地，鞭声震野"。① 皇帝、贵族、官僚如此惊人地挥霍的无数钱财，都是从老百姓身上搜刮来的，因此造成贫富极其悬殊。

乾隆后期，吏治极其败坏，贪污贿赂公行。乾隆的宠臣和珅，因善于阿谀奉承，任军机大臣二十四年。"和珅柄政久，善伺高宗意，因以弄窃作威福。不附己者，伺隙激上怒，陷之。纳贿者则为周旋，或故缓其事，以俟上怒之霁。大僚恃为奥援，剥削其下以供所欲。盐政、河工素利薮，以征求无厌，日益敝。川楚匪乱，因激变而起，将帅多倚和珅，糜饷奢侈，久无功。"② 和珅的专权和贪婪，劣迹昭彰，连外国使臣也听到不少议论。朝鲜使臣郑东观回国后曾报告说："阁老和珅用事将二十年，威福由己，贪黩日甚，内而公卿，外而藩阃，皆出其门。纳赂谄附者，多得清要，中立不倚者，如非抵罪，亦必潦倒。上自王公，下至舆儓，莫不侧目唾骂。"③ 嘉庆四年（1799），乾隆死，嘉庆皇帝掌握实权，立即将和珅治罪，查抄了他的家产，除房屋奢华、仿照宁寿宫外，还有田地八十万亩，当铺七十五座，银号四十二座，赤金五百八十万两，生沙金二百万余两，金元宝一千个、银元宝一千个、元宝银九百四十万两，其他如珍珠、白玉、珊瑚、玛瑙、钟表、宝石、绸缎、瓷器、古鼎、人参、貂皮等不计其数。查抄的家产共有一百零九号，其中已估价者二十六号，这部分已估价的财产即相当于五年多的国库收入，可见其贪污搜刮得来的财富之多。甚至和珅的两个仆人抄没的家产也值银七百万之多。④ 故民间有"和珅跌倒，嘉庆吃饱"的谚语。上层大官僚越贪污挥霍，下层官吏越是凶狠地向民众剥削勒索。鸦片战争前夕，福建正直士人张际亮曾以饱含血泪的文字揭露地方官吏凶残

① 此是朝鲜使臣目睹情景，见朴趾源《热河日记》卷十五《山庄杂记》中《万国进贡记》，台湾"国立编译馆"中华丛书编审委员会，1982年版，第576页。

② 《清史稿》卷三百一十九《和珅》。

③ 吴晗辑：《朝鲜李朝实录中的中国史料》十一册，中华书局，1980年版，第4881页。

④ 参见薛福成《庸庵笔记》卷三《查抄和珅住宅花园清单》，江苏人民出版社，1983年版，第61—66页。

搜刮百姓的行径：

> 今之外吏岂惟讳盗而已哉，其贪以朘民之脂膏，酷以干天之愤怒，舞文玩法以欺朝廷之耳目，虽痛哭流涕言之，不能尽其情状。闽省一隅如是，天下亦大略可知也。为大府者，见黄金则喜；为县令者，严刑非法以搜刮邑之钱米，易金贿大府，以博其一喜。至于大饥人几相食之后，犹借口征粮，借名采买，驱迫妇女逃窜山谷，数日夜不敢归里门，归而鸡豚牛犬一空矣。归来数日，胥差又至矣，门丁又至矣，必罄尽其家产而后已。……此等凶惨之状，不知天日何在，雷霆何在，鬼神又何在！①

张际亮所沉痛诉说的是当日全国农村普遍的真实情景。还有，水灾、旱灾频仍，农民更被逼得走投无路。嘉庆元年（1796）爆发的白莲教起义，就是由于阶级矛盾极端尖锐化而产生。这次起义蔓延鄂、豫、陕、川、甘五省，持续时间达九年之久。斗争过程中曾丧失起义的领袖，但起义却长期坚持下来，其重要原因就是农民痛苦不堪，他们欢迎起义军的到来。嘉庆在诏中也承认"良民不得已而从贼者日以渐多"。清朝统治力量不断削弱，连禁卫森严的皇宫也并不安全了。嘉庆十八年（1813），天理教起义群众七十多人进攻皇宫，后来虽然失败，却使统治集团陷于一片混乱。

为了镇压白莲教起义，清朝耗费巨额军费、资财。再加上鸦片走私急剧增加，造成白银大量外流，至鸦片战争前，国内财政已严重恐慌。在对外关系上，前途也充满危险。18世纪的欧洲，资本主义迅速发展，西方列强决心向东方扩张其势力，看中了中国这块封建统治虚弱而又范围广大的市场。乾隆五十七年（1792），英国派马戛尔尼使团来华，次年7月到达中国。使团经过实地考察，得出结论：中国像一只破烂不堪的头等战舰，一旦由一个没有才干的人指挥就没有安全和纪律可言。而英国将从这

---

① 张际亮：《答黄树斋（爵滋）鸿胪书》，见《张亨甫全集》，清同治六年（1867）刊本。

一变化中得到最大的好处。其后，英国即策划用武力打开中国大门的图谋。嘉道时期的清朝，正处于这种内外交困、岌岌可危的境地！

（二）历史进程与学术风气的转捩点

龚自珍和魏源生活在嘉道年间，他们置身于一场对整部中国社会变迁史和学术发展史都具有深刻意义的历史变局之中。这一历史变局不仅标志着清朝统治由盛到衰，而且是整个中国历史进程和学术风气的转捩点。嘉道以前，中国长期处于封建社会阶段。至鸦片战争以前，封建专制统治早已腐朽，危机四伏，风雨飘摇，它扼杀新生力量的成长，严重阻碍社会前进。龚自珍和魏源作为新生力量的代言人敢于冒险犯难，置黑暗势力的仇视、迫害于不顾，"短刀直入"地将这黑暗得使人窒息的沉重的铁桶捅开一个缺口，让少许新鲜的空气和熹微的曙光开始透过来。在国际上，古老的封建的中国正遇到蓄意东进的资本主义势力，西方列强早已看透清朝虚弱的实质，决心不择手段地敲开中国紧闭的大门。而清朝统治者却妄自尊大，闭目塞听，丧失警惕，军备废弛。1840 年（道光二十年）爆发的鸦片战争，必然是以中国战败、签订丧权辱国的不平等条约而告终。正是以鸦片战争为标志，划分了中国长期封建社会的结束和近代半殖民地半封建社会的开始。在近代社会，中国人民除了继续身受封建势力的压迫以外，又开始遭受外国资本主义势力的压迫；而近代史的开端又意味着中国人民开始展开反帝反封建的艰苦卓绝的斗争，从此开始探索一条新的拯救国家民族的道路。

从文化思想、学术风气说，嘉道时期也是重要的转折。

清代学术曾有过清初早期启蒙思想光芒闪射的时期，有过 18 世纪朴学高度发达的鼎盛时期，至嘉道年间却暗淡无光，走进了死胡同。17 世纪和 18 世纪的两次辉煌，都有其产生的特定社会、文化条件。清初出现了杰出的早期启蒙思想家顾炎武、黄宗羲、王夫之，他们处在明朝灭亡、满洲入主中原的所谓"天崩地解"的时代，因亲身经历"亡国之痛"，认识到明朝的腐朽统治是天下之大盗贼，并且推而上之，认识到两千年来的封建专制政治是

"屠毒天下之肝脑，离散天下之子女，以博我一人之产业"① 的罪人，闪射出反对封建专制制度的战斗光芒。在学术思想上，清初进步思想家痛斥理学空谈误国，倡导经世致用。顾炎武提出总结历代政治上的经验，目的在于为现实决策提供鉴戒："引古筹今，亦吾儒经世之用。"②"夫史书之作，鉴往所以训今。"③ 他痛切地指斥明人学风空疏而导致国家覆亡："不习六艺之文，不考百王之典，不综当代之务，举夫子论学、论政之大端一切不问，而曰一贯，曰无言。以明心见性之空言，代修己治人之实学，股肱惰而万事荒，爪牙亡而四国乱，神州荡覆，宗社丘墟。"④ 王夫之也论述学者的根本目的在于"经世"，著史不仅为了"知治知乱"，还为了作"力行求治之资"，并说"为史者，记载徒繁，而经世之大略不著，……则恶用史为？"⑤ 由于清初诸大家高扬学术经世的旗帜，提倡"实学"，这一时期出现了一批紧扣时代脉搏、具有鲜明进步性的著作。有激烈反封建专制、深刻总结历史经验而为现实提供鉴戒的史论《明夷待访录》《日知录》《读通鉴论》《潜书》，有刻意创新、推动本学科的发展达到更高阶段的重要著作《明儒学案》《宋元学案》《读史方舆纪要》等，成为中国学术史上成就辉煌的重要时期。清初学术的发展证明了：明清之际社会急剧转折有力地刺激和推动了学术的发展，而进步学者勇于回答时代的课题，把学术与社会现实需要结合起来，遂使学术迸发出异彩。自康熙末年至乾隆年间，学术又出现了迥然不同的格局，即考证之学达于极盛，由考经而考史，学者辈出，"家家许郑，人人贾马，东汉学烂然如日中天"⑥。这一时期，有关儒家经典的笺注、古代制度的考订、文字训诂、音韵、史实考辨、订补前史表志、金石、地理、目录，以及校勘、辑佚、辨伪等领域都出现了许多专门之作，学者们在考证工作上形成了一套很有特点

---

① 黄宗羲：《明夷待访录·原君》，中华书局，1981 年版，第 2 页。
② 顾炎武：《亭林文集》卷四《与友人书》，中华书局，1983 年版。
③ 顾炎武：《日知录》卷十六"史学"条。
④ 顾炎武：《日知录》卷七"夫子之言性与天道"条。
⑤ 王夫之：《读通鉴论》卷六，中华书局，1975 年版。
⑥ 梁启超：《清代学术概论》，《饮冰室合集》专集之三十四，第 53 页。

的治学方法，这就是：实事求是，无征不信，广参互证，追根求源。就文献整理和微观方法讲，乾嘉朴学确实达到了很高的成就，朴学家们继承了儒家朴素理性的优良传统，发展了宋代学者王应麟、洪迈等重视文献整理和史实考证的传统，在广泛的学术领域作出出色的贡献，因而形成了清代学术的又一高峰。但是乾嘉朴学有其明显的缺陷，而且在一定意义上讲是严重的缺陷，这就是他们继承了顾炎武开创的清儒重视考证的方法，而抛弃了顾氏经世致用的精神。他们孜孜以求的是对于具体问题的考订，避而不谈现实问题，考证学的末流，更陷于烦琐主义，在故纸堆中讨生活。这种学术风气的形成，归根到底，也是时代使然。第一，康熙以后，历雍正、乾隆年间，有较长时间社会稳定、经济发展，为学术工作提供了物质条件，学者们生活安定，从而相继成长出为数甚多的专门家，竞相著述。第二，康熙、乾隆都标榜"右文兴学"，至乾隆时开四库馆、修《一统志》、纂《续三通》《清三通》、修《会典》诸举，都集合了大批文人参与其事，为朝野人士所关注，因而对文献整理起到提倡作用。以上两项，都是从清朝政治对学术起到促进作用方面而论，还有一项则是从坏的方面起作用。此即第三，清朝专制统治和文化专制更加强化，清朝是满族统治，尽管从根本利益上讲，满洲贵族跟汉族地主阶级相一致，但满洲贵族统治着占全国人口90%以上的汉人，必然处处对汉人严加防范、忌刻，只要认为汉族文人有所不满或提倡民族意识，立即加以迫害，屡兴文字狱，甚至株连九族、掘棺戮尸，手段极其残酷。在这种专制淫威逼迫下，必然使文人视现实政治问题为畏途，聪明才智之士被堵死了关注现实的道路，只好转向文字考证。当时文人的这种心态，龚自珍诗句所说，"避席畏闻文字狱，著书都为稻粱谋"①，就是最好的写照。

如此说来，清代朴学的兴起，是较长时间社会相对稳定的产物，又是清朝专制统治的产物。对朴学的评价，从具体学术领域来讲，研究工作超越前人，而从关心现实、推动社会进步而言，

---

① 龚自珍：《咏史》，《龚自珍全集》第九辑，第471页。

比起清初学者来，则是明显的倒退。到了后来，考证学的末流，更沉溺于琐屑问题的考证，把这种烦琐考证视为治学的根本目的，目光短浅。比龚自珍早一些，在乾隆末年，章学诚已对烦琐考据提出了中肯的批评。他指出烦琐考据无济于时事的实质："近日学者风气，征实太多，发挥太少，有如桑蚕食叶而不能抽丝。"① 他认为考证只能是治学的手段，而不是治学的目的："记诵者，学问之舟车也。人有所适也，必资乎舟车；至其地，则舍舟车矣。"② 同样地，做学问要以考证为手段，但是不能沉溺于考证而忘记有益世事的目的。因此他一再告诫人们不要盲目跟着风气跑，应该坚持"学问经世"的方向。章氏的这些主张，在当时非但得不到人们的重视，反而被诧为"怪物""异类"，但他的言论毕竟预示了烦琐考证非治学正途、学术风气即将变化的时代趋向。

考证学风无益世事的严重弊病，经过白莲教起义事件更加暴露出来，这样一次波及范围广阔、使清朝统治受到"痛深创巨"打击的起义事件，竟然没有从当时学者们的论著中得到反映！这充分说明当时学者脱离实际之严重程度。至鸦片战争前夕，民族危机更加深重，面对着"人畜悲痛，鬼神思变置"③ 的危险局面，学术还能不走出象牙之塔?！因此，至鸦片战争前后清代学风出现了新的转折，乃是时代之必然，而龚自珍、魏源所发挥的一套公羊学说及其学术实践，便是反映这一时代转折的代表。

透过嘉道时期学风的转变，我们还要看到具有更加深层意义的问题，即今古文经学地位的划时代变化。在封建时代，经学独尊，经学就是对于各个时期政治运作和社会生活起支配作用的哲学指导思想。自从汉武帝独尊儒术，经学被奉为权威以后，在漫长的岁月中，经历过两次历史性的转折。西汉时代，今文经学盛极一时；从东汉至清乾隆时期，则是古文经学处于尊崇的地位，今文经学则消沉无闻；自鸦片战争前夕至清末，今文经学重新崛

① 章学诚：《文史通义·外篇三·与汪龙庄书》，《章学诚遗书》本，文物出版社，1985 年版。
② 章学诚：《文史通义·内篇三·辨似》。
③ 龚自珍：《平均篇》，《龚自珍全集》第一辑，第78 页。

起，并风靡于世。若只从学派门户之争来看待这些变化，那是太过表象和浮浅了，经学地位的变化，归其根本，是因为社会深层发生变化所决定的。当西汉时期，新的封建生产关系处于确立的过程，兴造制度，多所创设，需要一种要求变革、积极干预政治的哲学思想作指导，因此以董仲舒为代表的今文经学大为盛行。但董仲舒的今文经学实是儒学与阴阳五行说相结合，善于穿凿附会，因而走向唯心主义和烦琐，并且导致两汉之际谶纬说的兴起，形成思想史上一股浊流。东汉古文经学抬头，反对谶纬迷信，这是古文经学具有进步性之处。以郑玄为代表，统一古文经学与今文经学的分歧，实际上是以古文经学的指导地位取代今文经学。此后今文经学消沉一千多年，几乎无人提起。究其实质，是西汉之后千余年中，中国封建社会的演变进程相对平缓，是维持已有的封建体制的时期，古文经学的特点是唯古是从，重承袭轻创造，正好符合封建政治的需要。至鸦片战争前后，时代剧变，民族的命运要求打破现状，革除积弊，认识亘古未有的变局，故重新需要阐释变易、变革的哲学。以龚自珍、魏源为代表的进步人物对公羊学说进行革命性改造，恰恰反映了这种时代需要，从而导致晚清时期公羊学盛行的新的历史性变化。

（三）龚、魏公羊学说的历史地位

清代学术风气的变迁和今古文经学盛衰替代的史实，证明了"一切划时代的体系的真正的内容都是由于产生这些体系的那个时期的需要而形成起来的"[1] 这一至理名言。进入 19 世纪以后，清朝社会危机加深，越来越急迫地需要新的批判性哲学出世。刘逢禄与凌曙时代较前，一个对时代的动荡稍有反映，一个对现实社会矛盾完全隔膜，由此决定了他们成就的高下。陈立生活的时代虽然在鸦片战争前后，但时代的剧烈变动竟然对他的思想毫无触及，他的著作也就没有对晚清社会产生影响。只有改造公羊学说、呼唤时代风雷的龚自珍、魏源，才成为清代思想史上的出色

---

[1]　马克思、恩格斯：《德意志意识形态》，《马克思恩格斯全集》第三卷，人民出版社，1960 年版，第 544 页。

人物。

经过时代风雨的洗礼和历史进程的考验，证明了龚自珍、魏源倡导学风转变、倡导改革产生了推动社会前进的巨大作用。在 20 世纪前期的思想家中，对此持赞扬态度者大有人在，其中最突出的是梁启超。梁氏曾一再畅论龚、魏推动晚清思想解放的首倡性贡献：

> 晚清思想之解放，自珍确与有功焉。光绪间所谓新学家者，大率人人皆经过崇拜龚氏之一时期。初读《定盦文集》，若受电然，稍进乃厌其浅薄，然今文学派之开拓，实自龚氏。[1]

> 逮道光间，其学（按，指今文学）浸盛，最著者曰仁和龚定盦（自珍），曰邵阳魏默深（源）。……当嘉道间，举国醉梦于承平，而定盦忧之，儳然若不可终日，其察微之识，举世莫能及也。生网密之世，风议隐约，不能尽言，其文又瑰玮连犿，浅学或往往不得其指之所在。虽然，语近世思想自由之向导，必数定盦。吾见并世诸贤，其能为现今思想界放光明者，彼最初率崇拜定盦，当其始读《定盦集》，其脑识未有不受其激刺者也。……

> 数新思想之萌蘖，其因缘固不得不远溯龚、魏。……凡社会思想，束缚于一途者既久，骤有人焉冲其藩篱而陷之，其所发明者，不必其遽有当于真理也。但使持之有故，言之成理，则自能震耸一般之耳目，而导以一线光明。此怀疑派所以与学界革命常相缘也。[2]

梁氏对今文经学的价值（科学性、严密性）一向持审慎态度，他尽量摆脱学派门户之成见，力求对学术演进的过程作客观性评价。他见解卓越之处，集中在两点。其一，联系嘉道年间清朝统治之陵夷、社会危机之深重，指出龚、魏把学术与现实问题相结合，抨击专制政治黑暗，主张经世致用，对于晚清学术界具有倡

---

① 梁启超：《清代学术概论》，《饮冰室合集》专集之三十四，第 54 页。
② 梁启超：《论中国学术思想变迁之大势》，《饮冰室合集》文集之七，第 96—97 页。

导思想解放的历史功绩。其二，论证今文学的勃兴，勇敢地向支配清代学术二百年、长期处于正统地位的朴学思潮加以挑战，独树一帜与之抗衡，因而具有震耸一般人耳目之威力，为思想界导引光明。梁氏是晚清今文学派的一员，又是戊戌维新运动的领袖人物，故他能洞悉今文学说之奥妙、具有亲身历验的深切体会。再加上，他又是近代西方进步学术思想的传播者，服膺客观进行学术研究的态度，因而所论切中肯綮，经受了时间的考验而证明其正确性。

然而，20世纪思想界也有对龚、魏大加贬抑的，如章炳麟。章氏在其《检论》中评论说：

> 道光末，邵阳魏源夸诞好言经世，尝以术奸说贵人，不遇；晚官高邮知州，益牢落，乃思治今文为名高；然素不知师法略例，又不识字，作《诗、书古微》。……仁和龚自珍，段玉裁外孙也，稍知书，亦治《公羊》，与魏源相称誉。而仁和邵懿辰为《尚书通义》、《礼经通论》……要之，三子皆好姚易卓荦之辞，欲以前汉经术助其文采，不素习绳墨，故所论支离自陷，乃往往如谵语。①

> 魏源深诋汉学无用。其所谓汉学者，戴、程、段、王未尝尸其名。而魏源更与常州汉学同流。妖以诬民，夸以媚虏，大者为汉奸、剧盗，小者以食客容于私门。②

章太炎是反满革命家，有广博的学识，在近代史上诚然占有重要的地位。但遗憾的是，他未能超脱于古文经学家的立场，故他评论清儒，凡是古文学家一概抬高，凡是今文学家一概排斥，这显然是门户之见太深而形成的偏见。太炎先生在20世纪初年赢得革命家的声誉，但他的革命热情在很大程度上是由"排满""复汉"所驱使。武昌首义刚刚成功，他就散布"革命军兴，革命党消"的言论。他又曾反复说明他只主张"光复"，不主张"革命"："吾所谓革命者，非革命也，曰光复也，光复中国之种

---

① 章太炎：《检论·清儒》，《章太炎全集》（三），上海人民出版社，1984年版，第476页。
② 章太炎：《检论·学隐》，《章太炎全集》（三），第481页。

族也。"① 他在 20 世纪初积极参加革命派的动力，就在于"驱除异族"，即经过排满而恢复汉族政权。这些是章氏在辛亥以后思想步步后退，"既离民众，渐入颓唐"② 的根源。由于立场的限制和门户偏见，对于嘉道年间处在复杂政治、学术背景下崛起的公羊学说，就不能有正确的认识。魏源愤于列强侵略、清朝割地赔款，以饱满的爱国热情筹划救国良策，这是魏源巨大的历史功绩，也是他思想的主导面。魏源当时的爱国，未能做到把国家、民族与清朝区分开来，因为当时清朝对外仍代表中国，他对清朝的振作仍抱有幻想，表现出局限性，但此项在魏源思想中只属次要地位。章太炎对于这些问题却远远不能以辩证态度区别看待，所以一见魏源冀望清朝政府振作起来恢复中华声威，就骂之曰"媚虏"，这也决非公允之论。在学术上，章氏所长在小学，而哲学则非其所长。诚如杨向奎先生所论：

> 太炎先生是有名的古文经学家，但古文经短于义理，长于训诂，夺席谈经固非其所长。晚清的经学特点，在于他们都是要"通经致用"。今文学派如康有为的说经是"发古文经之伪，明今学之正"，以《公羊》三世说为政治上变法维新的张本，并以《大同书》说太平世。在公羊学派的发展史上，康有为的作用达到一个高峰。太炎先生治古文经，尊《左氏》而祖刘歆。古文学派多章句儒，泥于章句，少有发挥，更无"非常异义可怪之论"。以《左传》方之于《公羊》，在义理方面，《左传》是"卖饼家"，而《公羊》却是"大官（厨）"；如从记事或训诂的角度看，对于两者的评价，却与上相反。

> ……太炎先生在训诂小学方面具有深厚基础，且有洞察力，虽片语只字亦往往光芒四射，如《广论语骈枝》、《古文尚书拾遗》、《新出三体石经考》等都具有这种风格，每有新

---

① 章太炎：《别录·革命道德说》，《章太炎全集》（四），上海人民出版社，1985 年版，第 276 页。

② 鲁迅：《关于太炎先生二三事》，《且介亭杂文末编》，人民文学出版社，1973 年版，第 69 页。

义，尤其是破段玉裁古文说之执拗，无不允当，置之乾嘉学派诸大师著作中毫无逊色。太炎先生毕竟是章句儒，经学义理非其所长，但太炎先生不善于利用其所长而喜用其所短，以此在与今文学派的争辩中苍白无力！①

长于训诂，而短于义理，在哲学思想上缺乏时代气息，而评论又往往失之武断。这些正是章炳麟学术上的特点。他并不认识中国历史到鸦片战争前后是一大变局，又固守古文经学的故垒，且用是否"排满"衡量一切。章炳麟思想还有严重的复古倾向。他当选光复会会长时，即称"惟知自守礼教而已"。② 他一向主张今日中国一切都应求之固有文化，认为除了"省制"当废以外，"旧法"多应遵循。说"今日言治，以循常守法为先"。③ 辛亥那年，他还主张"关于中国旧有之美俗良法"，如婚姻制度、家族制度等，均"宜仍旧"。④ 像这样与时代潮流隔膜、一再向后倒退的人物，又如何能理解龚自珍、魏源运用公羊学说猛烈批判封建专制、呼唤时代风雷的历史性贡献呢！

二、龚自珍的思想轨迹

龚自珍字璱人，号定盦，一名易简，又名巩祚。浙江仁和（今杭州市）人。出身于世代读书做官的封建家庭，是著名的古文字学家段玉裁的外孙。十九岁⑤应顺天乡试，中副榜贡生。二十三岁应浙江乡试，中第四名举人。这一年，他即写成著名的文章《明良论》，共四篇。二十八岁受公羊春秋于刘逢禄。连续两

---

① 杨向奎：《试论章太炎的经学和小学》，《绎经室学术文集》，齐鲁书社，1989年版，第27、41页。

② 章太炎：《销弭党争书一》，《太炎最近文录》，国学书室，1915年版，第74页。

③ 章太炎：《菿汉微言》，见《菿汉三言》，辽宁教育出版社，2000年版，第59页。

④ 章太炎：《中华民国联合会成立会之演说录》，《太炎最近文录》，第87页。

⑤ 按，本书对龚自珍等学者的生平行事年岁，依以往论著的习惯，以虚岁计算。

年会试落第，此年获内阁中书职事。道光六年（1826），龚自珍三十五岁，参加会试不第。同时未考取者还有魏源，二人均经刘逢禄力荐，从此龚魏齐名，二人虽未考取，声誉更著。道光九年（1829），龚自珍考中第九十五名进士，廷试对策，他仿效王安石《上仁宗皇帝书》，论述改革主张。朝考命题安边绥远疏，龚自珍论述对新疆事件善后事宜的看法，"直陈无隐，阅卷诸公皆大惊，卒以楷法不中程，不列优等"①。道光十六年（1836），四十五岁，他任内阁中书前后十五年，至此年改任宗人府主事，后又任礼部祠祭司主事，均冷署闲曹，不受重用。他因不满黑暗现实，大胆抨击时政，招来当权者的忌恨和迫害。道光十九年（1839）四月，他被迫出都南归，沿途写成大型组诗《己亥杂诗》，总结生平的思想、经历。曾在丹阳县云阳书院、紫阳书院短期讲学。道光二十一年（1841）八月暴卒于丹阳，年五十岁。著有《定盦文集》《定盦续集》。上海人民出版社曾编辑整理成《龚自珍全集》出版。

（一）"百年淬厉电光开"

龚自珍学术思想发展的历程，极具转折时代的特点。他的祖父敬身，号匏伯，乾隆己卯（1759）进士，曾任内阁中书、宗人府主事、礼部郎中，后任云南楚雄知府、迤南兵备道。生祖父禔身，号吟矑，举人出身，官至内阁中书军机处行走。父丽正，字赐泉，又号闇斋，出继大伯敬身。嘉庆丙辰（1796）进士，曾在礼部仪制司、祠祭司任职，官至苏松兵备道、署按察使。著有《国语补注》等。龚自珍幼年聪慧。母段驯，能诗，著有《绿华吟榭诗草》，自珍髫龄时，即教以诗文。母亲的启蒙教育，对他以后在散文和诗歌上的成就很有影响。自珍十二岁，外祖父段玉裁亲授以《说文解字注》。由于外祖父亲自传授的学术渊源和当时考证学盛行的影响，龚自珍在文字学上和考证学上均有一定的功力，他不仅从事过补《说文》的工作，还收集历代石刻，搜集过官制和目录学的材料，着手撰《金石通考》（未成）。龚自珍毕

---

① 吴昌绶：《定盦先生年谱》，《龚自珍全集》，第618页。

竟没有像他的先辈那样成为一名考证学者，相反地，由于乾隆末年以后不断加剧的时代危机的推动，使他成为宣告封建社会衰世到来的旧制度的批判者，成为开创风气、启导方来的新思想的先驱者。他的闪烁着战斗光芒的文章就是时代的一面镜子。

　　"少年哀乐过于人，歌泣无端字字真。"① 龚自珍一生的很大特点，是对于封建专制统治下的黑暗现实和深重危机，具有异乎寻常的敏锐感受。他少年和青年时期即随父亲到京城读书，十九岁应顺天乡试，中副榜贡生，并以此资格入武英殿充任校录。此后龚自珍本人又长时间在礼部任职。三世供职礼部，前后历八十余年，得自祖父、父亲的传授和许多老辈的讲述，加上本人长期亲身经历，使他谙熟礼部掌故，洞悉官场内幕。龚自珍于二十一岁至二十五岁期间，父亲先后任徽州知府、苏松太兵备道，他即随同到皖南、上海生活了数年，故对外省民众生活情形也有所了解。特别是上海地处东南险要，龚丽正以文官任兵备道要职，一时"高才硕彦多集其门"，青年龚自珍更有机会接触许多地方名流和文献典籍，"由是益肆意著述，贯串百家，究心经世之务"。② 二十五岁以前，龚自珍即写出《明良论》《乙丙之际箸议》《平均篇》等名文，对于清朝统治造成的社会危机进行深刻的解剖，对于专制统治的罪恶作了有力的揭露，有如寒光四射的利剑，直刺腐败政治的要害。青年龚自珍具有如此深刻的历史洞察力，主要不是得自天资聪慧，而是后天磨炼的结果。特别是由于家世和环境给了他锻炼、教育的条件，对官场风气和社会状况作长期观察了解，才磨砺了他文章中无与伦比的批判锋芒。他所写诗句"廉锷非关上帝才，百年淬厉电光开"③，即对此作了形象的概括。

　　（二）寻找新的思想武器

　　嘉庆二十四年（1819），二十八岁的龚自珍在北京从刘逢禄学习春秋公羊学，这是清代学术史的一件大事，从此确定了龚自珍作为晚清今文学健将的人生道路。龚、刘的交往，不是因为偶

① 龚自珍：《己亥杂诗》，《龚自珍全集》第十辑，第526页。
② 吴昌绶：《定盦先生年谱》嘉庆二十一年，《龚自珍全集》，第599页。
③ 龚自珍：《己亥杂诗》，《龚自珍全集》第十辑，第509页。

然的缘遇，而是出于共同探求社会变易思想武器的结合，有着深刻的时代上和学术上的必然性。刘逢禄此时是自觉地以继承董仲舒、何休至庄存与公羊学统绪自任，并已撰写出很有影响的著作的公羊学家。而龚自珍在向刘逢禄问学以前，对公羊学说已经发生浓厚的兴趣。龚自珍在二十岁以后的学术旨趣是"贯串百家""博综九流"，绝不以文献、文字、金石一类考证学自限，更不屑于恪守长期处于正统地位的古文经学的家法。他从观察社会生活、研究历史变迁，已经提炼出一套"变"的哲学。在《乙丙之际箸议》中，龚自珍提出自己独特的三世历史观，断言封建统治已经到了"衰世"：

> 吾闻深于《春秋》者，其论史也，曰：书契以降，世有三等，三等之世，皆观其才；才之差，治世为一等，乱世为一等，衰世别为一等。衰世者，文类治世，名类治世，声音笑貌类治世。黑白杂而五色可废也，似治世之太素；宫羽淆而五声可铄也，似治世之希声；道路荒而畔岸隳也，似治世之荡荡便便；人心混混而无口过也，似治世之不议。左无才相，右无才史，阃无才将，庠序无才士，陇无才民，廛无才工，衢无才商，巷无才偷，市无才驵，薮泽无才盗，则非但鲜君子也，抑小人甚鲜。当彼其世也，而才士与才民出，则百不才督之、缚之，以至于戮之。戮之非刀、非锯、非水火；文亦戮之，名亦戮之，声音笑貌亦戮之。戮之权不告于君，不告于大夫，不宣于司市，君大夫亦不任受。其法亦不及要领，徒戮其心，戮其能忧心、能愤心、能思虑心、能作为心、能有廉耻心、能无渣滓心。又非一日而戮之，乃以渐，或三岁而戮之，十年而戮之，百年而戮之。才者自度将见戮，则蚤夜号以求治，求治而不得，悻悻者则蚤夜号以求乱。……然而起视其世，乱亦竟不远矣。①

---

① 龚自珍：《乙丙之际箸议第九》，《龚自珍全集》第一辑，第6—7页。按，乙亥，嘉庆二十年（1815），丙子，嘉庆二十一年（1816）。撰写这组文章时，龚自珍虚岁二十三至二十四岁。

　　龚自珍称"深于《春秋》者"，显指西汉公羊学大师董仲舒。龚氏提出"治世""衰世""乱世"三世说，既是取法于董仲舒《春秋繁露》中划分春秋为三世的理论，同时又是他本人对现实社会深刻观察而得出的新概括。他利用公羊学资料而锻造现实斗争所需要的哲学思想取得了出色的成果，昭示着社会的动向，标志着公羊学发展史上的巨大飞跃。在举世昏昏然如梦如痴的时候，他却深刻感受到社会危机的深重，忧虑憔悴、日夜不安，为了唤醒人们，大声疾呼。他刻画衰世的种种特征："黑白杂而五色可废"，"道路荒而畔岸瘠"，"人心混混无口过"，从表面看似乎仍然太平无事，而实际上却是黑白混淆，清浊不分，社会没有出路，真才横遭摧残。一旦出现有头脑、能思考、有廉耻心的"才士""才民"，那般奸佞邪恶之徒立即用种种手段将之扼杀。"督之缚之，以至于戮之。""文亦戮之，名亦戮之，声音笑貌亦戮之。"因此他发出有力的警告："乱亦竟不远矣！"龚自珍进一步描绘了一幅社会行将解体的惨状：

　　　　履霜之属，寒于坚冰；未雨之鸟，戚于飘摇；痹瘰之疾，殆于痈疽；将萎之华，惨于槁木。

只有置身于危机深重的社会现实之中，才会产生如此惨痛的感受！

　　推动龚自珍运用公羊学说进行新的哲学创造的力量，是要为危机时代找出路。这就是他所说的纵观三千年历史的优秀史家，负有"忧天下""探世变"的重任。"变"，是乾隆末年以后由盛到衰转折时代的本质，龚自珍以他深刻的洞察力抓住了这一"变"的特点。为了给"衰世"的现实寻找疗救的药方，唤起人们从浑浑噩噩的状态中警醒过来，必须总结出一套时代所需要的变革的哲学，以此作为改造现实、挽救危机的武器。公羊学说中阐述历史必变的思想资料，正好与这种时代特点相沟通，借它作为改造和发挥的基础。他在同一时期所写的另一篇著名政论中，即深刻地总结出变革是历史的规律：

　　　　夏之既夷，豫假夫商所以兴，夏不假六百年矣乎？商之既夷，豫假夫周所以兴，商不假八百年矣乎？无八百年不夷之天下，天下有万亿年不夷之道。然而十年而夷，五十年而夷，则以拘一祖之法，惮千夫之议，听其自陊，以俟踵兴者之改图尔。一祖之法无不敝，千夫之议无不靡，与其赠来者以劲改革，孰若自改革？抑思我祖所以兴，岂非革前代之败耶？前代所以兴，又非革前代之败耶？何莽然其不一姓也？天何必不乐一姓耶？鬼何必不享一姓耶？奋之，奋之！将败则豫师来姓，又将败则豫师来姓。《易》曰："穷则变，变则通，通则久。"非为黄帝以来六七姓括言之也，为一姓劝豫也。①

龚自珍是从历史必然规律的高度来论述改革的必要性、迫切性，因而具有振聋发聩的力量。他尖锐地指出：没有八百年不亡的一姓王朝，但是天下有万亿年不变之道，这就是死守祖宗的老办法必定灭亡！从夏、商、周以来的历史反复地证明：时代变了，老办法就弊端百出，再也行不通，众人要求改革的愿望和议论是无法抵挡的。所以他警告清朝当权者：不改革必将衰败、灭亡。与其不思进取，坐等灭亡，何如奋发振作，改革图强！处在当时历史条件下，龚自珍对清朝当局还采取大胆净谏的态度，希望执政者能够有所警悟，这是可以理解的。而他发挥《易经》和《公羊传》变易哲学而得出的"一祖之法无不敝，千夫之议无不靡"的大胆预言，恰恰被晚清历史前进方向所完全证实。

重视董仲舒的学说，牢牢把握住公羊家法"变"的核心，这是青年龚自珍与著名公羊学者刘逢禄结合的深刻基础。同时应该指出：上述两篇《乙丙之际箸议》也已表明龚自珍发挥公羊学说具有新的时代特色：它更紧扣时代危机的现实，具有强烈的政治色彩和批判精神，并且不采用前辈学者作经籍笺注和区分类例的路数。我们在此指出龚自珍与刘逢禄这两代公羊学者治学旨趣的不同，丝毫也不意味着低估龚自珍向刘逢禄问学的意义。经过嘉庆二十四年（1819）龚自珍从刘逢禄问公羊学说之后，龚自珍更

① 龚自珍：《乙丙之际箸议第七》，《龚自珍全集》第一辑，第5—6页。

加下决心以公羊学说作为自己治学的旗帜，也从刘逢禄学习到治学上下贯通、以公羊学说贯串社会历史问题的见识和气魄。所以龚自珍曾一再写下诗句，总结受教于刘逢禄对他确立治学方向的重要意义。《己亥杂诗》有一首云：

> 端门受命有云礽，一脉微言我敬承。
> 宿草敢祧刘礼部，东南绝学在毗陵。①

龚自珍决心高高扬起公羊学说的旗帜，以继承董仲舒、何休及刘逢禄的学说为己任，使之发扬光大。后来他写作《五经大义终始论》及《答问》等篇，就是继续沿着这条思想路线而取得的成果。

（三）倡导经世学风

龚自珍一生治学，发扬了公羊家法把学术与政治密切结合起来的传统。他指斥脱离实际的烦琐考据，反对"万喙相因"、摹拟颠倒的八股文，主张学术要"探世变"和"忧天下"，他本人身体力行，究心于与现实密切相关的问题的研究，做出了出色的成绩。

因龚自珍对西北部落、世系、风俗、山川形势、源流分合究心研讨，达到洞明详悉，很受时人称赞，视为与程同文并称的西北边疆地理专家，故在龚魏并称以前，士林曾有"程龚"之称。龚自珍曾协助程同文修《会典》，负责其中"理藩院"一门及青海西藏各图。道光元年，龚自珍在程的帮助下，修《蒙古图志》。龚自珍订定义例，有礼志、晷度志、旗分志、会盟志、象教志、水地志、台卡志等十二志，有沿革表、世系表、氏族表、字类表、声类表等十八表，共计三十篇。

---

①　龚自珍：《己亥杂诗》，《龚自珍全集》第十辑，第514页。龚氏自注云："年二十有八，始从武进刘申受受《公羊春秋》，近岁成《春秋决事比》六卷。刘先生卒十年矣。"今案，端门受命，系指《公羊传》哀公十四年何休所注"得麟之后，天下血，书鲁端门"云云，何休引用了汉代纬书中怪诞的说法，意在证明孔子为汉立法。龚氏诗中运用这个典故，则表明他对公羊学说为政治服务的肯定。云礽，指遥远的孙辈。宿草：《礼记》称，"朋友之墓，有宿草而不哭焉"。这里指刘逢禄已经逝世。祧：祭祀远祖，或指继承为后嗣。毗陵：古县名，即武进县，庄存与、刘逢禄都是武进人。

重要的是，龚自珍运用他所熟悉的西北部落源流、历史沿革、山川形势的丰富知识，来研究和解决实际问题。《西域置行省议》《御试安边绥远疏》《上镇守吐鲁番领队大臣宝公书》等文，充分显示出他着眼于解决社会危机，着眼于加强边防，巩固国家统一，来解决边疆问题的远见卓识。

关于新疆设行省的建议，绝非只给新疆起个"行省"的新名称，也决不是简单设立一个行政机构，而是具有更深刻的意义。自康熙年间，新疆地区已成为我国统一的多民族国家的一个重要组成部分。可是至嘉庆年间止，这一百多年间，朝廷对新疆的管理却一直采用委派将军、参赞大臣等"镇守"的办法，而缺乏一套系统的行政管理机构。这显然不利于有效地开发、管理新疆，不利于巩固国家的统一。龚自珍反复陈述清代边疆形势与前代大不相同，"中外一家，与前史迥异"，汉唐时代的"凿空""羁縻"办法已完全不适用了；今天的迫切问题是朝廷如何在新疆建立起健全的行政系统，"疆其土，子其民，以遂将千万年而无尺寸可议弃之地"。① 因此，龚自珍第一个明确提出新疆设立行省，对新疆的经济、边防，以至十四个府州、四十个县如何设置，都有具体的建议。他还建议迁内地无业游民入疆，认为这是既解决内地严重的流民问题，又可发展边疆生产、巩固边防的一举三得的重要措施。

龚自珍要求建立民族间"安"和"信"的关系。他称颂清朝建立起空前的多民族统一国家，代替历史上民族间频繁的混乱破坏局面。《说居庸关》一文记述了他骑马走在南口狭窄的山路上，迎面来了一队骑骆驼的蒙古人，"与余摩臂行，时时橐驼冲余骑颠，余亦挝蒙古帽，堕于橐驼前，蒙古大笑。余乃私叹曰：若蒙古，古者建置居庸关之所以然，非以若耶？余江左士也，使余生赵宋世，目尚不得睹燕赵，安得与反毳者相挝戏乎万山间？生我圣清中外一家之世，岂不傲古人哉！"② 这些话绝对不是粉饰太平

---

① 龚自珍：《御试安边绥远疏》，《龚自珍全集》第二辑，第112—114页。

② 龚自珍：《说居庸关》，《龚自珍全集》第一辑，第136—137页。

之辞，而是龚自珍对国家统一、民族间和睦相处，发自内心的赞美。

龚自珍通过总结新疆地区复杂的政治历史事件所提供的教训，论证民族间"安"和"信"的重要性。对于乾隆时回部与清的战争，他正确地谴责波罗泥都、霍集占"助逆背德"。对于乌什事件，他谴责原清朝驻乌什领队大臣素诚"占回之妇女无算，笞杀其男亦无算，夺男女之金银亦无算"的暴虐行为，认为这次事件是平日"扰回"引起的"激变"。对于康、雍、乾三朝长期平定准噶尔部的战争，他既强调这项军事行动是统一祖国、稳定边疆所需要，谴责噶尔丹、阿睦尔萨纳等辈的罪恶；同时又指出，长期战争的结果是大量无辜人民的死亡，"千里一赤，睢盱之鬼，浴血之魂，万亿成群"。他恳切地要求驻新疆的大臣、将领记取这些教训，"敬谨率属"，"不以驼羊视回男，不以禽雀待回女"，"令回人安益安，信益信而已矣"。[1] 并希望由于吐鲁番的安定而带来整个天山南北路，以至整个西北地区安定和平的局面。

龚自珍的上述建议都是有利于国家的统一和边疆的安定的。他把深入研究边疆史地与解决现实问题密切结合起来，因而具有政治的远见。而且，龚自珍提出这些建议的态度是很慎重的。他说《西域置行省议》一文"筹之两年而成"，"其非顺天心，究祖烈，剂大造之力，以统利夫东西南北四海之民，不在此议"。龚自珍于道光九年（1829）朝考时，针对刚刚平息张格尔叛乱这一事件，"胪举时事"，"直陈无隐"，批评清政府为了平叛远从二万里以外的东北调派军队，结果劳师糜饷，骚扰州县，"兵差费至巨万"，"故曰甚非策也"。因此建议加强伊犁索伦驻军的训练，以防备边疆地区再度发生不测事件。[2] 这些一针见血的见解，却使"阅卷诸公皆大惊，卒以楷法不中程，不列优等"[3]。这也是腐朽的统治集团杜绝言路、压抑人材的一个例证。但是龚自珍自信自

---

① 龚自珍：《西域置行省议》，《龚自珍全集》第一辑，第105—111页。
② 龚自珍：《御试安边绥远疏》，《龚自珍全集》第一辑，第112—114页。
③ 吴昌绶：《定盦先生年谱》，《龚自珍全集》，第618页。

己的看法正确，他预言新疆设行省的建议"五十年中言定验"①。光绪十年（1884），新疆果然设立行省，他的预言得到了证实。

公羊学的变易观点和结合政治的学风，使龚自珍不仅能对国内边疆民族问题提出卓见，而且对东南海防问题也予以密切关注。道光十八年（1838），林则徐被任命为两广总督节制广东水师大臣，赴广东查禁鸦片，龚自珍写文章送行，帮助分析林则徐此行所面临的形势，以慷慨的感情，鼓励林则徐坚定意志，毫不动摇。龚氏在文中提出"三种决定义"：解决白银外流造成的银荒；严禁吸食鸦片；禁烟责任重大，对付殖民者要冒风险，"此行宜以重兵自随"。在"三种旁义"中，他提出禁外国奢侈品进口；迁外商至澳门；急需整修军器，务使装备精良。最末提出"一种归墟义"（"归墟"原指海水最深的地方，此指总结性意见）：查禁鸦片要坚决进行，直至大功完成，不要被狡猾奸诈之徒所动摇。"此千载之一时，事机一跌，不敢言之矣！"② 龚自珍所提出的建议使林则徐很受鼓励，回信说："责难陈义之高，非谋识宏远者不能言，而非关注深切者不肯言也。"③ 事态的发展，证明龚氏的见解切中肯綮。故龚自珍的这篇《序》和林则徐的复札，是反映鸦片战争前夕民族精英人物主张坚决禁烟和积极防御侵略的宝贵文献。此后龚自珍到南方，曾计划到上海梁章钜幕中参预筹划防务，以抗击英国侵略，但因其遽卒而未果。

处在嘉道年间社会转折时期，龚自珍经世致用的主张和实践，恰恰反映了公羊学由发挥经义到议论时政这一历史性深刻变化。魏源作为龚自珍的挚友，对于龚氏学术的这一时代特色有精到的评论："于经通《公羊春秋》，于史长西北舆地。其文以六书小学为入门，以周秦诸子、吉金乐石为崖郭，以朝章国故、世情民隐为质干。"④ 精通《公羊春秋》而以现实政治社会问题为关注的中心，确是龚氏学术的基石。

---

① 龚自珍：《己亥杂诗》，《龚自珍全集》第十辑，第516页。
② 龚自珍：《送钦差大臣侯官林公序》，《龚自珍全集》第二辑，第169—170页。
③ 林则徐：《复札》，见《龚自珍全集》前文附录，第171页。
④ 魏源：《定盦文录叙》，《魏源集》，第239页。

　　龚自珍因敢于对当时恶浊的社会现实表示愤怒和抗议，因而遭到权贵们的忌恨，加剧对他的迫害，至道光十八年（1838）四月，他被迫离开北京南归。面对统治集团的巨大压力，他毫不气馁，不带眷属仆从，雇了两辆车，一辆载文集百卷，一辆自乘，昂然出都。此年，他在半年多时间内写成大型组诗《己亥杂诗》，从极其广阔的范围，抒发出作者的种种感触，而其中最有意义的是龚氏对自己平生经历、交游和著述作回顾，以及他对时代剧变和对国家民族命运的关切。有斥责守卫京师官军腐败："椎埋三辅饱于鹰，薛下人家六万增；半与城门充校尉，谁将斜谷械阳陵？"① 有写赋税的沉重："不论盐铁不筹河，独倚东南涕泪多。国赋三升民一斗，屠牛那不胜栽禾？"有写漕运的艰难："只筹一缆十夫多，细算千艘渡此河。我亦曾糜太仓粟，夜闻邪许泪滂沱！"有关心太湖地区水利事业："太湖七十溇为墟，三泖圆斜各有初。耻与蛟龙竞升斗，一编聊献郏侨书。"（原注："陈吴中水利策于同年裕鲁山布政。郏侨，郏亶之子，父子皆著三吴水利书。"）② 有讽刺朝官外出勒索财物，回京后卑鄙地构害对他不奉承者的诗句："河干劳问又江干，恩怨他时邸报看。怪道乌台牙放早，几人怒马出长安。"③ 特别让人感动的是，龚自珍在遭受当权者排挤、丢掉官职、个人前途未卜的情况下，在南归路上仍然关注着林则徐到广东禁烟和对付殖民者的斗争，接连写下诗句：

---

　　① 今按，首句之三辅，原指汉代京城长安及左冯翊、右扶风二长官所辖地区，此指京师。二句指京师附近任奸作恶的人近年数目多起来了。用《史记·孟尝君传》赞语中典故。三句意为作恶的人半数属守城下级官吏。四句大意为：京城官员与流氓、罪人串通，谁还肯拿斜谷的木材制成刑具，去囚禁像阳陵大侠朱安世这类大盗呢！用《汉书·公孙贺传》典故。可参考刘逸生《龚自珍己亥杂诗注》。

　　② 今按，溇，排水沟。后来淤塞或填高为平地，不能排水，故称"为墟"。三泖，在江苏松江县北，也称泖湖。龚自珍关心江南水利问题，曾一再提出建议：疏通排泄水道，反对在湖边围垦、与水争地，这一卓识已被历来水利事业的经验教训所证实。他在《乙丙之际塾议第二十》中即提出："今之言水利者，譬盗贼大至，而始议塞窦闭门也。兴水利莫如杀水势，杀水势莫如复水道。今问水之故道，皆已为田。……湖州七十二溇之亡，松江长泖、斜泖之亡，咎坐此等。且夫沙可涨也，亦可落也，水变化为泥涂，泥涂变化亦为水，官不徙之，水或徙之。"

　　③ 今按，河干，指河边。《诗经·伐檀》："置之河之干兮。"邸报，古代传抄官方消息、类似报纸的东西。

"津梁条约遍南东,谁遣藏春深坞逢?不枉人呼莲幕客,碧纱幮护阿芙蓉。""鬼灯队队散秋萤,落魄参军泪眼荧。何不专城花县去?春眠寒食未曾醒。""故人横海拜将军,侧立南天未蒇勋。我有阴符三百字,蜡丸难寄惜雄文。"① 表达他希望林则徐在这场事关国家安危的斗争中取得胜利,本人恨不能陈述妙策,为这场斗争出力。

近代著名史学家张荫麟曾在1932年写了一段评论:

> 在《己亥杂诗》中,实展开自珍一生之全景,其中除写景记游外,有感时讽政之作,有谈禅说偈之作,有论经史考据之作,有思古人咏前世之作,有叙交游品人物之作,有话家常描琐事之作,亦有伤身世道情爱之作。自有七绝诗体以来,以一人之手,而应用如此之广者,盖无其偶。而自珍复能参错谣谚谶繇佛偈词曲之音调语法以入此体,用能变化无端,得大解放,而为七绝诗创一新风格。……《杂诗》三百余首,实呵成一气,可作自珍之自叙传读。而欲攫取嘉、道间(近世我国史上之一关键时代,鸦片战争之前夜)之"时代精神"者,尤不可不于此中求之。但有此作,即无其他造诣,自珍亦足千古矣。②

这些话论述龚自珍学术经世致用的精神和《己亥杂诗》的不朽成就,实在鞭辟入里。唯其龚自珍成功地发挥了公羊学的变易哲学观和关注现实的治学宗旨,他在晚年所写这组大型组诗才能以如此的广度和深度反映出嘉道时期的真实社会风貌和时代精神。

进而言之,处在嘉道年间这样的历史转折时代,哲学观点的先进与否,成为决定思想行动是否符合时代需要的重要问题。是公羊学的变易观、进化观,及公羊学派把发挥经义与现实政治密

---

① 此三首诗大意,第一首谓虽有禁鸦片条文,但走私猖獗,幕僚吸食甚多。第二首谓吸鸦片毒害很深,夜间吸食者更多,吃不上鸦片的幕僚,烟瘾发作,眼泪直流。第三首表达他对林则徐到广东执行禁烟使命和对付殖民者无比地关心。

② 张荫麟:《龚自珍诞生百四十年纪念》,《大公报》文学副刊第二百六十期,1932年12月26日。

切结合的学术特点，使龚自珍上升到时代所能达到的高度。他痛恨当时官场盛行的贪赃枉法、投机钻营、结党营私、阿谀奉迎种种丑恶行为，针砭当时士林中居于统治地位的粉饰太平、脱离实际、无视民众疾苦的麻木状态和迂腐僵化的习气。他写信给朋友说，他要"榜其居曰'积思之门'，颜其寝曰'寡欢之府'，铭其凭曰'多愤之木'"①。他用变易的哲学观点观察现实，痛切地感受到危机时代的到来，昼夜不安，痛苦呼号。他形容当时的形势，是"弹丸累到十枚时"，随时都有崩塌的危险。《己亥杂诗》又云："颓波难挽挽颓心，壮岁曾为九牧箴。钟簴苍凉行色晚，狂言重起廿年瘖。"② 谓清朝统治已经日薄西山，奄奄一息之时，颓波无法挽回，而他所要致力的，是用战斗的文章唤起人们的觉醒。这几句诗，即是龚自珍对其一生在学术道路上寻求新的哲学武器、倡导经世学风、鼓吹变革的思想轨迹的总结。

三、公羊三世说与龚自珍古代社会史观

（一）"少年《尊隐》有高文"

龚自珍的一个杰出贡献是对公羊学说作了革命性改造。他的"三世说"摆脱了以往经注的束缚，具有崭新的内容，反映出民族危机的紧迫感。龚自珍深刻地领会公羊哲学"变"的精髓，他一点也不拘泥于何休注"据乱世—升平世—太平世"的具体解释，而是把"三世说"作为观察社会历史变迁，特别是作为观察封建统治没落、社会危机到来的哲学武器，得心应手地加以运用。在举世沉迷于"升平"醉梦之中，唯有他和魏源作为首先觉醒的人物，从哲理的高度论述社会变迁的必然、危机时代的到来！龚自珍又是卓越的文章家，文字傀诡连犿，笔法奇特而针砭尖锐，表达曲折而寓意精深微妙，在当时更有耸动人心的力量。

---

① 龚自珍：《与江居士笺》，《龚自珍全集》第五辑，第345页。
② 今按，九牧，九州之牧。箴，指讽诫劝世的文章。钟簴，象征最高权力。末句指要重新写出曾被人骂为狂言的评论政治的文章。

龚自珍青年时期写有著名的《尊隐》一文。他对此文异常重视，直到晚年，在《己亥杂诗》中，还自豪地写下“少年《尊隐》有高文，猿鹤真堪张一军”的诗句。这篇寓言式文字与政论文章《乙丙之际箸议》中刻画“衰世”的种种特征、论证变革是历史的必然，同样具有警策人心的战斗作用。他巧妙地运用象征和隐喻手法，以“三世说”来描绘专制统治的濒于灭亡，把社会危机随时将要爆发这番抽象道理，形象化地变成几乎是伸手能触及的情景、耳际能听到的呼号。他用“早时”“午时”“昏时”来象征封建统治的三个阶段，称“岁有三时：一曰发时，二曰怒时，三曰威时；日有三时：一曰早时，二曰午时，三曰昏时”。当其早时，“夫日胎于溟涬，浴于东海，徘徊于华林，轩辕于高闳，照耀人之新沐濯，沧沧凉凉，不炎其光，吸引清气，宜君宜王，丁此也以有国，而君子适生之，入境而问之，天下法宗礼，族归心，鬼归祀，大川归道，百宝万货，人功精英，不翼而飞，府于京师，山林冥冥，但有鄙夫、皂隶所家，虎豹食之，曾不足悲”。象征着统治集团处于上升阶段，专制皇权所在的“京师”有力地控制全国，而“鄙夫、皂隶”这些在野力量在当时并不足重视。至日之午时，“乃炎炎其光，五色文明，吸饮和气，宜君宜王，丁此也以有国，而君子适生之，入境而问之，天下法宗礼，族修心，鬼修祀，大川修道，百宝万货，奔命涌塞，喘车牛如京师，山林冥冥，但有窒士，天命不犹，与草木死”。此时统治集团仍然有力量控制局面，制度、秩序尚未崩坏，“京师”仍是集中全国财富和吸引人材的中心，那些处境窘迫不得志、代表在野势力的“窒士”仍然不能构成对当权者的威胁。到了“昏时”，不思进取的当权者已经到达穷途末路，整个社会美与恶、是与非都被颠倒了：“日之将夕，悲风骤至，人思灯烛，惨惨目光，吸饮莫气，与梦为邻，未即于床，丁此也以有国，而君子适生之，不生王家，不生其元妃、嫔嫱之家，不生所世世豢之家，……京师弗受也，非但不受，又裂而磔之。丑类窳呰，诈伪不材，是辇是任，是以为生资，则百宝咸怨，怨则反其野矣。贵人故家烝尝之宗，不乐守先人之所予重器，则窭人篡之，则京师之气泄，京师之气泄，则府于野矣。"当此之时，眼光锐利、有所作为的人材都生于民间，他们才是真正有希望的力量，他们非但不被信赖，反而受压迫、受摧残，卑劣龌龊的小人却受到重用，完全是黑白混淆、理性泯灭、诈伪横行的可诅咒的时代。于是，代表统治者的"京师"与代表在野力量的"山中"力量对比发生了根本变化："京师之气泄，则府于野矣。如是则京师贫；京师贫，则四山实矣。古先册书，圣智心肝，不留京师，蒸尝之宗之子孙，见闻娴婉，则京师贱；贱，则山中之民，有自公侯者矣。如是则豪杰轻量京师；轻量京师，则山中之势重矣。如是则京师如鼠壤；如鼠壤，则山中之壁垒坚矣。"到最后，统治集团陷于孤立无助，山中之民则齐心协力，一呼百应，时代大变动就要发生了。"京师之日苦短，山中之日长矣。风恶，水泉恶，尘霾恶，山中泊然而和，冽然而清矣。人攘臂失度，啾啾如蝇蚋，则山中戒而相与修娴靡矣。朝士寡助失亲，则山中之民，一啸百吟，一呻百问疾矣。朝士偬焉偷息，简焉偷活，侧焉徨徨商去留，则山中之岁月定矣。多暴侯者，过山中者，生钟簴之思矣。童孙叫呼，过山中者，祝寿耇之毋遽死矣。其祖宗曰：我无馀荣焉，我以汝为殿矣。其山林之神曰：我无馀怒焉，我以汝为殿矣。俄焉寂然，灯烛无光，不闻馀言，但闻鼾声，夜之漫漫，鹖旦不鸣，则山中之民，有大音声起，天地为之钟鼓，神人为之波涛矣。"[1] 这并不是龚自珍的臆想，而是根据历史经验和接连发生的起义事件而作出的预言，"山中之民"是什么人，没有明说，实际上应包括隐于野的有不满思想的知识分子和数量众多的农民群众。龚自珍死后不过十年，果然爆发了惊天动地的太平天国起义。

变革旧制度，挽救危机，寻找富强之道——这是嘉道以后中国社会的方向和主流。由于发挥了公羊变易历史哲学，就使龚自珍对这一时代方向的认识，比同时代人更加深刻，站在更高的高度，因而成为近代改革派的前驱。这篇以寓言形式写成的《尊

---

① 龚自珍：《尊隐》，《龚自珍全集》第一辑，第86—89页。

隐》，和他所写的匕首投枪式的政论、史论一样，以其观察社会危机的深刻性震动人心，他对时代风暴行将到来的预言为此后的事态发展所证实，对于后来的维新派人物更是有力的启迪。他还曾这样论述改革的方向不可逆转："自古及今，法无不改，势无不积，事例无不变迁，风气无不移易。"① 至今仍能使积极参与改革事业的人们感受到鼓舞激励的力量。

龚自珍在其另一名文《平均篇》中，表达出对社会危机的敏锐观察和警告。他分析由于土地集中恶性发展，造成贫苦农民丧失土地，生计无着，这种财富占有严重不均，正是社会危机的根源："浮不足之数相去愈远，则亡愈速，去稍近，治亦稍速。千万载治乱兴亡之数，直以是券矣。……贫者日愈倾，富者日愈壅。或以羡慕，或以愤怨，或以骄汏，或以啬吝，浇漓诡异之俗，百出不可止，至极不祥之气，郁于天地之间，郁之久，乃必发，为兵燹，为疫疠，生民噍类，靡有孑遗，人畜悲痛，鬼神思变置。其始，不过贫富不相齐之为之尔。小不相齐，渐至大不相齐；大不相齐，即至丧天下。"② 只有对清代嘉、道时期严重的土地兼并和流民问题有敏锐观察和深刻体验，才会发出如此沉痛的呼号！所以，龚氏呼吁对土地占有现状实行改革，目的是要做到大体的平均。当然他充分估计到这个问题复杂艰巨，故不主张激烈的变动，而要求缓慢的改革，称："可以虑，可以更，不可以骤。"他又写有《农宗》篇，主张用宗法制度分配土地，重新调整土地占有的数量。文章末尾还附有"大宗图""小宗图""群宗图"，规划大宗袭田百亩，小宗袭田二十五亩，群宗袭田二十五亩，企图以此解决严重的社会矛盾，但只能是落后的无法实现的空想。

龚自珍处在黑暗得令人窒息的时代，决心为解决社会危机、挽救"生民噍类"而呼吁、而奔走，面对当权者的压迫和庸夫俗子的仇视，这位晚清今文学的健将具有"偷天火给人间"的无畏

① 龚自珍：《上大学士书》，《龚自珍全集》第五辑，第 319 页。
② 龚自珍：《平均篇》，《龚自珍全集》第一辑，第 78 页。

精神。他这样表达改革者的心态："有三畏：畏旬、畏月、畏岁。有四不畏：大言不畏，细言不畏，浮言不畏，挟言不畏。"① 三畏，是强调决不能错过改革的时机，强调革除积弊的迫切性。四不畏，是表达对于口出大言、以势压人的话，对谗言非难，对捏造事实施加攻击的流言，对企图威胁迫害的语言，统统不害怕。龚自珍以此自励，并激励后来者，表明对于改革事业的坚决态度。针对王安石改革几百年来一直蒙受非议，龚自珍却称誉他："心三代之心，学三代之学，欲教训天下之人材，毕成三代之材。"② 而他本人在进士廷试时作《御试安边绥远疏》，便是效法王安石向皇帝上书，规划天下大计。显然，龚自珍把自己视为王安石这位 11 世纪伟大改革家事业的继承者。自龚自珍、魏源开始，公羊学说便与改革封建弊政、变法图强的事业紧密地结合在一起。

（二）朴素的古代社会进化观

龚自珍又发挥公羊三世说哲学观点，探讨乾嘉学者少有兴趣的上古文明起源问题，他所提出的见解，集中在《五经大义终始论》《五经大义终始答问》及《农宗》诸篇中，读之令人感到新鲜可喜。龚氏探求上古文明之起源，并非为了发思古之幽情，而是由于古代社会的进化与当代社会的变革演进，二者之间存在着一致性，换言之，确立了上古历史变易进化的观点，正有利于加强对现实社会急剧变化和改革弊政的认识。《龚自珍全集》中论述封建统治的早时、午时、昏时，这一新颖的"三世说"，与论证古代社会"据乱、升平、太平"三个演进阶段的观点，正说明这位开拓晚清思想界新局面的杰出学者思想上的首尾一贯性。一百多年以前的学者，在哲学观上和治学风格上有这种理论思维的特点，是很可贵的。

何谓"五经大义终始"？是指从儒家经典中寻绎出古代文明演进的主线，划分其大的发展阶段。龚自珍是进步的今文经学

---

① 龚自珍：《平均篇》，《龚自珍全集》第一辑，第 80 页。
② 龚自珍：《保甲正名》，《龚自珍全集》第一辑，第 97 页。

家，其哲学观点的核心是发展、进化的，跟古文经学派中一些人物主张"恪守古训"的泥古思想、认为"三代才是黄金时代"的复古思想极不相同，他观察社会和历史，贵发展、贵变易，重视阶段的特点。他所言"终始"，便是哲学观上、历史观上的概念，即发展的开始、终结和中间的阶段。故《五经大义终始论》开篇即明言："昔者仲尼有言：'吾道一以贯之。'又曰：'文不在兹乎！'文学言游之徒，其语门人曰：'有始有卒者，其惟圣人乎！'诚知圣人之文，贵乎知始与卒之间也。圣人之道，本天人之际，胪幽明之序，始乎饮食，中乎制作，终乎闻性与天道。"这是就上古文明起源过程概括言之，即认为先有经济活动，然后才有各项制度，最后才有意识形态。由此可见，重视历史的发展演进的阶段特点，是龚氏公羊学观点的一大特色。

具体而言，他对上古文明起源阶段演进的表述，是利用《尚书·洪范》中八政之说作为思想资料，加以演绎。《洪范》："八政：一曰食，二曰货，三曰祀，四曰司空，五曰司徒，六曰司寇，七曰宾，八曰师。"孔颖达《正义》云："八政者，人主施政教于民有八事也。"[1] 按孔颖达之意，八政基本上就是施行政教并列的八个方面。龚自珍却据之来论证上古文明发生、发展的过程，并且划分为三大阶段，这是思想认识的升华。在龚自珍看来，经济活动是基础，天地之后最基本的存在是饮食，故说"饮食继天地"。在此基础上，才能演变、发展出其他一系列活动。这些活动包括：

祭祀。有祭天地，祭祖先，祭父母，表示报答天地、祖先、父母惠赐了饮食，是古代极大的事情，"观百礼之聚，观人情之始也。"祭祀也经过由低级到高级的发展，故可分为"据乱之祭"，如土鼓之祭；有"升平之祭"，如立国之祭、宗庙之祭；有"太平之祭"，如封禅、宫中祠。

司空。**司寇**。**司马**。八政中这三项，用今天的话来说，相当于生产、工艺制度，刑法制度，军事制度。在古代文明进化过程

---

[1] 《尚书正义》，《十三经注疏》卷十三。

中，此三项自然占据很重要的地位。生产、工艺制度是为了经济发展、社会稳定，内容多样，"度名山川，升崇冈，察百泉，度明以为向，度幽以为蔽，抟土而为陶，凿山而为礴，以立城郭、仓廪、宫室，高者名曰堂，下者名曰室，以卫鬼神，屏男女，伐山之木以为之群材，其百器以寓句股，以求九数"，都包括在内，这些都属于司空的职能。刑法制度的产生，则为了对付破坏公共秩序、侵占别人合理所得、"筋力者暴赢"一类行为，这些属于司寇的职能。军事制度的产生，是由于防御外敌侵入的需要，这是司马的职能。

宾。师。指意识形态的代表者和文化传授者。龚自珍所述还寓含一层微旨，即用宾、师代表处在清朝满族统治下的汉族正直知识分子。并警告清朝统治者，这些宾师和接受他们教育的大众不是可以随便摆布的，搞得不好，会出现危机，反抗就会爆发。故谓："儒者出而语民曰：非恃珪璧也，其积者斋栗也，而人莫不欢心以助吾祭矣；不然，边鄙之祭，夫岂无私玉？儒者又出而语民曰：非恃干戈也，其积者和也，而人莫不出私力以捍其圉；不然，南亩之勇夫，夫岂无私兵？""其衰也，贤人散于外，而公侯贵人之家，犹争宾客于酒食。其大衰也，豪杰出，阴聘天下之名士，而王运去矣。"在统治者所施力量薄弱的边鄙地区爆发反抗，那么局面就不好收拾了。由此也可证明前文所说，龚自珍用阶段发展的观点论上古文明起源，与他揭露黑暗现实、呼吁挽救危机的态度是相一致的。

龚自珍对公羊哲学"变易""进化"的精髓体会深刻。他还阐发了"三世说"的发展阶段论，可以用于考察大的历史过程，也可以用于一个历史时期，或社会发展的某一方面，而不应当只把"三世"的观点局限于《春秋经》一书。故说："三世，非徒《春秋》法也。《洪范》八政配三世，八政又各有三世。愿问八政配三世？曰：食货者，据乱而作。祀也，司徒、司寇、司空也，治升平之事。宾、师乃文致太平之事。"[①] 又说："通古今可以为

---

① 龚自珍：《五经大义终始答问一》，《龚自珍全集》第一辑，第46页。

三世，《春秋》首尾，亦为三世。"①

　　以上所讲，《五经大义终始论》中论述生产制度、刑法制度和军事制度在上古文明史都是一定阶段的产物，与此相联系，《农宗》篇中对"圣人造制度"的驳斥，都体现了龚自珍朴素发展的、唯物的观点。《农宗》篇中，龚氏提出问题：上古时代，等级、秩序、政治制度、高高在上的王权，这一切都是怎样产生出来的？真的是像历代儒生所说是圣人创造的吗？对此，他作了具有深刻哲学意义的回答：

> 生民之故，上哉远矣，天谷没，地谷苗，始贵智贵力，有能以尺土出谷者，以为尺土主；有能以倍尺若十尺、伯尺出谷者，以为倍尺、十尺、伯尺主；号次主曰伯。帝若皇，其初尽农也，则周之主伯欤？古之辅相大臣尽农也，则周之庸次比耦之亚旅欤？土广而谷众，足以芘其子，力能有文质祭享报本之事，力能致其下之称名，名之曰礼，曰乐，曰刑法。儒者失其情，不究其本，乃曰天下之大分，自上而下。吾则曰：先有下，而渐有上。下上以推之，而卒神其说于天。②

这段论述包含着龚自珍的天才猜测。他的论述很有光彩，深化了《五经大义终始论》中生产制度等项产生于一定阶段的命题，对于历代儒生盲目信奉的"圣人创造万物"的教条作了有力的批驳。他天才地猜测到，远古时代农业的产生，先经过采集野生谷物的阶段，即我们常说的采集经济，以后才演进到人工栽培谷物阶段，即我们常说的耕作经济。他批评俗儒颠倒了历史的关系，否认等级、制度、政权、礼乐、刑法是由社会生活的变化而逐步产生的，最后出现高高在上的王权，而毫无根据地归于圣王创造。龚氏批评俗儒故意"神其说于天"，中肯地指出历来流行的杜撰说法的唯心实质。龚氏这种朴素的古代制度起源说，是发挥公羊变易进化观而得出的宝贵成果。

---

　① 龚自珍：《五经大义终始答问八》，《龚自珍全集》第一辑，第48页。
　② 龚自珍：《农宗》，《龚自珍全集》第一辑，第49页。

由此上溯，则显然是对唐柳宗元《封建论》中朴素唯物主义观点的继承和发展。柳宗元曾推想远古混沌蒙昧的时代，如何因客观形势而逐步出现君长、诸侯、方伯、天子。显然，龚自珍发挥和坚持的，正是柳宗元从下而上产生各种制度，由客观形势的推动，而不是"圣人创造"的基本观点。①

同样显示出龚自珍朴素唯物的发展观点的，是《答人问关内侯》中对封建与郡县发展的高屋建瓴的论述。"关内侯"，是西汉对功臣、贵族所封赠的虚爵。《汉书·百官公卿表》颜师古注："言有侯号而居京畿，无国邑。"龚自珍认为，这种只让功臣、贵族受有关内侯之号，只收取赋税以供个人奉养，居留于京师，而无兵权、无行政权力的制度，才能防止如汉代异姓王、同姓王叛乱一类事件，防止唐代藩镇割据一类弊病。龚氏以分封与统一斗争的大量事实，论证统一是必然趋势：

> 汉有大善之制一，为万世法，关内侯是矣。汉既用秦之郡县，又兼慕周之封建，侯王之国，与守令之郡县，相错处乎禹之九州，是以大乱繁兴。封建似文家法，郡县似质家法，② 天不两立。天不两立，何废何立？天必有所趋，天之废封建而趋一统也昭昭矣。然且相持低卬徘徊二千余年，而后毅然定。何所定？至我朝而后大定。关内侯者，汉之虚爵也。虚爵如何？其人揖让乎汉天子之朝，其汤沐邑之入，稍稍厚乎汉相公卿。无社稷之祭，无兵权，无自辟官属。③

龚氏作为一个进步的公羊学家，他有掌握发展变化、观察全局的器识，他认为汉以来实行的没有封地的关内侯制度是防止分裂割据、巩固和加强中央集权的有效措施，是极有见地的。但他也有

---

① 可与《农宗》《五经大义终始论》相发明者，是龚氏在《壬癸之际胎观第二》一文中提出的"既有世已，然后有世法"的观点，同样是对"圣人造制度"论调的反证。在该文中，龚氏分析了先有社会生活，然后才有反映生产和各种社会活动需要的观点、制度等。

② 今按，龚自珍在《古史钩沉论四》中云："质家尊贤先异姓，文家亲亲先同姓。"

③ 《答人问关内侯》，《龚自珍全集》第五辑，第 331 页。

过分夸大之处，称"关内侯"制度可以"为万世法"，能使国家万年安定，则言过其实。

（三）"欲从太史窥《春秋》，勿向有字句处求"①

这两句诗，是龚氏晚年回答儿子问《公羊传》及《史记》疑义所写的诗句。第一层意思是称赞太史公最懂得《春秋》及《公羊传》。他曾充分肯定《公羊传》最得《春秋经》的大义，故说："公羊氏受《春秋》改制大义，故习于《春秋》而为之说。"②龚自珍又强调阅读《春秋》可以进一步领会公羊学的微言大义。司马迁发挥了董仲舒《春秋经》"王道备，人事浃"的观点，提出："拨乱世反之正，莫近于《春秋》。《春秋》文成数万，其指数千，万物之散聚皆在《春秋》。""故有国者不可以不知《春秋》，前有谗而弗见，后有贼而不知。为人臣者不可以不知《春秋》，守经事而不知其宜，遭变事而不知其权。为人君父而不通于《春秋》之义者，必蒙首恶之名。为人臣子而不通于《春秋》之义者，必陷篡弑之诛，死罪之名。……故《春秋》者，礼义之大宗也。"③司马迁又对公羊学家关于"定哀多微辞"、孔子"辟害容身，慎之至也"④的说法加以阐释："孔氏著《春秋》，隐桓之间则章，至定哀之际则微，为其切当世之文而罔褒，忌讳之辞也。"⑤龚氏认为研读《史记》对于理解《春秋经》的微言大义是极其重要的，故他又有诗句云："抱微言者太史氏。"第二层意思，是强调掌握公羊家言不能拘泥于《春秋经》的字句，而应理解其精神实质，融汇贯通，灵活地运用。他还明确提出："《春秋》之狱，不可以为故当；《春秋》之文，不可以为援；《春秋》之义，不可以为例。……是故《春秋》之指，儒者以为数千而犹未止，然而《春秋》易明也，易学也。"⑥这种认识，是龚自珍对公羊学说作出创造性贡献的重要源泉。除了前述

---

① 龚自珍：《己亥杂诗》，《龚自珍全集》第十辑，第537页。
② 龚自珍：《春秋决事比答问第五》，《龚自珍全集》第一辑，第64页。
③ 《史记·太史公自序》。
④ 见《公羊传》定公元年及何休解诂。
⑤ 《史记·匈奴列传》赞。
⑥ 龚自珍：《春秋决事比答问第五》，《龚自珍全集》第一辑，第63页。

提出的新的公羊三世说和阐释上古文明演进外，他还在其他若干重要问题上推进了公羊学说的发展，有的则是修正了前人的偏颇之处。兹择以下数端说明。

首先，发扬公羊学说大一统的精义。《五经大义终始答问七》：

> 问：太平大一统，何谓也？答：宋、明山林偏僻士，多言夷、夏之防，比附《春秋》，不知《春秋》者也。《春秋》至所见世，吴、楚进矣。伐我不言鄙，我无外矣。《诗》曰："无此疆尔界，陈常于时夏。"圣无外，天亦无外者也。①

这是对宋代以来俗儒、陋儒喋喋不休宣扬"严夷夏之大防"说的有力廓清，大力弘扬了公羊学"太平世，天下远近小大若一"的大一统进步思想。儒家创始人孔子对"夷狄"的基本态度是比较开明的，与一些持狭隘民族观念的人大不相同。公羊学家吸收并发展了孔子思想中这种合理的部分，因而提出了"诸夏"与"夷狄"不以血缘、种族关系区分，而以文明程度区分，以及到了太平世天下达到了大一统，完全消除了民族间的界限，天下远近小大若一的进步观点。此后在历史上，越是国家强盛的时代，如西汉初和唐朝，对于少数民族文化越能采取勇于吸收的开明态度；相反，越是国家衰弱时期，如南宋，就越是宣扬"严夷夏之防"，对少数民族严厉防范和排斥。至嘉道时期，中国的历史进程即将面临巨大的转折，不但需要妥善处理国内华夏族与少数民族的关系，而且需要正确地对待西方文明的东进。龚自珍在这里发挥了公羊学的精华，严厉驳斥宋、明儒者把"华夷之辨"视为孔子学说本义这种荒谬、落后意识，提倡民族关系上"太平世无内外"的大一统观点，是具有时代意义的。

其次，摈弃汉代今文学的糟粕。一个担负着学说发展使命的进步公羊学家，他的努力应该包括两个方面，一是发扬其精华，二是抛弃其糟粕。龚自珍正是这样做的。西汉董仲舒阐发《春秋》大义和公羊三世说贡献巨大，但他的学说是儒学和阴阳学说

---

① 《龚自珍全集》第一辑，第48页。

的结合，结果导致西汉后期大量出现牵强附会、宣扬迷信的五行灾异著作和两汉之际谶纬说的流行。龚氏对此有清醒的认识，他站在时代的高度，指出充斥于西汉后期的五行灾异之说不得混入孔子家法。他分析《春秋》记日食、不言凶灾与汉儒哗咎时君、附会灾异的根本不同："孔氏上承《尧典》，下因鲁史，修《春秋》，大书日食三十又六事，储万世之历，不言凶灾。……七十子以后学者，言君后象日月，适见于天，日月为食，汉臣之所昉也。……众儒哗咎时君，时君或自责，诏求直言，免三公，三公自免。大都君臣借天象傅古义，以交相儆也。厥意虽美，不得阑入孔氏家法。"① 并且批评刘向著《洪范五行传》宣扬迷信，严肃地指出："刘向有大功，有大罪，功在《七略》，罪在《五行传》。"又称刘向将"咎征"五项加上恒阴，凑成"六沴"的做法，是"无梦于是者，亦无拙于是者"。② 这种用灾异附会人事的做法，是制造混乱，笨拙至极。他还明白表示："自珍最恶京房之《易》，刘向之《洪范》，以为班氏《五行志》不作可也。"并且毫不客气地提出"摧烧汉朝天士之谬说"。③ 龚自珍在继承发扬公羊学积极方面的同时，如此鲜明地反对灾异迷信之说，这是很值得肯定的。

第三，有选择地吸收古文经学家的论点，在克服门户界限的偏见上采取向前看的态度。在这方面，龚氏提出一系列很有价值的创见。

他认为古代一切文字记载都是历史资料，故儒家经典是记载古代社会生活和政治职能的珍贵资料。他提出了"六经，周史之大宗"的著名命题："周之世官，大者史。史之外无有语言焉；史之外无有文字焉；史之外无人伦品目焉。史存而周存，史亡而周亡。……六经者，周史之宗子也。《易》也者，卜筮之史也；《书》也者，记言之史也；《春秋》也者，记动之史也；《风》也者，史所采于民，而编之竹帛，付之司乐者也；《雅》《颂》也

① 龚自珍：《乙丙之际塾议第十七》，《龚自珍全集》第一辑，第9页。
② 龚自珍：《非五行传》，《龚自珍全集》第一辑，第130页。
③ 龚自珍：《与陈博士笺》，《龚自珍全集》第五辑，第346页。

者，史所采于士大夫也；《礼》也者，一代之律令，史职藏之故府，而时以诏王者也。"龚氏这段论述，与章学诚"六经皆史"论正好互相发明，他们的论述都是针对时弊而发，而与强调学术必须"经世"的主张密切联系的。当时风气，经书是被当作偶像受到崇拜，史只能居于附庸地位，"号为治经则道尊，号为学史则道诎"。现在按照章学诚、龚自珍的理论，儒家经典是历史记载，是史之大宗（即主干），那么经与史至少可以平起平坐了，确有抹去经书神圣灵光和提高史学地位的意义。我们若再品味龚氏的名言："灭人之国，必先去其史；隳人之枋，败人之纲纪，必先去其史；绝人之材，湮塞人之教，必先去其史；夷人之祖宗，必先去其史。"① 则说明他把历史记载提高到民族文化的主体，与民族存亡密切相关的高度。龚自珍"六经者，周史之宗子也"的命题和章学诚"六经皆史"的命题，还符合于近代学术的一个大趋势，把所有学术都置于历史考察范围之内。对"六经"过去只能顶礼膜拜，现在也要作为研究对象了。所有这些，都包含有冲破封建教条的积极意义，包含着可贵的近代科学意识。

认为《左传》是很有价值的书，纠正了刘逢禄偏颇之见，态度比较公允。龚氏认为《左传》与《公羊》均可以配《春秋》。② 他并不故意贬低，说《左传》不足凭信，对《左传》的批评仅限于很局部的问题，"宜删去刘歆窜益"，即认为《左传》不足凭信的仅是某些内容而已。这比龚氏之前的刘逢禄和其后的康有为对《左传》大加否定，慎重得多。刘逢禄所著《春秋左传考证》云："余年十二读《左氏春秋》，疑其书法是非多失大义。继读《公羊》及董子书，乃恍然于《春秋》非记事之书，不必待左氏而明。左氏乃战国时人，故其书终三家分晋，而《续经》乃刘歆妄作也。"③ 认为《左传》的义法、凡例、"君子曰"都出自刘歆伪造。《左传》本不传《春秋》，刘歆乃效法《公羊》，在《左传》

---

① 以上引文均见龚自珍《古史钩沉论二》，《龚自珍全集》第一辑，第21—22页。

② 龚自珍：《六经正名答问五》，《龚自珍全集》第一辑，第40页。

③ 刘逢禄：《左氏春秋考证》，朴社，1933年版，第2—3页。

书中缘饰书法、凡例等。其结论是"刘歆等改《左氏》为传《春秋》之书"。这些显属武断的说法，以后康有为进而称刘歆窜改《左传》原因是："所以翼成王莽居摄而篡位者也。"① 相比之下，龚自珍评价《左传》较少门户之见，而能采取比较客观的态度。

龚自珍论《史记》中有古文说，又有今文说，也极有见地。他认为，司马迁从孔安国问故，《尧典》《禹贡》《微子》《洪范》《金縢》五篇，"时有古文说"。而《史记》引《盘庚》诸篇，则"尽今文家说"。② 这些看法，对于研究《史记》与西汉经学的关系很有参考价值。

总起来说，龚自珍把公羊哲学提高到一个崭新的阶段，他对三世说作了革命性改造，使它紧密结合现实社会矛盾，论证封建统治到了衰世这一时代的中心课题。他又运用"三世说"对上古文明起源作了很有创见的阐发，且能有选择地吸收古文家说，弃除前代今文学家的一些偏颇看法。龚自珍之所以能达到这种高度，除了他精通于公羊学的发展观外，还因为他对事物的对立统一关系有较明确的认识。他说："万事不自立，相倚而已矣。""万物名相对者，势相待，分相职……势不相待，分不相职……将相对之名不成，万事皆不立。"③ 然而，龚氏只看到事物的变化，而不认识质的飞跃，误认为事物的演进是循环。故说："万物一而立，再而反，三而如初。"④ 这又是他在发展观上的严重局限。

四、龚自珍的强烈批判精神

（一）对封建专制的大力抨击

龚自珍极大地发扬了公羊学的又一精华，即公羊学说的政治

① 康有为：《史记经说足证伪经考》，《新学伪经考》，古籍出版社，1956年版，第41页。
② 龚自珍：《大誓答问第二十三》，《龚自珍全集》第一辑，第74页。
③ 龚自珍：《壬癸之际胎观第七》，《龚自珍全集》第一辑，第18页。
④ 龚自珍：《壬癸之际胎观第五》，《龚自珍全集》第一辑，第16页。

性特点，关注现实，把批判的矛头直指严重阻碍社会进步的封建专制制度和官僚集团的腐朽习气，憧憬一个政治开明、人材涌现、个性发展的"新"时代的到来。这是龚自珍对清代公羊学的又一出色贡献。他的言论，直到戊戌维新时期仍然给予维新志士以强烈的刺激和启迪，大大激发起变革专制制度、挽救国家危亡的热情。

两千年来，人们把封建帝制视为天经地义，向封建君主竭尽愚忠，匍匐在地。尤其在清代，士人更念念不忘"列祖列宗，深仁厚泽"，只求俯首服从，肝脑涂地，丧失了独立思考的能力，更不能有半点非议。龚自珍则深刻地揭露了专制君主仇视、摧残天下之士的实质。他指斥封建皇帝是"霸天下之氏"，对众人"震荡摧锄"以建立其淫威，"其力强，其志武，其聪明上，其财多，未尝不仇天下之士，去人之廉，以快号令，去人之耻，以嵩高其身，一人为刚，万夫为柔，以大便其有力强武"。① 甚至爆发出"居民上，正颜色，而患不尊严，不如闭宫庭"② 的有力抗议！他继承了清初黄宗羲反封建的民主意识，把它推向新的高度，因而揭起了近代思想解放的序幕。

龚自珍抨击封建专制的开创意义还在于：他已经达到更深的层次，即从伦理道德范畴分析专制主义为害的酷烈，扼杀人的创造力，泯灭人的个性。《明良论四》指出："庖丁之解牛，伯牙之操琴，羿之发羽，僚之弄丸。"此四人是古代的"神技"。可是如果不准庖丁多割一刀，也不准他少割一刀，否则施以鞭笞；或者限制伯牙今日操琴，只准志于山而不准思于水；或者规定羿和僚向东看不能西顾，向西看不能东顾；那么，这四位"神技"将无可适从。龚自珍用这些实例，唤醒人们认识专制制度严重禁锢束缚士人头脑的祸害。天子"南面而权尊"，"唯吾意之所欲为"，"天下无巨细，一束之于不可破之例"，"约束之，羁縻之"。③ 结果等于把整个社会放在独木之上，用长绳捆绑起来，"俾四肢不

---

① 龚自珍：《古史钩沉论一》，《龚自珍全集》第一辑，第20页。
② 龚自珍：《乙丙之际塾议第二十五》，《龚自珍全集》第一辑，第12页。
③ 龚自珍：《明良论四》，《龚自珍全集》第一辑，第34—35页。

可以屈伸，则虽甚痒且甚痛，而亦冥心息虑以置之"。由此他引导人们认识封建专制的"条例""制度"严重扼杀人们创造力的发挥，阻碍社会的进步，因此他呼吁破除"一切琐屑牵制之术"，"救今日束缚之病！"他还沉痛地控诉专制制度下形成的卫道意识和奴才思想已成为杀人不见血的软刀子。专制的势力、卫道的"文""名"（封建陋规、纲常名教），把能忧愤、能思虑、有作为、堪称民族精英的人物视为仇敌，残忍地陷害致死，这还成个什么世道！龚自珍的言论振聋发聩，石破天惊。既然专制制度是对人的本性和创造力的毁灭，那么它就失去存在的合理性，而必须彻底否定它。

由于龚自珍对专制主义处处箝制士人、压迫民众的实质有如此深刻的认识，因此他能识破专制统治者的各种手段，无情地加以揭露。《京师乐籍说》和《杭大宗逸事状》两文就是这样的战斗性文字。它们一以辛辣讽刺、明显愤懑的笔触，一以看似简略平淡、实则寓意深刻的笔法，从不同的侧面揭露专制主义泯灭人的理性，摧残士人任何一点不满意识的本质。

乐籍，就是历代皇朝在京城所设的官妓。龚自珍直截了当地指出这是"霸天下"者的"阴谋"。他们害怕士人"留心古今而好论议"，那样就"于祖宗之立法，人主之举动措置，一代之所以为号令者，俱大不便"。于是在京师遍设官妓，"目挑心招，捭阖以为术焉，则可以箝塞天下之游士"。"使之耗其资财，则谋一身且不暇，无谋人国之心矣；使之耗其日力，则无暇日以谈二帝三王之书，又不读史而不知古今矣；使之缠绵歌泣于床笫之间，耗其壮年之雄材伟略，则思乱之志息，而议论图度，上指天下画地之态益息矣；使之春晨秋夜为诐体词赋、游戏不急之言，以耗其才华，则论议军国臧否政事之文章可以毋作矣。"统治者用心险恶地设此圈套，使士人的资财、时间、精力都损耗净尽，意志消沉，萎靡不振，就再没有人慷慨激昂指点江山、评论国事，统治者便可达到"民听壹，国事便"的目的，听不到反对或不满的声音。而当权者便可以为所欲为，永远维持其威严的专制统治。当然，专制帝王的如意算盘也有时落空，对此，龚自珍在篇末用反语表达深刻的讽刺："曰：如是则唐、宋、明岂无豪杰论国是，掣肘国是，而自取戮者乎？曰：有之。人主之术，或售或不售，人主有苦心奇术，足以牢笼千百中材，而不尽售于一二豪杰，此亦霸者之恨也。吁！"[1]乐籍棋布，历朝皆有，以往人们司空见惯，从未加以深究。龚自珍则第一个深刻地揭露其作为专制统治者用以箝制、腐蚀士人手段的实质，剖析"人主"的险恶用心，使物无遁形，而激愤的感情溢于言表，堪称嬉笑怒骂，皆成文章。

《杭大宗逸事状》一文则有意隐去锋芒，表面上是作平实的简略的记事，实际上却是直接追究乾隆皇帝将正直士人迫害致死的责任。文章前面四个段落是：

一、乾隆癸未岁，杭州杭大宗以翰林保举御史，例试保和殿，大宗下笔为五千言。其一条云：我朝一统久矣，朝廷用人，宜泯满、汉之见。是日旨交刑部，部议拟死。上博询廷臣，侍郎观保奏曰：是狂生，当其为诸生时，放言高论久矣。上意解，赦归里。

一、大宗原疏留禁中，当日不发抄，又不自存集中，今世无见者。越七十年，大宗外孙之孙丁大，抱大宗手墨三十馀纸，鬻于京师市，有茧纸淡墨一纸半，乃此疏也。大略引孟轲、齐宣王问答语，用己意反复说之。此稿流落琉璃厂肆间。

一、乙酉岁，纯皇帝南巡，大宗迎驾，召见，问汝何以为活？对曰：臣世骏开旧货摊。上曰：何谓开旧货摊？对曰：买破铜烂铁，陈于地卖之。上大笑，手书"买卖破铜烂铁"六大字赐之。

一、癸巳岁，纯皇帝南巡，大宗迎驾。名上，上顾左右曰："杭世骏尚未死么？"大宗返舍，是夕卒。[2]

龚自珍用《春秋》笔法，简略的文字中寓含着褒贬的大义，一层

---

① 龚自珍：《京师乐籍说》，《龚自珍全集》第一辑，第118页。

② 龚自珍：《杭大宗逸事状》，《龚自珍全集》第二辑，第161页。

深入一层，揭露专制君主对正直士人的残酷迫害。首段即说明杭世骏的正直与乾隆帝的专横。清廷对汉人的猜疑、歧视，是尽人皆知的事实，杭世骏在保举御史的试卷上建言宜泯满、汉之见，完全出于正直知识分子的良知，也是为国家利益着想，这样做却差点被处死，最后虽免一死，却遭遣送回家。专制君主就是这样颠倒是非、肆其淫威，清朝的制度就是这样野蛮！二段进了一层，说明杭世骏获罪的原因竟是发挥《孟子》书中施行仁政这一儒家核心思想，乾隆皇帝却视为大逆不道。以此揭露专制主义是站在"仁政"的对立面，这就进一步说明它的存在是完全不合理的。三、四段，说明杭世骏晚景凄凉，乾隆以帝王之尊，反而以此大笑取乐，更为恶毒者，最后竟以杭世骏尚活着而向左右表示遗憾，证明专制君主到最后一刻也不改变其冷酷本性，杭世骏遂于"是夕卒"。这位正直士人一生潦倒而死，乾隆皇帝实应负直接迫害之责任。此文确是龚自珍精心构撰之作，仔细体味，在表面平实的文字之中包含着惊心动魄的力量。唯其龚自珍对专制主义的罪恶有深刻的认识，又有过人的勇气，他才能写出这样的匕首和投枪式的文字。

（二）对官场腐败的无情鞭挞

龚自珍将公羊学说"为后王立法"、与政治紧密结合的特点发展到新阶段，还在于他对专制主义的基础——官僚集团的恶浊风气作了深刻的解剖和无情的鞭挞。在这方面，龚自珍的论述，对于19世纪末的维新志士同样起到警醒的作用。

龚氏能够洞悉官场的腐败，作出鞭辟入里的论述，同他的身世、经历很有关系。其祖父龚禔身、父龚丽正曾先后任内阁中书军机处行走、礼部主事，本人从小随家居住京城，嗣后也任职内阁、礼部。虽然三代都是"冷署闲曹"，却有利于他对官场冷眼观察。特别是龚自珍，他怀着经世治国的抱负，因而能够无畏地顶住同僚耻笑他是"狂生""有痼疾"的压力，"探吾之是非，而昌昌大言之"。① 他不仅能够淋漓尽致描绘出官僚集团种种丑

---

① 龚自珍：《上大学士书》，《龚自珍全集》第五辑，第319页。

态，更能深入实质，究其底蕴，透辟地分析官僚群体的心态特点，从制度上探讨官僚政治腐败的根由。龚自珍概述官僚集团的心理特征是献媚营私、丧失廉耻。这正是清中叶以后官场风气的根本要害所在！越是身居高位，越是无耻地献媚取宠，"官益久，则气愈媮；望愈崇，则谄愈固；地益近，则媚亦益工。至身为三公，为六卿，非不崇高也，而其于古者大臣巍然岸然师傅自处之风，匪但目未睹，耳未闻，梦寐亦未之及。臣节之盛，扫地尽矣"。身为大臣却处事卑鄙，把探听人主喜怒作为保官求荣的诀窍，"堂陛之言，探喜怒以为之节，蒙色笑，获燕闲之赏，则扬扬然以喜，出夸其门生、妻子。小不霁，则头抢地而出，别求夫可以受眷之法"。营私谋利是他们的唯一目的，国家大事完全置之不顾，"苟安其位一日，则一日荣"，"以退缩为老成，国事我家何知焉？"一旦国家有事，他们便像鸠燕一样飞得无影无踪。因此龚自珍斥责这班官僚是"求寄食焉之寓公，旅进而旅豢焉之仆从，伺主人喜怒之狎客"，已经堕落为完全对国家社会丧失了责任感的寄生阶层。[①]

　　龚自珍进而历数官吏选举制度的积弊。他指出，清朝实行的"停年之格"，即官吏升迁完全限于年数、资历的制度，"累日以为劳，计岁以为阶"，造成人材的被压抑，碌碌无为者身居高位，"贤智者终不得越，而愚不肖者亦得以驯而到"。熬到最后，当上宰辅、一品大臣的官员，"其齿发固已老矣，其精神固已惫矣，……然而因阅历而审顾，……傫然终日，不肯自请去"。他用大门外石狮子的形象，来讽刺那些资格最深、稳坐其位、无所作为的官僚。这种用人制度的严重恶果，必然是进取精神的被窒息、畏葸退缩、冀图侥幸、萎靡不振的风气蔓延泛滥，整个社会失去活力。正如龚自珍所痛切分析的："英奇未尽之士，亦卒不得起而相代。""至于建大猷、白大事，则宜乎更绝无人也。""其资浅者曰，我积俸以俟时，安静以守格，虽有迟疾，苟过中寿，亦冀终得尚书、侍郎。奈何资格未至，哓哓然以自丧其官为？其

---

① 龚自珍：《明良论二》，《龚自珍全集》第一辑，第31—32 页。

资深者曰：我既积俸以俟之，安静以守之，久久而危致乎是。奈何忘其积累之苦，而哓哓然以自负其岁月为？……此士大夫所以尽奄然而无有生气者也。"① 这些切中肯綮的话，表明龚自珍早在近代史前夜，就已经尖锐地提出论资排辈的官僚政治造成行政机制严重老化和惰性化的大问题。龚自珍发扬公羊学家以治国经世为抱负的精神，才使他有如此深刻的观察，提出如此犀利、卓越的见解。

龚自珍对下层官吏的恶劣习气也有刻画。他曾解剖"书狱"者，即专门办理刑事案件、审理案情、提出判决意见的胥吏，由县一级到府一级，到司道、省、部，上下勾结欺蒙，形成一个巨大无比的关系网，欺蒙狡诈，贪赃枉法，地方长官或负责到地方核查的京官都对他们毫无办法，"豺踞而鸮视，蔓引而蝇孳"，"挟百执事而颠倒下上"②，造成冤狱遍地，乌烟瘴气！

（三）力矫烦琐考证的学术时尚

由于龚自珍在对时代特点和社会前进方向的认识上站得比较高，所以对于当时考证学末流的严重弊病看得真切，大加针砭，极力企图把人们的注意力转移到对变革社会现实的方向上来。

首先，他对于占据统治地位的烦琐考据学风进行了尖锐的批判。乾嘉考证学曾在整理文献典籍上作出很大的贡献，但它的末流却陷于琐屑饾饤。龚自珍和他的好友魏源勇敢地担负起转移风气的时代责任，他们痛切地批评烦琐考证、不问世事的学术颓风的严重弊病，呼吁人们关心国家民族命运。龚自珍认为，宋明理学盛行，把谈论义理性命作为学问的极致，鄙视从事文字训诂的学者，讥为"细儒"而不屑为之。清代考据之学纠正了明代学术空疏的毛病，"黜空谈之聪明，守钝朴之迂回，物物而名名，不使有遁。其所陈说艰难，算师畴人，则积数十年之功，始立一术。书师则繁称千言，始晓一形一声之故，求之五经、三传、子、史之文而毕合，乃宣于楮帛。而且一户牖必求其异向也，一

① 龚自珍：《明良论三》，《龚自珍全集》第一辑，第33—34页。
② 龚自珍：《乙丙之际塾议三》，《龚自珍全集》第一辑，第3页。

脯醢必求其异器与时也，一衣裳必求其异尺寸也。有高语大言者，拱手避谢，极言非所当。于是二千载将坠之法，虽不尽复，十存三四。愚瘁之士，寻之有门径，绎之有端绪，盖整齐而比之之力，至苦劳矣。"[1] 龚自珍从学术发展的关系，论述了明代理学空谈之后，学者社会转向考证之学有其必然性和合理性，朴学家强调要从名物训诂入手，才能弄懂经书中高深的义理。朴学家对历算、天文、地理、制度、器物、文字训诂等等，长期作窄而深的研究，都有专门的心得，用力至勤，排比整齐之功不可没。但是，考证学的末流陷于烦琐主义，因此这种学风与性理空谈各有致命的弱点——"彼涉颠而弃本，此循本而忘颠"[2]，同样无得于学问的主旨，无补于世事。故龚自珍曾致书《汉学师承记》的作者江藩，不客气地加以针砭："琐碎饾饤，不可谓非学，不得为汉学。""近有一类人，以名物训诂为尽圣人之道，经师牧之，人师捃之。"[3] 他不屑于做专门在书本中讨生活、沉溺于琐屑考证的"经师"，提倡做能启发人们对时代和社会负起责任的"人师"。公羊学的变易观点和经世宗旨，使龚自珍深切地感受到社会危机的到来迫切要求有识之士寻找救治社会的药方，他对烦琐学风的批判打中了要害，符合于历史前进的要求。

龚氏的一些交游好友，如李锐、陈奂、江藩等佩服龚自珍渊博的学识，曾经劝说他专门研治儒家经典，问他："曷不写定《易》《书》《诗》《春秋》？"他回答说："方读百家，好杂家之言，未暇也。"内阁姚学塽先生也曾劝他"曷不写定《易》《书》《诗》《春秋》？"他回答说："又有事天地东西南北之学，未暇也。"[4] 他的志愿，是决不作脱离现实社会的考证学家或经注家，而要广泛地从各个学术流派和一向不受重视而确有学识的学术著作中吸取思想营养，他要研究的是"东西南北之学"即社会实际问题。对于志趣相投的挚友魏源，他也以这种志趣互相砥砺。他

---

① 龚自珍：《陈硕甫所箸书序》，《龚自珍全集》第三辑，第195页。
② 龚自珍：《陈硕甫所箸书序》，《龚自珍全集》第三辑，第195页。
③ 龚自珍：《与江子屏笺》，《龚自珍全集》第五辑，第347页。
④ 龚自珍：《古史钩沉论三》，《龚自珍全集》第一辑，第25页。

热情赞扬魏源的新文风，并在书信中说：做学问要"能言其大本大原，而究其所终极；综百氏之所谭，而知其义例，遍入其门径，我从而筦钥之，百物为我隶用"①。他恳切地劝魏源不要被烦琐考据所牵累，要做个能综合众说，掌握关键，为我所用的"通人"。龚氏以"通人"勉励至交好友，也以此自励。抓住实质，掌握关键，驱使各方面材料为我所用，大胆提出自己对现实社会与学术问题的见解，这就是龚自珍在公羊变易哲学指导下形成的治学主张。

龚自珍公羊学观点的形成得力于深刻地总结历史的变化，故他极其重视历史学对于观察社会发展动向和国家民族命运的作用。他强调史学对于现实社会的重要作用："史之材，识其大掌故，主其记载，……以教训其王公大人。"并反问道：如果没有史籍保存下来作为鉴戒，"则弊何以救？废何以修？穷何以革？"②说明史学对于革除积弊、挽救危机具有重大意义。历史记载着民族生存发展的由来，凝聚着民族艰难奋斗、光复旧物的经验。历史又寄托着民族不屈不挠、生生不已的精神。一个民族的灵魂存在于本民族的历史文化之中，本族历史上的优秀人物，包括民众中作出默默奉献的人物，构成为民族的脊梁。正因为历史记载、历史传统对于民族的生存有如此伟大的意义，所以，征服者为达到使被征服者甘心当亡国奴的可耻目的，便采取最毒辣的做法，企图毁灭被征服民族的历史文化，使被征服者对自己的历史和文化传统愚昧无知，古今中外不乏其例。那么，相反而言，一个民族要求得生存和发展，就必须重视本民族历史教育的传统，从民族的发展中汲取开拓进取的力量，借鉴民族盛衰的经验以观察社会发展的动向。为此，龚自珍提出"尊史"和"欲知大道，必先为史"的命题。他认为，史学所以受到尊重，不在于它是负责历史记载，掌握褒贬大权，而在于史家应具有识见、精神和对于社会生活各个领域互相贯通的知识。这就要做到"善入"和"善

---

① 龚自珍：《与人笺一》，《龚自珍全集》第五辑，第336页。
② 龚自珍：《古史钩沉论四》，《龚自珍全集》第一辑，第28页。

出"。"善入"，是要求史家熟悉社会生活各个领域，"天下山川形势，人心风气，土所宜，姓所贵，皆知之；国之祖宗之令，下逮吏胥之所□守，皆知之。其于言礼、言兵、言政、言狱、言掌故、言文体、言人贤否，如其言家事，可谓入矣"。否则，写出来的就不是"实录"。"善出"，是指对上述社会生活各个领域及其相互联系，史家要把它明白生动地表现出来，使人如同观剧一样心领神会。否则，你写的就没有"高情至论"。与这两个要求不合的史书，就是"余呓""余喘"，白日说梦。他还说，记载史实必须与治乱兴衰之"道"结合起来，"出乎史，入乎道，欲知大道，必先为史"，① 这样的史书才是真正的史学著作，这样的史家才是独具特色的"史之别子"。

龚自珍关于史学著作必须反映广泛的社会现实，史必须与"道"相统一的议论，是他为了力矫烦琐考证学风、振作士林风气的主张的一个重要组成部分，同时，也进一步丰富了中国传统史学的理论。

（四）痛斥"万喙相因"的八股文

封建时代的八股文是为专制主义服务的工具，它培养服服帖帖受专制政治摆布的奴才，严重束缚士人的思想，窒息士人的创造力，龚自珍对它深恶痛绝。他痛切地批评八股取士制度造成知识分子从青少年始为追求名利死背功令文，思想被禁锢，只会抄袭古人现成字句，人云亦云，贻害无穷。他说："言也者，不得已而有者也。如其胸臆本无所欲言，其才武又未能达于言，强之使言，茫茫然不知将为何等言；不得已，则又使之姑效他人之言；效他人之种种言，实不知其所以言。于是剿掠脱误，摹拟颠倒，如醉如呓以言，言毕矣，不知我为何等言。今天下父兄，必使髫卯之子弟执笔学言，曰：功令也，功令实观天下之言。曰：功令观天下说经之言。童子但宜讽经，安知说经？是为侮经。曰：功令兼观天下怀人、赋物、陶写性灵之华言。夫童子未有感慨，何必强为之若言？然则天下之子弟，心术坏而义理锢者，天

下之父兄为之。"为了猎取利禄，一代又一代的士子把宝贵的青春和精力耗在剿窃古书、写作自己不知所云的八股文章之上，简直是醉后狂言、无病呻吟，活跃的思想横遭扼杀，成为普遍现象。因此，龚自珍发出"宜变功令"①的呐喊。他还在回答某大臣询问当世急务书信中，大胆提出废除八股考试制度的建议："上书乞改功令，以收真才。"② 龚氏的尖锐言论和大胆建议，成为 20 世纪初年最终废除科举考试的先声。

龚自珍才华横溢、学识渊博、眼光锐利，青年时代在京城即以高才闻名。但他连续参加进士考试，都因楷法不中式而落第。至三十八岁时才以第九十五名中榜，又因楷法不光洁，"三试三不及格"，而不入翰林。以后长期充任礼部下级官吏，这些遭遇同他的才气和见识是极不相称的，他的好友魏源则迟至五十余岁才考中进士，这些事实本身即是科举制度不能录用真才的有力证明。由于龚自珍本人是八股取士制度的受害者，所以他对这套沿习数百年的腐朽制度的弊病认识特别清楚，感情上特别痛恨。有资料记载了一个有趣的故事：

龚自珍任礼部主事时，他的叔父龚守正任礼部尚书。一天，自珍去拜访他，刚坐下，忽然门房来报告有门生求见，此人是新考中翰林者。自珍遂进耳房回避。他听见客厅上的问答，叔父问那人近来所做何事，门生回答说正在练习写白折。叔父很称赞他能用功，并指点说："凡考差，字迹宜端秀，墨迹宜浓厚，点画宜平正，则考时未有不韪者。"门生连连称是。这时，坐在耳房的龚自珍却忍不住拍巴掌大乐，大声说："翰林学问，原来如是。"门生慌忙退走。龚守正不禁大怒，对侄子厉声呵斥，并从此断绝叔侄往来。③ 这是龚自珍因极度不满科举制度而与身居礼部尚书要职的叔父爆发的一场冲突！

---

① 均见龚自珍《述思古子议》，《龚自珍全集》第一辑，第 123 页。
② 龚自珍：《与人笺》（又题《拟厘正五事书》），《龚自珍全集》第五辑，第 344 页。
③ 裘毓麐：《清代轶闻·龚定盦轶事》，见《龚自珍研究资料集》，黄山书社，1984 年版，第 203 页。

　　龚自珍还写有一篇意味深长的《干禄新书自序》，讽刺在科举制度下录取进士、翰林、军机处官员和选取赴外省考官，重视的都是八股文章格式和小楷笔法。序文前面说：贡士中礼部试后举行殿试，皇帝亲自策问，这是科举试最重要的一次考试。皇帝任命八名重臣阅卷。"既试，八人者则恭遴其颂扬平仄如式，楷法尤光致者十卷，呈皇帝览。"翌日皇帝升太和殿，贡士毕见。前三名赐进士及第冠服，赐宴礼部以示宠耀。殿试之前有复试，殿试之后有朝考，同样以楷法高下作遴选的标准。三试皆高列，授翰林院官。宰辅必由翰林院官出身；卿贰及封疆大臣，也大半由翰林选任。翰林院以外，以能入值军机处者为显要。"军机处之职，有军事则佐上运筹决胜，无事则备顾问祖宗掌故，以出内命者也。保送军机处，有考试，其遴楷法如之。"其他选派各省主考官，"乘轺车衡天下之文章"，以及都察院官保送御史，"主言朝廷是非，陈百姓疾苦，及天下所不便者事"，也都以楷法高下作遴选的标准。① 以上似乎用庄重平静的语气说出，实则深刻地揭露清朝一代各种政要人物，从宰辅、卿贰，以至军机处参赞疆场指挥、御史监察政务、代民众言事这些官员，究其实际都是由楷法光致为标准遴选出来的，这种标准有多么荒唐，这种八股取士制度有多么腐朽！以下的序文更以辛辣的笔调写道："龚自珍中礼部试，殿上三试，三不及格，不入翰林，考军机处不入直，考差未尝乘轺车。乃退自讼，著书自纠，凡论选颖之法十有二，论磨墨膏笔之法五，论器具五，论点画波磔之病百有二十，论架构之病二十有二，论行间之病二十有四，论神势三，论气禀七。既成，命之曰《干禄新书》，以私子孙。"② 用意是说，他经历了几十年的挫折，最后彻底明白若要跻身显要、出人头地，秘诀就是选好毛笔，练好楷法，如此则保险能得高升。这篇文章把极度的不满寓含在似乎平淡的文章之中，其揭露作用就更加深刻。

---

① 龚自珍：《干禄新书自序》，《龚自珍全集》第三辑，第237页。
② 龚自珍：《干禄新书自序》，《龚自珍全集》第三辑，第237—238页。

清代还有这样的传闻：龚自珍因为愤慨于楷法取士制度的荒谬，在家中，"凡其女其媳其妾其宠婢，悉令学馆阁书。客有言及某翰林者，必艴然作色曰：'今日之翰林，犹足道邪！我家妇女，无一不可入翰林者。'"① 对于龚自珍这些嘲讽揶揄的手法，我们不可一笑置之，因为其内里包含的是否定腐朽至极的科举制度，向专制主义者表示抗议的深刻主题，表现出嘉道时期觉醒的公羊学者的战斗风格！

（五）个性解放的倡导者

封建统治者实行思想专制的手段，束缚人的自由，窒息人的思想，泯灭人的个性。龚自珍在猛烈抨击专制主义政治上的腐朽的同时，以勇敢的姿态向旧传统挑战，鲜明地倡导个性的解放。这同样是对旧制度和旧价值观的有力冲击。

针对千百年来禁锢人们头脑的"克己复礼"，"存天理，灭人欲"的儒家教条，龚自珍倡导个性解放，并专门撰文论述个人利益的合法性。这是进步公羊学家重视哲理思考结出的硕果，在中国文化史上是破天荒第一次。《病梅馆记》云：

> 江宁之龙蟠，苏州之邓尉，杭州之西溪，皆产梅。或曰：梅以曲为美，直则无姿；以欹为美，正则无景；梅以疏为美，密则无态。固也。此文人画士，心知其意，未可明诏大号，以绳天下之梅也；又不可以使天下之民，斫直，删密，锄正，以殀梅、病梅为业以求钱也。梅之欹、之疏、之曲，又非蠢蠢求钱之民，能以其智力为也。有以文人画士孤癖之隐，明告鬻梅者，斫其正，养其旁条，删其密，夭其稚枝，锄其直，遏其生气，以求重价，而江、浙之梅皆病。文人画士之祸之烈至此哉！

龚氏以梅为喻，而寓意至深。实则从人性的角度，揭示了一个造成社会价值观念和民族心理畸形化、病态化的严重问题，即：专制统治者束缚、扼杀正直的、健全的人性成长，使之扭曲变形，

---

① 易宗夔：《新世说》，见《龚自珍研究资料集》，第155页。

造成当时普遍存在的奴才性、虚伪性、谄媚性，并以此为荣，以此为贵，竞相效法。这种深刻的思想，龚自珍是用文学的形象化手法来表达的，所以更加哀感动人，成为近代文化史上脍炙人口的名篇。龚自珍以隐喻的手法，对专制统治者摧残人性发出沉痛的控诉！他发誓对这些病梅要"疗之，纵之，顺之"，"解其棕缚"，"必复之全之"。① 在与专制黑暗势力和卑污社会心理的顽强斗争中，他提出了一种闪射出近代思想光芒的崭新价值观，呼吁保存和恢复人性，追求个性的解放。

　　龚自珍还公开地为个人利益合法性辩护。《论私》一文用醒目的标题亮出自己的旗帜，毫不掩饰，批判锋芒直指满口"仁义道德""至公无私"的伪道学。龚自珍从自然界、生物界和社会现象，多方面地说明"私"的存在天经地义。"天为闰月，以处赢缩之度，气盈朔虚，夏有凉风，冬有燠日，天有私也；地有畸零华离，为附庸闲田，地有私也"；圣帝哲后，所谓"庇我子孙，保我国家而已，何以不爱他人之国家，而爱其国家？何以不庇他人之子孙，而庇其子孙？""忠臣何以不忠他人之君，而忠其君？孝子何以不慈他人之亲，而慈其亲？寡妻贞妇何以不公此身于都市，乃私自贞私自葆也？"并进一步认为，如果按照那班假道学所标榜的去做，只能与禽兽无异。因为，"禽之相交，径直何私？孰疏孰亲，一视无差。尚不知父子，何有朋友？若人则必有孰薄孰厚之气谊，因有过从宴游，相援相引，款曲燕私之事矣。"② 这里他举出动物界做例子，并不恰当，但他的意图是要证明在道德观念上应该承认"私"的合法存在，并认为正确的提法应该是"公私并举"，这些又都是独到的进步见解。这些言论，是继承了明代思想家李贽的观点而加以发展。在龚自珍之前，明代李贽曾提出"无私心则无真心"的主张。他论证说：

　　　夫私者人之心也。人必有私而后其心乃见，若无私则无心矣。如服田者，私有秋之获而后治田必力；居家者，私积

① 龚自珍：《病梅馆记》，《龚自珍全集》第三辑，第186页。
② 龚自珍：《论私》，《龚自珍全集》第一辑，第92页。

仓之获而后治家必力；为学者，私进取之获而后举业之治也必力。故官人而不私以禄，则虽召之，必不来矣；苟无高爵，则虽劝之，必不至矣。虽有孔子之圣，苟无司寇之任，相事之摄，必不能一日安其身于鲁也决矣。此自然之理，必至之符，非可以架空而臆说也。然则为无私之说者，皆画饼之谈，观场之见，但令隔壁好听，不管脚跟虚实，无益于事，只乱聪耳，不足采也。①

李贽明白指出：孔圣人且不能无私心，农、工、商、学之人，努力于耕田、做工、经商、读书，更是为私的目的所驱使。龚自珍的言论，继承了李贽的观点而加以发展。这种论证个人利益合法性的言论在明清出现不是偶然的，在客观上，它反映了这一时期资本主义萌芽因素正在生长，商人和手工业主要求在一定程度上挣脱封建主义的束缚，在经济上获得发展。经典作家曾指出人类私欲对于历史发展具有推动作用，恩格斯说："自从阶级对立产生以来，正是人的恶劣的情欲——贪欲和权势欲成了历史发展的杠杆，关于这方面，例如封建制度的和资产阶级的历史就是一个独一无二的持续不断的证明。"② 恩格斯的话有助我们理解：龚自珍在封建末世论述个人利益的合法性的确是有其进步意义的。

龚自珍倡导个性的解放，也体现于他的诗歌创作主张。封建时代的诗坛充斥着文人粉饰太平、酬答应对、面目雷同之作。龚自珍则反其道而行之。他是近代文学史上第一个明确提出诗歌创作中要突出个人独创性的卓越人物。他强调：文学史上杰出的诗人之所以取得成功，都根源于他们的作品有鲜明的个性："人以诗名，诗尤以人名。唐大家若李、杜、韩及昌谷、玉谿；及宋、元、眉山、涪陵、遗山，当代吴娄东，皆诗与人为一，人外无诗，诗外无人，其面目也完。"在当代诗人中，龚氏称赞他的朋友汤海秋的诗作能真切地表现自我的主张和爱憎，"不肯捃扯他

---

① 李贽：《藏书》卷三十二"德业儒臣后论"，中华书局，1959年版，第544页。

② 恩格斯：《路德维希·费尔巴哈和德国古典哲学的终结》，《马克思恩格斯选集》第四卷，人民出版社，1995年版，第237页。

人之言以为己言"，"海秋心迹尽在是，所欲言者在是，所不欲言而卒不能不言在是，所不欲言而竟不言，于所不言求其言亦在是"。① 诗的构思、意旨、趣味、语言，都要体现个人独创的特色，这正是龚自珍所追求的。他所写《己亥杂诗》和其他诗篇，都是抒发个人思想见解和喜怒哀乐的作品，因而具有久远的生命力。而龚自珍也成为近代文学史上最杰出的诗人。

龚自珍尊重个性、相信自我创造力的观点，在哲学上也有精彩的概括，提出众人创造世界的命题，反对圣人创造一切的论调。他重视人的创造性，而更可贵的是，他对由许许多多的普通人所组成的"众人"形成的力量，具有极大的信心，认为物质世界和社会秩序、意识伦理等，都是众人创造的："天地，人所造，众人自造，非圣人所造。圣人也者，与众人对立，与众人为无尽。众人之宰，非道非极，自名曰我。我光造日月，我力造山川，我变造毛羽肖翘，我理造文字言语，我气造天地，我天地又造人，我分别造伦纪。众人也者，骈化而群生，无独始者。有倮人已，有毛人，有羽人，有角人，有肖翘人。毛人、羽人、角人、肖翘人也者，人自所造，非圣造，非天地造。"② 龚氏的论述虽有过分夸大心力的地方，有唯心主义的成分，但他把一向被蔑视的凡凡众生抬高到世界创造者的地位，而把统治人们头脑几千年的圣人创造一切的论调断然否定，则确实闪耀着理性的光辉，是嘉道时期进步公羊学家在哲学探索上取得的重要成果。

"任何真正的哲学都是自己时代精神的精华。"③ 龚自珍和魏源对公羊学说的革命性改造，代表着中华民族先进人物处于民族危机时代观察国家命运和挽救危亡的哲学探求。经历了两百年时间的清朝统治，已由盛世转入衰世；两千年中国封建社会已走完它老态蹒跚的时代，面临着处于上升时期的西方资本主义势力的无情冲击，行将崩溃。时代的需要，是要由醉心升平转变为正视

① 龚自珍：《书汤海秋诗集后》，《龚自珍全集》第三辑，第 241 页。
② 龚自珍：《壬癸之际胎观第一》，《龚自珍全集》第一辑，第 12—13 页。
③ 马克思：《第 179 号"科伦日报"社论》，《马克思恩格斯全集》第一卷，人民出版社，1956 年版，第 121 页。

危机，由安于现状到呼吁改革，由闭关自守到了解外国、对外开放。以往被奉为至宝的考证之学和主张因袭、崇尚复古的古文经学与时代的需要完全背道而驰，暴露出迂腐空虚、无济于事的实质。当此大转折的时代，迫切地需要有一种深刻地关注现实、呼吁变革的哲学思想出现。龚自珍和魏源在相当程度上对时代的转折有自觉的认识，他们把公羊学说大大地向前推进，使之适应时代的需要，提出新的"三世说"，并发挥公羊学派的优良风格，大胆抨击封建专制的罪恶，论证改革的历史必然性和紧迫性。龚、魏的公羊学说，标志着中国传统哲学思想发展的崭新阶段，预示着新的历史阶段的到来。"九州生气恃风雷，万马齐瘖究可哀！我劝天公重抖擞，不拘一格降人材。"① 只有像龚自珍和魏源这样深刻体察时代脉搏的公羊学家，才能表现出如此强烈的时代责任感，对未来的巨大事变有正确的预见，敢于呼唤时代风雷的到来。以下我们要进而考察魏源对公羊学说的贡献，将这两位历史转折时期进步的公羊学家的主张联系起来研究，可以看出他们的基本路数是多么相似，而又各自具有明显的特色。

---

① 龚自珍：《己亥杂诗》，《龚自珍全集》第十辑，第 521 页。

第五章　清代公羊学说的
巨大飞跃（下）

一、魏源的今文学著作

魏源与龚自珍同为嘉道年间今文学健将。两人生活在同一时期，感情挚笃，对于学术思潮变迁的认识和对所处时代的看法处处合拍。所不同处是，与龚氏具有强烈批判精神、锋芒显露的风格相比较，魏源的著述学术色彩更浓，他著有专治儒家经典的著作《诗古微》《书古微》，又著有历史著作多种。而且魏源在鸦片战争发生后又生活了十余年，对于中国在这场历史剧变之后面临的抗击侵略和了解世界的迫切课题有深刻的认识，作出了影响深远的反应。阐扬公羊学的微言大义、发挥公羊"三世说"的变易观和变革思想，是贯串他一生思想和著述的主线。

魏源字默深，湖南邵阳人。自幼读书刻苦，"好读史"。年十七，即教授学徒。二十岁到北京。其后得交当时硕学名儒，问汉学于胡承珙，问宋学于姚学塽。又从刘逢禄受《春秋公羊传》，与龚自珍切磋古文，学问大进。道光二年（1822），中顺天乡试举人，时年二十九岁。不久，入湖南籍经世派官员贺长龄（江苏布政使）及陶澍（江苏巡抚）幕府，三十三岁，即代贺长龄编纂成著名的《皇朝经世文编》一百二十卷。为陶澍筹划海运水利诸大政，又参与筹划改漕运为海运，大获成功。道光八年（1828），入赀为内阁中书，因得方便条件借阅史馆秘阁官书，采集士大夫私家著述，故老传说，遂熟悉清代历史掌故，着手撰著《圣武记》。道光十一年（1831），协助陶澍改革淮北盐政，创行票盐法。并于扬州购得住宅，名为"絜园"。鸦片战争爆发，魏源目睹英国野蛮侵略和清朝的腐败，发愤著成《圣武记》四十卷，刊刻于扬州。又受林则徐的嘱托，据《四洲志》及魏源本人广泛采辑世界史地资料，撰成《海国图志》初刊本五十卷，此后经两次增订至一百卷。道光二十四年（1844），魏源以五十一岁的年纪入京赴考，中进士，自称"中年老女，重作新妇"，表达对腐朽的科举考试制度的不满。次年发江苏以知州用，权扬州府东台县知县。后二年，权兴化县知县，与河官力争停启水闸，保住附近七县地处低洼之农田即将收获的早稻，当地民众大受感动。咸丰元年（1851），擢高邮知州。太平军至高邮，魏源倡团练以防堵。后被劾以"驿报迟误"，夺职。晚年至杭州，寄寓僧舍。魏源所著《诗古微》《书古微》，对晚清今文学运动有重要影响。魏源一生著述甚丰，尚有《元史新编》《老子本义》《古微堂集》《古微堂诗集》。后两种由中华书局于 1976 年标点、整理成《魏源集》印行，甚便读者。

（一）《诗古微》：推进学术风气转变的价值

魏源推崇龚自珍"于经通《公羊春秋》"。同时，他赞扬刘逢禄是"潜心大业之士"，比起穷年累月从事考证的朴学家高明，能"由董生《春秋》以窥六艺条贯，由六艺以求圣人统纪"。魏源鲜明地亮出自己的旗帜，他要大力发扬刘逢禄绍继《公羊春秋》绝学的事业，开创清代学术的新风气。因而提出："今日复古之要，由诂训声音以进于东京典章制度，此齐一变至鲁也；由典章制度以进于西汉微言大义，贯经术、政事、文章于一，此鲁一变至道也。"① 明确地认为清代学术摆脱空谈习气，转向征实的考证之学，恢复东汉许慎、郑玄的学术，使典籍的许多疑问得以晦而复明，这是学术的一大进步；而学术发展的趋势，更必须进而总结阐发西汉今文学的微言大义，把儒家典籍中的正确道理发挥出来，与解决现实的迫切问题密切结合，救治社会的严重积弊，这才是学术风气更有意义的飞跃，开创这样的新风气也才符合学术的至道。显然，魏源讲的"复古"仅仅是一种旗号，是借"复古"之名，行学术变革、且进而推动社会变革之实。

魏源致力于撰写有关今文学的专书：《董子春秋发微》《两汉经师今古文家法考》《诗古微》《书古微》。前两书仅留下魏源所写两篇序，我们只能据以窥见一斑。《董子春秋发微》原书七卷，表彰董仲舒《春秋繁露》对公羊学的贡献。魏源在序中说："（是书）何为而作也？曰：所以发挥《公羊》之微言大谊，而补胡毋生《条例》、何邵公《解诂》所未备也。"针对清中叶孔广森、刘逢禄两家的公羊学著作，都未能足够地重视董氏此书，魏源乃广搜证据，旨在证明"其书（指《春秋繁露》）三科、九旨灿然大备，且弘通精森，内圣而外王，蟠天而际地"。魏源尤其重视首篇《楚庄王》和《三代改制质文篇》，称前一篇"兼撮三科、九旨，为全书之冠冕"。（魏源认为此篇应名为《繁露》，而全书应称为《董子春秋》。）后一篇价值更高，"上下古今，贯五德、五行于三统，可谓穷天人之绝学。视胡毋生《条例》有大巫小巫之叹"。② 《两汉经师今古文家法考》一书，依现存魏源所写序言，也可窥见其大略内容。著书之宗旨，仍是为了推动学术思潮由朴学向强调发挥微言大义的今文学转变，"由典章制度以进于西汉微言大义"。全书推广遍及两汉《儒林传》《艺文志》之文，分别论列儒家经典《周易》《尚书》《诗经》《礼经》及小学之今古文传授系统。而对于西汉今文经学的传授，除公羊学一派外，魏源下功夫最大者诚为《诗经》《尚书》，写出专门著作《诗古

---

① 魏源：《刘礼部遗书序》，《魏源集》，第 242 页。
② 魏源：《董子春秋发微序》，《魏源集》上册，第 134—135 页。

微》《书古微》。以下我们即集中讨论这两部书的价值。

魏源《诗古微》《书古微》两书，充分发挥了《公羊春秋论》中推动清代学术思潮转变的基本宗旨，以具有扎实文献根据和新鲜敏锐见解的专门著作，作为学术论争中勇于廓清旧说、创立新说的成果，进一步动摇了古文学派的正统地位。在魏源完成这两部著作以前，刘逢禄、龚自珍都对清代今文经学的复兴作出重大贡献。但就著述范围而言，刘逢禄只就春秋经传范围内探讨，龚自珍则改造公羊三世说，并发挥公羊学说政治性、变易性的特点，抨击时政，两人均集中在今古文论争的重点领域著述。至魏源此两书出，遂把经今文学复兴推向更多儒家经典的范围，大大壮大了今文学派的声势，遂掀起有清一代学术思想变革的新高潮，具有深远的影响。

《诗古微》，系对西汉今文学派韩、鲁、齐三家传授和解释《诗经》作系统考察，魏源认为三家的师说比东汉古文学派的笺注更古，予以表微。东汉郑玄笺注《诗经》毛传以后，古文学派的毛诗遂长期取得正统地位。至南宋朱熹开始对《毛诗》的一些解释提出怀疑，并注意到韩、鲁、齐三家的遗说。在《朱子语类》中，朱熹曾说《汉书》《文选注》及汉、魏诸子，多引《韩诗》的解释，拟一一采辑加以备考，但这一想法未能实现。朱熹《诗序辩》《诗集传》中均颇采《鲁诗》《韩诗》之说以批评《毛诗》。如称《邶风·柏舟》是妇人所作，"妇人不得于其夫，故以柏舟自比。言以柏为舟，坚致牢实，而不以乘载，无所依薄，但泛然于水中而已。……《列女传》以此为妇人之诗。今考其辞气卑顺柔弱，且居变风之首，而与下篇（按，指《绿衣》）相类，岂亦庄姜之诗也欤？"① 又论《诗·大雅·抑》，称《诗序》以此刺厉王，误。朱熹引《国语·楚语》左史倚相曰："昔卫武公年数九十五矣，犹箴儆于国曰：自卿以下，至于师、长、士，苟在朝者，无谓我老耄而舍我。必恭恪于朝夕，以交戒我。在舆有旅贲之规，位宁有官师之典，倚几有诵训之谏，居寝有亵御之箴，

___
① 见朱熹《诗集传》卷二《邶·柏舟》注，中华书局，1958年版，第15页。

临事有瞽史之道，宴居有师工之诵，史不失书，矇不失诵，以训御之。于是作《懿》戒以自儆。及其没也，谓之睿圣武公。"韦昭注：懿，读为抑。即此篇《抑》也。① 朱熹的议论，启发学者对《毛诗》的怀疑。南宋末，王应麟曾作《三家诗考证》，意在成朱子之意，但属于草创疏略之作。此后，明何楷《诗经世本古谊》、清范家相《三家诗遗说》、徐璈《诗经广诂》，均努力于采辑三家诗之遗说，有的且加论辩，提出创见。但以往的著作，或较粗略，或局限于收集三家遗说，"于三家大义微言，待引申者，概未之及焉。"刘逢禄也曾试图用今文学观点解释《诗经》这部重要经典，所撰《春秋公羊何氏释例》及为魏源《诗古微》所写的序，即有论及这方面的内容。刘氏论云："《毛诗》晚出，自言出自子夏，而《序》多空言，《传》罕大义"，"若'《汉广》，德之所及'；'《白华》，孝子之洁白'；'《崇丘》，万物得极其高大'；'《雨无正》，众多如雨，而非所以为政'之类，皆望文为义。其释《风》之'平王''齐侯'，《颂》之'成王''成康'，《雅》之'王命南仲'，及《楚茨》四十余诗皆刺幽王之类，又有不概于人心。非若《鲁》《韩》佚说，每诗辄实以某人某事，其言征实不诬，夫有所受之也"。但是刘氏对此未曾详加论述。他所强调的，是拿《诗经》的编排、义例与公羊家法大一统、通三统的观点相比附，云："请以《春秋》义法核之：《诗》何以《风》先乎《雅》？著《诗》《春秋》之相终始也。《风》者，王者之迹所存也，王者之迹息而采风之使缺，《诗》于是终，《春秋》是始。《春秋》宗文王，《诗》之四始莫不本于文王，首基之以《二南》，《春秋》之大一统也；终运之以《三颂》，《春秋》之通三统也。"② 这些议论，显见牵强，难以服人，故并未取得进一步张大今文学说的效果。

要之，由于前此对于三家诗不能作贯通、系统的发挥，便不能在思想界引起大的反应，更达不到动摇《毛诗》之正统地位，

---

① 见朱熹《诗集传》卷十八《大雅·抑》注，第207页。
② 参见刘逢禄《诗古微序》，《诗古微》附录，岳麓书社，1988年重订本。

使人们摆脱对东汉以来古文学派解释的盲从和迷信。魏源的著作，适应了这一时代需要，从这个意义上讲，此书在当时具有破除迷信、激发思想解放的意义。他用了二十余年从事这项严肃的工作。曾于道光初年撰成《诗古微》上下两卷本（即初刻本）。后又继续发愤增补和重新撰写，至道光二十年（1840），完成二十卷本，分为上、中、下三编。1988 年湖南岳麓书社出版了《诗古微》，将初刻本和重订本加以标点合刊，为研究者提供了很大方便。

作为成就卓著的公羊学家，魏源曾一再呼吁清代学术应该实现用"复古"之名，行创新之实的转变，即由性理空谈复归到东汉训诂家法，再由训诂考据复归到注重义理的发挥之学风。《诗古微》即系统地论述三家诗在西汉盛行，远较东汉经古文学为早，证明今文家法渊源有自，较东汉之学更古。他在《齐鲁韩毛异同论》篇中指出：

> 汉兴，《诗》始萌芽，《齐》《鲁》《韩》三家盛行，《毛》最后出，未立博士。盖自东京中叶以前，博士弟子所诵习，朝野群儒所称引，咸于是乎在。与施、孟、梁丘之《易》，欧阳、夏侯之《书》，公羊、穀梁之《春秋》，并旁薄世宙者几四百年。末造而古文之学渐兴，力铲博士今文之学。然肃宗令贾逵撰《齐鲁韩毛异同》，六朝崔灵恩作《毛诗集注》，皆兼采三家，使其书并传，切劘六义，羽翼四始，讵不群燎之烛长夜，众造之证疑狱也哉！郑康成氏少习《韩诗》，晚岁舍《韩》笺《毛》。及郑学大昌，《毛》遂专行于世。人情党盛则抑衰，孤学易摈而难辅，于是《齐诗》魏代即亡，《鲁诗》亡于西晋。《韩诗》唐、宋尚存，《新书·艺文志》《崇文总目》犹载其书，《御览》《集韵》多引其文，而久亦亡于北宋。①

魏源于此揭示出《齐》《鲁》《韩》三家诗早在西汉初年盛行，并由朝廷立为博士，因而毫无疑问更多地保留孔子和七十子之遗

---

① 魏源《诗古微》重订本上编之一《齐鲁韩毛异同论上》。参见《诗古微》初刻本《三家发微上》。

说。若以"尚古"作标准，比《毛诗》资格要老得多！《毛诗》的盛行，是晚四百年以后的东汉才开始的。即使如此，贾逵等学者的撰述仍然兼采三家之说。至郑玄舍《韩诗》笺《毛诗》，古文说才独专于世，历魏、晋、唐、宋，三家诗逐渐亡佚。魏源认为，至此道光年间，清代学术早该走出专尚训诂音声、瓜削铢析的藩篱，要适应时代的剧变，提倡发挥微言大义、表达革新救弊的急迫需要。故他撰著《诗古微》，也仍然竭力申述"齐一变至于鲁，鲁一变至于道"的主张。

魏源大力搜集典籍上关于三家诗师承关系的记载，撰成《鲁诗传授考》《齐诗传授考》《韩诗传授考》，置于卷首。如鲁诗，汉初传授者是鲁人申公（名培）。申公从齐人浮丘伯受《诗》，曾任刘邦之孙楚王太子的师傅，后因受辱归鲁，退居在家教授《诗经》，弟子自远方至，受业者千余人。武帝时，因申公是耆宿名儒，派人用安车蒲轮迎到长安，拜为太中大夫。后病免归，卒于家。弟子为博士者十余人，尤著者有孔安国、周霸等。再如齐诗，汉初传者为辕固生，齐人。景帝时为博士，后拜为清河太傅，以疾免。武帝时，辕固生已九十余岁，以贤良征至长安，弟子以通《诗经》显贵者多人，最著者有夏侯始昌，任昌邑太傅。再如韩诗，汉初传授者为燕人韩婴，文帝时为博士，景帝时拜为常山太傅。武帝时，韩婴曾与董仲舒在武帝前论学，董仲舒不能难倒他。其孙韩商因通《诗经》为博士。

魏源将起自西汉初的三家诗传授系统考订清楚，是对今文三家诗学术地位的有力肯定，同时，他举出确凿的证据反驳了古文学派所加的矫枉之词。一是程大昌所说三家皆未见古序。魏源以《韩诗》为例，《水经注》及诸家所引，许多证据都证明《韩诗》有序，如"《汝坟》，辞家也"，"《宾之初延》，卫武公饮酒悔过也"之类。二是反驳郑樵所说，《毛诗》与经传诸子合而三家无证也。魏源则举出，"《齐诗》先《采蘋》而后《草虫》，与《仪礼》合"，"《韩诗》说《硕人》《二子乘舟》《载驰》《黄鸟》与《左氏》合"，证据甚多。"而《毛诗》则动与抵牾，其合诸书者又安在？顾谓西汉诸儒未见诸书，故舍《毛》而从三家，则太史公本《左氏》《国语》以作《史记》,何以宗《鲁诗》而不宗《毛》?"三是姜炳璋所说《毛序》出子贡,渊源最古,而三家无考也。魏源反驳说:《汉书·楚元王传》言,浮丘伯传《鲁诗》于荀卿。《新唐书·艺文志》载:"《韩诗》卜商《序》。"《韩诗外传》中屡引《孟子》之文。这些都可证明三家诗渊源于子夏、孟子、荀子。而《汉书·艺文志》载:"又有毛公之学,自言子夏所传。"从语气看,反而对《毛传》持怀疑的态度。① 魏源驳正和论证由于《毛诗》孤行而引起古文学派对三家诗的种种怀疑,实是经学史的重要创见。故清末皮锡瑞云:"三家亡,《毛传》孤行,多信《毛》而疑三家。魏氏辨驳分明,一扫俗儒之陋。"②

《诗古微》阐发《诗经》义旨的重大贡献之一,是大破《毛诗》"美刺"之说,拨开一千多年来笼罩在《诗经》这部古代最早的诗歌总集上的雾罩,揭示古代诗篇与社会生活、人物、事件的本来联系,重现其本来面目。魏源这样做,就清除了古文学者给《诗经》层层涂抹上去的宣扬纲常伦理的封建卫道色彩,重新使古代诗篇获得活泼的生命,从而为近代学者解诗打开一条新的途径。公羊学派长于义理的发挥,勇于在阐发古代经典微言大义之下提出有进步意义的新思想,于此又获得有力的证据。

长期以来,《毛诗》"美刺"之说一直成为解释《诗经》的权威。《诗序》云:"正得失,动天地,感鬼神,莫近于诗。先王以是经夫妇,成孝敬,厚人伦,美教化,移风俗。……上以风化下,下以风刺上。"③ 东汉郑玄、唐孔颖达更加以发挥,称:"论功颂德,所以将顺其美;刺过讥失,所以匡救其恶。各于其党,则为法者彰显,为戒者著明。""夫诗者,论功颂德之歌,止僻防邪之训。"④ 自东汉至清代,一千多年间,学者对此莫不遵奉,解

---

① 均见魏源《诗古微》重订本上编之一《齐鲁韩毛异同论上》。
② 皮锡瑞:《经学通论》二"诗经","论三家亡而毛传孤行,人多信毛疑三家,魏源驳辨明快,可为定论"条,中华书局,1954年版。
③ 《十三经注疏·毛诗正义》卷一。
④ 分别见郑玄《诗谱序》,孔颖达《毛诗正义序》,《十三经注疏》本。

诗无异成为宣扬封建伦常道德的政治说教，充斥着陈腐气味。魏源《诗古微》出，乃态度鲜明地破除"美刺"之说，力创古代诗歌"自道其情"的新鲜见解：

> 甚哉！美刺固《毛诗》一家之例，而说者又多歧之，以与三家燕越也。夫《诗》有作《诗》者之心，而又有采《诗》、编《诗》者之心焉；有说《诗》者之义，而又有赋《诗》、引《诗》者之义焉。作《诗》者自道其情，情达而止，不计闻者之如何也；即事而咏，不求致此者之何自也；讽上而作，但薪上窹，不为他人之劝惩也。[1]

魏源的言论具有明显的近代色彩，启导人们从长期沿袭的"美刺""教化"的禁锢中解放出来。他指出，古代诗歌是作者表达自己的感情、吟咏当时发生的事件而作，对这样的诗篇必须按照作诗者因事、因时产生的真实感受去理解，才是正途。"诗以言志，百世同揆，岂有欢愉哀乐，专为无病代呻者耶？"[2] 像《毛诗》那样，专讲"美刺"，不仅是牵强附会，而且根本歪曲了古代诗歌产生的规律。他区分诗歌表达真实的感情，这是诗的本义。至于采诗的人，"以作者之词，而谕乎闻者之志，以即事之咏，而推其致此之由"，以及编诗的人认为诗歌具有普遍的讽谕和百世劝惩的意义，这二者都是诗的引申义，是别人加上去的。三者不应混淆。《毛诗》却穿凿生造，把注解者对诗篇的理解强称为诗的本义，而后人又视之为不可违背的金科玉律，对此不可不辨。他认为，鲁、齐、韩三家诗多据实说明诗篇因何事、何人而作，更多地保存比较接近实际的解释，因此值得发掘和重视。

魏源举出大量例子说明今文家说近是，诗篇表达的是作诗者的真实感受。《汉广》诗："南有乔木，不可休息。汉有游女，不可求思。汉之广矣，不可泳思。江之永矣，不可方思。"按《韩诗》解释，是表示汉水之滨游女的愉悦。《汝坟》诗："遵彼汝

---

① 魏源：《诗古微》重订本上编之一《齐鲁韩毛异同论中》，参见初刻本卷之上《毛诗明义一》。

② 魏源：《诗古微》重订本上编之一《齐鲁韩毛异同论中》。

坟，伐其条枚。未见君子，惄如调饥。遵彼汝坟，伐其条肄。既见君子，不我遐弃。"表达妻子在家中思念从征的丈夫，心情如饥饿般的迫切。迎来丈夫，感情如旧，又无限欢喜。故《韩诗》解释为辞家，所指即抒发夫妻别离之情。而《毛诗》却对这两首诗一律强加上"美刺"说，解释为"美文王后妃之化"。《桑中》诗："爰采唐矣，沬之乡矣。云谁之思，美孟姜矣。期我乎桑中，要我乎上宫，送我乎淇之上。"《氓》诗："氓之蚩蚩，抱布贸丝。匪来贸丝，来即我谋。"都是关于男女之间婚姻爱情的诗篇。而《毛序》却言："《桑中》，刺奔也。""《氓》，刺时也。"这样解释，违背作诗的本义，将古代诗篇所反映的真情实感、生活情趣阉割净尽，生硬地加上封建卫道的说教，如此解诗只能引向歧途。魏源直截了当指出：《诗经》中这类诗篇"皆男女民俗之诗"，"非必诗人之意，篇篇此美此刺也"。又云："三家之得者在原诗人之本旨"，而《毛诗》之失者在于"执采《诗》者之意，为作《诗》者之意"。① 堪称是切中肯綮之论。

《诗经》这部我国古代最早的诗歌总集，在中国文化史上有极重要的地位，世代学子诵习它，许多学者研究它。汉代以后，它成为儒家经典的一部，地位崇高，与此同时又被层层涂上封建正统色彩，成为维护封建秩序、纲常名教的工具。对《诗经》的解释，如何从封建卫道的观点摆脱出来，重现其作为反映人们日常生活和感情之本来面目，是经过了艰难的历程的。前面说到南宋朱熹曾注意到三家诗遗说中有不少用比较朴素平常的观点解诗。他还讲过："大率古人作诗，与今人作诗一般。其间亦自有感物道情，吟咏情性，几时尽是讥刺他人？只缘《序》者立例，篇篇要作美刺说，将诗人意思尽穿凿坏了。且如今人，见人才做事，便作一诗歌美之或讥刺之，是甚么道理？""《诗序》实不足信。向见郑渔仲有《诗辨妄》，力诋《诗序》，其间言语太甚，以为皆是村野妄人所作。始亦疑之。后来仔细看一两篇，因质之《史记》《国语》，然后知《诗序》之果不足信。"朱熹又曾回答

---

① 魏源：《诗古微》重订本上编之一《齐鲁韩毛异同论中》。

吕祖谦："今人不以《诗》说《诗》，却以《序》解诗，是以委曲牵合，必欲如序者之意，宁失诗人之本意不恤也。此是序者大害处。"① 朱熹指出《诗经》"其间自有感物道情、吟咏情性"，驳斥《毛诗》妄意推测古人，"美刺"之说乃出于杜撰，并认为《桑中》《将仲子》《采葛》诸篇，都是歌咏男女之间感情之诗。这些在当时无疑都是大胆新鲜的见解。但朱熹作为理学家，在所著《诗集传》中解释许多诗篇时，却陷入自相矛盾，既想说明诗篇是直接感事咏情之作，却又不敢完全放弃正统说法，依违其间。如他解释《汉广》，既说表达诗人爱悦江汉之滨游女之情，又要生硬牵合所谓歌颂文王后妃德政之说，故云："文王之化，自近而远，先及于江汉之间，而有以变其淫乱之俗。故其出游之女，人望见之，而知其端庄静一，非复前日之可求矣。"他解释《氓》这一诗篇，同样要加上一番封建卫道的说教："此淫妇为人所弃，而自叙其事以道其悔恨之意也。夫既与之谋而不遂往，又责所无以难其事，再为之约以坚其志，此其计亦狡矣。以御蚩蚩之氓，宜其有余，而不免于见弃，盖一失其身，人所贱恶，始虽以欲而迷，后必有时而悟，是以无往而不困耳。士君子立身一败，而万事瓦裂者，何以异此？可不戒哉！"② 这类袭用"美刺"之说说教式的解释，同他所称许多诗篇为"感物道情"而作的见解，岂非陷入自相矛盾？

　　显然，魏源发掘三家诗遗说中一些有价值的解释，并且明确指出古代诗篇因情而发、因事而作，大力破除《毛诗》"美刺"之说，是吸收了朱熹的见解，并加以发展。魏源的认识能高于前人，是因为他所处的时代是近代史开端时期，而他是重视历史变化、倡导政治变革和学术变革的进步思想家。故此，他能达到明确地要廓清《毛诗》"美刺"之说这一杜撰出来的宣扬封建意识的高度。他说：

---

　　① 均见《朱子语类》卷八十。参见白寿彝《朱熹辨伪书语》，《白寿彝史学论集》下册，北京师范大学出版社，1994 年版。

　　② 分别见《诗集传》卷一、卷三。

执编诗立教之意，以为作诗者之意。于是以《凯风》为出于美孝子者之所代作，以《桑中》《氓》《丰》诸诗咸出于刺淫者之设词。则是至诚恻怛之什，既皆不病之呻；而《子夜歌》《杨白花》之曲，皆可为讽刺之什。①

时代条件和公羊哲学观点，使魏源的看法明显地具有近代意识，在经学史和文学史研究上都具有启蒙的意义。诚如梁启超所评论："今文学复活，古文的毛氏诗，当然也在排斥之列。最初做这项工作者，则为魏默深之《诗古微》。……且亦有许多崭新的见解，可以供将来'新诗学'之参考。"② 又说："魏源著《诗古微》，……其言博辩，……且亦时有新理解。其论诗不为美刺而作，……此深合'为文艺而作文艺'之旨，直破二千年来文家之束缚。……皆能自创新见，使古书顿带活气。"③

《诗古微》又一重要贡献是，论证"诗乐合一"，并且澄清长期流行的古诗三千，孔子删诗三百之说。

魏源申述古代的乐是用来配《诗》的各篇歌唱的："古者乐以《诗》为体，夫子自卫反鲁而乐正，《雅》《颂》各得其所，则正乐即正诗也。"④ 以后，郑樵持孔子删《诗》，其得诗而得声者，三百余篇；其得诗不得声者，则置之逸诗的看法。程大昌、焦竑则主张《诗经》中《二南》《雅》《颂》为入乐之诗，而其余诸国风均为徒歌。魏源不赞成上述两说，他认为：古代诗乐合一，无所谓徒诗。并明确提出：古诗三千，孔子删诗三百之说不能成立。"夫子有正乐之功，无删诗之事。"他提出的证据有两：其一，《国语》《左传》引用大量的《诗》，绝大部分都保存在今本《诗经》中。《左传》引诗二百一十七条，逸诗总数不过十条，所占比例尚不到十分之一。"使古诗果三千有余，则自后稷以及殷周之盛，幽、厉之衰，家弦户诵，所称引宜十倍于今。"其二，《左传》鲁襄公二十九年所载吴公子季札聘于鲁，请观周乐，所

---

① 魏源：《诗古微》初刻本《毛诗明义一》。
② 梁启超：《中国近三百年学术史》，《饮冰室合集》专集之七十五，第185页。
③ 梁启超：《清代学术概论》，《饮冰室合集》专集之三十四，第55页。
④ 魏源：《诗古微》重订本上编之一《夫子正乐论》。

歌之诗无出于今十五国风者。因此魏源得出结论：孔子所谓正乐即正诗，不存在孔子删诗之事。《汉书·艺文志》有言："孔子纯取周诗，上取殷，下取鲁，凡三百五篇。"这里言"纯取"，即明指无所增删去取。由此可以沟通《史记·孔子世家》所说："孔子去其重，取可施于礼义者凡三百五篇。"此言"去其重"，即指对重复倒乱者加以整理。魏源的论述，根据充足，分析合理，故已为后来研究者所采纳。现代文学史家指出："（孔子）删诗的话是不可信的。《诗经》最后编定成书，大约在公元前6世纪中叶，不会在孔子出生以后。孔子不止一次说过'诗三百'的话，可见他看到的是和现存《诗经》篇目大体相同的本子。而更重要的反证是公元前544年，吴公子季札在鲁国观乐，鲁国乐工为他所奏的各国风诗的次序与今本《诗经》基本相同。其时孔子刚刚八岁，显然是不可能删订《诗经》的。"①

　　《诗古微》是清代中叶经今文学派的一部力作，它以新颖深刻的见解，驳倒以往支配人们头脑的古文学派"美刺"说一类观念，进一步动摇了古文学派的地位，具有思想解放的意义。著名经学史家周予同曾评论说，《诗古微》是清代今文《诗》学中三部重要著作之一，② 此书和《书古微》的问世，对于今文学的复兴是有功绩的。③ 自然，魏源的观点也有局限性。他反对《毛诗》"美刺"之说，但长期盛行的正统观点仍然限制着他。故他也拘泥于《诗经》所谓《关雎》"刺时"之说，再三说明："周以一妃兴，殷以一妃亡，美戒劝惩，莫烁于斯。"且魏源引《史记·十二诸侯年表序》云："太史公读《春秋历谱谍》，至周厉王，未尝不废书而叹也。曰：呜呼，师挚见之矣！纣为象箸而箕子唏周道缺，诗人本之衽席，《关雎》作。"径改"周"为"商"，自注云："蒙上文师挚、纣、箕子而言之。"此更属于武断的做法。但

---

① 游国恩等主编：《中国文学史》第一编第二章《古代诗歌总集——〈诗经〉》，人民文学出版社，1963年版，第27页。

② 其他两部是《三家诗遗说考》（陈乔枞）、《三家诗义疏》（王先谦）。

③ 见周予同所著《群经概论》三"诗经"及《经今古文学》五"经今文学的复兴"，载朱维铮编《周予同经学史论著选集》（增订本）。

这只是大醇小疵，无损于《诗古微》全书的重要贡献。

关于《诗古微》，还有一点要说及的。梁启超对这部书的价值作了精辟的评价，已如上述。但梁氏又称魏源"根本反对《毛传》，说全是伪作"，此则与魏源原意出入甚远。魏源只是提出《毛诗》的传授渊源有不甚明白之处。他并非要彻底否定《毛传》，他是要争取三家诗的今文家说与《毛诗》的古文家说处于平等的地位，打破古文学派独尊的局面。故曾有言："以汉人分立博士之制，则《毛诗》自不可废，当以《齐》《鲁》《韩》与《毛》并行，颁诸学官。"① 这点很有必要讲清楚，以免继续造成误解。

（二）《书古微》：以新的视角论述学术史变迁之作

著成《诗古微》后，魏源继续以宏肆的学力，潜心于发扬《尚书》西汉今文家说的著述，至咸丰五年（1855），撰成《书古微》二十二卷。此书刊本有《古微堂集》国学扶轮社印本（1909），《古微堂集》淮南书局刻本（1878），《皇清经解续编》本。

《尚书》这部儒家经典，在清代曾成为学者研究讨论的一个热点，大多集中在考证东晋《古文尚书》之伪。魏源的兴趣不在打"死老虎"，所著《书古微》是另辟蹊径，对围绕《尚书》形成的学术思想的变迁提出自己的创见。《尚书》在汉初由老儒伏生（秦博士）传出，二十九篇，立于学官，共立欧阳氏、大小夏侯三家。用当时通行的隶书写定，因称为《今文尚书》。从西汉中期起，相传有几次出现用先秦文字写的本子，称为《古文尚书》。《尚书》分今古文最早。《史记·儒林列传》举汉初经师，《诗》有申公、辕固生、韩婴，《礼》有高堂生，《易》有田何，《春秋》有胡毋生、董仲舒，皆今文无古文。惟言《尚书》则西汉中已有古文，云："孔氏有古文《尚书》，而安国以今文读之，因以起其家。"西汉末，刘歆以它出孔壁中，多《逸书》十六篇，便争立于学官，未成。从此引起学术史上长期的今古文之争。东

---

① 魏源：《〈诗古微〉目录书后》，《诗古微》附录。

汉流行的是杜林漆书古文本二十九篇，有马融、郑玄、王肃等人为之作注。西晋经永嘉大乱，典籍丧失。东晋初，有一个叫梅赜的献出称为孔安国作《传》的《古文尚书》，把汉代二十九篇析成三十三篇，又新增二十五篇，以凑成刘向、郑玄所言古文五十八篇之数。从此即作为儒家经典《书经》流传下来。

宋代朱熹即对此《古文尚书》和孔《传》提出怀疑。他的主要看法是：孔安国《古文尚书》所增《大禹谟》《仲虺之诰》《咸有一德》《伊训》《太甲》《说命》《泰誓》《武成》《君陈》《周官》《毕命》等十六篇皆伏生传本所无，不应该伏生耄年所记皆佶屈聱牙者，而文字浅易者反而不记。且西汉以前，经与传别行，至马融始以注附经，为何却又成西汉时已有此附经之传？还有，所谓孔安国《序》文字平易拖沓，不似西汉文体苍劲古朴。[①]由于《古文尚书》具有正统地位，高踞于庙堂之上，在这种压力下朱熹不敢正式指斥其为伪作。然而，这些疑点的提出有重要的意义，启发后来学者继续思考。明梅鷟《尚书考异》即专攻伪古文之作。至清代学者阎若璩著《古文尚书疏证》、惠栋著《古文尚书考》，则搜集大量确凿证据，一一揭发出作伪的来源，至此东晋《古文尚书》及孔《传》全系出于伪作遂铸成铁案。以后江声、孙星衍、王鸣盛、段玉裁继续加以疏证。孙著《尚书今古文注疏》，一一注明各篇今古文异同，遍找汉、魏至隋、唐诸家旧注。王著《尚书后案》则旨在发挥郑玄一家之学，遍观群书搜罗郑注，对郑注缺者即取马融、王肃传疏补益，马、王传疏与郑异者，则唯郑是从，予以辨正。江声以下几位学者的撰作，大致都是在阎、惠考证的基础上加以发挥，故梁启超于此乃有"打死老虎"之讥。

上述乾嘉学者考辨疏证之作，主旨都在恢复和表彰东汉古文学者对《尚书》的传注。而西汉今文《尚书》之学出自伏生，传授更早，那么对西汉今文家说的传授和变迁应该如何评价？这是

---

① 　参见《晦庵先生朱文公文集》卷六十五"《尚书》"；卷八十二"《书临漳所刊四经后》"，《四部丛刊》本。

考察学术史所不能不回答的问题。魏源《书古微》一书，正是从学术史变迁这一新视角，论述对西汉《尚书》今文家说应予重视，揭示出东汉《尚书》古文学说尚属可疑之点，并且针对西汉今文学说何以由兴盛到衰落进行反思。他自己概括撰著的意图是："《书古微》何为而作也？所以发明西汉《尚书》今古文之微言大谊，而辟东汉马、郑古文之凿空五师传也。"① 又云："惟孙氏（星衍）知伏生今文《书大传》说之胜于马、郑古文而尚存两歧，今更廓其噎蔕，穷其阃奥，以尽发马、郑之覆而阐西汉伏、孔、欧阳、夏侯之幽，使绝学复大光于世。"② 书中于此所提出的创见，至今仍然对研究者有启发的作用。

魏源认为，清代自阎若璩以来众多学者力攻东晋晚出古文之伪，于是便以东汉马、郑传注为真孔安国解释《尚书》之说。其实，二者之间的关系大有可疑。因为，西汉今古文本为一家。伏生得《尚书》二十九篇（按，从《顾命》分出《康王之诰》，作二篇计）于屋壁，传给欧阳生、大小夏侯。孔安国复得《古文尚书》于孔壁，而安国从欧阳生受业，尝以今文读古文。司马迁亦尝从孔安国问古文，"是西汉今古文本即一家，大小同异不过什一"，绝非判然二家。自东汉杜林称得漆书《古文尚书》，传给卫宏。贾逵为之作训，马融作传，郑玄注解，由是古文大行，并与今文判然为二，"动辄诋今文欧阳、夏侯为俗儒，今文遂为所压"。但是，此东汉古文家说的来源甚可怀疑。魏源举出以下明显的几项：

第一，漆书说显然于情理不合。东汉《古文尚书》的来源，见于《后汉书·杜林传》："林得漆书《古文尚书》一卷，常宝爱之，虽遭艰困，握持不离身。出以示宏曰：'林流离兵乱，常恐斯经将绝，何期诸生复能传之！'"魏源指出，此言"握持不离身"显然大有问题。"考漆书竹简，每简一行，每行二十五字或二十二字。若四十五篇之《书》漆书于简，则其竹简必且盈车。

---

① 魏源：《书古微·序》，《皇清经解续编》本。
② 魏源：《书古微·例言上》。

乃谓仅止一卷，遭乱挟持不离，不足欺三尺孺子。"

第二，东汉古文之师说，实则阴用西汉之今文，加以改头换面，而后对西汉今文大力攻击。《汉书·艺文志》叙载：孔安国得壁中书，以考二十九篇，得多十六篇。而东汉诸儒，亦称佚十六篇绝无师说。"东汉古文力排今文之本而自有其漆书之本，力排今文之说而自有其师说，则必此佚十六篇者卓然皆有师说，而后可以压倒今文，何以今文无之者，古文亦无师说乎？十六篇既无师说，则其二十九篇之师说，既不出于今文，又出自何人？岂非阴袭其膏，阳改其面，而又反攻其背乎？"

第三，《汉书·儒林传》载："史迁尝从安国问故，而迁书所载《尧典》《皋陶谟》《禹贡》《洪范》《微子》《金滕》多古文说。"据此，《史记》中有真古文之传。然而东汉之古文说却无一不与司马迁相反。大量解释纯属向壁虚造，南辕北辙。"后儒动以史迁之异马郑者挤之为今文学，岂孔安国亦今文非古文乎？西汉之古文与今文同，东汉之古文与今文异，上无师传，且皆反背师传。"魏源举出东汉古文家解释变乱上古历史事实的确凿例证，予以驳正。《尚书·无逸》篇，今文作"昔在殷王太宗以为太甲"，以下又云"其在中宗，其在高宗"。他们是殷代有作为的三位先王，称"三宗"。《古文尚书》却于前遗太宗，而于后增祖甲。此祖甲实非贤主，《史记·周本纪》云："帝甲淫乱。"《国语》亦云："帝甲乱之。"故不应列之在三宗。此显然西汉今文是，东汉古文非。又如关于周公东征问题。《金滕》篇云："周公居东二年，则罪人斯得。"东汉古文对此却毫无根据地胡乱曲解。足以与《金滕》篇相印证的史料有《诗·豳风·鸱鸮》篇："鸱鸮鸱鸮，既取我子，无毁我室。恩斯勤斯，予之闵斯。"按魏源在《诗古微·豳风发微》中的解释，是原先流行在豳地的民歌，周公在东征事定之后归报成王，以此诗贻之。东汉古文家对《鸱鸮》诗和《尚书·金滕》篇的理解，马、郑两误而许、王一得一误。魏源认为，核之《尚书》有关各篇及《诗经》中有关的篇章，西汉今文家说是正确可取的。《史记·鲁世家》载：周公乃奉成王命，兴师东伐，作《大诰》，遂诛管叔，杀武庚，放蔡叔，收殷顽民，宁淮夷东土。据此，"居东"即东征，"罪人"即武庚、管、蔡，意义很明确。东汉古文却称居东为"东辟"，不为东征，周公因避嫌疑至洛阳以东。郑注还指"罪人"为"周公之属党与知居摄者，周公出皆奔，今二年尽为成王所得"。显然是淆乱古代史实、绝无根据的错误解释。

第四，魏源指出，汉代经学最重师承。西汉今、古文皆出自伏生，故所解释基本相同。"若东汉古文则不然，马融不同于贾逵，贾逵不同于刘歆，郑玄又不同于马融。一'稽古'，而马以为，'顺考古道'，郑以为'同天'；一'七政'，而马以为'斗七星分主日、月五星'，郑以为'天、地、人、四时'；一'六宗'，而刘歆以为'乾坤六子'，贾逵、马融以为'日宗、月宗、星宗、河宗、海宗、岱宗'，郑以为'星、辰、司中、司命、雨师'；……"结果是郑师马而异于马，马师卫（宏）、贾（逵），又异于卫、贾；贾、马、卫、杜应上本于刘歆，又异于刘歆；且郑又自异于郑。试问东汉古文又有家法师承吗？据《后汉书·儒林传》载：孔安国传授古文，与杜林、卫宏迥不相承。那么杜林有何师说的根据？其《古文尚书》又从何而得？这些都不明不白。[1]

东晋晚出的《古文尚书》及孔《传》，经阎若璩以下许多学者考辨，其为伪作已成定谳。但是，乾隆所刻《十三经》，仍列伪《古文尚书》为书经，致使伪古文仍可招摇过市。（按，至今通行的《十三经注疏》中仍然是今文与伪古文混在一起，不加标识，不作评判，实际上给读者造成极大不便，甚至引起错误理解。）对此，魏源仗义执言：应该把伪古文十六篇从《尚书》中统统黜除，以杜绝产生混乱！

魏源敢于正式提出将伪古文从儒家经典中予以黜除，突出地表现出这位进步的公羊学者大胆批判封建正统观念的战斗风格。同时，由于他一向注重考察历史和学术的发展运演，分析其利弊，总结其得失，所以他能从更高的层次总结两汉经学的演变：

---

[1]　以上引文除注明出处外，均据《书古微·序》及《书古微·例言上》。

为什么在西汉盛行一时的今文学会衰落下去？他指出："不及百年，今文《书》及齐、鲁《诗》并归亡佚，惟《韩诗序》二卷，历唐及北宋而亦亡于南渡，何哉？及读《艺文志》曰：'古之学者耕且养，三年而通一经，故用力少而畜德多，三十而五经立也。后世经、传既已乖离，说者又不思多闻阙疑之谊，而务碎义逃难，便辞巧说，破坏形体。说尧典二字之文，至十余万言；说若稽古，三万余言。（注："说尧典二字……三万余言"一句出自桓谭《新论》，原文为："说《尧典》篇目，两字之谊，至十余万言，但说'曰若稽古'三万言。"而《汉书·艺文志》原文为："说五字之文，至于二三万言。"此处魏源引文有误。）后进弥以驰逐，故幼童守一艺，白首而后能言。安其所习，毁所不见，此学者大患也。'而后知今文之敝，非尽东汉古文家敝之，乃今文家先自敝也。"① 今文经学成为追求利禄的手段，走向烦琐哲学。讲《尧典》"曰若稽古"四个字就用了三万言，岂不像后世泛滥成灾的制艺、讲章那样使人头痛！故古文经学便乘虚而入，社会上也形成一种普遍心理，"彼今文家皆利禄之徒，而古文家为高材博学之徒矣！"应将"利禄之辈"与欧阳、大小夏侯之讲授解经二者区分开来。魏源著作的目的是为了抬高今文学的地位，但是他又能正视今文学派流传过程中本身存在的弊病，予以充分的重视，并且从中得出规律性的认识。这种态度具有科学的因素，值得赞扬。

魏源撰成《书古微》，进一步扩大了今文学派向占据封建正统地位的古文学派挑战的领域，今文学派从此更加声势壮大。魏源所论对于晚清具有革新思想的今文学者大有启发。可举皮锡瑞的著作为例证，说明晚清学者的见解与魏源书中多数一致。其一，皮锡瑞认为西汉时今文古文之分，系由文字不同所造成，实是"本同末异"。他引龚自珍《大誓答问》所言："今文古文，同出孔子之手，一为伏生之徒读之，一为孔安国读之。未读之先，皆为古文矣。既读之后，皆今文矣。惟读者人不同，故其说

---

① 魏源：《书古微·例言中》。

不同，源一流二。"其二，皮氏认为，西汉真古文，至东汉已亡。且真古文并无师说。故造成东汉马、郑等人，人自为说，互相矛盾。他所持论与魏源前后紧相呼应："真古文之亡久矣。且真古文亦无师说。凡今文早出有师说，古文晚出无师说，各经皆然。……观于《逸书》之无师说，又安国《古文尚书》，有经无传之明证也。有经而无师说，与无经同。况并此真经而亡之，乃以赝鼎乱真，奚可哉！……郑注《古文尚书》，多本于卫、贾、马。今马、郑注解，犹存其略，而郑不同于马，马又不同于卫、贾。盖古文本无师授，所以人自为说，其说互异，多不可据。不当以卫、贾、马、郑后起之说，违伏生最初之义也。"其三，皮氏同样斥责东汉古文因凭空解释而造成对古代史实的歪曲："一代有一代之制度，未可据后王而强同之也；一代有一代之事实，尤未可凭胸臆而强易之也。伏生《大传》《太史公书》所载事实，大致不异。古来口授相传，本是如此，两汉今文，并遵师说。东汉古文，始有异义，所改制度，多本《周官》，所改事实，不知何本。大率采杂说，凭臆断，为宋明人作俑。自此等臆说出，不仅唐虞三代之制度乱，并唐虞三代之事实亦乱。……《无逸》石经肆：'高宗之享国百年'，下接'自时厥后，则其在祖甲'。今文作'昔在殷王太宗以为太甲'，在'周公曰呜乎'下，以后乃云：'其在中宗，其在高宗。'《古文尚书》于前遗太宗，而于后增祖甲。《殷本纪》：'帝甲淫乱。'《国语》亦云：'帝甲乱之。'则祖甲非贤主，不当在三宗之列。"其四，皮氏强调重视伏生今文《尚书》说对于澄清对《尚书》的种种误解至关重要。他认为，后世治《尚书》学者理解歧异，互相攻驳，乃由于"不知导原向上，专主伏生，故不能宗初祖以折服末师，甚且信末师以反攻初祖，其说有得有失，半昧半明"。其五，皮氏论西汉今文学的衰落，同样指出烦琐穿凿之学风流弊极大。"夏侯胜从子建，师事胜及欧阳高，左采右获，又从五经诸儒问与《尚书》相出入者，牵引以次章句，具文饰说。胜非之曰：'建所谓章句，小儒破碎大道。'建亦非胜为学疏略，难以应敌。建卒自颛门名经。是小夏侯又异于大夏侯。而增立博士，号为颛门，此人情好异，学术易变之证。秦恭延君守小夏侯说，又增师法至百万言。桓谭《新论》：'秦近君（即延君）能说《尧典》篇目，两字之谊，至十余万言。但说曰若稽古三万言。'《汉书·艺文志》云：'说五字之文，至于二三万言。'即指秦恭而言。盖小夏侯本破碎支离，恭又加以蔓衍，使人憎厌。古文家乘其敝，而别开一门径，名虽古而实新，喜新者遂靡然从之。"① 这显然是今文学由盛到衰的重要原因。

以上用较多篇幅引用《经学通论》一书的看法，目的是拿出具体的证据说明，皮氏的见解确是多处与魏源相通。在魏源《书古微》著成以前，清代治《尚书》学者关心的重点是放在揭露东晋晚出的《古文尚书》之伪，搜集东汉马、郑诸家古文之说。《书古微》书成以后，学者们关心的重点则是阐发西汉今文《尚书》的遗说，总结今文学由盛到衰的历史教训。从这个意义上说，《书古微》一书是开启了《尚书》学新的一页之重要著作。以往对此书，只有皮锡瑞、梁启超少数几位学者作过简略的评论，这是远远不够的。需要更加深入总结书中的见解和价值。②

魏源《诗古微》《书古微》的著成，标志着清代公羊学派批判长期居于封建正统地位的古文经学、推动学术思想的新旧交替的努力，已经达到全线进攻阶段，并开始居于优势的地位。前此，刘逢禄主要在阐发公羊学"微言大义"方面作出贡献，龚自珍则以进步观点改造公羊三世说，并把它与倡导改革、批判专制主义祸害密切结合起来。魏源与他们相呼应，不仅阐发了公羊学的统绪，回答来自古文学派的责难，而且乘势扩大战果，要求重

---

① 以上各项，见皮锡瑞《经学通论》卷一《书经》"论汉时今古文之分由文字不同亦由译语各异""论古文无师说二十九篇之古文说亦参差不合多不可据""论古文尚书说变易今文乱唐虞三代之事实""论尚书义凡三变学者各有所据皆不知专主伏生""论卫贾马郑尊古文而抑今文其故有二，一则学术久而必变，一则文字久而致讹"各条。

② 《经学通论》对魏源的见解多有继承，已如前述。皮氏书中又有批评魏源立论太果、失于武断的话，指的是《书古微》中对若干史实和文字歧异的说法。史实考证或文字上说法欠妥，与书中论述学术思想变迁见解之深刻，二者应区别观之。指出这一点实在很有必要。

新评价在《诗经》《尚书》范围内今古文之间的是非优劣，进一步动摇古文学派的地位。魏源在提出社会改革主张、历史著述和倡导了解外国的迫切要求、介绍世界史地知识方面，又都有重要贡献，显示出公羊学派在学术见识和具有行动意义的社会政治主张上，都具有古文学派无法比拟的敏锐眼光、创造才能和恢宏气概。他们的确比朴学家们站得更高，提出的问题更加深刻，这就大大壮大了公羊学派的声威，为晚清今文学掀起更大规模的学术波澜和发动维新变法运动准备了条件。

二、经世学风和魏源的社会改革思想

魏源是一位集爱国者、哲人和实行家三者于一身的杰出人物。他研治公羊学说，绝不是书斋式地做学问，而是由强烈的时代责任感所驱使，寻找和锻造变革时代所需要的思想武器。他高度地发扬古代优秀人物"以天下为己任"的精神，对我们民族怀着深沉的挚爱，同情民众的苦难，对时局的危险和国家的命运忧心忡忡，日夜不安。他和龚自珍最早把握到由传统的封建社会向近代社会转变的时代精神，同样痛切地认识到只有实行变革，才是国家唯一的出路。龚魏共同阐发并改造公羊学说，其时代意义和生命力就在于呼唤挽救危机，变革图强。由此，魏源必然要大力针砭当时士林中盛行的繁琐空疏的学风，倡导经世致用、密切结合现实需要的新学风。

（一）警告衰世的到来

魏源认为，当时社会最大的危险是统治集团昏聩，人材空虚，对于百孔千疮的社会问题毫无应对的办法。他揭露当时社会已病入膏肓而统治者依旧奢侈享乐的黑暗情景："岂天地生材之心久而息乎，抑人力物力久而爱其宝乎？冈陵川阜，与宗社之培植，相摩荡，相推移，瀚勃郁积，日出而不穷，奚其息也，奚其爱也？疆寥未亏，人民未变，水土未绌；糟者犹糟，实者犹实，玉者犹玉，酒者犹酒；穹然者犹穹于上，稹然者犹稹于下，林林总总者犹日奔攘于侧；问其光岳之钟，则訇灵焉；问其山泽之藏，则枵朽焉。"由于当权者长期压制剥削民众、摧残人材的结果，社会已到了快要崩溃的地步，日益沦于穷困处境的民众随时有爆发反抗的危险，国家的精气、民族的生机被扼杀殆尽。他沉痛地呼吁人们正视衰世到来的现实，警告亡国的危险就在眼前："稽其籍，陈其器，考其数，诹诸百执事之人，厄何以漏？根何以蠹？高岸何以谷？苕茅何以莸？堂询诸庭，庭询诸户，户询诸国门，国门询诸郊野，郊野询诸四荒，无相复者；及其复之，则已非子、姬之氏矣。"深刻地指出清朝腐败的统治必然导致易姓亡国的惨剧，同龚自珍预言"乱亦竟不远矣"完全相一致。

魏源进而揭露当时造成社会危机的各种祸患，称为"六荒"。最严重者是"堂陛玩愒"（皇帝和大官僚耽于逸乐，荒于政事）和"政令丛琐"（专制机构陷于繁文琐事，运转失灵），其他四项为"物力耗匮"（贪污贿赂、肆意挥霍使物力遭到巨大浪费，造成国家财政匮乏）、"人材凋荼"（邪曲委琐、苟且偷安者盘踞要津，真正的人材受压制不被重用）、"谣俗浇酗"（人心不稳，充满怨愤之气）、"边场弛警"（军备废弛，边防难以御敌）。而这"六荒"蔓延发展之势将导致更大的祸乱。[1] 他还对比清朝统治与明朝亡国前的情况，认为局面更加险恶："黄河无事，岁修数百万，有事塞决千百万，无一岁不虞河患，无一岁不筹河费，此前代所无也；夷烟蔓宇内，货币漏海外，漕鹾以此日敝，官民以此日困，此前代所无也。"[2] 而身居高官要职的人物，把国家命运置之度外，无所顾忌地结党营私、贪污中饱，完全丧失了解下情和应付事变的能力："除富贵而外不知国计民生为何事，除私党而外不知人材为何物；所陈诸上者，无非肤琐不急之谈，纷饰润色之事，以宴安酖毒为培元气，以养痈贻患为守旧章，以缄默固宠为保明哲。""以持禄养骄为镇静，以深虑远计为狂愚，以繁文缛节为足黼太平，以科条律例为足剔奸蠹，甚至圆熟为才，模棱为

① 以上引文均据魏源《默觚下·治篇十一》，《魏源集》，第65—66页。
② 魏源：《明代食兵二政录叙》，《魏源集》，第163页。

德，画饼为文，养痈为武，头会箕敛为富，……举物力、人材、风俗尽销铄于泯泯之中，方以为泰之极也。"① 统治集团的种种腐败，已经把国家引向危亡的境地。

（二）力倡学术经世

现实社会这样百弊丛生、危机重重，知识界难道还能继续熟视无睹，处于麻木状态？魏源同龚自珍一样对此作了明确的回答，为倡导嘉道年间学风的转变作出重要贡献。他出于对国家民族的强烈责任感，大力针砭禁锢士人头脑的考据学风、理学空谈和八股科举制度，呼吁人们把注意力转移到解决现实问题上来。什么是学问？魏源的回答是："人积人之谓治，治相嬗成今古，有洿隆、有敝更之谓器与道。君、公、卿、士、庶人推本今世、前世道器之洿隆所由然，以自治外治，知从违、知参伍变化之谓学。"② 魏源在这里深刻地讲出学问与治理国家的方针、措施有密切关系，研究古代和当代国家的治乱，总结其盛衰、变化、变革的规律，探究其中的缘故，以对当前匡救积弊、挽救危机有用，有益于国计民生，这样才是学问。以此为标准，那些脱离实际、空疏陈腐的路数，就在被矫正、被革除之列。当时绝大多数士人仍然不能敏感到社会的深刻变化，考据末流烦琐主义之风甚盛，或者沉溺于性理空谈、八股制艺。魏源不怕遭到世俗势力的反对，顶住巨大压力，尖锐地批判盛极一时的烦琐考证学风造成了极大危害："自乾隆中叶后，海内士大夫兴汉学，而大江南北尤盛。苏州惠氏、江氏，常州臧氏、孙氏，嘉定钱氏，金坛段氏，高邮王氏，徽州戴氏、程氏，争治诂训音声，爪剖钡析，视国初昆山、常熟二顾及四明黄南雷、万季野、全谢山诸公，即皆摈为史学非经学，或谓宋学非汉学，锢天下聪明知慧使尽出于无用之一途。"③ 这些堪称惊世骇俗的话，中肯地揭示出烦琐考证学风造成士人对现实问题闭目塞听，与时代要求背道而驰的实质，呼吁学术风气的转变。魏源称考据末流为"浮藻饾饤"，又称空谈心

① 魏源：《默觚下·治篇十一》，《魏源集》，第 66 页。
② 魏源：《皇朝经世文编叙》，《魏源集》，第 157 页。
③ 魏源：《武进李申耆先生传》，《魏源集》，第 358—359 页。

性为"空虚之学"，指出"工骚墨之士，以农桑为俗务，而不知俗学之病人更甚于俗吏；托玄虚之理，以政事为粗才，而不知腐儒之无用亦同于异端"。并且痛陈科举制度之害处："其造之试之也，专以无益之画饼，无用之雕虫，不识兵农礼乐工虞士师为何事；及一旦用之也，则又一人而遍责以六官之职，或一岁而遍历四方民夷之风俗；举孔门四科所不兼，唐、虞九官所不摄者，而望之科举兔册之人。"死背八股程式，又如何能培养出有用的真材！他一扫向来俗儒视"道"为高不可及、深奥莫测的迂腐观念，强调"道""用"结合，所谓"道"必须体现于治国经世、民生日用的实事之中："王道至纤至悉，井牧、徭役、兵赋，皆性命之精微流行其间。使其口心性，躬礼义，动言万物一体，而民瘼之不求，吏治之不习，国计边防之不问；一旦与人家国，上不足制国用，外不足靖疆圉，下不足苏民困，举平日胞与民物之空谈，至此无一事可效诸民物，天下亦安用此无用之王道哉！"[1]总之，讲求经世致用之学，才是当前之急务。

以魏源、龚自珍为代表，以及和他们互相交往的林则徐、姚莹、李兆洛、周济、包世臣、张际亮等人，形成嘉道年间的"经世派"。林则徐在鸦片战争前注重整饬地方吏治和筹划农田、水利事业，以后成为禁烟派和抵抗派的首领，并且成为"开眼看世界的第一人"，这已为人们所熟知。姚莹是一位文武兼能的难得人材，他为学"不好经生章句，务通大意，见诸施行。文章善持论，指陈时事利害，慷慨深切"[2]。鸦片战争时，他也是著名的抵抗派人物，在台湾兵备道任上，与总兵达洪阿率兵打败英国侵略者的进犯。后被投降派诬陷，贬官四川，再罚往西藏，他"就藏人访西事"，身在边陲就近了解外国，同时记述沿途山川、物产、宗教、风俗等情况，成《康輶纪行》。李兆洛中进士后，任安徽凤台知县。此地土旷而民悍惰，常聚众剽夺，党羽至千人，各有头目，杀人伤人，日或数起，号称难治。李兆洛到任后，勤于治

---

① 魏源：《默觚下·治篇一》，《魏源集》，第36—37页。
② 《清史稿》卷三百八十四《姚莹传》。

事，奖农业，修水利，办学校，捕巨盗，数年而全县大治。他治学精于天文、舆地二门，魏源称赞他："论学无汉、宋，惟以心得为主，而恶夫以饾饤为汉，空腐为宋也。"① 周济也一向与李兆洛、包世臣等"以经世学相切劘"，并喜习军事操练之法、营阵之制。② 包世臣更是江南著名经世派学者，究心农政、河工、漕运、盐政、货币等问题，多所建言。鸦片战争发生后，积极主张抵抗。魏源和他的这些朋友就成为嘉道时期学术风气由空疏陈腐向经世致用转变的积极推动者。

魏源本人尤有出色的学术实践。他编有著名的《皇朝经世文编》，在清中叶以后至民国初年产生了极大影响。此书共一百二十卷，是道光六年（1826），魏源三十三岁时代江苏布政使贺长龄编选的，当时在考据学风仍风靡于世的情况下，显然具有别树一帜的意义。

魏源编辑此书，贯彻了他关于学术必须与现实问题密切结合的主张。他所写的序言中，强调变革是历史的必然，要把国家治理好，就必须针对产生种种弊病的过时的制度、规例提出改革的措施，"昨岁之历，今岁而不可用，高、曾器物，不如祖、父之适宜；时愈近，势愈切，圣人乘之，神明生焉，经纬起焉"。他在论述事与心、法与人、今与古、物与我这几组对立的关系时，明确指出更应该重视"事""法""今""物"，即提倡士人应把研究当今不断变化的事物、现实社会的各种问题和提出变革的办法，作为关注的重点，故说："善言心者，必有验于事矣。""善言人者，必有资于法矣。""善言古者，必有验于今矣。"围绕"经世致用"这一总目的，魏源拟订出这部文编取舍的主要原则是：凡有关实用和时务的文章方予选入，空洞玄虚之论、陈腐过时之议，均予摈弃。而凡是涉及国计民生各项主张的言论，有不同见解者，则采取尊重的态度，广泛采录，集思广益，防止以主观定弃取。概括起来，便是"审取"和"广存"两项："书各有

---

① 魏源：《武进李申耆先生传》，《魏源集》，第361页。
② 魏源：《荆溪周君保绪传》，《魏源集》，第362页。

旨归，道存乎实用。志在措正施行，何取纡途广径？既经世以表全编，则学术乃其纲领。凡高之过深微，卑之溺糟粕者，皆所勿取矣。时务莫切于当代，万事莫备于六官，而朝廷为出治之原，君相乃群职之总，先之'治体'一门，用以纲维庶政，凡古而不宜，或泛而罕切者，皆所勿取矣。《会典》之沿明制，犹《周官》之监夏、殷。然时易势殊，敝极必反。凡于胜国为药石，而今日为筌蹄者，亦所勿取矣。星历掌之专官，律吕只成聚讼，务非当急，人难尽通，则天文乐律之属，可略焉勿详也。"又云："有利必有害，论相反者或适相成；见智亦见仁，道同归者无妨殊辙。是以保甲之难易，军屯之碍通，封矿之闭开，丧祭之聚讼；差徭则均雇相难，河流则南北争持；盐课有归商归税之殊，耗羡有归公归官之辨；筹畿辅则水性土性异宜，议转漕则船运海运旁出；桑、漳筑堤而谓宜去堤，吴淞建闸而谓宜去闸；泾渠为千古大利而或极言其害，酿酤为古今通禁而或极陈其难；主摈互形，偏歧难定。惟集思而广益，庶执两以用中，则取善之宜广也。文无难易惟其是，讵容喜素而非丹？圣有谟训择于狂，未可因人以废论。矧夫适用之文，无分高下之手。或迩言巷议，涓流辄裨高深；或大册鸿编，足音寥同空谷。"[1]

魏源如此鲜明地揭示出"实用"和"时务"的选编标准，无疑是对"饾饤为汉，空腐为宋"的陈腐学风的有力抵制，也是对清初以来有识之士经世主张成绩的一次总检阅。根据这两项原则，全书共选辑清初至道光以前的论著、奏疏、官书、信札等共一千三百多篇，分为学术、治体、吏政、户政、礼政、兵政、刑政、工政八个部分。其中户政即经济方面所占比例最大，细分为理财、养民、赋役、屯垦、农政、仓储、荒政、漕运、盐课、钱币等项，涉及国计民生各个部门。又兵政一项包括"海防"三卷，选有《防海》《论澳门形势状》等文，针对的是清朝政策"不防西夷"的弊病，说明魏源早已密切注视西方殖民者东来以

---

[1]　均见《皇朝经世文编叙》及《皇朝经世文编五例》两文，《魏源集》，第156—159页。

后中国海防面临的新形势。《皇朝经世文编》至今仍是反映清代社会和历史的重要文献。后人继之编有《皇朝经世文编续编》《三编》《四编》《五编》《补编》，甚至有《民国经世文编》，[①]由此可见魏源倡导的经世学风如何及时反映了时代的需要，因而被晚清学者竞相效法。魏源还曾编有《明代食兵二政录》（原书已佚，今存《叙》一篇），目的同样从救治清朝社会严重弊病出发，仿照"宋臣鉴唐，汉臣过秦之谊"，"立乎今日以指往昔，异同黑白，病药相发"。[②] 书稿为龚自珍所见，大为赞赏。此后，魏源撰著有关当代历史著作，探索清朝统治的盛衰和总结鸦片战争的经验教训，正是这一"经世致用"主张的逻辑发展。

（三）进化和变革的哲学观

魏源运用公羊学的变易哲学思想，指导研究现实的社会，总结历史的经验，得出了一套在嘉道时期极其难能可贵的进化发展和变革的理论。他从各方面阐述古今递变，社会越来越进步，泥古必败，人类应该充满乐观进取的精神向前看，大胆革除陈腐过时、妨害民众、阻碍社会前进的旧制度、旧办法等观点。他极其雄辩地举出大量事实证明：世界上的万事万物，一切都在变，新旧代嬗是历史的必然规律。"三代以上，天皆不同今日之天，地皆不同今日之地，人皆不同今日之人，物皆不同今日之物。"历代正史上的《天官书》，有的星座古有而今无，有的星座古无而今有。天文学家还发现，太阳循黄道每年按一定度数向西退行，故每年冬至太阳所在位置并非不变，称为"岁差"。这说明古今的天是变化的。北方的黄河，几千年间多次改道，洪水决口挟泥沙冲泻而出，致使古代有名的大湖荥泽、钜野淤积成为平原，南方古代的云梦泽干涸以后，洞庭才形成为大湖。《禹贡》区别天下田地肥瘠，雍州田列上上，现今居于次等，扬州田列下下，现

① 这类书有盛康编《皇朝经世文续编》、陈忠倚编《皇朝经世文三编》（还有饶玉成所编、管窥居士所编同名文编）、何良栋《皇朝经世文四编》、求是斋《皇朝经世文五编》、麦仲华《皇朝经世文新编》、甘韩《皇朝经世文新编续编》《皇朝经世文新编时务新编》、于宝轩《皇朝蓄艾文编》、张鹏飞《皇朝经世文补》等，前后计有十余种之多。《民国经世文编》则是上海经世文编社所编。

② 魏源：《明代食兵二政录叙》，《魏源集》，第163页。

220

今是肥美的膏壤，正如古书上所说的，"高岸为谷，深谷为陵"。这又说明古今的地是变化的。人间古今的变化更加显著了。"燕、赵、卫、郑，昔繁佳冶；齐、鲁、睢、涣，古富绮纨；三楚今谁长鬣？勾吴岂有文身？淮、徐孰戎夷之种？伊川畴被发之伦？"古今的物也大不相同。古代五谷以黍、稷为主，稻却并不重要，蔬菜以葵为最普遍，菘却见不到，榆树在古代是养老的上品，如今遇灾荒年才有人吃榆皮。在古代，荇藻摆在祭祀的供桌上，苦荼经常在三餐食用，蜉蝣蚑蟱一类小动物也是古人的美味，如今这些早已不是人们的食品。古人穿衣用麻葛而无棉布，货币使用黄金而无白银，丝绸产于睢水流域而江浙地区无有，现在情形完全相反，说明古今的物变化之大。

同长期以来俗儒中流行的"三代是黄金时代""古人胜今人，古代的事物胜于后代"一类论调相反，魏源认为，时代是不断进步的，古代的一些制度或做法，不是野蛮，就是愚蠢。后人必须在继承前代制度、文明的基础上变革其过时、落后的部分，这是事物发展的客观规律，也是后人不可推诿的责任。古代婚姻有妹妹、侄女随嫁的制度，祭拜祖先由孙儿辈代表死者神灵，代死者受祭；以跪地为坐，用手抓饭进食，赤脚跳舞表示尊敬，刀刻简牍或用漆写字作为书籍，使用贝壳或刀货做货币，用人俑或其他陪葬品作随葬，乘车作战，用割鼻或砍去脚趾处罚犯人：古代这些落后甚至野蛮的做法随着时代前进统统被废除了，更不用说郡县制代替封建制，千里阡陌代替井田制。如同木柴保留火种，传其火又化其火一样，后代对前代制度、习俗等，同样是继承前代又加以革新变化。道理就在于，新旧代嬗是必然规律。"故气化无一息不变者也，其不变者道而已，势则日变而不可复者也。""执古以绳今，是为诬今。"拿历史的旧规来衡量当代，只能是矫诬和谬误，必然失败。

魏源这种由深刻的哲学观察而形成的进化史观，乃是他形成具有进步意义的公羊学说的重要思想基础。他又明确提出，对陈腐的旧例改革得越彻底，就越能给老百姓带来更大利益，事物的好坏和进步与否的标准，就在于是否对老百姓有利。他说："租、庸、调变而两税，两税变而条鞭。变古愈尽，便民愈甚，虽圣王复作，必不舍条鞭而复两税，舍两税而复租、庸、调也；乡举里选变而门望，门望变而考试，丁庸变而差役，差役变而雇役，虽圣王复作，必不舍科举而复选举，舍雇役而为差役也；丘甲变而府兵，府兵变而彍骑，而营伍，虽圣王复作，必不舍营伍而复为屯田为府兵也。天下事，人情所不便者变可复，人情所群便者变则不可复。江河百源，一趋于海，反江河之水而复归之山，得乎？履不必同，期于适足；治不必同，期于利民。"① 根据多数人的愿望和事物演进的趋势变革旧制度，确立新制度，恰像江河归向东海那样是不可阻挡的！这位嘉道年间进步公羊学家呼吁变革的力透纸背的论述，表达的正是时代的最强音！

针对弥漫于朝野的保守衰颓习气，魏源大力呼吁排除昏庸的官僚、碌碌无为的士大夫的阻力，破除旧习，树立勇敢进取的精神风尚。他说："度内之事，中人可能；度外之功，非豪杰不能。……天下大事，或利于千万世者，不必利于一时；或利于千万人者，不必利于一夫；或利于千万事者，不必利于一二端；故非任事之难，而排庸俗众议之难。……何谓'大猷'？批却导窾，迎刃而解，棋局一着胜人千百是也。何谓'远猷'？事机出耳目之表，利害及百十年之后者是也。"② 这些话揭示出十分深刻的道理，改革的事业要着眼于绝大多数人的利益，要有洞察未来的长远眼光，要勇排众议，一往无前。魏源同林则徐、龚自珍一样，都是自强不息、不断进取这些传统文化优良部分的发扬光大者。

（四）具有近代民权色彩的观点

处在嘉道时期士林风气恶浊的时代，魏源以乐观的态度预见未来，他希冀一个革新进取、实行开明政治、人材涌现时代的到来。最为难得的是，魏源敢于向君权挑战，表达了对民主政治的憧憬。他将古代民本思想向前推进了一大步，提出了具有近代民权色彩的论点。《默觚下·治篇三》云："人者，天地之仁

---

① 魏源：《默觚下·治篇五》，《魏源集》，第47—48页。
② 魏源：《默觚下·治篇七》，《魏源集》，第52页。

也。……'天地之性人为贵'，天子者，众人所积而成，而悔慢
人者，非悔慢天乎？人聚则强，人散则尪，人静则昌，人讼则
荒，人背则亡，故天子自视为众人中之一人，斯视天下为天下
（人）之天下。"以往研究魏源对这段话很少注意，其实，它表示
魏源以公羊学变易观为指导，在伦理思想和政治思想的根本问题
上，提出了与专制主义文化思想相对立的观点。中国两千年专制
文化的核心是君权神圣，皇帝可以为所欲为，"君要臣死，不得
不死"，任何违背皇帝旨意的都是大逆不道，更不用说普通人的
正常权利被一概抹杀了。如马克思所说："专制制度的唯一原则
就是轻视人类，使人不成其为人。"① 在中国，这种专制主义的原
则，又包裹了一层儒学的温情脉脉的外衣。作为孔子思想核心的
"仁""礼"学说，便是以粉饰的方式为巩固封建统治秩序服务
的。孔子说："克己复礼为仁。"这个意味着忠恕、宽厚、忍让的
"仁"，其基本作用，是要求人们约束自己的言行，使之完全符合
于封建等级秩序（即"周礼"）。然而，由于"仁"是实现等级
制度的"礼"的保证，所以"仁"又成为传统思想的最高范畴，
可以引申为"合理"，包括合理的状态、合理的蕴涵等。魏源借
用了"仁"的概念，表达的却是崭新的内容。他用来论证"人"
是天地间首要的、天然合理的构成。同是"仁"这一最高范畴，
由过去长期被用来证明等级制度的不可侵犯，变成现在用来证明
人的存在和权利的天然合理性。以往的儒家经师、理学先生们，
惯于演绎出"三纲五常"，"存天理，灭人欲"等说教，为封建专
制统治张目，要人们永远屈从于君权的淫威之下；而现在，魏源
却倡导"人是天地之仁"的新命题，演绎出人民的生活状况和意
志决定着君主和国家命运的道理，得出了"天子是众人中之一
人"，"由众人所积而成"，"天下为天下人之天下"的新结论，
从而把两千年君权至高无上的旧观念根本颠倒过来。实际上，魏
源是高高扬起人的存在是天然合理的旗帜，论证了君主必须服从

---

① 《摘自〈德法年鉴〉的书信》，《马克思恩格斯全集》第一卷，人民出版社，
1956年版，第411页。

于众人的意志，这就使他的文化思想明显地具有近代民权学说的色彩。于是，旧的专制文化思想的堤坝，从其根基上被冲开一个大缺口，它注定要被日后掀起的反对专制主义的思想浪潮所冲垮。要求改革旧的专制主义制度，宣传重视人的基本权益是世间最根本的原则，这确是公羊学说至近代史开端时期演绎出来的重要命题，也是魏源这位进步公羊学家的一大贡献。

基于这种具有民权倾向的认识，魏源憧憬一种下情上达、上情下达的政治局面，他说："人材之高下，下知上易，上知下难，……诚使上之知下同于下之知上，则天下无不当之人材矣；政治之疾苦，民间不能尽达于守令，达之守令者不能尽达之诸侯，达之诸侯者不能尽达之天子，诚能使壅情之人皆为达情之人，则天下无不起之疾苦矣。"① 他还把言路的通塞视为国家盛衰的重要标志："景运之世，言在都俞，其次言在旌木，其次言在庭陛，其次言在疏牍，其次言在歌谣，其次言在林薮，其次言在腹臆；言在腹臆，其世可知矣。"② 求实行与专制主义相对立的开明政治，让广大士人以及民众都有机会表达对国家事务的意见，使国家的治理能符合民众的利益。进步的公羊哲学观、历史观使魏源的思想主张达到这样的高度，因而具有近代启蒙的意义。

（五）出色的人材思想

社会的进步和国家的治理，都依赖有大批优秀人材涌现。魏源作为倡导变革的思想家和实行家，他对于人材问题给予充分的重视，从多方面提出极有见地的人材思想。主要包括：（1）应该从大处识别人材。"为治者不专注其大而但事节目，则安危否泰之大端失之目睫矣；用人者不务取其大而专取小知，则卓荦俊伟之材失之交臂矣。故为国家厘细务百，不若定大计一；为国家得能吏百，不若得硕辅一。"③ 他认为，人材最难得的是具备"敏""周""暇"三种品质，这是指：能眼光敏锐、当机立断，能思虑万全、洞悉底蕴，能沉着从容应付危急复杂的局面。"人踌躇旬

① 魏源：《默觚下·治篇十一》，《魏源集》，第67页。
② 魏源：《默觚下·治篇十二》，《魏源集》，第68页。
③ 魏源：《默觚下·治篇一》，《魏源集》，第37页。

日始决者，此一见而立决之；人反复数百言不剖者，此片言立剖
之；非天下至敏，其孰能与于斯？是非大较，可望而知也；利害
曲折，非一望可知也。人仅悉其形，此并悉其情；人仅区处目
前，此并旁烛未然，若数计而蓍卜，非天下至周，其孰能与于
斯？震惊百里，匕鬯皆失，竭力应之，事应而力已殚，畴则行所
无事，沛若有余者乎？非天下至暇，其孰能与于斯？"他又把有
作为的人材区分为两类：一类是办事精明干练的"能臣"，一种
是有远见卓识的"才臣"。前者只能做到"理繁剸剧，万夫之禀，
一目十行，五官并用，无留牍，无遁情"。后者才真正能把握大
局，"临大事，决大计，识足以应变，量足以镇猝，气足以摄
众"。这两种人材对于治理国家都极宝贵，应该把他们放在恰当
的位置，各自发挥其作用，故说，"才臣疏节阔目，往往不可小
知；能臣又近烛有余，远猷不足，可以佐承平，不可以胜大变。
夫惟用才臣于庙堂，而能臣供其臂指，斯两得之乎!"① （2）人
材优势互补。魏源认为，决不能拿一种模式衡量天下之人材。对
于不同特长的人材，应当发挥其各自的长处，才能、性格特点不
同的人在一起不是互相排斥，而是有优势互补的作用。"学道者
宜各自知所短，用人者宜各因其所长；勿以师儒治郡国，勿以方
面之材责师儒；非体用之殊途，乃因材之难强也。"他举出历史
上十二对二十四个人物，他们或因同处于一时代而各具不同的性
格，或对同一事情（或是同类事情）处理方式不同，或者两人处
于对立甚至敌对地位却互相敬重，有的甚或由尖锐矛盾而最后互
相亲爱，这些历史人物的不同性格、特长或不同的处事方式，却
不影响他们在历史上发挥作用，并对后世产生久远的影响。"一
介一和惠（柳下惠）与夷（伯夷），一去一奴微（微子）与箕
（箕子），一生一死婴（程婴）与臼（公孙杵臼），一覆一复申
（申包胥）与伍（伍子胥）；一荣一辱李（李广）与苏（苏武），
一默一言介（介之推）与狐（狐偃）；一亮（诸葛亮）一瑾（诸
葛瑾）蜀与吴，一攻一守墨（墨翟）与输（公输般）；相反相成

① 魏源：《默觚下·治篇七》，《魏源集》，第53—54 页。

狷与狂，相嘲相得惠（惠施）与庄（庄周）；羊（羊祜）、陆（陆抗）相仇而相睦，葛（诸葛亮）、马（司马懿）相敌而相服，尹（汉武帝尹夫人）、邢（武帝邢夫人）相爱始相妒。故君子之用世也，道不必尽同；智士之同朝也，辙不必相合；然大人致一用两，未尝不代明而错行也。"① 因此，他又强调用人应当善于发现别人的好处，做到知己知人："用人者，取人之长，辟人之短；教人者，成人之长，去人之短也。惟尽知己之所短而后能去人之短，惟不恃己之所长而后能收人之长；不然，但取己所明而已，但取己所近而已。"② （3）考察一个人的能力、品德、性格，要透过表象，看到实际。"轻诺似烈而寡信，多艺似能而寡效，进锐似精而去速，讦细似察而烦苛，姝姁似惠而无实，此似是而非者也；大权似专而有功，大智似愚而内明，执法似严而成物，正谏似激而情忠，此似非而是者也；非御情之相反，乃近理之多似也。听言察貌，或失其真；诡情御物，或失其实。"③ 魏源根据对现实社会生活的长期观察，概括出深刻的道理，有力地说明任用人材务必不被表面相似的现象所蒙蔽，要鉴别出极不相同的内在实质。（4）要造成有利于人材大量涌现的环境。最高当权者要善于举察人材，此项是决定有无优秀人材出现的首要关键。"星非能自高也，引而高之者天也；物非能自浮也，载而浮之者水也；臣非能自遇也，引而进之者君也。天下奇士不常有，而天下之明君不世出。故天之降才也，千夫而一人；才之遇主也，千载而一君。……自古及今，遗逸之贤，十倍于遇主之贤，则奇才之难得，又不如明君之难得也。故与其臣求君，不如君求臣。"魏源又中肯地论述人材要依赖多人的帮助、扶持："孤举者难起，众行者易趋，倾厦非一木之支也，决河非捧土之障也。一萧何而助之者良、平、信、越，一邓禹而助之者二十七将，一玄龄而助之者十七学士，马曳轮也；羽、飞死，法正、庞士元死，而孔明自将以出祁山，身曳轮也。哀哉！"他又指出要警惕小人把持权柄，

---

① 魏源：《默觚下·治篇六》，《魏源集》，第50页。
② 魏源：《默觚下·治篇七》，《魏源集》，第52页。
③ 魏源：《默觚下·治篇六》，《魏源集》，第50页。

构害忠良。"贤人而得主，旷世难逢，有鱼水之遇，有逐小人之权，而反为小人倒持阿柄，使善治败于垂成，奇勋翻为祸首，讵不惜哉！"① 总起来，国家要培育人材，创造出适合人材生长的环境。如能做到上下共同关心、奖掖、扶持，那将是国家民族的幸福。故说："国家之有人材，犹山川之有草木，蔚然羽仪，而非山麓高大深厚之气不能生也。夫惟人君不以高危自处，而以谦卑育物为心，人人得而亲近之，亦人人得而取给之。"②

魏源之所以能提出这些深刻的见解，是因为他同龚自珍一样，树立了进步的公羊学变易观念，这使他能紧紧把握住所处大变动时代的脉搏，同时谙熟历史知识，又具有丰富的阅历，对社会生活有深刻的体察，所以能洞中窍要，对当时专制制度扼杀人材，奸佞邪恶之徒把持要津，造成人材严重匮乏的积弊痛加针砭。由于他的论述有近代眼光，有辩证色彩，因而在今天对我们也仍有启发的意义。

（六）海运、票盐改革和治河卓见

魏源是嘉道时期倡导实行社会变革的杰出思想家，同时又是一位出色的实行家。他发挥过人的聪明才智，在当时三个与国计民生关系极大而又百弊丛集的部门：漕运、盐政和水利，都参与策划过有声势、有成效的改革措施，或者写出很有价值的著作。这几项问题都很值得作专门的个案研究。这里因篇幅的限制，只能就海运、票盐改革及治河主张这三项，作若干最简略的介绍。

清代由江南供应京师的粮食，都由运河运输，称为"漕运"。道光四年（1824）冬，因洪湖高堰溃决，运河陷于瘫痪，漕运通道被掐断，如何确保京师粮食供应成为燃眉之急，道光皇帝和满朝文武为此惶恐万状。当时，由两位湖南籍官员陶澍（江苏巡抚）、贺长龄（江苏布政使、漕运总督）负责筹划改行海运。经过半年多时间的讨论、筹划，至次年试行从吴淞口海运天津，一举成功。魏源当时是三十二岁的青年人，在陶澍幕内，其身份虽

---

① 魏源：《默觚下·治篇八》，《魏源集》，第55—57页。
② 魏源：《默觚下·治篇九》，《魏源集》，第57页。

然只是一般幕僚，却因他对改革事业锐意进取的精神、对国计民生的深刻了解，以及办事之干练，而深受陶澍倚重，成为海运之役中枢人物之一。

改行海运，是一场与四百年来沿袭的现行制度和习惯势力的斗争，同时，停止漕运将伤害长期借漕运中饱私囊的漕臣、旗丁官兵、负责河工的官员、仓场胥吏等各色人等的利益。因而遇到极大的阻力，"南仓北漕交口阻挠"，众口哓哓，群起反对。魏源态度坚定，他充满热情地参预从大局到各项复杂事务的策划，许多重要文书均出于其手。并撰写有《筹漕篇》（上、下），结合历史事实，分析当前利害，对于海运的必要性、可行性作了系统中肯的分析，对反对者所持"风涛""盗贼""霉湿""侵耗"等论调给以有力的驳斥。并且大力协助解决在上海招商雇船、在南交米、在北兑米等问题。收录在《魏源集》中的《海运全案序》和《跋》《道光丙戌海运记》《复魏制府询海运书》等文，充分地表达了他改革家的远见卓识，同时也是他精心筹划、实现海运成功的宝贵记录。他一再表达出其明确的信念：只要掌握事物变化的趋势、规律，厉行改革，则积弊必能涤除。他写下这样的警句："故知法不易简者，不足以宜民；非夷艰险而勇变通者，亦不能以易简。"①"诚欲事半而功倍，一劳而永逸，百全而无弊，人心风俗日益厚，吏治日益盛，国计日益裕。必由是也，无他术也。"②

试行海运之役中魏源的改革思想，有两点尚需特别予以揭明。一是，他提出改革方案的着眼点，不仅为筹国计，同时极注重筹民生，务必减轻民众繁剧的负担，藏富于民。所以他称改革方案的正确与否，应该是"根柢于民依而善乘夫时势"③，仔细体会这句话，正说明魏源已经把如何反映民众的愿望，减轻其负担，增加其利益，做到"藏富于民"，视为比起封建政权的收入更加重要的问题。这同他所说"人者，天地之仁"的思想是相通

① 魏源：《海运全案序》，《魏源集》，第 412 页。
② 魏源：《海运全案跋》，《魏源集》，第 414 页。
③ 魏源：《海运全案跋》，《魏源集》，第 414 页。

的。二者，他对商人的作用和维护商人的合法利益予以充分关注，较之传统经济思想而言，这是富有时代意义的新观点。魏源参与筹划的这场海运，是用商运来代替过去官方管制下的漕运，招募商船，给予利润，准许免税装载部分货物优待，因而得到商人的欢迎和支持。魏源总结全役的成功时说，"利国、利民、利商"，明确把利商与利国、利民并列，这是对传统思想的突破。不再歧视商人，而是予以充分的信任，把照顾商人利益作为制订措施的主要出发点之一。变原来封建政权管制下利用官府行政手段的运作为利用经济手段的运作，整个海运方案体现出商业信用合同关系、合理的利润、适度的自主权等项资本主义经济因素。进步的公羊学家注视变革的现实，他们能作出积极的反应，试图提出新的观点来反映时代前进的要求，于此又得到很有说服力的证明！

道光十二年（1832），魏源在陶澍支持下进行淮北票盐改革，是他进行的又一成功改革活动。这场改革，按其所针对问题的迫切性，改革任务的艰巨性，措施的严密性，以及取得成功之显著来说，都堪称与海运之役不相上下。魏源从事改革的出发点和思路，也是前后相呼应的。

封建时代的盐政，历来在国民经济中占据着重要的地位，盐税是国家赋税主要来源之一，食盐供应是各地居民生活的基本需要。据统计，清朝道光年间，盐税收入占政府收入百分之十四以上。清代盐政大体取法于明，实行盐业官营，明初设两淮、两浙、长芦、山东、福建、河东六个都转运盐使司，固定销区销额。而以两淮产盐数量最大，运销路程也最远。至道光年间，两淮盐政已是弊病百出，政府财政造成巨大亏空，民众苦不堪言，贪污中饱严重，尤其淮北情形最为严重，已到了非改革不可的地步！

据魏源分析，当时淮北盐政存在五大弊端：其一，运盐路程曲折艰巨，致使大大加重销盐成本。计自场至坝，自坝至所，由所入湖，共转运五坝，六次换船，转运、装卸费用超过盐本数倍，盐价自然上升。其二，运盐途中一再改捆打包，造成严重虚耗，并给隐藏、偷窃、克扣者可乘之机。其三，盐在口岸出卖后，又规定要把铜钱折换成白银，于是银价又成一大弊端，致使官营折利亏本更加严重。其四，造成盐场有盐卖不出去，内地百姓却买不到官营食盐，盐店关门，政府的盐课收入落空。其五，淮北官营盐价比邻近盐价高出数倍，于是造成走私猖獗。

以上严重弊端年复一年加剧的结果，地方官、百姓、盐场官员、灶丁盐工任何一方都极度不满，不断以"缺盐""收盐"上请。至道光十年（1830）秋，朝廷考虑寻求解决的办法，命陶澍为两江总督兼管两淮鹾政（即盐政）。魏源任陶澍幕僚，在陶澍支持下，大胆实行票盐改革。主要措施是：改变以前官营为允许商人经营，"设局收税"，"商运民贩"，只要在盐场交付地价和税款，就允许商人自由贩运到本地区范围内售卖。特别规定沿途"改道不改捆"，减轻食盐成本，以敌邻场走私。这样一套救急舒困的改革办法，仍不免遭到一向趁盐政败坏以谋取私利的官吏或其他人员的反对，提出种种借口阻挠、要挟。陶澍、魏源坚持改革措施，驳斥种种刁难、阻挠的借口，票盐法推行成效显著，商人争相从盐场照章购盐纳税，"远近辐辏，至坝则利倍，至关则利倍，至岸则利又倍。盐船衔尾，蒲包踊贵"。不到四个月，商人共领销贩运三十余万引（每引四百斤），早先滞销堆积的场盐竟被购买一空。魏源的改革措施被有效的实行，盐价立即下降至原来官营纲盐的一半以下，商人贩运到各地都比走私盐售得便宜。此次票盐改革又带来改善两淮及附近地区社会秩序的好处。不仅政府不再亏空，而且增加税收一倍，还兴办了多项事业："每年除奏销外，尚有溢课三十余万两协济淮南，兼疏场河，捐义仓书院，百废具举，为淮北之极盛。"连续数年税收都达三十余万两，最高时达到九十余万两。

魏源策划票盐改革的指导思想，跟试行海运之举是前后贯通的。最突出的有二项。一是强调对于弊端百出的陈规旧制，必须根据变化的情况和有利于民众的目的，厉行改革，故说："天下无数百年不弊之法，无穷极不变之法，无不除弊而能兴利之法，无不易简而能变通之法。"改革的目的是使民众获得利益，这是魏源所一再强调的。二是这场改革再次体现出魏源的重商思想。
票盐法的总体改革方案，是变积弊至深的盐业官营为放开由商人
自由贸易贩运，把封建官吏层层贪污中饱、非法攫取的私利，变
成商人经营而赚得的合理利润。魏源对此讲得很透彻："夫票盐
售价，不及纲盐之半，而纲商岸悬课绌，票商云趋鹜赴者，何
哉？纲利尽分于中饱蠹弊之人，坝工、捆夫去其二，湖枭、岸私
去其二，场、岸官费去其二，厮伙、浮冒去其二，计利之入商
者，什不能一。票盐特尽革中饱蠹弊之利，以归于纳课请运之
商，故价减其半而利尚权其赢也。"① 更值得注意的是，魏源本人
也从事一份经营，出资在盐场购盐、纳税，凭票认领，做了运销
生意。道光十一年至十五年为淮北票盐畅行之时，经营盐业者均
有所获。魏源大约也于道光十二、十三年间获利。有陈世镕《与
魏默深书》可证，内云："自丙申金陵作别，岁星一周。中间接
足下书一，萧梅生书一，刘子玉书一，梅生言，足下盐利大获，
在扬州买宅，居然与富商等。"② 顾云《邵阳魏先生传》也云：
"又出其余力治生，累资巨万。"③ 所指的也是经营票盐。魏源用
经营票盐合理赚得的钱，在扬州购置了房子，这就是魏源中年以
后居住和从事写作的"絜园"。④ 他依靠商人，认为商人从事经
商、合法获利是政府应该允许和鼓励的，他本人也并不因自己是
士林中人、地方官幕友而看不起商业活动。这个行动，或者也可
说明在这位进步公羊学家身上，确实具有与传统思想明显不同的
新的价值观念。

　　魏源又是嘉道年间第一流的水利问题专家。魏源对水利问题
广泛而深入的研究是他经世思想的又一突出体现，根源于他关心
国之利害、民生疾苦和重视实践的精神。他阅历很广，足迹遍及
两湖、江浙、鲁皖、冀豫大地，所到之处，必就当地水利问题作

　　① 有关票盐改革的引文和论述，均据《魏源集》中《淮北票盐记》《筹鹾篇》
《淮北票盐志叙》《淮北票盐志凡例》。
　　② 陈世镕：《求志居集》卷二十七，道光二十五年（1845）刻本。
　　③ 顾云：《盍山文录》卷五，光绪十五年（1889）刻本。
　　④ 李瑚：《魏源诗文系年》，中华书局，1979年版。

调查访问，证之于历史记载，探求问题之所在和兴利除害的办法。清代二百年来，一任又一任河督治理的结果，黄河淤积越来越厉害，河床逐年升高，成为一条"天河"。汛期一到，四处埋伏险情，年年告急。这种现状，充分地证明不治出海口、只讲增高堤防堵塞决口的策略根本行不通，治河必须有新思路，这就是改变河道。当时的黄河是南行从淮河下游入黄海，造成灾害连年。而流行的看法是"黄河要维持着南行"，"必不可听任北行"。① 魏源则确凿地指出：开封、兰考以东，地势南高北低。他进而详细总结清朝以来历次黄河决口和治理的教训，以大量事实证明：每次黄河北决，要徙之重新南行，都是难之又难，因为这是违反地势水性的错误做法。北决，则符合水势向下的规律，而每次从北岸决口，河水必定贯穿张秋运河，再沿大清河入海，这正是黄河的天然河道。治河的根本策略，就是利用黄河自行北决，或是用人力使之北行，沿这条天然通道入渤海。为了证明这一结论之不可移易，他又滔滔雄辩，纵论历史，缕举自周定王以来两千多年黄河河道的变迁，分析自东汉王景至明代靳辅等著名治河专家策略的得失，最后得出结论："自来决北岸者，其挽复之难，皆事倍功半，是河势利北不利南，明如星日。河之北决，必冲张秋，贯运河，归大清河入海，是大清河足以容纳全河，又明如星日。"这一结论，实是魏源研究水利问题出色的科学发现，是元代以来治理黄河历史经验的精到总结。

魏源的卓越之处更在于，他认识到治河不仅是工程技术问题，更是一个社会问题，提出种种阻挠借口的人，骨子里是企图利用黄河祸患频繁、国家糜费浩巨而从中贪污中饱，发国难财。那些人反对按照历代治河的规律所昭示的让黄河改道北流，真正的原因是害怕他们多年经营的巢窟被一朝扫荡。② 魏源提出的具有宝贵决策意义的主张并没有被采纳，这在那个年代不足为怪。然而，事情的发展正像魏源所预见的，"人力纵不改，河必自改

---

① 岑仲勉：《黄河变迁史》，人民出版社，1957年版，第581页。
② 以上均据《魏源集·筹河篇》（上、中、下）。此文作于道光二十二年（1842）。

之"，十三年后，黄河果然从铜瓦厢向北冲开决口，滚滚黄水沿着故道，从大清河流入渤海，那班拼命阻挠魏源正确主张的人，再也无力阻挡黄河按照地势水性之必然向东北奔流，从此一百多年黄河再不改道，直至今日。

　　魏源和龚自珍这两位进步公羊学家对当时事关国计民生的大问题，一个预言黄河将自行改道北流，一个预言新疆将改行省，"五十年中言定验"。两人的预见都得到完全的证实，这是研究嘉道时期政治社会主张很有趣的事实。他们的预言同样被证实，当然不是偶然的巧合，而是有深刻的内在必然性。而其中，他们掌握重视变革和创新的公羊学说，站到应有的历史高度无疑具有首要的意义。不能想像，当时沉溺于训诂考据的古文经学家能够对事关国计民生的现实社会问题提出如此卓越的预见。通过研究魏源发表治理黄河见解的一代雄文，我们更加清楚地看到，是否用变革的眼光观察事物和社会，怀有民族危机的紧迫感，关心国家命运和民生疾苦，形成了进步公羊学家与保守的古文经学派的分野，魏源社会改革主张生气蓬勃的精神源泉也在于此。

　　（七）魏源社会改革思想的特点

　　魏源的社会改革思想内容丰富，在理论上和实际效果上都取得令人瞩目的成就。他在几十年岁月中，目睹嘉道时期封建政治的腐朽和民族的危机，满怀忧患，不知疲倦地从事著述和具体改革方案的规划，其中贯串着几项共同的特色。首先是，魏源的社会改革思想具有深刻的哲理性和强烈的危机感。他站在哲学的高度和历史的高度，特别是公羊学变易观点引导他深入地总结了历史发展的普遍规律，充分地认识到世界上万事万物都处在变化之中，社会形势也不断变化，治理国家的制度、办法也必须随时代需要不断变革，变古愈尽，便民愈甚。他已洞悉到中国社会发展到嘉道年间正面临着巨大的变局，惊天动地的事变就要发生，封建统治的崩溃行将到来，因而他的改革主张都不限于就比较表层的具体事项发议论，而是同民族危机的紧迫感、同批判封建统治的腐朽紧紧相联系。其次，他的改革思想具有行动意义。魏源善于把对变革是必然规律和紧迫的危机意识这些观念上的普遍性认识，跟提出具体的改革主张结合起来。他置身于京师，广泛与朝野人士交游，即能对改变官场腐败习气、选举、用人办法提出改革建议；到地方上担任幕僚，即能经过深入调查、访问，对严重影响国计民生的漕运、盐政、水利问题提出卓有见地的改革方案，指陈利害，洞彻明晰，具有很高的实践意义。再次，魏源的社会改革思想中包含有近代价值观的因素。最明显的是他对专制制度的批判和商业活动的重视。魏源大力抨击封建专制统治已经腐朽不堪，呼吁天下者是天下人之天下，君主是众人中的一人，倡导出现上情下达、下情上达、民众意志和社会舆论受到重视的局面。这些都是对古代民本思想和早期启蒙思想家民主意识的继承和发展。他所参与的试行海运和票盐改革，实际意义是用依靠商业活动和经济手段，代替封建性控制和官商经营、转运，这两次成功，是具有新生意义的资本主义性商业活动，对于传统的封建性运作，尽管规模不大，但很有意义的胜利。

鸦片战争以前的时代条件，决定魏源提出的社会改革主张都是着眼于国内，而上述的三项特点又说明他的改革思想有继续发展的可能性。1840 年鸦片战争爆发时，公羊学变易观极大地帮助魏源去体察这一事件所预示的一场新的巨大变局，并立即由以前的"经世""除弊"，转变为御侮图强的主张，迅速地把眼光投向外国，努力探求西方知识，从而对近代中国的历史进程产生意义更为深远的影响。

三、近代向西方学习的先驱人物

鸦片战争是中华民族与英国殖民主义侵略势力发生尖锐矛盾而爆发的。英国为了保护可耻的鸦片走私贸易而蓄意进行侵略，用武力打开中国的大门。中国军民进行的是反侵略的正义战争。在这场空前事变中，英国野蛮侵略、中国统治集团极度腐朽而战败的严峻事实深深刺激了魏源，他的思想跟随着时代前进。他是坚决主张禁烟和抵抗侵略的人物，本人曾两次到过浙江前线，还审问过英国俘虏安突德，并将安突德所述英国情况整理成《英吉利小记》一文。1841 年 6 月，魏源和林则徐在京口（今镇江）见面时，接受林则徐的郑重嘱托，撰修《海国图志》，从见识和学力说，魏源无疑是当时最有条件从事这一创始性工作的人。他所居住的扬州又是沿海地区的中心，消息灵通，对战争过程了解较多，使得一向忧国忧民的魏源对于这一重大事变有更多的直接感受。他对国家和人民的灾难感同身受，对时局的危险忧心如焚，然而又对中华民族的力量和前途充满信心。这种强烈的爱国主义感情促使他发愤著述。

（一）《海国图志》：标志着突破传统学术格局的历史性跃进

《海国图志》五十卷本撰成于 1842 年，不久增补为六十卷，至 1847 年又续修成后四十卷，合为一百卷本。① 这部著作标志着实现突破传统学术格局的历史性跃进，摆脱了旧的精神枷锁和顽固派的压力，第一次把世界的真实面貌摆在中国人民面前，代表了进步的公羊学者在近代史开端时期新的眼界和新的改革主张。为了介绍外国知识，魏源把当时所能搜集到的材料全部汇辑进去，而又特别重视采用出自外国人的撰述，即所谓"西洋人谭西洋"的资料。除了采辑林则徐派人翻译的《四洲志》外，其他如英国人马礼逊的《外国史略》、葡萄牙人马吉斯的《地理备考》、美国人高理文的《美理哥志略》，都大量引用。全书采用"图""志"配合的编撰方法。"志"是全书的正文，记述亚洲、欧洲、非洲、美洲各国的情况，包括历史、地理、物产、经济发展、交通贸易、政治情况、风俗、宗教等。同时收入各种地图七十五幅。全书气魄宏伟，内容详博，同时具有实用性和直观性的特点，堪称是当时中国和东方最详备的世界史地文献总汇。

《海国图志》著成的意义，首先是呼吁人们认识西方侵略的危险，奋起御侮图强，激发爱国主义精神。这在作为全书总纲的

---

① 《海国图志》百卷本定稿于 1852 年（咸丰二年），重刻于江苏高邮。故魏源《海国图志后叙》作于咸丰二年。

《筹海篇》集中显示出来。魏源在此篇中认真总结鸦片战争的经验教训，提出反抗侵略的策略，他在《海国图志后叙》中说："夫悉其形势，则知其控驭，必有于《筹海》之篇，小用小效，大用大效，以震叠中国之声灵者焉。斯则夙夜所厚幸也！"魏源大声疾呼振奋人心，革除腐败，寻求御敌办法，"此凡有血气者所宜愤悱，凡有耳目心知者所宜讲画也"①。魏源总结了鸦片战争中我国军民在余姚、台湾浅海中俘获敌船敌兵、沙角炮台和大宝山之役以少胜多，三元里之役以义兵斩"夷"兵、歼"夷"兵的事实，证明只要坚决御敌，以主待客，以逸待劳，以众待寡，就能战胜敌人，掌握战争的主动权。他还论述了以守为攻的一套策略办法，如扼守海口内河，出奇设伏，多方误敌，利用义兵水勇歼灭敌人等。很可贵的是，魏源在当时对于反侵略战争能够取得胜利和在技术上赶上西方具有强烈信心。他认为：英国船坚炮利并不神秘，"在中国视为绝技，在西方各国视为平常"②。中国有充足的资源，人民中蕴藏着伟大的力量。"现在广东岸上力作之人，与水中渔贩之人，其技勇皆欧罗巴人所不及。"③"中国智慧，无所不有，历算则日月薄蚀，闰余消息，不爽秒毫，仪器则钟表暑刻，不亚西土，至罗针、壶漏，则创自中国而后西行，穿札扛鼎，则无论水陆，皆擅勇力。"他相信具有如此伟大创造力的民族，经过学习，一定能迎头赶上，"因其所长而用之，即因其所长而制之，风气日开，智慧日出，方见东海之民，犹西海之民"。④当时，侵略者气焰嚣张，投降派奴颜婢膝，畏洋人如虎，魏源却对中华民族的前途和力量充满信心，慷慨激昂地为振奋民族精神呼号，呕心沥血地探求达到民族兴旺的道路，这与统治集团那副奴才相是多么强烈的对照！今天我们比魏源已经跨过了几个历史年代，但百余年来的实践，包括近些年来的实践反复证明：这种中国人应有的尊严和骨气，这种赤诚的爱国热忱，仍然

---

① 魏源：《海国图志·原叙》，岳麓书社，1998 年版。
② 魏源：《筹海篇三》，《海国图志》卷二。
③ 魏源：《筹海篇二》，《海国图志》卷二。
④ 魏源：《筹海篇三》，《海国图志》卷二。

是必须发扬光大的精神财富。

（二）提出向西方学习的新课题

"创榛辟莽，前驱先路"，开创了解外国的风气，提出向西方学习的新课题，成为近代中国向西方寻找真理的起点——这是撰著《海国图志》更加重要的意义，也是魏源这位进步公羊学家社会改革思想在新的条件下的飞跃。

在当时，如何勇敢地打破长期闭关锁国、与世隔绝状态形成的排拒意识和愚昧偏见，跨出探求外部世界的第一步，认识西方的制度、文化；特别是，在中国受侵略、进行正义的自卫战争的情况下，却要承认自己落后；要保持御侮图强的信心，却又要放下"天朝上国"的架子，承认侵略者比自己高明，承认西方制度文化比中国先进，中国应该学习西方：这些是鸦片战争这场剧变，骤然地向我们的先辈提出的极为复杂、困难和严峻的课题。正是魏源这位具有公羊学变易观点的哲人，对这些问题作了明确、出色的回答。《海国图志》一书，就成为中国进步思想界认识中国社会走向近代化这一历史潮流的起点。这就是在坚持独立、反抗侵略的前提下，了解世界学习西方，寻找救国真理。

魏源批判了两千年来视为"神圣古训"的"严夷夏之防"这一迂腐观点，提出了解外国是当务之急的新价值观。他严厉批评统治集团对外国昏暗无知，是造成战争惨败的重要原因："今日之事，苟有议征用西洋兵舶者，则必曰借助外夷恐示弱；及一旦示弱数倍于此，则甘心而不辞。使有议置造船械师夷长技者，则曰糜费；及一旦糜费十倍于此，则又谓权宜救急而不足惜。苟有议翻夷书、刺夷事者，则必曰多事（原注：嘉庆间，广东有将汉字夷字对音刊成一书者，甚便于华人之译字，而粤吏禁之）；则一旦有事，则或询英夷国都与俄罗斯国都相去远近，或询英夷何路可通回部……以通市二百年之国，竟莫知其方向，莫悉其离合，尚可谓留心边事者乎?"[1] 同时，他用英国以新加坡为基地，处处侦探中国情报作为对照："（英人）建英华书院，延华人为

师，教汉文汉语，刊中国经史子集、图经地志，更无语言文字之隔，故洞悉中国情形虚实，而中国反无一人了彼情伪，无一事师彼长技，喟矣哉!"① 总结双方的成败得失，结论就是：必须彻底抛弃闭目塞听、视外国为"夷狄"的旧意识，迅速了解外国情形。这是对付西方列强侵略的先决条件。因此，魏源一再呼吁："欲制外夷者，必先悉夷情始；欲悉夷情者，必先立译馆翻夷书始；欲造就边才者，必先用留心边事之督抚始。"② 魏源还清醒地预料到，传播外国知识，定然要经历与顽固保守势力的严重斗争，要冒极大风险，"使后世有人焉，日译夷书，刺夷事，筹夷情，如外夷之侦我虚实，其不转罪以多事，甚坐以通番者几希!"③ 但他怀着偷天火给人间的无畏精神，自觉地担负时代先行者的责任。了解外国和学习外国，是魏源撰写《海国图志》的目的。故《海国图志·原叙》说："是书何以作？曰：为以夷攻夷而作，为以夷款夷而作，为师夷长技以制夷而作。" 抵抗恶魔般的外国侵略者和承认侵略者高明、拜他们做老师，这二者本来是不容易跨越的对立关系。魏源发扬了我们民族所具有的朴素辩证思维的传统，因而能够跨越这二者的对立，看到其内在的统一关系。他还说："善师四夷者，能制四夷；不善师外夷者，外夷制之。"④ 先要有勇气承认自己的落后，虚心学习，才能变落后为先进。公羊学的变易观推动魏源总结出这一深刻有用而又简单明了的道理！因此，"师夷长技以制夷"这一口号，便代表了近代向西方寻找真理的方向。梁启超于 1924 年评价《海国图志》一书的影响说："其论实支配百年来之人心，直至今日犹未脱离净尽，则其在历史上之关系，不得谓细也。"⑤ 是结合他本人和同时代人的切身感受讲的，确实反映了近代的历史进程。

公羊学变易观点推动魏源的社会改革思想跃进到师敌长技以

---

① 魏源：《暹罗东南属国今为英吉利新加坡沿革》，《海国图志》卷九。
② 魏源：《筹海篇三》，《海国图志》卷二。
③ 魏源：《暹罗东南属国今为英吉利新加坡沿革》，《海国图志》卷九。
④ 魏源：《大西洋欧罗巴洲各国总叙》，《海国图志》卷三十七。
⑤ 梁启超：《中国近三百年学术史》第十七章之八"地理学"，《饮冰室合集》专集之七十五，第 323 页。

御侮图强的崭新阶段。当时他注目的重点是学习军事技术，一战舰，二火器，三养兵练兵之法。具体做法是：在广东设局制造轮船和枪炮，聘请西洋工匠教授，选本国巧匠精兵学习制造、使用；学习西方练兵方法，整顿军队，并增加水师科，"凡水师将官，必由船厂、火器局出身，否则由舵工、水手、炮手出身"，以培养急需的航海、制造人材。他斥责那种借口"奇技淫巧"而盲目排外的错误态度，说："有用之物，即奇技而非淫巧。"

这里应该强调指出的是，有的论者仅注意到魏源"师夷长技"的重点是在学习船坚炮利方面，而断言魏源后期的改革主张仍在根本上维护封建秩序。这种看法极不恰当。由于魏源在前期已经尖锐地批判封建专制、主张开明政治和运用商业经济手段改革漕运、盐政的弊端，这些都是在传统社会内部生长出来的符合近代化方向的观点和措施，因而在直接接触西方文化后即提出了客观上有利于发展资本主义的措施，付诸实行，即能逐步削弱乃至动摇封建秩序。这些是我们应该十分重视的。他同时主张发展民用工业，并介绍了许多属于资本主义文明范畴的知识。他主张设船厂和机器局，既造战船，又造商船，既从事军事生产，又从事民用生产。"船厂非徒造战舰也。战舰既就，则闽、广商艘之泛南洋者，必争先效尤；宁波、上海之贩辽东、贩粤洋者，亦必群就购造，而内地商舟皆可不畏风飓之险矣。……此外量天尺、千里镜、龙尾车、风锯、水锯、火轮机、火轮舟、自来火、自转碓、千斤秤之属，凡有益民用者，皆可于此造之。"还要推而广之，"尽得西洋之长技为中国之长技"。[①] 他所主张的仿效外国办法培养本国急需的航海等项人材，对于科举制度所代表的重视经训、轻视技艺，引导人们死守程序抄袭模仿、扼杀独立思考和创造才能的旧价值观，无疑也是一种冲击。

（三）对西方民主制度的向往

与倡导"师夷长技"相联系的是魏源对西方民主制度表示向往，作出了沟通中西文化的宝贵尝试。这是撰著《海国图志》又

---

① 魏源：《筹海篇三》，《海国图志》卷二。

一重要意义。

中西文化两种体系差异悬殊：封建专制与民主政治对立；纲常伦理、等级观念与平等思想、法制观念对立；空谈义理、醉心考据与重视科学、征服自然的学说相对立……巨大的差异无疑增加了沟通的困难。直到戊戌前一年（1897），与西方国家打交道半个世纪了，总理衙门的官僚对于外国事物依旧抱着极端拒斥的态度："或竟不知万国情状，其蔽于耳目，狃于旧说，以同自证，以习自安。""语新法之可以兴利，则瞠目而诘难；语变政之可以自强，则掩耳而走避。"[1] 在如此复杂的文化背景下，魏源在鸦片战争时期却大胆地对西方制度表示赞美向往，表明他确有卓越的见识！由于掌握公羊变易学说，使他具有常人难以企及的洞察力，用天地气运之变来概括当前这场历史变局。《海国图志》中有这样一段重要议论："天地之气，其至明而一变乎！沧海之运随地圜体，其自西而东乎！前代无论大一统之世，即为东晋、南唐、南宋、齐、梁，偏隅割据，而航琛献赆之岛，服卉衣皮之贡，史不绝书，今无一登于王会。何为乎红夷东驶之舶，遇岸争岸，遇洲据洲，立城埠，设兵防，凡南洋之要津，已尽为西洋之都会！地气天时变，则史例亦随世而变。"[2] 这是中国思想文化界对认识鸦片战争为开端的历史转折第一次直接的表述。魏源当时尚不能了解这一冲突对于外交关系和中西文化所预示的全部深刻性和尖锐性，但这段议论透露出，他已意识到中国历史和文化已面临着两种意义的转折：一是，自明末西方传教士东来，已意味着东西方由过去隔绝到互相交往的转变；二是，中国与西方先进和落后地位的转变。这样的历史变局意味着中国必须警醒自强，同时意味着中国人对于外国事物应由过去的傲慢排拒转变为学习外国的先进文化。

魏源衷心地赞扬华盛顿领导独立战争胜利和美国的民主政体："呜呼！弥利坚国，非有雄材枭杰之王也。涣散二十七部

① 梁启超《戊戌政变记》引康有为向光绪帝奏语。
② 魏源：《叙东南洋》，《海国图志》卷五。

落，涣散数十万黔首，愤于无道之虎狼英吉利，同仇一倡，不约成城，坚壁清野，绝其饷道，遂走强敌，尽复故疆，可不谓武乎！……二十七部酋分东西二路，而公举一大酋总摄之，匪惟不世及，且不四载即受代，一变古今官家之局，而人心翕然，可不谓公乎！议事听讼，选官举贤，皆自下始，众可可之，众否否之，众好好之，众恶恶之，三占从二，舍独徇同，即在下预议之人亦先由公举，可不谓周乎！"①魏源显然已经相当中肯地领会了西方民主政体的主要问题：由公众推选议事者，这些议事者再按少数服从多数原则决定国家大事，选举国家首脑，并且定期换选。他赞美这种制度"公"而且"周"，公开地表示它比中国几千年"君权神授""朕即天下"的专制制度要进步和合理。他还在《海国图志后叙》中指出："《地理备考》之欧罗巴洲总记上下二篇尤为雄伟，直可扩万古之心胸。至墨利加北洲之以部落代君长，其章程可垂奕世而无弊。"更意味着希望中国也应该用资本主义民主制来取代封建专制制度。魏源还把"至于朝纲，不设君位，惟立官长贵族等办理国务"，"惟择乡官理事，不立王侯"的瑞士，誉为"西土桃花源"②，同样表达了对民主政治的向往。

　　认识民主制度的优越，必须并且可以用它来取代中国不合理的封建专制制度，这是近代向西方寻找真理的根本问题，也是沟通中西文化的根本问题。魏源达到这一认识高度，是由于植根于对封建专制腐朽性的批判，植根于对中国古代民主思想的阐扬，特别是植根于公羊变易观的哲学思维。他看出制度要有根本性的变革，专制制度大势已去，所以才能认识（尽管还不清晰）历史的发展将是实行西方民主制度这一趋势。当时社会那么黑暗，魏源的主张则是冲破黑暗的报晓的鸡鸣。同在《海国图志后叙》中，他再一次用"气运说"来表达他的预见："岂天地气运自西北而东南，将中外一家欤！"把意思讲得明白些，就是：历史面临着大的转折，西方的民主政治也终将在东方实行，中西制度文

---

①　魏源：《外大西洋墨利加洲总叙》，《海国图志》卷五十九。
②　魏源：《大西洋·瑞士国》，《海国图志》卷四十七。

化有可能沟通、融合。魏源的大胆设想，预示了近代历史的发展方向，其后从要求变革专制的戊戌变法和推翻帝制的辛亥革命的接连发动，得到了有力的证实。

（四）"无可奈何花落去，似曾相识燕归来"

前面两章分别深入地讨论了龚自珍和魏源对于实现公羊学说革命性变革的贡献，至此需要作一简单的小结。

一个时代的哲学思想是这个时代的精华。19 世纪前半期的中国社会，一方面是封建制度急剧衰落，社会千疮百孔，另一方面是即将踏入近代阶段的门坎，并面临着东西方文化的巨大撞击。龚自珍和魏源的思想主张，恰恰反映了这一时期的历史特点和时代前进的趋势，一方面激烈地批判封建专制的残酷和极端不合理，无情地揭露其祸害，指出危机迫在眉睫、封建腐朽统治行将灭亡，另一方面大力倡导变革，并在民主意识、实行开明政治、主张尊重个性等方面提出具有近代意义的新价值观，魏源在鸦片战争发生后更进而主张了解世界和学习西方先进技术。龚、魏成为嘉道时期时代精神的代表者，19 世纪末 20 世纪初的维新志士和进行民主启蒙的代表人物，郑重地承认他们的新思想是直接从龚、魏继承的。魏源主张了解世界、学习西方，甚至对日本明治维新产生了重要影响，日本当代学者曾评价《海国图志》传入日本后，"起了决定幕末日本社会前进道路的指南针的作用"[①]。

龚、魏所以成为中国几千年传统思想向近代思想转变的代表人物，其原因，固然与继承传统文化多方面积极因素很有关系，然而具有决定意义的是，他们尊崇公羊学说，并且对它进行了革命性改造。公羊学的"三世说"变易观启发两位哲人概括出封建统治由治世转到衰世、"乱将不远"，并进而认识鸦片战争这场空前变局；公羊学的政治性特点引导他们猛烈批判专制制度，大声疾呼变革是历史的必然；公羊学专讲"微言大义"、便于发挥引申的特点，又使两位进步思想家在阐释儒家经典的名义下敷陈新

---

① 大谷敏夫：《〈海国图志〉对幕末日本的影响》，译文载于《福建论坛》1985 年第 6 期。参阅拙著《中国近代史学的历程》中《魏源与中西文化撞击》一章。

观点，导入新价值观，甚至大胆地跨越"夷夏界限"，赞扬西方民主政体可"垂奕世而无弊"，憧憬着用它代替在中国几千年来视为天经地义、神圣不可侵犯的专制皇权。在当时，这些新论点、新观念，难道不是与公羊学说密切联系的、现代版的"非常异义可怪之论"吗！18 世纪是古文经学的世纪，那是同封建统治的相对稳定直接联系的，19 世纪则是以公羊学为代表的今文经学的世纪，那又是同封建制度急剧没落、近代社会的行程已经开始直接相联系的。有的人，在感情上总是偏爱于一向居于正统地位的古文经学，而总觉得公羊学说有旁门左道之嫌，不喜欢公羊学说讲变易、议时政、重发挥的特点。然而，无可辩驳的事实是：古文经学虽然在学术上有过极盛期，但是在哲学上，它尊古、求恒（制度稳定不变）的基本倾向，同危机四伏、大乱将至的嘉道时期完全格格不入！时代的选择，必然是言进化、求变革的公羊学说扮演 19 世纪思想意识舞台的主角。有道是："无可奈何花落去，似曾相识燕归来。"我们应该尊重历史的辩证法，如实地承认：龚自珍、魏源由于改造了公羊学说而揭开了近代思想的序幕。我们民族的精神，也因此而提高到新的阶段。公羊学说还要随着时代前进而继续发展，到 19 世纪末，它要同西方资产阶级学说相结合，堂而皇之地扮演政治舞台上的中心角色。

第六章　维新运动的思想武器

一、廖平与晚清今文学

清代公羊学的再一次高潮是在戊戌维新运动前后。自龚自珍、魏源至康有为著《新学伪经考》，中间约历半个世纪。此期间，宗奉今文家法从事著述的学者，有戴望、王闿运和廖平。戴望著书在同治年间，王闿运稍后。他们都经历了所谓"同治中兴"，清朝统治危殆的局面暂时得以挽回。他们的著作，在发挥公羊学说方面无足称道者，但二人既有宗奉公羊学的著作刊行，王闿运又以推尊公羊学说以教弟子，故在学说传衍上有继承之功，使薪火相继，不致渐灭。廖平即是王闿运弟子，他在戊戌以前著有《今古学考》《古学考》，区分今古文家法、整理今文学说统系，显示出其学力和见识，并且对康有为确立信仰公羊学说有直接的影响。故廖平是与戊戌运动前后公羊学说盛行于世大有关系的人物。

（一）以《公羊》义例注《论语》的戴望

戴望（道光十七年至同治十二年，1837—1873）字子高，浙江德清人。诸生，放弃科举应试的道路，从宋翔凤（庄存与外孙）治《尚书》今文之学。同治中任金陵书局校勘。戴望主要著述为《注论语》，以公羊家的观点解释这部记载孔子思想的著作。另著有《管子校证》《颜氏学记》《谪麐堂遗集》。

戴望自述著《注论语》一书的意图是："汉兴，传之者有《齐》《古》《鲁》三家（按，指汉时传《论语》有今文《齐论》《鲁论》和古文《古论》三家），文字各异。……《齐论》盖与公羊家言相近，是二篇者（按，指《齐论》较后世流传的《论语》多《问王》《知道》二篇），当言素王之事，改周受命之制，与《春秋》相表里，而为（张）禹所去（按，指西汉张禹合《齐论》《鲁论》两家，整理成《论语》，'为之章句'，而去掉《问王》二篇），不可得见，惜已！后汉何邵公、郑康成皆为此经作注，而康成遗说今犹存佚相半。邵公为公羊大师，其本当依《齐论》，必多七十子相传大义，而孤文碎句，百不遗一，良可痛也。……遂博稽众家，深善刘礼部《述何》及宋先生《发微》，以为欲求素王之业、太平之治，非宣究其说不可。……依篇立注，为二十卷，皆隐括《春秋》及五经义例，庶几先汉齐学所遗，邵公所传。"[①]

在这段论述撰著宗旨的文字中，戴望表示对《齐论》中的两篇被删去、何休《论语》注已佚失而深感遗憾，他本人撰《注论语》，则要宣究孔子素王之事、改周受命之制。细审《注论语》全书，戴望对公羊学说实无所发挥，他所作注文，仅限于撷拾董仲舒《春秋繁露》的一些解释和刘逢禄书中若干尚为古文经学派所能接受的提法，甚至对刘逢禄学说中的精义也未能撷取、申述。我们举出书中数例，择举的标准是本属《论语》中最可发挥之处，看看戴望如何解释。

《论语·为政》有："子曰：殷因于夏礼，所损益可知也；周因于殷礼，所损益可知也。其或继周者，虽百世可知也。"这段表达孔子对于前代礼制要有所损益的思想，从公羊学角度讲，这

---

① 戴望：《注论语·叙》，同治十年（1871）刊本。

正是发挥"改制"即对前代制度必须变革，变化是历史发展的规律，时势急剧变化，故治国方法必须因时而变，否则国家必定衰亡这些道理的好机会。但戴望未能做到这些，他的解释是："此明通三统之义，故举夏、殷、周而不及虞，《春秋》于三正皆书'王'是也。"虽讲到"通三统"，却未能明制度损益之义，且随即又拉到三代历法不同上，可见戴望实在未能把握主要的东西。他又说："三王之道若循连环，周则复始，穷则反本，故虽百世可知也。孔子成《春秋》，绌夏，存周，以《春秋》当新王。损周之文，益夏之忠，变周之文，从殷之质，兼三王之礼以治，百世有王者起，取法《春秋》，拨乱致治，不于是见与?"① 观戴望的解释，只重复前人说过很多的"三王之道若循环，周则复始""变周之文，从殷之质"这些话，且又只讲到采前代的礼制，至于后代如何根据当时已经变化的情况，特别是像清朝这样统治衰败、外侮日甚的严峻局势之下，如何需要紧迫地进行改革，竟毫无所见。

《论语·宪问》有："子曰：行夏之时，乘殷之辂，服周之冕，乐则韶舞。"这也是表明孔子主张对于前代制度文化不能完全照搬而应该加以损益的记载，倡导变易、改制的公羊学家应该利用这些思想资料大加引申，灌输进符合时代需要的新价值观，给人以启迪。而戴望的解释则是：

> 天之道，春暖以生，夏暑以养，秋清以杀，冬寒以藏。夏数得天，百王所同。故《周书》曰：亦越我周王，致伐于商，改正异械，以垂三统。至于敬授民时，巡守祭享，犹自夏焉。明四时不随三正变也。《春秋》托新王，将以夏正变周正，故于鲁史旧文，特冠春王于正月，上著王道之端。于郜、河阳冬言狩，周十二月，夏之十月，万物成，可以狩也。于郎春言狩，而特著正月，明夏之仲冬不宜狩，以养微阳。此《春秋》改周官仲冬大阅也。获麟春言狩而不著月，讥文去周之正，行夏之时，正狩于冬

---

① 戴望：《注论语》卷二。

也。夏时今在《礼记》，文约而旨无穷，《春秋》法其等，用其忠也。

……《春秋》制爵从殷，公一位，侯一位，伯子男同一位。王者受命，改文从质，无虚退人之义，故合三从伯矣。

……孔子从周，美其文也。《春秋》于正月、二月、三月皆书王，存二代，以著师法之义，恭让之礼焉。

……夏时，得天之正。殷辂，行地之宜。周冕，人文之备。至于韶舞，告成功于天下者矣。韶者，致太平之乐。《春秋》至所见世，为治太平，故作韶乐以明之。[①]

以上解释在《注论语》中也是具有典型性的，说明戴望之"以公羊义法注《论语》"，所重者，一是在述公羊家"通三统"之旨在历法的改易，二是他理解公羊家的"改制"，主要是制定爵位之类的变易。故他强调"《春秋》托新王，将以夏正变周正"，又引用《春秋繁露》"春暖以生，夏暑以养，秋清以杀，冬寒以藏"为依据，说明《公羊传》"明夏之仲冬不宜狩，以养微阳"的道理。又以伯、子、男同一位，合三从伯，说明"王者受命，改文从质"。这样解释，多属牵强比附，于公羊义理无所发明，更做不到注入新的时代意义。

（二）尊《公羊》，而未脱经注旧轨的王闿运

王闿运（道光十二年至民国五年，1832—1916）字壬秋，室名湘绮楼。湖南湘潭人，举人。太平天国运动期间，曾应郑亲王之弟、咸丰帝重臣肃顺聘请，在其家教读，甚被尊礼。继入曾国藩幕。此后从事讲学，四川总督丁宝桢延请主讲成都尊经书院，又为长沙思贤讲舍、衡州船山书院山长。清末，授翰林院检讨，加侍读衔。辛亥革命后，任清史馆馆长。王氏是同治至光绪初年宗今文经学的学者，著有《春秋公羊何氏笺》十一卷。其诗文摹拟汉、魏、六朝，为当时拟古派所推重。另著有《湘军志》，以及关于儒家其他经籍著作多种，后人编为《王湘绮先生全集》。

[①]　戴望：《注论语》卷十五。

王闿运治《公羊传》，主要是认为何休的公羊家说具有成一家之言的特点。同治十年（1871），王闿运四十岁，于春季又到京师。新进士因慕其名，多来求教，王氏"乃论读书之要曰：'夫学贵有本，古尚专经。初事寻摭，徒惊浩博。是以务研一经，以穷其奥。……今宜就己所好，以求师说。师说存者，如郑君（郑玄）《诗》《礼》，何氏（何休）《春秋》，皆具有本末，成为家学'"①。王闿运把何休注《公羊传》与郑玄注《诗经》《周礼》相提并论，即由于两家都是有系统、有根底的学问，故值得深入钻研，以求专通一经，具备在学术上继承深造的基础。王闿运曾用今文学的观点遍注群经，而值得注意的是《春秋公羊何氏笺》一书。此书撰著的意图是不满意徐彦为《公羊传》何休注所作的疏，故重新作笺。于光绪二年（1876）始作，次年成初稿。后于光绪九年（1883）修改，时在成都尊经书院讲学，历三年才修改完成。至光绪十七年（1891）又加以改定。

王闿运并未能掌握公羊学说变易进化的哲理和紧密联系政治的特点，他所作的《春秋公羊何氏笺》并未能摆脱经注家的旧轨。他为《公羊传》所作的注解，毫无"微言大义"可言，可见对公羊学说的实质相当隔膜。公羊学是从义理上来解释《春秋》的，可是王闿运却主张从礼制和义例上理解《春秋》，认为："《春秋》，礼也；礼者，例也。"② 而且，他所讲的"例"，主要还是指"时、月、日"之类的义例，实则不合公羊家法。我们再从《春秋公羊何氏笺》中挑选几个典型的例子来加以讨论。

《公羊传》鲁隐公元年："元年者何？君之始年也。"

何休注："……惟王者然后改元立号，《春秋》托新王受命于鲁，故因以录即位，明王者当继天奉元，养成万物。"

王氏笺："二王之后得改元，自用正朔，成王绌杞、广鲁。

---

① 王代功撰《年谱》，见《王湘绮先生全集》。
② 王闿运：《代丰春秋表序》，见《王湘绮先生全集》。

鲁、宋俱有元年，故可托王者法也。诸侯无元年，故不曰公之始年。"

按，王氏《笺》所言"二王之后得改元"，"成王绌杞、广鲁"云云，从公羊学来说都是无根之论。鲁隐公元年是传、注、笺的开篇，一开始就表明与公羊家法相乖违。

《公羊传》鲁隐公元年又云："何言乎王正月？大一统也。"

何休注："……王者始受命改制，布政施教于天下，自公侯至于庶人，自山川至于草木昆虫，莫不一一系于正月，故云政教之始。"

王氏笺："大，谓推而大之也。书春三月皆有王，存三统也。不先自正，则不足治人，故以王正月见一统之义，而三统乃存矣。"

按，比较何休注与王氏笺，两者路数完全不同。何休是强调"受命改制"之极其重大、甚至是神圣的意义，新王即位刷新政教、制度有所变革乃是符合天理、天意的事。王氏则从训诂角度言，解释"大"是推之大之，由王正月可以推广到王二月、王三月，而受命改制的"微言大义"却在他的眼前溜掉了。

《公羊传》鲁隐公元年又有："所见异辞，所闻异辞，所传闻异辞。"这是何休演绎成公羊三世说的宝贵思想资料，是公羊学之精髓所在，从董仲舒、何休，至刘逢禄、龚自珍、魏源，都敏锐地在这个重要理论问题上大力发挥。王闿运却迟钝至极，于此无片言只字解释。只是在《公羊传》终篇鲁哀公十四年，第三次出现"所见异辞，所闻异辞，所传闻异辞"时，他才加笺注："必张三世者，见为政以渐。亦以三世异词，明美恶同词。"何休所言在进化，在变革，王氏所言在变革必须渐缓地进行，而且立即又退步，将"三世"解释为"明美恶同词"，抹杀异辞的界限和区别。何休独具思辨光彩的三世说哲学观竟变成卑卑不足道的"美恶同词"，名为替何休的注解作笺，实则窒息了何休注中具有进步意义的东西，简直成为"可以溺死月亮的枯井"。

《公羊传》鲁哀公十六年又有："君子曷为《春秋》？拨乱世，反之正，莫近诸《春秋》。"

何休注："……知汉当继大乱之后，故作拨乱之法以授之。"

王氏笺："五经多陈圣王之典，《春秋》始记乱世之事。一事乱以一义正之。人人知乱之可以正，故最近也。"

按，《公羊传》强调《春秋》是一部政治书，故具有拨乱反正、为后王立法的了不起意义。何休忠实地发挥《公羊传》的精神。王氏作《笺》，却将《春秋经》与其他儒家经书同等看待，并引导读者错误地理解为《春秋经》本身就有记乱之事和正治之法。如此，公羊学还有什么讥议时政、批判专制的意义呢？

从上面几个典型的例子，说明王闿运所撰《春秋公羊何氏笺》，较之龚自珍、魏源具有鲜明进步意义的学说来，是大为退步了。王闿运磨钝了何休以来有进步意义的公羊学说的锋芒，使之对保守势力毫无威胁。这同王闿运长期当清朝阔官的朋友和俨然地方士绅的社会地位，倒是很相称的。

王闿运尊奉今文学的观点影响了他的学生廖平，遂使晚清今文经学的演变翻开了新的一页。

（三）廖平治学善变，其积极影响在前期

廖平（咸丰二年至民国二十一年，1852—1932）字季平，晚号六译，四川井研人。二十二岁赴博士弟子员试，试卷被考官所弃，时张之洞任四川学政，拔为第一，故长期对张之洞深怀知遇之恩。次年，即入张之洞所创成都尊经书院就读。师事担任尊经书院主讲之王闿运。三十七岁（光绪十四年，1888）中进士，授龙安府教授。以后历任射洪安岳教谕，绥安府学教授，尊经书院襄校等职。廖平治学善变。他于光绪十二年（1886）著成《今古学考》，主张"平分今古"。次年，又作《续今古学考》①（后经过增订，改名《古学考》②，又成《知圣篇》③），变成"尊今抑古"。这段时间廖平著书，颇守今文家法。以后，于戊戌年（1898）十月，著《地球新义》，提出"小统大统"之说，于六经中分为小、大二统，今文的《王制》为小统，为王伯学，用以治中国，古文的《周礼》为大统，为皇帝学，用以治全世界；1906 年以后，著《孔经哲学发微》，提出"天人之学"，以经传所言圣人、人帝为人学，所言至人、真人等为天学；1918 年以后，又著《五变记》，提出"人天小大"之说；从 1921 年以后，著有《诗经经释》和《易经经释》，以《黄帝内经·素问》和《灵枢》中的五运六气，来解释《诗经》和《易经》。其学共经历以上六变，前两变持之有故，学术价值应该得到肯定，第三变则不顾与以前今文家法自相矛盾，以后越变越离奇，极尽附会荒唐之能事。廖平于 1889 年岁末及次年初，在广州曾两次与康有为晤面，康有为受到他的启发，以后著成《新学伪经考》和《孔子改制考》两部著作。戊戌政变后，吴郁生督蜀学，即以廖平与康有为学术思想有关联，乃劾其逞臆说经，革职交地方官管束。锡良任川督后，仍延请他主讲学堂。民国以后，任成都国学院院长甚久，又曾任成都高等师范教授。所著多收入《四益馆丛书》

---

①　此据廖宗泽《六译先生年谱》，光绪十三年，见廖幼平编《廖季平年谱》，巴蜀书社，1985 年版。

②　据学者研究，《古学考》于 1888 年（光绪十四年）已有初稿，但常修改，未及时刊行。经过增订的《古学考》，1894 年作记，1898 年开始付刊。

③　此据廖平本人所述，并称著有《辟刘篇》。但廖平的师友有关这段时间交往的记载或日记，均无著成《知圣篇》《辟刘篇》的任何佐证。而能找到的旁证，则证明书尚未成。被称为《辟刘篇》改定本之《古学考》系 1898 年由尊经书局刻成。《知圣篇》系 1904 年由绥定府中学堂刻成。均在廖氏自言著成十年之后。故钱穆《中国近三百年学术史》云："据此则《知圣》《辟刘》两书均已成，何以又云己丑在苏见俞荫甫云'俟书成再议'乎？抑犹为未定稿乎？大抵廖既屡变其说，又故自矜夸，所言容有不尽信者。"房德邻所著《儒学的危机与嬗变》中认为，廖平究竟何时完成《知圣》《辟刘》两书初稿，是否康有为曾得到过，均不可知。"据说顾颉刚曾在康有为家中见过《知圣篇》稿本"，假若确曾有此稿本，其"写作时间也不会早于 1894 年"。

《六译馆丛书》中刊行。

廖平自幼读书刻苦。青年时曾喜欢博览考据诸书，以后厌弃其破碎，"专事求大义，以视考据诸书，则又以为糟粕而无精华，枝叶而非根本"①。他阐发今文学，是受到老师王闿运的影响。王闿运于光绪四年（1878）至十年（1884），因四川总督丁宝桢的屡屡邀请，数次入川，主讲成都尊经书院。时人称：在此之前，蜀中学子除帖括以外，不知读经史诸书。王闿运至院后，"院生喜得师，勇于改辙，宵昕不辍，蒸蒸向上"。王闿运来蜀之前一年，刚刚完成《公羊春秋笺》初稿。以后又在光绪九年、十年（1883、1884）从事改定工作。故在主讲书院期间，《春秋公羊传》正是他头脑中的兴奋点。这就直接影响了廖平。据《年谱》记载，是时，廖平与好友张祥龄均有志于《公羊春秋》，常就王闿运请业，每至深夜。② 至王闿运离开成都之后，廖平即于光绪十二年（1886）著成《今古学考》。

《今古学考》是廖平学术思想"初变期"的代表作，主张"平分今古"，颇有系统，故甚获学者好评。③ 廖平曾撮述此书主旨："据《五经异义》所立之'今''古'二百余条，专载礼制，不载文字。'今学'博士之礼制出于《王制》，'古文'专用《周礼》。故定为'今学'主《王制》、孔子，'古学'主《周礼》、周公。然后二家所以异同之故，灿若列眉。千溪百壑，得所归宿。'今''古'两家所根据，又多同出于孔子，于是倡为'法古''改制'，初年、晚年之说。然后二派如日月经天、江河行地，判然两途，不能混合。"④

此书以卷上《今古学宗旨不同表》为最重要。其中表列的主

---

① 廖平：《六译馆丛书·经学初程》。
② 廖宗泽：《六译先生年谱》，光绪五年。
③ 据《年谱》记载，光绪十五年，廖平与古文经学家俞樾在苏州会面，俞亟称《今古学考》为不刊之书。近代经学史家周予同云："（廖）著《四益馆经学丛书》数十种，其中以《今古学考》一书为最有系统。"（《经今古文学》，《周予同经学史论著选集》增订本，第21页。）
④ 廖平：《六译馆丛书·四益馆经学四变记》。

要内容有：

今祖孔子。	古祖周公。
今，《王制》为主。	古，《周礼》为主。
今主因革。（原注：参用四代礼）	古主从周。（原注：专用周礼）
今，孔子晚年之说。	古，孔子壮年主之。
今皆受业弟子。	古不皆受业。
今为经学派。	古为史学派。
今，西汉皆立博士。	古，西汉多行之民间。
今经、传立学，皆在古前。	古经、传立学，皆在今后。
今由乡土分异派。	古因经分异派。
今以《春秋》为正宗。（原注：馀皆推衍《春秋》之法以说之者。）	古惟《周礼》为正宗。（原注：即《左传》亦推衍以说之者，馀经无论矣。）
今多主纬候。	古多主史册。
今学出于春秋时。	古学成于战国时。

以上所摘录的主要内容，大多是确有根据之论，是廖平从纷繁的材料中整理提炼出来的，又以表列的形式，两相对照，使今、古文学派的区别泾渭分明。其中，今祖孔子、古祖周公，今主因革、古主从周，今为经学派、古为史学派，今学于西汉皆立博士、古学于西汉多行之民间，今以《春秋》为正宗、古以《周礼》为正宗等项，于认识学派宗旨、流传的不同尤为重要。其他一些提法，如称"今，孔子晚年之说；古，孔子壮年主之"等，也不失为一家之言。故近代学者研究今古文学同异，明显地受到廖氏的影响。

周予同在"五四"以后治经学史，他的看法比廖平更有科学性。所著《经今古文学》一书，也列表以示今、古文学的同异，即明显吸取了廖平的学术成果。其主要内容有：

今文学	古文学
崇奉孔子。	崇奉周公。
以孔子为"托古改制"。	以孔子为"信而好古，述而不作"。
以"六经"为孔子作。	以"六经"为古代史料。
以《春秋公羊传》为主。	以《周礼》为主。
为经学派。	为史学派。
经的传授多可考。	经的传授多不可考。
西汉都立于学官。	西汉多行于民间。
尊孔子是"受命"的"素王"。	尊孔子为先师。
信纬书，以为孔子微言大义间有所存。	斥纬书为诬妄。

（见《周予同经学史论著选集·经今古文学》之二）

《今古学考》卷下系分条申述。如云：

> 西汉今学盛，东汉古学盛。后盛者昌，而《易》《尚书》《诗》《礼》之今学全佚，而惟存古学，无以见今学本来面目。犹幸《春秋》今学之二传独存，与古相抗，今学全由《春秋》而生。

> 今古经本不同，人知者多。至于学官皆今学，民间皆古学，则知者鲜矣。知今学为齐鲁派，十四博士同源共贯，不自相异；古学为燕赵派，群经共为一家，与今学为敌，而不自相异；则知者更鲜矣。知今学同祖《王制》，万变不能离宗；《戴礼》今古杂有，非一家之说；今古不当以立学不立学为断；古学主《周礼》，隐与今学为敌；今礼少，古礼多；今礼所异皆改古礼等说，则西汉大儒均不识此义矣，何论许、郑乎！

> 鲁、齐、古三学分途，以乡土而异。邹与鲁近，孟子云："去圣人居，若此其近。"盖以鲁学自负也。荀子赵人，而游学于齐，为齐学。《韩诗》燕人，传今学而兼用古义，

大约游学于齐所传也。《儒林传》谓其说颇异，而其归同。盖同乡皆讲古学，一齐众楚，不能自坚，时有改异，此韩之所以变齐也。

以上讲今学全由《春秋》而生，以西汉、东汉划分今学、古学兴盛的时代，讲今学、古学在西汉所处官学与民间流传地位的不同，讲今古学派的区分与地区有关，又因传授关系形成复杂的局面，都是有见识、有价值的见解，故能给人以启发。

《古学考》一书刊于光绪二十年甲午岁（1894）[1]，主张"尊今抑古"，是廖平经学思想"二变期"的代表作。廖平本人撮述此书要旨云："考究'古文家'渊源，则皆出许、郑以后之伪撰。所有'古文家'师说，则全出刘歆以后据《周礼》《左氏》之推衍。又考西汉以前，言经学者，皆主孔子，并无周公；六艺皆为新经，并非旧史。于是以尊经者作为《知圣篇》，辟古者作为《辟刘篇》。（自注：外间所传之《改制考》，即祖述《知圣篇》，《伪经考》即祖述《辟刘篇》）而多失其宗旨。"[2]（按，前已说明，《知圣篇》《辟刘篇》二书并无证据证明写于1894年以前。廖平此处讲析为二书云云，不可据信。）

廖平在《古学考》修正旧说"以鲁纯今学，齐韩参用古学"，改为：《穀梁》、鲁诗为鲁学，《公羊》、齐、韩诗为齐学，不专尊鲁而薄齐。"《诗》之鲁、齐、韩三家，旧以鲁纯今学，齐、韩皆参用古学。按其时尚无古学，何缘参之？盖多互文见义耳。……齐学同祖孔子，特文义参差，后人不明此义，强为分别耳。今以韩附于齐，只分二派，以乡土说之。至于古学，当时未成，东汉以后亦非乡土所拘，不入乡土之例，示区别焉。"所论颇有根据，为近代学者所采用。但《古学考》最大的特点，在于集中论述古文经学最主要的经典《周礼》是刘歆所伪造。廖平论云："旧说

---

① 廖平于《古学考》之首自记云："丙戌刊《学考》（按，指《今古学考》），求正师友。当时谨守汉法，中分二派。八年以来，历经通人指摘，不能自坚前说。谨次所闻，录为此册。以古学为目者，既明古学之伪，则今学大同，无待详说。……甲午四月廖平自记。"

② 廖平：《六译馆丛书·四益馆经学四变记》"二变记"。

以《周礼》与《左传》同时，为先秦以前之古学。……今按：前说误也。此书乃刘歆本《佚礼》羼臆说揉合而成者，非古书也。何以言之？此书如果古书，必系成典，实见行事者。即使为一人拟作私书，亦必首尾相贯，实能举行。今其书所言制度，惟其本之《王制》今礼者，尚有片段。至其专条，如封国、爵禄、职官之类，皆不完具，不能举行，又无不自相矛盾。（原注：如建国五等，出车三等之类。）且今学明说，见之载籍者，每条无虑数千百见。至《周礼》专条则绝无一证佐。如今学言封国三等，言三公九卿，毋虑千条。而《周礼》言地五等，以天地四时分六卿，则自古绝无一相合之明证。此可知其书不出于先秦。"

《周礼》（又称《周官》）一书是古文经学最主要的典籍，但它本来晚出，来历并不清楚。古籍上关于《周礼》来历向有不同说法，互相歧异。唐贾公彦在《周礼义疏》中据《马融传》，认为是因秦始皇焚书而隐藏，至汉武帝提倡儒学而出现，"复入于秘府，五家之儒莫得见焉"。《汉书·河间献王传》则说，献王所得古文先秦旧书中，有《周官》《尚书》《礼》《礼记》《孟子》《老子》之属。唐陆德明《经典释文·叙录》引或说，云"河间献王开献书之路，时有李氏上《周官》五篇"。（《隋书·经籍志》及《通典·礼》说法基本相同。）由于来历不清楚，故历代学者有不少人持反对或怀疑态度。最早的是与刘歆同时的今文博士，"共排以为非是"。与郑玄先后的今文学家林孝存以为：武帝知《周官》末世渎乱不验之书，故作十论七难以排弃之。何休亦以为六国阴谋之书。清初学者中，桐城派方苞著《周官辨》主张《周礼》是刘歆所窜造。其说即为康有为所采用。宋学派学者中，欧阳修、苏轼、苏辙最先提出怀疑，以后晁说之、胡安国也倾向于怀疑方面。① 现在，廖平认为这部古文经学最主要的著作《周礼》是刘歆本《佚礼》羼臆说糅合而成，断定它是一部伪作。此

---

① 参见周予同《群经概论》之四"三礼——周礼、仪礼与礼记"，《周予同经学史论著选集》（增订本）。

时，康有为《新学伪经考》一书已经刊行三年，廖平《古学考》与之相配合，进一步动摇古文学派的正统地位。《古学考》中，对凡不利于今文学的典籍，都说是刘歆或后代学者、校史者羼乱、掺入，然后证明《周礼》是刘氏所删补，《古文尚书》《毛传》为东汉贾逵、谢曼卿始创之说。廖平的主张是："《汉书》以《周礼》《毛传》并传于河间，藏在秘府。《左传》皆有师传授受。《后汉书·儒林传》以建武立《毛诗》博士：皆六朝以后伪说行世，校史者据误说所羼改。如《后汉书·儒林传》十四博士之有《毛诗》，是其明证。今据此书为证，伪说自破。故以古学成于东汉，以《周礼》为刘氏所删补，《古文尚书》《毛传》为贾逵、谢曼卿始创之说，非西汉之书也。"廖平力主古文学家伪造《周礼》等经典，正与康有为的著作相呼应。

廖平一生称著书多至百种，而于清代经学关系最大、最有价值者，即在他四十二岁以前所著成和刊刻的《今古学考》《古学考》二书，其先主张古文是周公、今文是孔子，以后主张今文是孔子之真，古文是刘歆伪作，即是他对清代今文经学所作的贡献。梁启超对此曾有评论："早岁实有所心得，俨然有开拓千古推倒一时之概。晚节则几于自卖其学，进退失据矣。至乃牵合附会，摭拾六经字面上碎文只义，以比附泰西之译语，至不足道。虽然，固集数十年来今学之大成者，好学深思之誉，不能没也。盖自今古之讼既兴，于是朱右曾有《尚书欧阳夏侯遗说考》，陈乔枞有《今文尚书经说考》《三家诗遗说考》《齐诗翼氏学疏证》，陈立有《公羊义疏》，专凭西汉博士说以释经义者间出，逮廖氏而波澜壮阔极矣。"[①] 梁启超是晚清今文学运动的重要人物，自 1890 年起即追随康有为，参加康氏重要今文学著作的编撰，他的这段评论大体上是中肯的。

（四）廖平对康有为的影响

上面讲廖平对晚清今文学作出贡献，当然包括廖平"尊今抑

---

① 梁启超：《论中国学术思想变迁之大势》，《饮冰室合集》文集之七，第 98 页。

古"的观点直接影响了康有为，使他完全转向今文学，随之又著书立说，把晚清今文运动推向高潮。康有为的今文学观点直接受到廖平的影响，对此梁启超、章太炎都曾明确讲到。而康有为本人却故意隐讳这个历史事实，说自己是因思索感悟而转向今文学，是远绍刘逢禄、魏源、龚自珍的，这种态度很不足取。但以往这个问题又有扑朔迷离之处。主要原因是廖平出于矜饰自己讲了夸大的话，在1896年所作《经话甲编》中说："丁亥（1887）作《今古学考》（按，此说不确，《今古学考》刊于丙戌年〔1886〕）。戊子（1888）分为二篇，述今学为《知圣篇》，古学为《辟刘篇》。"① 1906年所作《四益馆经学四变记》中更进一步说："外间所传之《改制考》，即祖述《知圣篇》，《伪经考》即祖述《辟刘篇》。"康有为的弟子梁启超，在其影响很广的《清代学术概论》一书中说："今文学运动之中心，曰南海康有为。然有为盖斯学之集成者，非其创作者也。有为早年，酷好《周礼》，尝贯穴之著《政学通议》。后见廖平所著书，乃尽弃其旧说。"② 以上两种说法多被引用，廖平先著成《辟刘篇》《知圣篇》，康有为见其书以后，推衍而成《新学伪经考》《孔子改制考》两本著作，成为学术界相当普遍的看法。但实际上又存在相反的证据，廖平所著《古学考》（此应是拟议中之《辟刘篇》定稿本）、《知圣篇》刊刻均在康有为著作之后，不仅内容、观点多有同于康书者，而且《古学考》明文提到康有为及其所著书即有两处。有的学者即据此否定康有为今文学思想来源于廖平的说法。③ 这样，廖、康著书先后的关系便成为学术史上的疑案。对于这个与清代经学史关系甚大的问题，近年来学者进一步提出有价值的证据：（1）廖平与康有为在广州两次晤面是在1889年底及次年初。廖平当时的行踪是，1888年冬，由成都赴京会试。此时恰有张之洞电召赴广州纂《左传疏》，时张之洞任两广总督。1889年春，廖

---

① 廖平：《六译馆丛书·经话甲编》。
② 梁启超：《清代学术概论》，《饮冰室合集》专集之三十四，第56页。
③ 参见钱玄同《重论经今古文学问题》，重印《新学伪经考》序言及张西堂《〈古学考〉序》。

平在京中进士。6 月，由京启程南下，取道天津，谒王闿运。"王留宿谈今古学。王阅先生《经说》，欲通撰九经子史成一家言，谓'亦志大可喜'。"① 廖并未向王谈起自己著有《辟刘篇》《知圣篇》。（2）1888 年七月，廖平与俞樾晤于苏州。廖平记述此次会面说："己丑在苏晤俞荫甫先生，极蒙奖掖，谓《学考》为不刊之书。语以已经改易，并三传合通事，先生不以为然曰：'俟书成再议。'盖旧误袭袭已久，各有先入之言，一旦欲变其门户，虽荫老亦疑之。"② 据此，证明廖平此时《辟刘篇》《知圣篇》并未著成，更无有稿本于南下时带在身上，俞樾回答他"俟书成再议"，尤可证实。（3）到广州后，廖平住广雅书局，两次晤康有为。廖平本人曾这样叙述与康的见面："广州康长素奇才博识，精力绝人，平生专以制度说经。戊己间从沈君子丰处得《学考》，谬引为知己。及还羊城，同黄季度过广雅书局相访，余以《知圣篇》示之，驰书相戒，近万余言，斥为好名骛外，轻变前说，急当焚毁。当时答以面谈，再决行止。后访之城南安徽会馆，黄季度病未至，两心相协，谈论移晷。"③ 廖平这段话，可疑之点有二：一是，廖平自出京城以后，一路上都未见带有书稿，现在见康有为却忽然有了书稿，而他的书稿竟不给老师王闿运看，不给他所敬重的著名学者俞樾看，也不给恩师、此次召他来广州的张之洞看，却贸然出示给一个初次见面、毫无名气的后生新进。这些都与情理不符。二是，康有为于 1891 年刊出的《新学伪经考》内容与《辟刘篇》相近，1896 年著成的《孔子改制考》内容与《知圣篇》相近。如果廖平当时携有书稿，也应是《辟刘篇》，这里却写成是《知圣篇》。则《知圣篇》又如何能使康有为于见面不久直接推衍出《新学伪经考》一书？联系到廖平在《四变记》中所说《伪经考》即祖述《辟刘篇》一段话，更有理由怀疑廖平有意造成恍惚迷离的印象，以使人相信康是见了他的书稿之后才能写出《伪经考》来。（4）1894 年以前廖平有一封致康有为的

---

① 廖宗泽：《六译先生年谱》，光绪十五年。

② 廖平：《六译馆丛书·经话甲编》。

③ 廖平：《六译馆丛书·经话甲编》。

信，说："龙济之大令来蜀，奉读大著《伪经考》《长兴学记》，并云《孔子会典》（按，即《孔子改制考》）已将成书。弹指之间，遂成数万宝塔，何其盛哉！……后之人不治经则已，治经则无论从违者，《伪经考》不能不一问途，与鄙人《今古学考》，永为治经之门径，欣忭何极！惟庚寅羊城安徽会馆之会，鄙人《左传经说》虽未成书，然大端已定，足下以《左》学列入新莽，则殊与鄙意相左……今观《伪经考》，外貌虽极炳烺……而内无底蕴，不出史学、目录二派之窠臼，尚未足以治鄙怀也。……昔年在广雅，足下投书相戒，谓《今古学考》为至善，以攻新莽为好名……又吾两人交涉之事，天下所共闻知。余不愿贪天功以为己力，足下之学自有之可也。然足下深自讳避，致使人有向秀（应作郭象）之谤。每大庭广众中，一闻鄙名，足下进退未能自安。浅见者又或以作俑驰书归咎鄙人，难以酬答，是吾两人皆失也。天下之为是说惟吾二人，声气相求，不宜隔绝，以招谗间。其中位置，一听尊命。谓昔年之会，如邵、程也可，如朱、陆也可，如白虎、石渠亦可……且吾之学详于内，吾子之学详于外，彼此一时，未能相兼，则通力合作，秦越一家，乃今日之急务，不可不深思而熟计之也。"[1] 廖平在信中说他读到《伪经考》，并得知《孔子会典》即将成书，却未提及他自己所谓的《辟刘篇》和《知圣篇》，仅将《伪经考》和他的《今古学考》并提，一同视作"永为治经之门径"。廖平提到广州会晤事，委婉地指责康有为隐瞒受他影响的事实，并未说曾给康看过什么书稿，只说到一部当时正在酝酿的《左传经说》。据此，更可证明廖平并未给康看过《辟刘篇》或《知圣篇》。"这封信是廖平亲致康有为的，所述广州会晤和二人的学术关系应该是可信的。信中没有提及他后来屡屡道及的《辟刘篇》和《知圣篇》，是因为他在广州并未给康有为看过这两部书，在信中不能无中生有。""这封信给人的印象是，广州会晤时，康、廖讨论了经学问题，康受了廖的影

---

① 廖平：《四益馆文集·致某人书》。

响，但廖平并未给过康有为什么书。"①

从以上证据我们可以得出结论：康有为先曾读过《今古学考》，引廖平为知己。广州会晤之后，康更加受到廖的影响，接受了他的观点，而完全转向今文学。此后不久，即相继著成《新学伪经考》《孔子改制考》，所以康有为今文经学的渊源在廖平。但是，廖平并未以两部书稿出示康有为，康的两部著作不是直接祖述廖平的《辟刘篇》《知圣篇》。而廖平后来刊行的《古学考》，却有直接引用《新学伪经考》的内容。

（五）廖平晚年学术变态在前期的种因

廖平与康有为所处时代相同，两人同是与晚清今文学关系最大的人物，而 1894 年以后却走上完全不同的道路。康有为以自己紧扣时代脉搏的著作，把今文学推向高潮，并以经过改造的公羊学说作为维新变法的思想武器；廖平却不顾自相矛盾，改变自己的学说，并且越变越离奇荒唐。其中原故，固然与外界的压力（张之洞的申诫）和廖平本人的"怯于胆"很有关系，而更重要的是他早期在取得很有价值的学术成就的同时，已经种下不良的根，这是造成他晚年学术变态的内因。

首先，廖平经学思想的前两变虽然颇守今文家法，但他只是作纯学术的研究，没有继承清中叶以来进步今文学家关心国家民族命运的传统。清代今文学复振的生命力，乃在于它强烈的经世致用精神与挽救国家危亡的时代需要密切结合，廖平的学术观点中没有这种积极的推动力，他对于列强环伺、民族危机深重的时代特点非常隔膜，故被学者称为"游离于时代主流以外"，这同康有为从八十年代后期开始就有志于从事挽救危亡的政治活动是大不相同的。

与此相联系，廖平前期虽然对区分今古作了有系统的总结，表现出好学深思的特点，但他专以"制度"作为分别今古的指导思想，实际上却没有把握住今文学说的核心。今文学的核心，是

①　房德邻：《儒学的危机和嬗变——康有为和近代儒学》第一章第二节，台湾文津出版社，1992 年版。

重视义理的发挥，讲"微言大义"，关心现实政治，为后王立法，以变易进化观点观察历史。而廖平对这些实质性问题是缺乏认识的，所以即使在其经学思想"二变期"，把今文学抬得很高，斥古文经都是伪造，也无法把其经学思想与时代要求相联系起来。他论其学术的"初变"，因不满前人虽区分今古而不明归宿，"乃据《五经异义》所立之'今''古'二百余条，专载礼制"，便以礼制的不同区分今古。骤看似有理，究实则失当。他又在《何氏公羊春秋十论》中《主素王不王鲁论》一文中说：

> 若孔巽轩之去王鲁而主时王，则诚俗学。若今之去王鲁而主素王，则主王鲁者多年积久而悟其非，诚为去伪以存真。
>
> 盖尝以经例推之，则鲁为方伯，讥僭诸公，非作三军，则是《春秋》仍以侯礼责鲁也。讥不朝，非下聘，则是《春秋》仍君天王而臣鲁侯也。且《春秋》改制作，备四代，褒贬当时诸侯，皆孔子自主。鲁犹在褒贬中，其一切改制进退之事，初不主鲁，则何为王鲁乎？若以为王鲁，则《春秋》有二王，不惟伤义，而且即《传》推寻，都无其义，此可据《经》《传》而断其误矣。①

孔广森用"时王说"代替何休公羊家法的"王鲁说"，是以训诂手段取代公羊学说对"微言大义"的阐释，同时代表历代孔府这样的以世袭儒宗出现的世族大地主，向朝廷要求承认其庄园的独立地位，当然毫无进步意义可言。如今廖平力主以"素王"说代替公羊家法的"王鲁"说，其实质也害怕从"王鲁"引申出不利于封建统治阶级的结论。"王鲁"之说，是董仲舒、何休阐发公羊学政治大义的重要部分。"王鲁"，即"以《春秋》作新王"，是跟"绌夏、故殷、亲周"联系在一起的，表明王朝更迭，政制也要变革，历史是变易、进化的。同时，"王鲁"又与"《春秋》

---

① 廖平：《六译馆丛书·何氏公羊解诂三十论》。

为后王立法"相联系，表明公羊学说的强烈政治性，具有拨乱反正、为后世立法的意义。廖平不理解公羊学的实质，所以反对义理的发挥，而力求拉回到以训诂方法从字面上来解释。因此，他强调"以经例推之"，拘守于"《春秋》仍君天王而臣鲁侯"，若"王鲁"，则"《春秋》有二王"。如此立论，公羊学说又失去其活力，陷于偏枯贫乏的境地。

廖平又说："王鲁之说始于董子，成于何君。……董子立义依违，首改素王之义，以为'托鲁'之言。此董子之误，后贤当急正之者也。且其说以王意不可见，乃托之王鲁。托者，假托。实以素王为本根，王鲁为枝叶，因王意不见，乃假王鲁以见素王之义。是董子之言王鲁者，意仍主素王也。"①"素王"之说，称孔子没有王侯的封号而有王侯的地位，只是表达对孔子的一种尊奉。董仲舒由素王推衍为"王鲁"，是公羊学说的推进。廖平循着相反方向，借口"王鲁说"以素王为本根，故又回归到素王，似乎也有逻辑的依据，实则是公羊学说严重的倒退。廖平也不明白公羊三世说进化观的意义，把"三世"降低到《春秋》书法或文辞的差别。故说："《春秋》世变迭更，书法由之而异。""《传》以三例总之，所谓传闻、闻、见是也。约略分之，所见不过六十年，所闻不过八十年，传闻不下百年。自襄至哀，文辞数变，所谓异辞者，所见与见自异，非与传闻所闻异也。以推闻与传闻，义亦如此。细变无虑数十，大异约数为九，所见三异，所闻三异，所传闻三异。""三世之精意，不外远近二字。苟得其要，无俟烦言矣。《穀梁》引孔子曰：'立乎定哀，以指隐桓，则隐桓之世远矣。'此《穀梁》三世之例也。《公羊》真义实亦如此。"② 如此解释公羊三世说，则其精义完全被阉割，变成琐屑的文辞、书法的争辩，而完全丧失思想价值。廖平从纯学术角度来推演儒家经典，割断了儒家今文学说在近代复兴与时代的联系，就必然使之丧失活力，最后走向穷途末路，反映出固守儒学体系

---

① 廖平：《主素王不王鲁论》，《六译馆丛书·何氏公羊解诂三十论》。

② 廖平：《三世论》，《六译馆丛书·何氏公羊解诂三十论》。

在近代的衰落趋势。

其次，是由于廖平矜奇善变的学术性格。

廖平曾自诩说："为学须善变，十年一大变，三年一小变，每变愈上，不可限量，所谓士别三日当刮目相待者也。变不贵在枝叶，而贵在主宰，但修饰整齐无益也。若三年不变，已属庸才；至十年不变，则更为弃才矣。然非苦心经营，力求上进者，固不能一变也。"① 这种为变而变的观点，同学术上力求创新是有本质不同的。学术上重视由旧原理推求出新原理，或因吸收新学理、接受时代新刺激而有新的创造，这种创新体现出学术本身前进的内在要求。廖平则不讲条件、不讲可能，只图炫人耳目，矜奇求异。这种变，就有可能是无根之论，或者完全抛弃前说，置自相矛盾于不顾，甚至在外界压力下，走上"自卖其学，进退失据"的可悲境地。廖平的经学"第三变"，便是在张之洞的压力下，完全推翻原先"尊今抑古"的学说，颠倒成为今学古学是"小大之学"。张之洞以前既然对廖平有奖拔之恩，此后也就以其阔官地位时时加以掣肘。光绪五年（1879），廖平赴京应试，谒见张之洞，时张已看出廖有尊今文学的倾向，便告诫他"风疾马良，去道愈远"。此后，于光绪九年（1883）在山西太原，光绪十四年（1888）在广州，张之洞又两次用这两句话告诫他，都是为了牵掣廖平，不让他在尊今文学道路上走得太远。至光绪二十三年（1897），新旧两派斗争更加激烈之时，张之洞令宋育仁向廖平传话再申告诫："风疾马良，去道愈远。解铃系铃，惟在自悟。""并命改订经学条例，不可讲今古学及《王制》并攻驳《周礼》。"要否定本人原先"尊今抑古"的学说，完全颠倒过来，将何以自圆其说？又有何面目见天下人？这对廖平来说，实在也是一个痛苦的过程，故"先生为之忘寝餐者累月"。② 然而在张之洞的压力之下，他果然作了"第三变"，于次年写成《地球新义》，彻底改变尊奉今文学的立场，大讲今文《王制》

---

① 《六译馆丛书·经话甲编》。
② 均见廖宗泽《六译先生年谱》。

是小统，古文《周礼》为大统。由于善变而屈服于权势者的压力，陷入前后自相矛盾的狼狈境地，这是无法、也不应该为之讳饰的。

第三，廖平前期治学还暴露出他驳杂枝蔓、牵强附会的弱点。光绪十一年（1885）著《何氏公羊春秋续十论》，次年著《何氏公羊春秋再续十论》，内中立有《嫌疑论》《隐见论》《据证论》《加损论》《涂乙论》《图谶论》《参用左传论》《用董论》《不待贬绝论》等名目，均属了无新义、穿凿附会的文字，晚年的凭空冥想，已由此露出端倪。以后他著《文字源流论》，因欧美国家通行字母，便附会说："吾国当未有六书之前，亦必有字母之时代。"自孔子制作六经以后，中国才有六书文字。"秦焚六国史与百家言，即焚仓颉字母。汉东方朔《客难》，讽诵《诗》《书》百家之语；史公《叙传》，协厥六经，整齐百家。是西汉之世字母尚与古文并行于世，董子请黜百家，然后绝灭无存。"在《地球新义》中，他把邹衍关于"大九州"之说附会为全球的地理学说。还把《诗经·民劳》篇中的五章附会为"四岳"和地球各大洲：首章为东岳，指澳洲而言；二章为南岳，指非洲、南美洲而言；三章指京师而言，中国为留京，地球之中为行京；四章为西岳，指欧洲、北美而言；五章为北岳，指今俄罗斯而言。廖平晚年的这类所谓著作，完全是附会臆造的无稽之谈。对这样一个畸形的学者，胡适称之为方士，周围无人能理解，连亲属也不敢赞同，有其孙廖宗泽的记载为证："海内学者略窥先祖之学皆逮一二变而止，三变以后冥心独造，破空而行，知者甚鲜。五变六变语益诡，理益玄，举世非之，索解人不得，虽心折者不能赞一辞，胡适之至目为方士。泽以莫测高深，亦未敢苟同。"[①] 一个在前期好学深思、有所成就的学者，却因其脱离时代主流、矜奇炫异、穿凿附会，最后成为"方士"式的人物，廖平的经历也许能从反面给治学者提供一些启示。

———————————

① 廖宗泽：《六译先生行述》，见廖幼平编《廖季平年谱》。

二、康有为今文学观点的确立

（一）晚清今文学运动的核心人物

康有为是晚清今文学运动的核心人物。他极大地发挥公羊学说议政的特点，推演、阐发公羊"三世"说，把它与《礼运》篇的小康、大同思想相糅合，并且与学习西方国家学说、民主思想相贯通，提出了一套改变中国封建专制政体、经由君主立宪到最终实现民主政治的学说，作为发动维新变法运动的理论纲领。康有为的公羊学观点是直接继承龚自珍、魏源而来的，而又比前人大大向前推进一步，龚、魏还停留在议政阶段，而康有为则把宣传进步的公羊学说变成为实际的政治行动，掀起了一场声势浩大的戊戌变法运动。以康有为为首的爱国志士宣传公羊变易学说，是与民族危机深重、亡国灭种迫在眉睫的险恶局势紧紧扣合，又与晚清社会对于输入西方国家学说、民主思想和进化论的迫切需要相结合的，因而形成 19 世纪末 20 世纪初年公羊学说风靡于世的局面，在近代文化史上具有思想启蒙的意义，有力地推动了晚清社会的进程。而康有为本人也成为维新运动的领袖，成为爱国志士摸索救国救民真理、学习西方进步思想的代表人物。

康有为（咸丰八年至民国十六年，1858—1927），广东南海人。原名祖诒，字广厦，号长素，又被称为南海先生。祖父是道光举人，历任教谕、训导等教职。他从十一岁起即在祖父督责下，读经习史，观《大清会典》《东华录》等。十九岁，从粤中大儒朱次琦学习，深受其影响，遂博通经史。由于他生活在广东沿海，故较早接触西方文化，跟内地明显不同，并且留心时事。光绪五年（1879），游历香港，亲睹"西人宫室之瑰丽，道路之整洁，巡捕之严密"，使他认识到西人治国有法度，不得以古旧之"夷狄"视之。同时因民族自尊心受到强烈刺激，更加激起了解西方、学习西方的愿望，于是大购西书，大讲西学。光绪八年

(1882) 路过上海时，大量购买、阅读江南制造总局译印的西书。同时他很关心明治维新以后日本的情况，搜集了不少日本书籍，从而得知日本新政之日新月异。这一时期他通过广泛阅读西书译本和报纸，认真研究西方国家强盛的原因。光绪十四年 (1888)，因赴乡试到北京，鉴于中法战争以来民族危机更加深重，第一次上书光绪帝，指出日本"伺吉林于东，英启藏卫而窥川滇于西，俄筑铁路于北而迫盛京，法煽乱民于南而取滇粤"，建议变成法、通下情、慎左右三事，以图中国富强，较系统地提出改良中国政治的主张。此后在广州两次与廖平晤面，接受廖平的影响，确立了今文经学观点。光绪十六年 (1890) 至十九年 (1893)，在广州长兴里万木草堂聚徒讲学，培养维新力量。在弟子陈千秋、梁启超等人协助下，先著成《新学伪经考》，大力抨击古文经学，从根本上动摇正统观念。后又成《孔子改制考》，以孔子"改制"作为变法的依据，推演公羊三世说，认识到只有变法，才能使中国富强，由据乱世，经过升平世，最后达到太平世的"大同"境地，从此奠定了他领导变法维新政治运动的理论基础。1895 年初，赴北京参加会试。时值中国在甲午战争中失败，旅顺已失，朝野震动，他得知清政府向日本求和，割让辽东、台湾，并赔偿白银二万万两的消息，异常悲愤，联合在北京会试的举人一千三百多人上书，要求拒签和约，迁都抗战，变法图强，史称"公车上书"。会试榜发，中进士，授工部主事，不就。继又上书光绪帝，阐述中国必须尽快变法的道理和步骤，提出自强雪耻四策，即：富国、养民、教士、练兵。深受光绪帝嘉许。8 月，发起在北京组织强学会，编印《中外纪闻》。不久又设上海强学分会，推动各地设立学会、报馆，鼓吹变法维新。1897 年 11 月，德国强占胶州湾，他又赶赴北京，为四邻交逼、瓜分豆剖的危险局面痛切陈言。1898 年 (戊戌年) 1 月 28 日，光绪帝命王大臣传他至总理衙门，由李鸿章、翁同龢、荣禄等询问变法事宜。他批驳了荣禄"祖宗之法不可变"的顽固思想和李鸿章维持现状的保守思想，并阐述变法具体措施。随即又应诏上书，统筹全局，请誓群臣以定国是，开制度局以议新制，设法律等局以行新政，将所著《俄大彼得变法考》《日本明治变政考》等送光绪帝披览。在北京发起成立"保国会"，以"保国、保种、保教"为宗旨。在翁同龢、徐致靖等倾向变法的开明官僚支持下，促成百日维新，受光绪帝召见于颐和园仁寿殿。康有为连续直接向光绪帝上奏折，对政治、经济、军事、文教诸方面都提出改革建议，与梁启超、谭嗣同、杨深秀全力策划推行新政。康有为从推演公羊学说出发，适应救亡图强、改变中国封建专制制度、走向资本主义道路的时代需要，发动了戊戌维新这场有一定群众基础的、资产阶级性质的进步改革政治运动，同时也是近代史上第一次思想解放运动。由于以西太后为首的顽固势力扼杀，戊戌变法失败，康有为被下令通缉，乃逃亡国外。戊戌政变已证明改良主义道路在中国行不通，此后革命思潮在全国逐渐高涨。康有为却仍然坚持只能渐变、不能骤变的思想，并怀着报答光绪帝知遇于己的旧恩，坚持改良主义立场，组织保皇会。此后便走向早先改革、救国的进步立场的对立面，成为逆历史潮流而动的顽固人物，反对孙中山领导的革命运动。辛亥革命后，反对民主共和，为复辟帝制制造舆论。1917 年和张勋策划复辟丑剧，遭到注定的失败。他的著作还有《大同书》《春秋董氏学》《礼运注》《中庸注》《论语注》《孟子微》等。

（二）今文学观点的形成

康有为的学术思想，曾经历了由尊奉古文经学到确立今文经学观点的转变。

康有为在其三十二岁以前尊古文经，这是毫不奇怪的。从士林风气来说，虽然早在嘉道年间起，汉学便已出现颓势，但是真正认识考据末流的严重弊病、决心弃置不顾者，毕竟只有极少数头脑清醒的人物，多数人仍然按照大家习以为常的老路子走下去。故康有为青年时期，也同样学习考据之学。二十三岁时，他还著《何氏纠缪》，"专攻何邵公者"[①]。他还对礼学怀有极大兴趣，曾设想编一部《礼案》，而礼学乃是古文经学的主干。他早

---

① 《康南海自编年谱》，光绪六年。《年谱》又云："既而悟其非，焚去。"

年著有《民功篇》①，论述黄帝、尧、舜等重视"民功"（制作器用、发展生产）的功绩，而对周公最为称誉，说周公"圣知才美，独能润色其治，广大纤悉，几几乎尧、舜而上之。"② 尊崇黄帝、尧、舜，尤其是称誉周公，这正是古文经学家的观点。

但是康有为绝对不做一个只求琐屑考据、不问世事的俗儒，他从早年起，就逐步形成强烈的经世意识和救亡图强的精神，这是他以后转向今文经学、并利用它掀起变法运动的重要原因。据《康南海自编年谱》记载：他十九岁时，即深受朱次琦的学术旨趣和人品的影响。"先生壁立万仞，而其学平实敦大，皆出躬行之馀，以末世俗污，特重气节，而主济人经世，不为无用之空谈高论。……于时捧手受教，乃如旅人之得宿，盲者之睹明，乃洗心绝欲，一意归依，以圣贤为必可期，以群书为三十岁前必可尽读，以一身为必能有立，以天下为必可为。从此谢绝科举之文，土芥富贵之事，超然立于群伦之表，与古贤豪君子为群。"从此树立了经世报国的治学和人生目标，摆脱汉、宋门户之见，厌弃科举八股之文。二十一岁时，又进一步认识到考据之学无济世用。"至秋冬时，四库要书大义，略知其概，以日埋故纸堆中，汩其灵明，渐厌之。日有新思，思考据家著书满家，如戴东原，究复何用？因弃之，而私心好求安心立命之所。"从此不再习琐屑考订之学。次年，在西樵山结识京官张鼎华，获知各种时事，大大开扩了眼界。"自是来城访张君，谈则竟夕申旦，尽知京朝风气，近时人才及各种新书，道、咸、同三朝掌故。""于时舍弃考据帖括之学，专意养心，既念民生艰难，天与我聪明才力拯救之。乃哀物悼世，以经营天下为志，则时时取《周礼》《王制》《太平经国书》《文献通考》《经世文编》《天下郡国利病全书》《读史方舆纪要》，纬划之，俯读仰思，笔记皆经纬世宙之言。"康有为把学术与经世、挽救民族危机密切联系起来，这就使他很容易跟龚自珍、魏源所开创的吁呼变革的公羊学说相接续，转向

---

① 《民功篇》系未完成手稿，大约撰于1886年。
② 《民功篇》，见《康有为全集》第一集，中国人民大学出版社，2007年版。

今文学体系。

康有为所处的晚清时代和广东沿海地区，又使他很早就有可能接触西方文化，认识西方制度、学术的先进，并把大力吸收西学作为他构建学说的重要组成部分。

就在结识张鼎华，了解到近时社会风气以后，康有为即找到《西国近事汇编》、李圭《环游地球新录》一类介绍西方国家的书籍阅读。游香港归来，感于西方治国制度的先进，"乃复阅《海国图志》《瀛寰志略》等书，购地球图，渐收西学之书，为讲西学之基矣"。1882 年，他首次赴北京应试，南归时，"道经上海之繁盛，益知西人治术之有本。舟车行路，大购西书以归讲求焉。十一月还家，自是大讲西学，始尽释故见"。次年，又"购《万国公报》，大攻西学书，声、光、化、电、重学及各国史志，诸人游记皆涉焉。于时欲辑《万国文献通考》，并及乐律、韵学、地图学，是时绝意试事，专精问学，新识深思，妙悟精理，俯读仰思，日新大进"。这一时期，康有为不仅初步了解到欧美国家的制度，而且对于西方的近代科学知识如数学、电学、光学、力学以及"星云说"等有所了解，甚至还接受了一些进化论的知识。这些，已预示着他此后把推演公羊学说进而与西方资本主义社会学说和进化论观念糅合起来的理论趋向。

1888 年春至 1890 年初这两年时间，是康有为形成学术思想方向的关键时期。1888 年五月，他因张鼎华多次邀请他到京师，于是赴京参加乡试。在京城期间，他感受到中法战争失败后时局的危险，认为中国若及时发愤变法，则尚有几年时间可以争取主动，以支持局面，否则列强再度侵略，就将万分危殆！于是先向最有时名的公卿潘祖荫、翁同龢、徐桐致书责备，京师哗然，然后又发愤向光绪帝上万言书，请求变法。把持朝政的顽固派厌恶言变法，更无地位微贱的布衣上书言政的事，所以不但上书格而未达，而且因首倡变法而大受攻击。这次失败使康有为深受刺激，他鉴于国事日蹙的局势，本人又无事权、无土地或资产可经营发展的情况，思考着选择今后以"从教"即创立学说体系以影响大众的道路。这从他离京前致好友沈曾植的信上明显表达出来。这封信值得注意之处有二。一是康有为认为树立新说能够对民众产生很大影响力："伊尹曰：先知觉后知。孔子曰：诲人不倦。凡比先吾而生，后吾而出者，皆吾人民也。声气所通，舟车所及，皆吾土地也。二帝、三王、先圣、诸儒，皆吾统绪也。立义树说，皆吾事权也。"二是，他树立新说要摆脱先儒的局限。"先儒之开义至广，各有流弊。其纲领条目，层累曲折，施之有本末，推之有先后，不能无商榷焉。"他批评程朱、陆王之学："近代大宗师莫如朱、王，然朱学穷物理，而问学太多，流为记诵。王学指本心，而节行易窣，流于独狂。"又批评清代盛行的考据词章之学："今之学者，利禄之卑鄙为内伤，深入膏肓，而考据词章，则其痏疽痔赘也。"而他所要创立的是同世局巨大变化相适应的、不"拘常守旧"的新异学说，故云："仆最爱佛氏入门有发誓坚信之说，峭峑精紧，世变大，则教亦异，不复能拘常守旧，惟是正之。"[1]

因此，康有为接受今文经学，从其思想倾向的趋势看，正是他抱定救世、变革和吸收西方新鲜学说的逻辑发展。但这里还需指出：康有为与廖平在广州两次见面前后态度不同，这一点是意味深长的。第一次见面，康有为是赞同廖平《今古学考》的观点，所以到广雅书局相访。不料此时廖平看法已由"平分今古"而变为"尊今抑古"。当时未有证据能说明廖平的《辟刘篇》已成书，但关于刘歆伪造古文经的基本观点肯定已经有了，而且在此次见面之时告诉康有为，康有为才骤然接受不了，以致"驰书相戒，近万余言，斥为好名骛外，轻变前说"。而时隔不久第二次见面时，康有为却已赞成廖平的看法，故才"两心相协，谈论移晷"。仔细品味康有为这一转变，其中既有从学术上真心赞成的成分，又有从政治上考虑，有意地将今文学作为理论武器来发挥、利用的成分。因为，否定正统的古文经学观点，揭露古文经是刘歆伪造，而用今文学观点代替，宣扬孔子改制学说，这样做，正符合康有为一年多来苦苦思考的创立一种"世变异，则教

---

[1] 均见康有为《与沈刑部子培书》，《康有为全集》第一集。

亦异，不复拘常守旧"的新学说体系的需要。认识康有为这一转变过程和心态很要紧，因为，正是由此而决定康有为改造、阐扬公羊学说既有重要进步意义的一面，同时又有穿凿武断而引起消极后果的一面。

从青年时期起，至确立今文学观点之时，康有为的思想观点是驳杂的，其中有不少唯心主义成分，这是他欣赏佛学唯心主义和受到王阳明心学影响的结果，他爱穿凿和武断作风与此是大有关系的。《康有为全集》中还收有康氏早期著作《教学通议》一篇，《全集》编者判断是1886年撰写的，但因手稿上并未写明撰写时间，故不如慎重一点，认为是不晚于1891年《新学伪经考》刊刻时所撰写。此篇许多观点以至具体提法与廖平《今古学考》同，而且又进了一步，也包括了康有为《新学伪经考》《孔子改制考》二书中的一些基本观点。他论述《左传》不传经义，必借《公羊》《穀梁》，才能见孔子"明制作，立王道"的微言大义："《春秋》者，孔子感乱贼，酌周礼，据策书，明制作，立王道，笔则笔，削则削，所谓微言大义于是乎在。传之于子夏。（原注：《孝经纬》曰："商传《春秋》。"）《公羊》《穀梁》，子夏所传，实为孔子微言，质之经、传皆合。《左氏》但为鲁史，不传经义。今欲见孔子之新作，非《公》《穀》不可得也。……孔子答颜子问'为邦'而论四代，答子张问'十世'而言'继周'。孟子述舜、禹、汤、文、周公而及孔子，则曰：'王者之迹熄而诗亡，诗亡而后《春秋》作。'其辟许行，亦以孔子作《春秋》，继尧、舜、周公之事业，以为天子之事。孔子亦曰：'知我'以之，'罪我'以之。良以匹夫改制，无征不信，故托之行事，而后深切著明。"[1] 在这里，康有为明确地认为，只有今文经的《公羊》《穀梁》二传，才能发明孔子拨乱世、制作一代大典的微言大义。而《公羊传》中的讥世卿、立三等之爵、存三统之正等，都是显示孔子制作一代政制的证据，同古文经尊周公之礼完全不同。康有为又引《论语》《孟子》《庄子》《淮南子》中的典型言论，证明

---

[1] 《教学通议·春秋第十一》，《康有为全集》第一集。

自孟子以后，战国、西汉无不以《春秋》为孔子改制之书，直以孔子为继周之后之一代，《春秋》是行天子之事。故又提出"良以匹夫改制，无征不信，故托之行事，而后深切著明"。这些与《孔子改制考》一书的基本论点，实已前后呼应。

三、时代狂飙：《新学伪经考》和《孔子改制考》

自 1889 年至 1894 年，康有为表面上不再谈论政事，实际上是全力从事维新变法理论的构建和维新骨干人材的培养。

1890 年康有为移居广州。本来在学海堂从事考证之学的"高材生"陈千秋听到康有为的名声，前往谒见请教，乃大为钦服。他告诉同学梁启超，康有为的学说"乃为吾与子所未梦及，吾与子今得师矣"。梁启超生性聪颖，少年中举，于学海堂习考证之学名列优等，颇沾沾自喜，遂也由陈千秋引见向康有为请教，他曾述当时的情景："先生乃以大海潮音，作狮子吼，取其所挟持之数百年无用旧学，更端驳诘，悉举而摧陷廓清之。""自辰入见，及戌始退，如冷水浇背，当头一棒，一旦尽失其故垒，惘惘然不知所从事，且惊且喜，且怨且艾，且疑且惧"，甚至"竟夕不能寐"，大为感服。① 从此成为紧紧追随康有为的弟子，以后又是康氏著书的助手和宣传维新变法的著名人物，直至"康梁"并称。1891 年起，康有为在广州万木草堂讲学，学生最盛时达一百多人。讲学的内容，是国家形势的危险，变法的急迫需要，攻古文经学之伪，讲孔子改制之说，以及西学知识。梁启超曾讲述当日师生怀着救亡图强的忧愤心情从事教和学的情景："（先生）每语及国事杌陧，民生憔悴，外侮凭陵，辄慷慨欷歔，或至流涕。吾侪受其教，则振荡怵惕，憬然于匹夫之责而不敢自放弃，自暇逸。每出则举所闻以语亲戚朋旧，强聒而不舍，流俗骇怪，指目

---

① 梁启超：《三十自述》，《饮冰室合集》文集之十一，第 16 页。

之谥曰'康党'，吾侪亦居之不疑也。"① 这也说明康有为之聚徒讲学，实则是从事构建维新变法的理论和培养维新人材。据康有为、梁启超的记载，证以梁启勋、龚寿昌的回忆，康有为最主要的讲课内容是《春秋公羊传》，以后他在桂林讲学，以及戊戌维新之前梁启超在湖南时务学堂讲学，最主要的也是讲《春秋公羊传》。

（一）对旧的思想体系的巨大冲击

1891 年，康有为在广州刊行了他所著《新学伪经考》。② 这部著作以其与长期居正统地位的古文经学完全相对立的观点震动一时，形成"思想界之大飓风"，上海及各省曾翻印五版。笃守古文经学的人物则怒而相攻，甚至朝野哗然。不久清廷即下令毁版，1898 年、1900 年又两次严令毁版。康有为树立起反对自东汉至清代学者们所尊奉的古文经传的旗帜，力辨刘歆所争请立于学官的古文经均系伪造，故称"伪经"；刘歆伪造古文经书的目的，是为王莽篡汉制造理论根据，湮没了孔子的真经，是新莽一朝之学，与孔子无涉，当称"新学"。全书十四章，主要内容是：

（1）秦始皇焚书造成六经亡缺，是刘歆之伪说，故意制造口实，欺蔽天下。《汉书》之《艺文志》《楚元王传》等篇所说"书缺简脱""秦焚《诗》《书》，六艺从此缺焉"，都是刘歆利用校书加以窜改。秦焚书之令，但烧民间之书，若博士所职，则《诗》、《书》、百家自存。《史记》载"非博士所职，藏者悉烧"，即是明证。博士既有守职之藏书，学者可诣吏而受业，故"秦焚书而六艺遂缺"即妄言。《朱子语类》中也有"秦教天下焚书，他朝廷依旧留得"之说。见于《史记》《汉书》者，并伏生、申公、辕固生、韩婴、高堂生计之，皆受学秦之前，其人皆未坑之儒，其所读皆未焚之本。秦禁藏书仅四年，天下藏本必多，有多渠道流传至汉代，除博士所职，丞相所藏，御史所守等外，还有民间藏本流传。

① 梁启超：《南海先生七十寿言》，《饮冰室合集》文集四十四（上），第28页。
② 据梁启超所说，"先生著《新学伪经考》方成，吾侪分任校雠；其著《孔子改制考》及《春秋董氏学》，则发凡起例，诏吾侪分篡焉"。

（2）由《史记》所载：《诗》传授者有鲁、齐、韩三家，无所谓《毛诗》。《书》，只有伏生今文二十八篇，以《鲁恭王世家》考之，无所谓"壁中《古文尚书》"。《礼》，唯有高堂生所传十七篇，而无《逸礼》三十九篇、《周官》。《春秋》，唯有《公羊》《穀梁》二家，无所谓《左氏传》。《毛诗》《古文尚书》《逸礼》《周官》《左氏春秋》都是刘歆伪造。《儒林传》中"秦时焚书，伏生壁藏之，其后兵大起，流亡。汉定，伏生求其书，亡数十篇，独得二十九篇，即以教于齐、鲁之间"等语，都是刘歆有意窜乱以惑人者。

（3）王莽以伪行篡汉国，刘歆以伪经篡孔学，二者同伪，二者同篡。刘歆之伪《左传》在成、哀之世，伪《逸礼》、伪《古文尚书》、伪《毛诗》，次第为之，时王莽尚未有篡汉之隙，则刘歆之蓄志篡孔学久矣；遭逢王莽篡汉，因点窜其伪经以迎媚之。歆既奖成莽之篡汉，莽则利用国君之权推行歆之伪学，歆与莽交相利用。刘歆独任校书，时父向既没，无人知秘府之籍，因得借秘书而行其伪。《左传》至歆校秘书时乃见，则向来人间不见可知。歆治《左传》乃始引传文以解经，则今本《左传》书法及比年依经饰《左》缘《左》，为歆改《左传》明证。又托之古文，因其以为不作古字古言，则天下难欺。此歆以古文伪经之始也。既已伪《左传》，必思征验乃见信，于是遍伪群经矣。

（4）伪古文经传为何能在东汉以后盛行于世？这是因为刘歆所传皆一时之通学，惑于刘歆所改中古文之本，而笑今学之固陋。郑玄则挟其硕学、高行、老寿，适遇汉室衰微，经籍道息，玄乃糅合今古，而实得伪古之传以行之，遂为天下所宗。滥觞于杜、郑，推行于贾逵，篡统于郑玄，于是伪古文行于九州而今学亡矣。

《新学伪经考》从辨伪、纠谬出发，对于一千多年来居于正统地位的古文经学施加总攻击。在康有为以前，今文经学家虽已对古文经传发生怀疑，如刘逢禄《春秋左传考证》之攻击《左传》，魏源《诗古微》《书古微》之攻击《毛传》、大小《序》和东汉马融、郑玄的《古文尚书》，邵懿辰的攻击古文《逸礼》等。

275

这些著作，大都是部分的、片断的，到康有为始网罗一切证据，进行根本性的打击。

《新学伪经考》的产生是正在酝酿的维新变法运动将要发生的一个信号，无论是康有为撰著的意图和它所产生的社会影响，都远远超出学术辨伪本身。当时中国新旧两种社会力量正在准备着一场较量。列强侵略日益加深，国家形势危如累卵，而清朝统治早已病入膏肓，民族的前途眼看被彻底断送。另一方面，至19世纪八九十年代，中国民族资产阶级已初步产生，并提出了发展资本主义的要求，而且随着西方学说的传入，中国旧制度的落后和腐朽更加暴露。就在这样的新旧冲突、中西文化撞击背景下，爱国志士已经认识到，要挽救危亡，就必须对旧势力展开攻击。康有为根据他于1888年在京师停留的观察，对于清廷的腐败作了这样的描绘："于时，上兴土木，下通贿赂，孙毓汶与李联英①密结，把持朝政，士夫掩口，言路结舌，群僚皆以贿进，大臣退朝，即拥娼优，酣饮为乐，孙毓汶倡之，礼亲王、张之万和之，容贵、熙敬之流，交媚醇邸，以取权贵，不独不能变法，即旧政风纪，亦败坏扫地。官方凌迟，士气尽靡。"② 对于这样的封建王朝末日景象和根深蒂固的腐朽势力，必须以雷霆般的声势发动攻击才能动摇其根基。他认识到，首先必须引起社会上对原来束缚人们思想的旧观念产生怀疑、不满，才有可能发动一场政治变革运动。《新学伪经考》的刊行正符合于这一时代需要，所以为革新派人士热心地传布，同时又被顽固派所仇恨。如梁启超所说："凡社会思想，束缚于一途者既久，骤有人焉冲其藩篱而陷之，其所发明者，不必其遂有当于真理也，但使持之有故，言之成理，则自能震耸一般之耳目，而导以一线光明。此怀疑派所以与学界革命常相缘也。今文家言，一种之怀疑派也。二百年间支配全学界最有力之一旧说，举凡学子所挈挈焉以不得列宗门为耻者，而忽别树一帜以与之抗，此几一动，前之人所莫敢疑者，后

之人乃竟起而疑之。……而我思想界亦自兹一变矣。"①梁启超所说思想界一变，就是指两千年来禁锢人们头脑的泥古、守旧思想体系从此被冲开一个缺口，引导人们由怀疑而寻求新知识，接受新观念，因而具有思想解放的意义。

（二）对封建政治制度的怀疑和否定

康有为通过对古文经的怀疑和否定，进而公然怀疑和否定封建政治制度。他指责两千年封建腐败统治是由于"奉伪经为圣法"造成的："阅二千年岁月日时之绵暖，聚百千万亿衿缨之问学，统二十朝王者礼乐制度之崇严，咸奉伪经为圣法，诵读尊信，奉持施行，违者以非圣无法论。……且后世之大祸，曰任奄寺，广女色，人主奢纵，权臣篡盗，是尝累毒生民、覆宗社者矣，古无有是，而皆自刘歆开之，是上为圣经之篡贼，下为国家之鸩毒者也。"②他宣布自新莽以来两千年的政治制度、思想体系，都是尊奉伪经而形成的，这就从根本上否定两千年专制统治和为其服务的思想文化的合法性和合理性，从而为鼓吹维新变法提供了理论依据。因而，《新学伪经考》在政治上具有重要意义，"它反映了19世纪90年代中国资产阶级维新派要求改变专制统治的愿望"③。

在学术上，《新学伪经考》和以后刊行的《孔子改制考》都开启了近代学者重新审查古籍的风气和治史方法，破除了封建时代学者"尊古""泥古""嗜古"的陋习。"五四"以后，古史辨派在建立科学的古史体系上作出重要贡献，康有为的著作则是它的思想前驱之一。但是，《新学伪经考》也突出地表现出康有为主观武断的学风，对于不利于自己的材料，即宣布是刘歆伪造。梁启超对康有为的武断学风有一段重要的评论："（启超）亦时时病其师武断，然卒莫能夺也。……乃至谓《史记》《楚辞》经刘

①　梁启超：《论中国学术思想变迁之大势》，《饮冰室合集》文集之七，第97—98页。

②　《新学伪经考》序。

③　房德邻：《康有为的疑古思想及其影响》，《北京师范大学学报》1994年第2期。

歆羼入者数十条，出土之钟鼎彝器，皆刘歆私铸埋藏以欺后世，此实为事理之万不可通者，而有为必力持之。实则其主张之要点，并不必借重于此等枝词强辩而始成立，而有为以好博好异之故，往往不惜抹杀证据或曲解证据，以犯科学家之大忌，此其所短也。有为之为人也，万事纯任主观，自信力极强，而持之极毅，其对于客观的事实，或竟蔑视，或必欲强之以从我。其在事业上也有然，其在学问上也亦有然；其所以自成家数崛起一时者以此，其所以不能立健实之基础者亦以此。读《新学伪经考》而可见也。"① 后来古史辨派在考辨古史上有疑古过头的弊病，有时甚至玉石俱焚，这跟接受康有为的消极影响也是很有关系的。

（三）《孔子改制考》的时代意义

梁启超曾比喻《新学伪经考》的著成是思想界之一大飓风，而《孔子改制考》的著成更是"火山大喷火、大地震"。《孔子改制考》于1897年撰成，次年刊行。康有为谈到这两部书的关系说："既著《伪经考》别其真赝，又著《改制考》而发明圣作。"② 一是立意于破，通过攻击长期高踞于庙堂之上的古文经学，而否定恪守古训、因循守旧的传统观念，一是立意于立，通过阐释孔子"改制"学说宣传变法的合法性、迫切性，两部书共同奠定了维新变法的理论体系。

《孔子改制考》共二十一章。主要观点是：

认为上古史书茫昧，无从稽考。"六经以前，无复书记"。中国历史，从秦汉之后才可考信。由于东汉以后古文经学盛行，使孔子托古改制之说废没，事实上，诸子何无托古改制？三代史事既混混茫茫无从征信，周末诸子百家遂纷纷起来创立教义，企图凭自己的理想来建立自己认为最好的制度，而把这种制度托为古代曾经实施过。如墨子托于夏禹，老子托于黄帝，许行托于神农，韩非也托于古圣。诸子因创教立说互相展开攻击，最后由于孔子所创儒教教义最为完备，制度最为美善，门徒众多，而取得

① 梁启超：《清代学术概论》，《饮冰室合集》专集之三十四，第56—57页。
② 康有为：《春秋笔削大义微言考序》，见汤志钧编《康有为政论集》上册，中华书局，1981年版。

一统地位，孔子遂成为全国教主。

认为大地教主，无不改制立法。秦、汉诸子，无不以六经为孔子所作。孔子创立了儒教，他撰著《诗》《书》《礼》《乐》《易》《春秋》，假托尧、舜、文、武而制定了一套政教礼法。孔子托古改制大义有二：一曰素王之诛赏，为后王立法；一曰与先王以托权，以假托于先王行事来表达自己的政治主张。"圣人但求有济于天下，则言不必信，惟义所在。无征不信，不信民不从，故一切制度托之三代先王以行之。若谓圣人行事不可依托，则是以硁硁之小人律神化之孔子矣。布衣改制，事大骇人，故不如与之先王，既不惊人，自可避祸。"① 孔子是万世尊奉的圣人，改制正是其伟大之处，后人效法孔子改制变法，那当然是天经地义、合理合法的。

认为最得孔子改制精义的，是《春秋公羊传》和董仲舒、何休的书。孔子创立了"三统""三世"诸义，处在"乱世"，向往"太平"。社会的发展，是远的、旧的必定败亡，近的、新的终将兴起。乱世之后进以升平，升平之后进以太平，社会是越向前越进步，泥古守旧，必定败亡。孔子的升平、太平理想同"民主"政治相通，人类社会的发展是朝向共同目标的。"尧舜为民主，为太平世，为人道之至，儒者举以为极者也。……孔子拨乱、升平，托文王以行君主之仁政；尤注意太平，托尧、舜以行民主之太平。""六经中之尧、舜、文王，皆孔子民主、君主之所寄托。"②

这样，康有为就重新改塑了孔子的形象，孔子成了托古改制的圣人，六经成为主张改制之书，因时变革，甚至资产阶级的民主理想，都成为孔子早已树立的传统，那么实行维新变法，改革封建专制政治，就成为效法孔子的、完全正当的行动，这就进一步为变法运动提供了理论纲领。康有为还把公羊三世说与历史进化观，以及资产阶级君主、民主学说都糅合起来，把资产阶级的

---

① 康有为：《孔子改制考》卷十一《孔子改制托古考》，中华书局，1958年版。
② 康有为：《孔子改制考》卷十二《孔子改制法尧舜文王考》。

民权、议院、选举、民主、平等，都附会到儒家学说上面，都说是孔子所创。如说："世官为诸子之制，可见选举实为孔子创制。""吏道是周、秦以来任官之旧，仕学院中人也。儒是以教任职，如外国教士之入议院者也。""世卿之制，自古为然，盖由封建来者也。孔子患列侯之争，封建可削，世卿安得不讥。读《王制》选士、造士、俊士之法，则世卿之制为孔子所削，而选举之制为孔子所创，昭昭然矣。选举者，孔子之制也。"①

康有为宣扬孔子改制，是与其变法维新活动相终始的。1891年《新学伪经考》刊行之后他即创立体例从事此书的编纂。1894年在桂林讲学及次年入京会考在考卷上，他都讲孔子改制的观点。"百日维新"期间，他除将此书缮录进呈外，还上了《请尊孔圣为国教立教部教会以孔子纪年而废淫祀折》，说是"惟有孔子，真文明世之教主，大地所无也"。"臣今所编撰，特发明孔子为改制教主，六经皆孔子所作，俾国人知教主，共尊信之。皇上乙夜览观，知大圣之改制，审通变之宜民，所以训谕国人，尊崇教主，必有在矣。"② 关于此书产生之重要影响，梁启超曾作了如下归纳：

> 一、教人读古书，不当求诸章句训诂名物制度之末，当求其义理。所谓义理者，又非言心言性，乃在古人创法立制之精意。于是汉学、宋学，皆所吐弃，为学界别辟一新殖民地。

> 二、语孔子之所以为大，在于建设新学派，（创教）鼓舞人创作精神。

> 三、《伪经考》既以诸经中一大部分为刘歆所伪托，《改制考》复以真经之全部分为孔子托古之作，则数千年来共认为神圣不可侵犯之经典，根本发生疑问，引起学者怀疑批评的态度。

① 分别见《孔子改制考》卷三《诸子创教改制考》，卷七《儒教为孔子所创考》，卷九《孔子创儒教改制考》。

② 《康有为全集》第四集，第97、98页。

四、虽极力推挹孔子，然既谓孔子之创学派与诸子之创学派，同一动机，同一目的，同一手段，则已夷孔子于诸子之列。所谓"别黑白定一尊"之观念，全然解放，导人以比较的研究。①

四、容纳资产阶级民主思想之公羊新学说

（一）公羊学说何以被改造成为维新变法的理论武器

康有为对公羊学的大力阐发，形成了公羊学发展史上最后一次高潮。

公羊学本来是一种古老的学说，它在戊戌维新时期被大力推演，成为变法维新的理论武器，并在社会上产生极大的震动。这种情况在时过境迁之后，特别是过了一个世纪之后的今天看来，似乎是难以理解，有的人则简单地归结于康有为的善于附会。诚然，康有为本人的学风常常喜欢附会之说，但这远非主要的原因。公羊学说在晚清形成新的高潮，不仅有哲学演变上的原因，而且是由于社会的、政治的与文化的历史发展多重深刻力量互相推动而必然地形成的。康有为早年时立下志向，冀图创立一种适应"世变大"，而不"拘常守旧"的"异教"，即代表先进的、感觉敏锐的中国人在哲学上的探求，以摆脱两千年来所遵奉的"恪守祖训"、尊古求恒的古文经学哲学观点的束缚。中国历史行进到19世纪最后十年，已紧迫地面临着重大的抉择，要求出现质的飞跃。中国民族资本主义工业已有初步的发展，要求中国走上近代化道路，发展资本主义；外交上列强环伺，企图对我蚕食鲸吞，甲午战争以后形势更加险恶，国家被瓜分的惨祸就在眼前，中国要避免亡国灭种的危险，就必须结束清朝的专制统治，改革腐朽的政治，跟上世界潮流，建立民主政治。中国社会要求有变革的哲学思想，要求有掀起政治上改革运动的理论武器，而

---

① 《清代学术概论》第二十三节，《饮冰室合集》专集之三十四，第58页。

中国的封建统治势力又那么强大，旧的传统观念又是那么根深蒂固，进步力量为了进行斗争，必须找到既对正统地位别树一帜又具有儒家经典合法地位的思想学说，以减轻非圣无法的压力。公羊学恰恰是这样一种可以利用的思想武器。戊戌维新派利用和改造它作为宣传变法的理论，实具有最深刻的时代必然性。

公羊学说的变易性、政治性和可比附性，在康有为手里得到最大程度的发挥。然而，"每一个时代的理论思维，从而我们时代的理论思维，都是一种历史的产物，它在不同的时代具有完全不同的形式，同时具有完全不同的内容"①。康有为以阐释公羊学的微言大义为途径，把他所了解到并且是中国社会所迫切需要的西方资产阶级民主思想容纳进去，把公羊三世说"据乱世—升平世—太平世"，改造、发展成为由封建专制进为君主立宪、再进为民主共和的新学说，成为维新时期向封建专制政体和顽固势力进攻的思想武器。康有为阐释的公羊新学说，比起旧的传统思想具有重大进步意义，因而是近代哲学史上非常重要的理论成果。

戊戌前后几年中，康有为撰写有如下学术论著：《春秋董氏学》（1896）；《礼运注》（1897）；《中庸注》（1901）；《论语注》；《孟子微》；《大同书》（后三种均撰著于 1901 至 1902 年）。这些论著的共同特点，是以阐释公羊三世说的形式，论述变法的必要，论述中国结束封建专制、实行君主立宪的资产阶级政治的必要。书中阐释资产阶级维新变法的新思想，每每是用儒家经典的语言讲述的，穿上了古色古香的外衣，有必要联系康有为这一时期在政治文献中直接表述的主张，才能加深对其实质内容的理解。康有为在《上清帝第二书》即"公车上书"（1895 年 2 月）中说：今日"非变通旧法，无以为治"。"若徘徊迟疑，苟且度日，因循守旧，坐失事机，则诸夷环伺，间不容发，迟之期月，事变必来。……稍有因循，即怀、愍蒙尘，徽、钦见虏矣。近者土耳其为回教大国，不变旧法，遂为六大国割地废君而柄其政。

---

① 恩格斯：《自然辩证法》，《马克思恩格斯选集》第四卷，人民出版社，1995年版，第284页。

日本一小岛夷耳，能变旧法，乃敢灭我琉球，侵我大国。前车之辙，可以为鉴。"至戊戌年之初，又在《上清帝第六书》（1898 年 1月）中大声疾呼："夫物新壮，旧则老；新则鲜，旧则腐；新则活，旧则板；新则通，旧则滞，物之理也。""且法者所以守祖宗之地也，今祖宗之地既不守，何有于祖宗之法乎？"康有为阐释儒家经典的论著，就是以特殊的方式宣传这种强烈要求维新变法的理论。

（二）"欲学《公羊》，舍董生安归？"

康有为独辟蹊径，他通过阐释董仲舒《春秋繁露》来推演公羊学说。《春秋董氏学》共有八章，这部解释《春秋繁露》的著作，与凌曙注释《春秋繁露》一书风格迥然不同。康有为所重视的，是董仲舒所阐发的公羊学说微言大义。

康有为认为，《春秋》三传中，《左传》详事与文，是史也，与孔子之道无与焉，"惟《公羊》独详《春秋》之义"。《穀梁传》不明《春秋》王鲁诸义，传《春秋》之道而不光，"惟《公羊》详素王改制之义，故《春秋》之传在《公羊》"。而《春秋繁露》一书，对孔子改制变周，以《春秋》当新王，王鲁黜杞，三统，三世等微言大义，无不详加发挥。故云："欲学《公羊》者，舍董生安归？"又引王充之言："文王之文传于孔子，孔子之文传于仲舒，故所发言轶荀超孟，实为儒学群书之所无。若微董生，安从复窥孔子之大道哉！"[1] 董仲舒又为何能独得孔子学说真传呢？康有为回答说："董子为《春秋》宗，所发新王改制之非常异义，及诸微言大义，皆出经文外，又出《公羊》外。然而，以孟、荀命世亚圣，犹未传之，而董子乃知之。又，《公羊》家不道《穀梁》，故邵公作《穀梁废疾》，而董子说多与之同。又与何氏所传胡毋生义例同。此无他，皆七十子后学，师师相传之口说也。《公羊》家早出于战国（原注：《公羊》不出于汉时，别有考），犹有讳避，不敢宣露，至董子乃敢尽发之。"[2] 由此证明董子所传，乃是孔子所不敢书见的微言大义，是由师师相传而得

---

① 康有为：《春秋董氏学·自序》，中华书局，1990 年版。
② 康有为：《春秋董氏学·春秋口说第四》。

的口说，舍此则无法获得孔子之大道。

康有为阐释董仲舒公羊学说的义旨，实多有卓荦的见解。他认为，董子书中"缘鲁以言王义"的论点完全正确。因为，《春秋》要行天子之事，为后王立法，乃以鲁国史事作为文字上的假托。故说："孔子之意，专明王者之义，不过言托于鲁以立文字。""自伪《左》出，后人乃以事说经，于是周、鲁、隐、桓、定、哀、邾、滕皆用考据求之。痴人说梦，转增疑惑。知有事而不知有义，于是孔子之微言没，而《春秋》不可通矣。"① 康有为又强调《春秋繁露》所言"王者封二王之后"，恰恰表示新王必改制，历史变易是普遍的法则。因为新王立位，必改制正号。绌前王谓之帝，封其后以小国，使奉祀之。下存二王之后以大国，使服其服，行其礼乐，称客而朝。绌夏，就是由于新王改制的缘故。杞是夏之后，《春秋》假托鲁为新王，按照"王者封二王之后"的法则，便存殷、周二王之后以为大国，爵称公。夏的地位递降，封其后以小国，爵为伯。杞是夏之后，《春秋》先称之为"伯"，以后又贬称为"子"，以此显示出新王立位，夏的地位递降之义。② 合起来，便是"王鲁、新周、故宋、黜夏"这样一个变动的链条。本来夏、殷、周三代分别代表黑统、白统、赤统，既然以《春秋》作新王，即继为黑统。对于公羊学这一"三统说"，康有为一方面正确地把握它是阐明变通法则的理论，故说"孔子创义，皆以三数，以待变通"。另一方面，康氏作为主张改良主义者，又鼓吹渐进，反对突变，故说"三统三世，皆孔子绝大之义。每一世中，皆有三统"。③ 康有为的变法理论代表中国民族资产阶级要求在中国发展资本主义，但同时，他的主张又充分暴露出维新派上层的软弱。

（三）《礼运注》的理论模式

将《公羊》三世说与《礼记·礼运篇》中"小康""大同"的学说相糅合，这是康有为的一大创造。但需要强调指出的是：

---

① 康有为：《春秋董氏学·春秋例第二》。
② 见《春秋董氏学》《春秋例第二》《春秋口说第四》。
③ 《春秋董氏学·春秋改制第五》。

第一，《礼运篇》作者称三代是"大道之行"的"大同世"，而今"大道既隐"，退为"小康世"，是一种退化的、尊古薄今的历史观，康有为把它改造为据乱—小康—大同的三世说，阐述了进化的、乐观向前看的历史观。第二，康有为又将小康（升平世）、大同（太平世）与实现资本主义的君主立宪和民主共和相糅合，表达他在中国实现资产阶级民主的理想，同时也暴露出主张缓慢改良的严重局限性。

《礼运注》描述说："大同之道，太平之世行之。""天下为公，选贤与能者，官天下也。……讲信修睦者，国之与国际，人之与人交，皆平等自立，不相侵犯。……人人分其仰事俯畜之物产财力，以为公产，以养老慈幼恤贫医疾，惟用壮者，则人人无复有老病孤贫之忧。……不作业、不出力之人，公众所恶；人人自能去私而为公，不专己而爱人，故多能分货以归之公，出力以助于人。……故不独不得立国界，以至强弱相争，并不得有家界，以至亲爱不广，且不得有身界，以至货力自为。故只有天下为公，一切皆本公理而已。……无贵贱之分，无贫富之等，……外户不闭，不知兵革，……人人为公，人人皆平。"很显然，康有为所描述的大同（太平世）社会，特点是财产公有，人人尽力劳作，教化水平大大提高，没有剥削争夺和贫富界限，没有民族间的侵略欺压，人人平等的社会。这不仅反映了他要求中国由封建制度进步到资本主义社会，而且表达了希望实现没有剥削压迫的公产社会的理想。

康有为称据乱世是文明程度低下的野蛮时代，小康（升平）世是有了伦常关系、礼制和法律的时代。他的论述，从许多方面显示出社会的进化。在小康世，有了君臣、父子的伦常关系，较据乱世名分不明、无伦常观念进步；有了保境、筑城，较据乱世不知自卫进步；有了礼义纲纪，较据乱世无礼义进步；有了制度、律法，较据乱世无法度进步；有了分田制禄，较据乱世无口分世业进步。[①] 康有为对据乱—小康（升平）—大同（太平）的

[①] 以上见康有为《孟子微·礼运注·中庸注》，中华书局，1987 年版，第239—242 页。

描述，展现出人类社会由低级阶段进化到高级阶段的图画。

在《孟子微》中，康有为又把三世说表述为据乱世（君主专制）—升平世（君主立宪）—太平世（民主共和）的进步阶梯。云："今大地中，三法并存，大约据乱世尚君主，升平世尚君民共主，太平世尚民主。"① 在康有为撰写这些论著时，不但西方资产阶级民主思想已经大量输入，而且西方进化论观点也已广为传播。因此，康有为提出的新公羊三世说中，就从不同的角度，阐释人类文明按照一定阶梯有序进步的情景。如：

从总的文明发展的程度说，"《春秋》要旨分三科：据乱世，升平世，太平世，以为进化，《公羊》最明。孟子传《春秋公羊学》，故有平世乱世之义，又能知平世乱世之道各异。……大概乱世主于别，平世主于同；乱世近于私，平世近于公；乱世近于塞，平世近于通，此其大别也"②。

从赋税制度的演变说，"贡者，据乱法也。古三皇之治天下，不敢有君民之心，使民如借，君民少平矣。故助者，升平之法，孟子所最注意者。若夫君民上下各修其职，量力以受禄，分禄以资公，通力合作，是谓大同。故彻者，太平之法乎？"③

从文教进化的不同程度说，"乱世者，文教未明也；升平者，渐有文教小康也；太平者，大同之世，远近大小如一，文教全备也"④。又论公园、学校、图书馆、博物院等文化设施的进化："今各国都邑皆有公囿，聚天下鸟兽草木，识其种别，恣民游观，以纾民气，同民乐，甚得孟子之义。但今之公囿禁人采取，孟子则听取刍荛雉兔，宽严广狭不同。盖今各国，升平制也，孟子之说，太平大同制也。大同之世，人人以公为家，无复有私，人心公平，无复有贪，故可听其采取娱乐也。升平世则未至是矣。且太平世游乐更多，园囿更宜广大，凡山水佳胜，海岛清深之所，皆可为公囿。大地既一，则推至千数百里可也。升平尚未能推

① 康有为：《孟子微·礼运注·中庸注》，第104页。
② 康有为：《孟子微·礼运注·中庸注》，第21页。
③ 康有为：《孟子微·礼运注·中庸注》，第85页。
④ 康有为：《春秋董氏学·春秋例第二》。

之。公学校、公图书馆、公博物院、公音乐院，皆与民同者；凡一切艺业观游，足以开见闻，悦神思，便民用者，皆有公地以与民同。"①

由此可见，康有为的新公羊三世说，实具有远比前人丰富得多的内容，并具有向西方学习、要求在中国实现资本主义的强烈的时代气息。

（四）以公羊三世说解释《论语》

康有为所撰《论语注》，以公羊三世说释《论语》，也与戴望《注论语》只重复前人某些说法、作肤浅的文字解释大异其趣。

康有为径称"《论语》本出今学，实多微言"。故与公羊学说互相贯通。他解释《论语·为政》章"子张问：'十世可知也？'子曰：'殷因于夏礼，所损益可知也；周因于殷礼，所损益可知也。其或继周者，虽百世可知也。'"即突出地论述人类社会"进化有渐，因革有由，验之万国，莫不同风"这一必然规律，而进化的途径，便是由据乱—升平（君主立宪）—太平（民主共和）。他说："孔子之道有三统、三世，此盖借三统以明三世，因推三世而及百世也。夏、殷、周者，三统递嬗，各有因革损益，观三代之变，则百世之变可知也。盖民俗相承，故后王之起，不能不因于前朝；弊化宜革，故一代之兴，不能不损益新制。人道进化，皆有定位，自族制而为部落，而成国家，由国家而成大统。由独人而渐立酋长，由酋长而渐正君臣，由君主而渐为立宪，由立宪而渐为共和。由独人而渐为夫妇，由夫妇而渐定父子，由父子而兼锡尔类，由锡类而渐为大同，于是复为独人。盖自据乱进为升平，升平进为太平，进化有渐，因革有由，验之万国，莫不同风。"

康有为又描绘太平世必然到来的美好远景："观婴儿可以知壮夫及老人，观萌芽可以知合抱至参天，观夏、殷、周三统之损益，亦可推百世之变革矣。孔子之为《春秋》，张为三世：据乱世则内其国而外诸夏，升平世则内诸夏外夷狄，太平世则远近大

---

① 康有为：《孟子微·礼运注·中庸注》，第99页。

小若一。盖推进化之理而为之，孔子生当据乱之世，今者，大地既通，欧美大变，盖进至升平之世矣。异日，大地大小远近如一，国土既尽，种类不分，风化齐同，则如一而太平矣。"但是，康有为又强调要渐进，进化的阶梯可以划分为千百世、无量世，不能突变，不能躐等："然世有三重：有乱世中之升平、太平，有太平中之升平、据乱。……一世之中可分三世，三世可推为九世，九世可推为八十一世，八十一世可推为千万世，为无量世。太平大同之后，其进化尚多，其分等亦繁，岂止百世哉?"① 他希望以细小的缓慢的改良，来求得中国的进步。以康有为为代表的维新派力量薄弱，又同封建势力、封建旧文化有千丝万缕的联系，他们不敢依靠广大民众，也就不能坚决地与封建势力、封建旧文化割断联系。他把实现太平世推向无限遥远的未来，即证明其不敢与封建势力彻底决裂，因而处处表现出妥协性。

康有为在改造公羊三世说、推演新学说中，常用比附的方法。他解释《论语·卫灵公》章中"子曰：'行夏之时，乘殷之辂、服周之冕，乐则韶舞。'"称夏时、殷辂、周冕，是礼取法三代，每代举小康之制，所以通三统。又称韶乐最得中和，乐之至也，故孔子于六代之乐，独取民主大同之制。《春秋》应天作新王之事，时正黑统，王鲁尚黑，绌夏亲周，故乐宜亲韶舞。康有为又进而说：春秋作新王之事，变周之制。有非力之所能致而自致者，西狩获麟，受命之符是也。然后托于《春秋》正不正之间，而明改制之义，务解天下所患，而欲以上通五帝，下极三王，以通百王之道。此即公羊家所谓"制《春秋》之义，以俟后圣也"。世积久而弊生，凡志士通人，莫不有改制之意。孔子以大圣，损益百王，折其中，以推行于后世，尤为责无可辞，仁不能已。康有为甚至断言，根据《卫灵公》篇颜渊问孔子的这段对答，可证明孔子曾与颜渊一同商定过改制，更说明六经皆孔子改制所托。②

---

① 均见康有为《论语注》卷二，中华书局，1984年版。
② 见康有为《论语注》卷十五。

康有为还用大胆改动《论语》文字的手法证明己说。《论语·季氏》篇中有孔子的一段话："天下有道，则礼乐征伐自天子出；天下无道，则礼乐征伐自诸侯出。自诸侯出，盖十世希不失矣；自大夫出，五世希不失矣；陪臣执国命，三世希不失矣。天下有道，则政不在大夫。天下有道，则庶人不议。"康有为断言最后两个"不"字都是衍字，应据旧本删掉，改定为"天下有道，则政在大夫。天下有道，则庶人议。"而对全段话作了这样的阐释：孔子生当拨乱，族长互争，酋长互争，而民殆矣。故《春秋》诛大夫、刺诸侯，而务一统于天子。然而一统之专制君主，百世希不失。故要进化到民主。天下有道，则政在大夫，是指君主立宪，升平世。天下有道，则庶人议，是指大同世，天下为公，则政由国民公议。结论是，"此章明三世之义，与《春秋》合"。①这样，康有为经过大胆删改《论语》原文字句，便也可以由孔子的话推演出据乱世为封建专制、升平世为君主立宪、太平世为民主共和的新三世说。

（五）三世说与大同理想

康有为于1891年至1895年间已经形成早期大同思想。以后又进一步发展，大大丰富了《礼运注》中对于太平世的设计描绘，于1901至1902年居住在印度大吉岭期间著成《大同书》。②康有为继承了历代志士仁人深刻关心民众苦难、嫉视压迫剥削的进步思想，并大大向前发展，对于封建专制和夫妇制度等旧的等级体系猛烈地抨击，表现出荡决扫除的气概："若夫名分之限禁，体制之迫压，托于义理以为桎梏，比之囚于图圄尚有甚焉。君臣也，夫妇也，乱世人道所号为大经也，此非天之所立，人之所为也。而君之专制其国，鱼肉其臣民，视若虫沙，恣其残暴。夫之专制其家，鱼肉其妻孥，视若奴婢，恣其凌暴。在为君为夫则乐

_____

① 康有为：《论语注》卷十六。
② 康有为撰成此书后，又屡有增补。1913年曾在《不忍》杂志发表甲乙两部。1919年印成单行本，全书直到1939年才由其弟子钱定安交中华书局出版。1956年，古籍出版社从康氏家族中借到抄本，并参照各本校订出今文。

矣，其如为臣民为妻者何！"① 康有为在戊戌失败后，曾游历欧美各国，既亲睹欧美国家之先进，又了解到资本主义制度带来竞争、剥削和贫富悬殊之害，这些观察和感受，也都包容在书中。因此，《大同书》不仅表达了康有为设想经由废除封建专制、发展资本主义、推动人类社会进步的方案，而且向前跨进，描绘出一个没有剥削、没有阶级的理想国，具有空想社会主义的色彩，因而是近代思想史上的重要著作。

康有为依据公羊学变易观点和三世说，糅合《礼运》篇"大同""小康"的思想，大力吸收、兼容西方思想，特别是进化论学说，构建了人类社会进程的模式：从"据乱世"进入"升平世"，将来实现"太平世"，即"大同世"，以"太平世"为理想社会的最高阶段。他首先揭发人世间由于不平等而产生的种种苦难和悲惨，进而提出去国界、去级界、去种界、去形界、去家界、去产界、去乱界、去类界、去苦界等九界，认为这样才能使全人类都过自由、平等、和平、民主的生活。他具体地描绘出人类社会的远景是："大同之世，天下为公，无有阶级，一切平等"的"极乐世界"。大同之世，财产公有，凡农工商之业，必归之公；无阶级，无压迫，既无帝王、君长，又无官爵、科第，人皆平等；工人地位最高，既是工人，又是"学人"；生产力高度发展，所有生产劳动全采用机器，劳动时间大为缩短，每日劳动三四时或一二时已足，其他皆游乐读书之时。在大同世界中，没有国家和家庭，全世界置一总政府，分若干区域，置区政府，负责组织农工业生产、文化教育事业，奖励学术上有新发明者及为社会服务有特别劳绩者，而警惰为最严之刑罚。在大同社会中，男女平等，婚姻自由，人人有参政权，各级政府皆由民选；人人参加生产事业，按期为社会服务，各以其劳作所入自由享用。

值得注意的是，康有为在《大同书》中推演的"三世"说，已与前显有不同。在戊戌变法前后，他的"三世"说是讲人类社会从君主专制到君主立宪再到民主共和的发展过程。而《大同

---

① 康有为：《大同书》，古籍出版社，1956 年版，第 43 页。

书》中的"三世"说，则是讲人类从封建制度到资本主义再到未来的理想社会的发展过程。书中《人类进化表》，列举据乱世、升平世和太平世各自的特征和进行过程。兹择举其中主要内容来说明：

据乱世　人类多分级；有帝、有王、有君长，有言去君为叛逆；族分贵贱多级，仕宦有限制，贱族或不得仕宦；族分贵贱，职业各有限制，业不相通；一夫多妻，以男为主，一切听男子所为。

升平世　人类少级；无帝王、君长，改为民主统领，有言立帝王、君长为叛逆；虽有贵贱之族而渐平等，皆得仕宦；虽有贵贱之族而职业无限，得相通。

太平世　人类齐同无级；无帝王、君长，亦无统领，但有民举议员以为行政，罢还后为民，有言立统领者以为叛逆；无贵贱之族，皆为平民；职业平等，各视其才；男女平等，各有独立，以情好相合，而立和约，有期限，不名夫妇。①

显然，公羊三世说的变易朴素进化观给康有为提供了构建新学说的基础和思路，公羊学的可比附性为他提供了充分的余地，因而他大力吸收、发挥西方进化论和社会学说，形成了具有近代意义的理论体系。康有为是怀着激情描绘大同社会的，反映出他由憎恨现实世界的苦难和不平等，而对理想世界热切地追求。他相信生产力发展、科学技术进步和人类创造力的无限可能性，"以惊人的想象力为我们描绘了一幅富丽堂皇的大同生活美景"②。他描写大同世界"宫室之乐"说："大同之世，人人皆居于公所，不须建室，其工室外则有大旅舍焉……其下室亦复珠玑金碧，光彩陆离，花草虫鱼，点缀幽雅；若其上室，则腾天架空，吞云吸气，五色晶璃，云窗雾槛，贝阙珠宫，玉楼瑶殿，诡形殊式，不可形容。"他又设想"器用之乐"说："大同之世，什器精奇，机轮飞动，不可思议。床几案榻，莫不藏乐，屈伸跃动，乐声铿

———————

① 见康有为《大同书》，第121—125页。
② 房德邻：《儒学的危机与嬗变——康有为与近代儒学》第四章第二节。

然，长短大小惟其意。夕而卧息，皆有轻微精妙之乐以养魂梦。"① 20 世纪初年的人们读到这些内容，可能会感到是纯属幻想。而从今日看来，其中一些设想已同今日的馆厦别墅的布局陈设，遥控彩电、遥控录音机在家庭的使用等几乎相仿佛，其原因就在于康有为的描绘有着工业、建筑业、精密机械在近代的发展为基础，而并非完全出于幻想。

以上举要地讨论了康有为在戊戌维新时期大力发挥公羊三世说，与要求废除封建专制政体、建立君主立宪的资本主义制度结合起来，形成具有资产阶级性质的历史进化理论。他论证由君主专制→君主立宪→民主共和的新三世说是天下万国共同的规律，故变法维新是历史的必然，是达到太平盛世的必由之路；既然两千年前孔子已据"进化之理"作过改制，那么现在仿效"圣人"实行变法，也就完全是正当的了。表面上，康有为是在发挥今文经学的"微言大义"，推演古奥的概念术语，而实质上，他是代表资产阶级维新派提出了反对封建专制、建立君主立宪、发展资本主义、变法救国的时代要求。《春秋董氏学》《礼运注》均撰著在戊戌之前，其进步意义是明显的。写于 20 世纪初年的《论语注》《孟子微》等书，基本思想体系与前两书相同，故也应予适当的肯定。

然而，"百日维新"的失败，"六君子"喋血菜市口，已经证明改良主义的道路在中国走不通，腐朽、卖国、顽固的清朝政府绝不愿意进行有利于社会进步的改革。它已堕落为"洋人的朝廷"，中国要进步，就必须用革命手段推翻清朝的反动统治。因此，戊戌以后，资产阶级革命思潮逐步成为社会进步的主流。1901 至 1903 年，正是改良派与革命派两方力量互相消长、以孙中山为代表的革命思潮走向高潮的时期。而康有为在其论著中再三申明社会进化的"三世"可以辗转至千百世、无量世，每一阶段的改革只能前进一小步，不能"躐等"，强调"进化之理，有

---

① 康有为：《大同书》，第 294—297 页。

一定之轨道，不能超度"，① 继续宣扬改良主义道路，企图阻碍革命思想的传播。经过革命派卓有成效的斗争，革命派的影响无论在思想战线还是在组织力量方面超过改良派。以孙中山为代表的资产阶级革命派坚持以革命方式推翻清朝反动统治，要求建立资产阶级共和国，这比改良派自上而下实行君主立宪的主张更加彻底。孙中山于 1905 年批驳康有为借口"不能超度"、只能实行君主立宪的主张说："有谓中国今日，无一不在幼稚时代，殊难望其速效。此甚不然。各国发明机器者，皆积数百十年，始能成一物，仿而造之者，岁月之功已足。中国之情况，亦犹是耳。……所以吾侪不可谓中国不能共和，如谓不能，是反夫进化之公理也，是不知文明之真价也。且世界立宪亦必以流血得之，方能称为真立宪。同一流血，何不直截了当之共和，而为此不完不备之立宪乎？语曰：'取法于上，仅得其中。'择其中而取法之，是岂智者所为耶？"② 孙中山的历史进化观比起康有为推演公羊三世说更加透彻，更具科学性，更能反映事物发展的规律和世界进步的潮流，所以他成为新的历史时期代表时代前进方向的伟大人物，成为伟大的民主革命的先行者。

---

① 见康有为《孟子微·礼运注·中庸注》，第 225 页。
② 孙中山：《在东京留学生欢迎会上的演说》，《民报》第一期，1905 年 10 月。

第七章　公羊学与晚清新学

一、晚清公羊学大盛的双层意义

（一）戊戌前后公羊学说风靡于世

19 世纪最后十年至 20 世纪初年，由资产阶级维新派所改造的公羊学说，成为宣传维新变法的思想武器。处在中国面临外国列强瓜分的危险形势下，这一阐发变易改制的学说反映了时代的脉搏，扣响日益认识到置身于亘古未有的历史变局的爱国知识分子的心弦，成为他们观察国家民族命运的武器，因而风靡全国。张之洞于 1903 年所写《学术》诗云："理乱寻源学术乖，父仇子劫有由来。刘郎不叹多葵麦，只恨荆榛满路栽。"自注曰："二十年来，都下经学讲《公羊》，文章讲龚定盦，经济讲王安石，皆余出都以后风气也。遂有今日，伤哉！"① 便是公羊学说在维新前后风行的生动写照。

这种风行盛况，上章中述及康有为在广州讲学、在桂林讲

---

① 《张文襄公诗集》卷四，集益书局石印本，1917 年版，第 7 页。

学，梁启超等在湖南时务学堂讲学，都把《公羊传》放在最主要的地位，自是最明显的证据。近代一些著名学者在论及这一时期学术风气时也都有中肯的评论。夏曾佑于 1902 年著书时说："好学深思之士，大都皆信今文学。"① 周予同于 1928 年著书也说："到了清代的中末叶，因为社会、政治、学术各方面趋势的汇合，于是这骸骨似的今文学忽而复活，居然在学术界有'当者披靡'的现象。当时所称为'常州学派'、'公羊学派'，就是这西汉博士的裔孙。现在清朝覆亡已十六年，但这今文派的余波回响仍然在学术界里存在着，并且似乎向新的途径发展着。"② 称"当者披靡"，足见当时喜谈《公羊》声势之猛烈！陈寅恪对于清季学术风尚也有一段重要评论："曩以家世因缘，获闻光绪京朝胜流之绪论。其时学术风气，治经颇尚《公羊春秋》，乙部之学，则喜谈西北史地。后来公羊今文之学，递演为改制疑古，流风所被，与近四十年来变幻之政治，浪漫之文学，殊有连系。此稍习国闻之士所能知者也。西北史地以较为朴学之故，似不及今文经学流被之深广。"③ 清季公羊今文之学是学术所尚，流被深广，影响近代几十年，这个看法是积戊戌之前在湖南倡办地方新政的陈宝箴、协助策划湖南新政的陈三立，以及历史学家陈寅恪三代人的观察感受而得出的，因而同样应予足够的重视。

（二）顽固派惊呼"举国若狂"

戊戌维新前后，湖南新旧两派斗争激烈。1895 至 1898 年，巡抚陈宝箴在其任内以开天下风气之先为己任，与署按察使黄遵宪、学政江标及其继任者熊希龄、候补知府谭嗣同等倡办新政。谭嗣同、唐才常发起组织"南学会"，由黄遵宪、谭嗣同等主讲，探求救亡之法，听者踊跃。前此在陈宝箴、黄遵宪、江标支持下，谭嗣同等又发起创办时务学堂，聘请梁启超为中文总教习，

① 夏曾佑：《中国古代史》第二篇第一章第六十二节，河北教育出版社，2000 年版。

② 周予同：《〈经学历史〉序言》一，见皮锡瑞著，周予同注《经学历史》，中华书局，1959 年版，第 2 页。

③ 陈寅恪：《寒柳堂集·朱延丰突厥通考序》，上海古籍出版社，1980 年版，第 144 页。

唐才常等为分教习，梁启超等人以公羊改制学说，参酌西方资本
主义民权政治学说教育学生，培养学生变法维新、救亡图强的意
识。学生按日作札记，由教师批改，师心醉心民权学说，发挥公
羊改制微言大义，日夕讲论。"札记及批语中，盖屡宣其微言，
湘中一二老宿，睹而大哗，群起掎之。新旧之讧，起于湘而波动
于京师。御史某刺录札记全稿中触犯清廷忌讳者百余条，进呈严
劾。戊戌党祸之构成，此实一重要原因也。"①

政变发生后，顽固派弹冠相庆。湖南的苏舆把地方乡绅王先
谦、叶德辉、宾凤阳等攻击维新派的文字编成《翼教丛编》。顽
固派原意是以此保存他们翼护清廷和封建名教有功的记录，结果
适得其反，恰恰是留下他们丧心病狂诽谤、构害进步人物的罪恶
的证据，并且从反面证明维新思想在湘省鼓荡传播的情况。湖南
劣绅、顽固派重要代表人物叶德辉惊呼公羊学说、维新理论的传
播引起"举国若狂"，他在一封信中说："时务学堂梁卓如主张公
羊之学，以佐其改制之谬论，三尺童子，无不惑之。……况今之
公羊学又非汉之公羊学也。汉之公羊学尊汉，今之公羊学尊夷。
改制之圣人，余知其必不出此。梁卓如来湘，苟务申其师说，则
将祸我湘人。……大抵公羊之学便于空疏。……近世所谓微言大
义之说者，亦正坐蹈斯病。……生已盗名，而欲使天下后世共趋
于欺罔，一人唱，百人和。聪颖之士既喜其说之新奇，尤喜其学
之简易，以至举国若狂，不可收拾。蚁孔溃河，溜穴倾山，能毋
惧欤！……公羊之学，以之治经，尚多流弊，以之比附时事，是
更启人悖逆之萌。……其书空言改制，有害于道……"②叶德辉
和另一大劣绅王先谦率领顽固派徒党，自称"保卫圣道"，用各
种卑污手段，攻击维新派，说时务学堂培养"无父无君之乱党"，
南学会提倡"一切平等禽兽之行"，"倡平等"是"堕纲常"，
"伸民权"是"无君上"，要求清政府杀康有为、梁启超。不久，

① 梁启超：《时务学堂札记残卷序》，《饮冰室合集》文集之三十七，第69—70
页。
② 《叶吏部与石醉六书》，《翼教丛编》卷六，见沈云龙主编《近代中国史料丛
刊》第六十五辑。

梁启超和分教习叶觉迈、韩文举被迫先后离开湖南，时务学堂停办。顽固派还攻击邵阳县南学分会首领樊锥"欲以我朝列圣乾纲独揽之天下，变为泰西民主之国，真汉奸之尤"，把他驱逐出境。今文经学大师皮锡瑞在南学会讲学，力主变法，他的儿子著《醒世歌》，说"若把地球来参详，中国并不在中央"。劣绅们斥皮氏父子"披邪说煽惑"，也用暴力驱逐出境。顽固派的种种攻击和仇视，恰恰证明以公羊新学说为重要内容的维新思想在湖南的迅猛传播，对旧的封建统治秩序造成了很大的威胁！

（三）分别从政治和学术文化两个层面考察

从政治上评价晚清公羊学盛行的意义和影响，这是首要的。因为，康有为大力推阐公羊学说即出于政治上的需要，冀图发动一场变法救国的运动，利用这一既是儒家经典，又处于与正统的古文经学不同的"异端"地位的学说，作为鼓动人心的武器。而公羊学说之迅猛传播，也正由于戊戌前后的政治形势提供了适宜的条件。中国在甲午战争中惨败，割让台湾、澎湖，被勒索白银二万万两的巨额赔款，随之，英、俄、美、日、法、德各列强国家争先恐后地占领中国海口，争夺侵华利益，企图直接瓜分中国，在这国家面临灭亡的危险局势面前，清朝政府更加暴露其腐朽、卖国的面目，举国人心恐慌。要救国，就必须维新变法。公羊学阐发历史演进的变易性和评论时政的特点正好在政治上符合时代的需要，所以显示出所向披靡的力量。由于受到封建专制制度和旧生产关系的束缚，中国的哲学、政治、文化思想体系从17、18世纪起落后于西方，理学空谈、烦琐考据、科举制度、专制观念等严重禁锢着人们的头脑，阻碍着社会进步。必须在历史转折关头总结出新的命题，并且吸收西方先进学说，形成思想解放的潮流，发动一场政治上的变革。传统思想中，既有落后、陈腐的东西造成重负，又有新生的萌芽蕴含其中，公羊学说的变易观点、以经议政，就是具有民主性、科学性的精华，因而自龚自珍、魏源以来，就一再用对时代变动的新鲜总结为之注入新的生命，至康有为而达高峰。至19世纪末，中国被列强直接瓜分的大祸迫在眉睫，要救国，就必须结束专制制度，采用西方议会、立宪制度来实行政治的变革。而西方观念的输入，还必须在中国传统思想中找到其接合点，公羊学说专讲"微言大义"和"改制"的特点正好能容纳西方传入的新观念，因而适逢时会，被康有为改造成为发动戊戌变法运动的思想武器。

晚清公羊学说直接促进了戊戌维新这场要求在中国实现资本主义的进步运动的发动，具有冲决禁锢人们头脑的旧传统观念的意义，推动中国历史向前进步，为推翻清朝专制统治立了殊功，这是历史已证明了的。陈寅恪讲的晚清公羊今文之学与四十年来政治变迁关系甚大，即包含了这层意思。受到进步力量致命打击、最后溃败的顽固派的代表人物，对此更加痛心疾首，叶德辉于 1915 年所写的《经学通诰》，谈及经学问题，即把清朝灭亡与今文经学直接联系起来，他称："至康有为、廖平之徒，肆其邪说，经学晦盲，而清社亦因之而屋焉。追原祸始，至今于龚、魏犹有馀痛。昔人谓明季钟（惺）、谭（友夏）为亡国之诗妖，如康廖者，亦亡国之文妖已矣。"叶德辉顽固派的立场至死不变，于此仍对戊戌时期康有为所代表的进步思潮刻骨仇恨，但他讲由于今文经学的盛行，引起旧的思想体系的动摇，最终导致清朝彻底溃亡，这一点倒是说对了。但事物是复杂的，从另一方面说，康有为的今文学说在政治上对戊戌变法又带来负面影响。康有为提出的刘歆伪造古文经典、公羊新三世说、孔子改制等观点，本身就具有争论性，故引起一些人的疑惑，更给顽固派以反对的口实。余联沅在 1894 年奏焚《新学伪经考》的折子中就指责这部书"惑世诬民，非圣无法，同少正卯"①。文悌于 1898 年上《严参康有为折》中说："（康）托词孔子改制，谓孔子作《春秋》，西狩获麟，为受命之符，以春秋变周，为孔子当一代王者，明似推崇孔教，实则自申其改制之义。大抵原据公羊何休学……不知何休为《公羊传》罪人，宋儒早经论定……数千年后士，不获亲见圣人，自三传以下，假托圣贤，以伸己说者，何可胜数，又焉能于蠹简之馀，欲尽废群籍，执一家之言，而谓为独得圣人改制

---

① 《康南海自编年谱》，光绪二十年（1894）。

之心哉?"① 故胡思敬在《戊戌履霜录》称，康有为今文学之说"未足倾动士林"，指的即是这些事实。有的人赞成变法维新，但对孔子改制之说也不敢赞成，如陈宝箴在湖南主持推行新政，虽遭顽固派王先谦、叶德辉等攻讦，而布新除旧不辍。时论对康有为、梁启超毁誉不一，他力排众议，特上奏举荐康有为，称他博学多才，议论宏通，言人所不敢言，为人所不敢为。但他对康有为"托古改制"理论甚为不满，请求光绪帝令康有为将《孔子改制考》一书的版本自行销毁。有的学者即认为康有为推演有争议的今文学说作为变法理论，是戊戌维新失败的原因之一，说："《新学伪经考》与《改制考》不仅引起不必要之纷争，而且几淹没变法之主题。"②

晚清公羊学盛行在学术文化上的影响，与它在政治上的影响，二者既有联系又有区别。就政治上言，晚清公羊学对于促使维新变法的推动、冲破万马齐瘖的局面、推动社会前进所起的积极作用是主要的，但今文学说的可争议性又造成一定程度的消极影响。这两个方面，随着戊戌维新时期的结束已经成为过去。晚清公羊学盛行又是一股学术思潮，它在学术文化上造成的影响与上述情形又有不同：第一，它的影响并未因戊戌时期的过去而成为过去，相反，它在哲学、史学领域发生的影响在戊戌时期以后仍然继续着。如周予同在"五四"以后所说："现在清朝覆亡已十六年，但这今文派的余波回响仍然在学术界存在着，并且似乎向新的途径发展着。"第二，要论晚清公羊学盛行在政治上的影响，证据比较明显。而关于它在学术文化上的影响，则似乎证据不太明显，因而需要深入地研究、发掘。概括来说有两项。从哲学领域说，晚清公羊朴素变易观的盛行，为20世纪初年西方进化论在中国的广泛传播准备了条件。从史学领域说，晚清今文学盛行引起的重新审查古代典籍、古代历史的普遍认识，促进了20

---

① 见中国史学会编《中国近代史资料丛刊·戊戌变法》（二），上海人民出版社，1957年版，第483—484页。

② 汪荣祖：《论戊戌变法失败的思想因素》，见作者所著《晚清变法思想论丛》，台北联经出版事业公司，1983年版，第111页。

世纪初年"新史学"思潮的兴起，并且对于"五四"前后"古史辨"派考辨古史、探求可信的古史体系产生了直接的影响。

探讨这两个问题的价值远远超过哲学和史学这两个学术领域本身，而具有广泛的文化意义。中国的学术文化，大体以20世纪初年为分界，以前的称为"旧学"，以后的称为"新学"；以前的称为"传统文化"，以后的称为"近代文化"。人们每每有一种误解，似乎"新学"与"旧学"之间有一个断层，二者相对立，"传统的"即是封建的，"近代文化"是从外国输入的，从外国移植的。导致这一认识的重要原因，是由于近代"新学"在20世纪初产生，是与当时一股来势迅猛的学习西方、批判封建主义的思潮相联系的。20世纪初，由于空前严重的民族危机的刺激，进步思想界为了寻找救国真理，大量介绍西方社会学说，以此为武器，猛烈批判封建主义。梁启超用亲历的感受概述当时的情况："戊戌政变，继以庚子'拳祸'，清室衰微益暴露。青年学子，相率求学海外。……壬寅、癸卯间，译述之业特盛，定期出版之杂志不下数十种，日本每一新书出，译者动数家。新思想之输入，如火如荼矣。"① 生动地讲出20世纪最初几年大量输入西方学说、批判封建主义的时代趋向。就史学范围而论，20世纪初年"新史学"的产生，是伴随着对封建旧史的激烈批判而出现的。梁启超著《新史学》，激烈地批判旧史是"二十四姓之家谱""相斫书""墓志铭""蜡人院之偶像"，主张用"新史学"取代旧史学。新学诞生之时对旧学的批判如此突出，而新学与旧学之间的联系和过渡却不甚明显，难怪有的人要认为"近代文化"是从外国移植的。但这种看法并不符合历史实际，在理论上也无法解释近代文化从西方输入的新观念为何能在我们民族中生根。其实，早在七十多年前，当新学正在形成之际，有的学者就敏锐地认识到无视近代文化与传统文化的继承关系是错误的。顾颉刚于1919年写有《中国近来学术思想界的变迁观》一文，讲了自己认识前后的变化："我从前以为近三十年的中国学术思想界是由易旧为新时

---

① 梁启超：《清代学术概论》，《饮冰室合集》专集之三十四，第71页。

期，是用欧变华时期，但现在看来，实不尽然。""在三十年来，新有的东西固然是对于外国的文化比较吸引而后成的，但是在中国原有的学问上——'朴学'、'史学'、'经济'、'今文派'——的趋势看来，也是向这方面走去。"① 当时他仅二十七岁，大学尚未毕业，却以亲身经历讲出深刻的道理：近代学术文化的成就固然是由学习外国所得，但同时也是对传统学术文化有选择的继承。今天我们的研究工作应该在前辈学者认识的基础上大大向前推进，更加深入地总结和阐述包括今文学在内的中古时代学术文化的精华，如何成为向近代文化转变的内在基础和动力。这对于科学地认识近代文化的产生，认识传统文化中的优秀部分所具有的久远生命力，从而更有效地克服民族虚无主义、增强民族自尊意识，都有重要的意义。下面即讨论晚清公羊学盛行与进化论传播，以及公羊学说与"新史学"的产生两个问题。

二、公羊学与进化论的传播

（一）进化论传入的时代意义

19世纪、20世纪之交，是中国哲学领域产生质的飞跃的时期。

西方进化论的传播是同近代另一位向西方寻找真理的代表人物严复的名字直接联系在一起的。严复（咸丰四年至民国十年，1854—1921），曾被派往英国学习海军三年，同时热心研读哲学和各种社会思想学说。甲午战争爆发，严复亲见老大腐败的清皇朝被由于学习西方而骤强的日本打得惨败，更加引起他对国家命运的深沉忧虑。1895年，他先后在报上发表《论世变之亟》《原强》《辟韩》《救亡决论》等论文，并着手翻译赫胥黎所著《天演论》一书（1898年出版）。在这些论文和译作中，严复怀着

---

① 载《中国哲学》第十一辑，三联书店，1984年版。

"警世"的强烈愿望，系统地介绍西方进化论哲学思想，由此标志着中国近代思想界进入新纪元。严复阐发生存竞争、优胜劣败而形成进化发展的规律，是同唤起人们对民族危亡形势的认识紧密相联系的。赫胥黎的通俗著作《进化论与伦理学》出版于1894年。严复选择这本书及时地译述，在当时情况下，他不作原书直译，而采取意译、改写、插入议论和加上大段案语的方法，着眼于中国国情，就原著某一内容或观点加以发挥，抒发本人的哲学思想和政治观点，以达到"警世"的目的。他阐述进化发展是宇宙的普遍规律。小至草木虫鱼，大至天地日月，"一切民物之事，与大宇之内日局诸体，……乃无一焉非天之所演也"①。天地一切都在变化，只有"天演"的规律是永恒的。严复很赞赏斯宾塞把生存竞争、自然淘汰的规律引到人类社会的观点。严复认为：人类自远古以来，也各争以自存。"其始也，种与种争，及其稍进，则群与群争，弱者常为强肉，愚者常为智役，及其有以自存而遗种也，则必强忍魁桀矫捷巧慧，而与其一时之天时地利人事，最其相宜者也。"②故此，适应环境，不断进化，产生新特性、新能力，这是在激烈的生存竞争中取胜的根本条件。严复称此为"体合"。他强调："于此见天演之所以陶熔民生，与民生之自为体合。（自注：体合者，物自变其形，能以合所遇之境，天演家谓之体合。）体合者，进化之秘机也。""进者传而存焉，不进者病而亡焉！"③目的在于使人们警发"保群进化之图"，去旧即新，学习西方，变革图强。严复吸收了斯宾塞把生存竞争引入人类社会的思想，而抛弃其"任天为治"（指在人类社会中任凭自然选择、优胜劣败的规律起作用）的观点，同时吸收和发挥赫胥黎所主张的人类不应任由物竞天择命运的摆布，人类应发挥力量加以干预的论点。这样，严复以达尔文进化论学说为基础，又经过自己的综合、创造，使他的理论主张具有鲜明的时代性，以激励处

---

① 严复：《天演论》卷上导言二《广义》，商务印书馆，1981年版，第6页。
② 严复：《原强》，见中国史学会编《中国近代史资料丛刊·戊戌变法》（三），第41页。
③ 严复：《天演论》卷上导言十五《最旨》，第36—37页。

于危机关头的中国人"自强保种"为最大特色。《天演论》出版时，正是民族危机最严重、举国人心激奋、思变思强的时刻，严复创造性介绍的进化论学说，提供了一套新鲜的哲学观、历史观，极大地鼓舞了中国人民的斗志和信心。进化论学说在海内迅速传播，使中国思想界产生了划时代的变化。如革命派机关报《民报》即评论说："物竞天择之理，厘然当于人心，而中国民气为之一变。"① 《天演论》被书肆争相翻印，版本达三十多种，成为空前畅销书。（以上论述进化论的进步性是指在当时历史条件下，即马克思主义传入中国以前的时代而言。《天演论》把社会进步归结到"物竞天择"的规律是并不科学的。恩格斯对此问题曾有过论述。②）

（二）公羊朴素进化观的内因作用

在 19 世纪末 20 世纪初年，恰恰是康有为、梁启超、夏曾佑、谭嗣同、唐才常、黄遵宪这些信奉公羊学说、热心维新变法的志士，成为进化论学说最早的热情接受、衷心倾服、积极传播的人物。喜谈公羊，投身变法运动，和传播进化论，三位一体，这是十分值得深思的历史现象。

晚清今文学运动和维新运动的领袖康有为大力地吸收西方进化论以构建其变法理论，对此我们在上一章中已作了评述。还在严复开始发表介绍西方进化论的文章之时，康有为就表示敬佩，见于梁启超于 1896 年致严复的信中所说："南海先生读大著后，亦谓眼中未见此等人。"③ 梁启超本人不仅对进化论学说心折赞赏，而且在 20 世纪初年连续著文介绍达尔文学说。《论学术之势力左右世界》一文，指出进化论在哲学领域引起了一场革命："达尔文者，实举十九世纪以后之思想，彻底而一新之者也。是故凡人类智识所能见之现象，无一不可以进化之大理贯通之：政

---

① 《述侯官严氏最近政见》，《民报》第 2 号。

② 恩格斯的原话是："想把历史的发展和错综性的全部多种多样的内容都总括在贫乏而片面的'生存竞争'中，这是十足的童稚之见。"见《马克思恩格斯选集》第三卷，第 572 页。

③ 梁启超：《与严幼陵先生书》，《饮冰室合集》文集之一，第 110 页。

治、法制之变迁，进化也；宗教、道德之发达，进化也；风俗、习惯之移易，进化也。数千年之历史，进化之历史；数万里之世界，进化之世界也。……此义一明，于是人人不敢不自勉为强者为优者，然后可以立于此物竞天择之界。无论为一人，为一国家，皆向此鹄以进。""虽谓达尔文以前为一天地，达尔文以后为一天地可也。"并且预言进化论学说"将磅礴充塞于本世纪而未有已也"。① 同年还著有《天演学初祖达尔文之学说及其略传》，再次强调进化论学说问世四十年来，"无论政治界学术界宗教界思想界人事界，皆生一绝大之变迁"。认为人类各个领域，"无大无小，而一皆为此天演大例之所范围。"② 与此同时，梁启超倡"史界革命"，规划"新史学"应该以探究人类社会进化之公理公例为根本任务，实则要求以进化论作为史学领域的理论指导，因而成为"新史学的开山"。梁启超如此高度评价、热心传播和自觉运用进化论，诚然来源有自。这就是他在19世纪最末几年已经把公羊学说与进化论二者糅合起来。1899年所写《论支那宗教改革》一文说："《春秋》之立法也，有三世，一曰据乱世，二曰升平世，三曰太平世。其意言世界初起，必起于据乱，渐进而为升平，又渐进而为太平，今胜于古，后胜于今。此西人打捞乌盈（即达尔文）、士啤生（即斯宾塞）氏等，所倡进化之说也。支那向来旧说，皆谓文明世界，在于古时，其象为已过，《春秋》三世之说，谓文明世界，在于他日，其象为未来。谓文明已过，则保守之心生；谓文明为未来，则进步之心生。故汉世治《春秋》学者，以三世之义，为《春秋》全书之关键。诚哉其为关键也！因三世之递进，故一切典章制度，皆因时而异，日日变易焉。"③ 这一段典型性的论述，确切地证明经由中国本土的进化观如何便捷顺当地接受了西方的进化论。

（三）爱国志士共同的思想历程

更进一步说，晚清许多爱国志士共同的思想轨迹是：他们由

---

① 见《饮冰室合集》文集之六，第114页。
② 见《饮冰室合集》文集之十三，第12、18页。
③ 见《饮冰室合集》文集之三，第58页。

于国内政治腐败、外侮日亟的刺激，不满于正统地位的哲学观，因而苦苦地进行过哲学的探索，由此而走向中国的朴素进化观——公羊学说，然后经由中国本土的进化观接受并服膺西方进化论，大力传播，用它来观察历史与未来。康有为因关心时局、上书清帝失败之后，转而苦心探索和构建不同于正统思想的学说体系，已如前述。梁启超、谭嗣同、夏曾佑也有过相似的经历。约在甲午战争爆发前一两年，这三个青年人因应考来到北京，相聚一起，彻夜长谈或争论问题，他们探求的就是为了挽救危亡时局而需要的指导思想——哲学问题。梁启超事后这样回忆："我们几乎没有一天不见面，见面就谈学问，常常对吵，每天总大吵一两场。但吵的结果，十次有九次我被穗卿（夏曾佑的字）屈服，我们大概总得到意见一致。""这会想起来，那时候我们的思想'浪漫'得可惊，不知从哪里会有怎么多问题，一会发生一个，一会又发生一个。我们要把宇宙间所有的问题都解决，但帮助我们解决的资料却没有。我们便靠主观的冥想，想得的便拿来对吵，吵到意见一致的时候，便自以为已经解决了。"①梁启超称他们当时处于"学问饥荒时代"，指的就是哲学苦闷时代。这些英拔锐进的青年，"生育在此种'学问饥荒'之环境中，冥思枯索，欲以构成一种'不中不西即中即西'的新学派"②。为了寻求救国的道路，为了争取在旧传统束缚下获得精神的解放，他们苦苦探求新哲理。在中国学术内部，他们首先尊崇公羊变易哲学，此后，西方学说传入，他们心悦诚服地接受进化论学说。

谭嗣同著《仁学》，首先标列"仁学界说"，云："仁以通为第一义。"通的首义，为"中外通"，"多取其义于《春秋》，以太平世远近大小若一故也"。③他讲《仁学》思想来源属于中国书的，也首列《易》及《春秋公羊传》。夏曾佑对自己由尊崇公羊学说而满腔热情地接受进化论的思想历程讲得尤为真切。他早

---

① 梁启超：《亡友夏穗卿先生》，《饮冰室合集》文集之四十四（上），第20页。
② 梁启超：《清代学术概论》，《饮冰室合集》专集之三十四，第71页。
③ 见《谭嗣同全集》下册，中华书局，1981年版，第291页。

年与梁启超、谭嗣同一样热心于公羊学，故梁启超论其学术思想渊源说："曾佑方治龚、刘（逢禄）今文学，每发一义，辄相视莫逆。"① 他还写有诗句："瑷人申受出方耕，孤绪微茫接董生。"概括今文学派的系统颇为精到。而公羊学说确实成为他沟通进化论的桥梁。1896 年底他到达天津，结识严复，便立即倾心于达尔文学说，这在他致表兄汪康年信中有深刻的表达："到津之后，幸遇又陵（按，严复字），衡宇相接，夜辄过谈，谈辄竟夜，微言妙旨，往往而遇。徐、利以来，始通算术，咸、同之际，乃言格致，洎乎近岁，政术始萌。而彼中积学之人，孤识宏寰，心通来物，盖吾人自言西学以来所从不及此者也。但理赜例繁，旦夕之间，难于笔述，拟尽通其义，然后追想成书，不知生平有此福否？"② 由于亲聆严复深入讲述进化论学说，以往从事哲学探索而未能解决的问题，似乎于此得到答案，找到了真理。所以他倍感珍贵，用整个身心去领会、消化。他的哲学观点实现了质的飞跃。又据夏循垍撰《夏穗卿传略》载，当时严复译《天演论》《原富》等书，常"与先生反复商榷而成篇"③。反复探究、互相切磋，使夏氏对于进化论有更深刻的理解。他拟写阐述进化论的哲学著作的愿望未能实现，却撰成以进化论史观为主导思想的通史著作《中国古代史》。

又一位爱国志士唐才常的思想经历，同样清楚地证明这一时期社会思潮的特点。唐才常于 1893 年参加湖南乡试时，三篇考卷中的末篇即用公羊家言申述。故戊戌年他写信给老师欧阳中鹄，即自称并非初次在时务学堂讲公羊改制之说，信中说："受业于素王改制，讲之有年，初非附会康门。"并申明他对《新学伪经考》"宗旨微有不合处，初不敢苟同"，不相信《周官》《左氏》出于刘歆作伪之说，而认为两书是周代文献。④ 他又申明

① 梁启超：《清代学术概论》，《饮冰室合集》专集之三十四，第 61 页。
② 夏曾佑致汪康年信第十三函，见《汪康年师友手札》二，上海古籍出版社，1986 年版。
③ 见《史学年报》1940 年第 3 卷第 2 期。
④ 唐才常：《上欧阳中鹄书》（九），《唐才常集》卷二，中华书局，1980 年版，第 238 页。

《公羊传》的价值在于"内外夷夏之说，随时变通，期于拨乱世反之正"①。此后，唐才常即吸收西方进化论等学说来阐述他对历史与政治问题的见解。如说："《春秋》言据乱、升平、太平，西人言石刀、铜刀、铁刀。"又称于"一切政学格致，皆谓今胜于古。如当中国周匡王时，有埃及王法老尼古者，曾驱十二万人沟红海，不成而死。而近来法人勒塞柏斯，自咸丰十年至同治八年，卒沟通之，此其远胜古人之一端"。②他更相信现今种种不合理的社会现实终将进步到平等、民主的时代，故说："若夫地球全局，则非发明重民、恶战、平等、平权之大义，断断不能挽此浩劫！"③尽管唐才常对于西方进化论和民主学说的了解是不系统、不深刻的，但他已经把这些西方进步思想作为自己观察历史和未来的指导，则是无疑问的。

20 世纪初年进化论学说迅速传播以后，作为哲学观的、在 19 世纪 90 年代盛行的公羊三世说即完成了自己的历史任务，其地位被进化论所取代，而价值融入其中。因为，西方进化论是近代学术体系，高出整整一个历史时代。前此盛行的公羊三世说虽然比之僵死的封建思想更具进步性，但又具有粗疏原始、主观和神秘的致命弱点。它所讲的变易历史哲学，是靠阐释古代经典中的"微言大义"而得，在很大程度上，建立在主观推论和比附的基础上，未能摆脱传统学术的旧体系，而且很带争论性，使很多人对此感到怀疑甚至骇异。而西方进化论学说，是从大量的实例中归纳出来的，可以动植物、人体、地形、地质、化石来作验证，因而具有严密的科学性和鲜明的实证性的优点。比较粗疏的原理一定要被更加科学的原理所代替，这正是学术进化发展的规律。而公羊学历史演进观念成为沟通 19 世纪、20 世纪之交进步知识界通向西方进化论的桥梁，这一贡献是不可埋没的。

---

① 唐才常：《交涉甄微》，《唐才常集》卷一，第 43 页。
② 唐才常：《辨惑》（上），《唐才常集》卷一，第 164、166 页。
③ 唐才常：《上欧阳中鹄书》（九），《唐才常集》卷二，第 238 页。

三、公羊学与"新史学"思潮

20 世纪初年，与大力传播西方新思想、要求结束封建帝制统治的时代大潮相呼应，在史学领域内掀起一股批判"君史"、提倡"民史"的热潮。这一"新史学"思潮，在指导思想上要求贯彻社会进化发展的观点，摒弃旧史家循环史观、复古史观的影响，在研究的对象、内容上体现人群进化、社会生活的情状，取代旧史为帝王将相立传、维护封建等级制度的陈旧体例，在著史形式上也要求采用新体裁、新风格；因而是标志着旧史阶段终结、史学近代化正式展开的划时代事件，影响了整个 20 世纪。最有意义的是，"新史学"两位最重要的开创者正是梁启超和夏曾佑，他们分别在史学理论领域和通史领域撰写了标志着近代史学正式登上学术舞台的出色著作，而他们的共同经历便是由公羊学说走向"新学"。这一重要事实恰恰证明：晚清公羊学盛行的时代虽已过去，但其精神却仍然活在 20 世纪的新学术中，"并且向新的途径发展着"。

（一）梁启超与《新史学》

梁启超（同治十二年至民国十八年，1873—1929）是著名的维新变法运动领袖人物，出色的宣传家，西方新思想的热心传播者和"新史学"倡导者，近代著名史学家。广东新会人。字卓如，号任公，又号饮冰室主人。举人出身。后在广州万木草堂师从康有为，学习公羊学说和改制变法思想，协助康有为编撰《新学伪经考》《孔子改制考》。因他在发动变法维新运动中影响很大，故与康有为并称"康梁"。1895 年赴北京参加会试，与康有为发动"公车上书"。1896 年在上海主编《时务报》，发表《变法通议》，以犀利的笔锋宣传变法图强的主张，报纸风行全国，对变法运动产生有力的推动作用。次年在长沙时务学堂任总教习。1898 年入京，以六品衔办京师大学堂、译书局。戊戌政变后逃亡日本，办《新民丛报》等，向国内发行，大力传播西方新学说，对知识界很有影响，因其坚持立宪保皇，受到革命派的批判。辛亥革命后，出任袁世凯政府司法总长。1916年袁世凯称帝，梁启超策划反袁，发动护国运动，逼使袁世凯取消帝制。后曾在段祺瑞内阁中任财政总长。晚年专力从事著述，及在清华学校等校讲学。主要学术论著有《新史学》、《中国历史研究法》及《补编》、《先秦政治思想史》、《儒家哲学》、《墨子学案》、《清代学术概论》、《中国近三百年学术史》、《古书真伪及其年代》等。1936年上海中华书局出版有《饮冰室合集》，总字数约有一千四百万，收集梁氏各种论著比较详备。

《新史学》著于1902年，是要求以进化史观为指导建立近代史学体系的宣言书和理论著作。梁氏代表当时进步思想界，对于两千年旧史的积弊作了系统的清算。他批判封建旧史有"四弊""二病"。"四弊"是："知有朝廷而不知有国家"；"知有个人而不知有群体"；"知有陈述而不知有今务"；"知有事实而不知有理想"。"二病"是："能铺叙而不能别裁"；"能因袭而不能创作"。梁氏批判旧史和设计新史学的一个重要的指导思想，是历史进化观点，故说："所贵乎史者，贵其能叙一群人相交涉、相竞争、相团结之道，能述一群人所以休养生息、同体进化之状，使后之读者爱其群、善其群之心油然生焉！"而旧史恰恰不能明同群进化的情形，孤立而互不联系的一篇篇本纪、列传，凑在一起，"如海岸之石，乱堆错落"，简直是"合无数之墓志铭而成者"。梁氏对旧史的激烈指责，虽有过当之处，但确能打中要害。在中国传统学术中，梁氏肯定公羊三世说具有进化的意义："三世者，进化之象也。所谓据乱、升平、太平，与世渐进是也。三世则历史之情状也。……三世之义，既治者则不能复乱；藉曰有小乱，则必非与前此之乱等也。"他对"新史学"提出的界说，便是"叙述人群进化之现象，而求得其公理公例"。而新史家的根本任务，在于"以过去的进化，导未来之进化"，[①] 对全体人民起到教育、启发的作用，发挥人群之力，推动人类社会向更加进步幸福

---

① 以上《新史学》的引文，均见《饮冰室合集》文集之九。

的境地前进。

梁启超倡导以探求、叙述人群进化的公理公例作为"新史学"的根本要求决不是偶然的，这是他原先思想认识的继续和发展。自万木草堂从康有为问学开始，特别是《时务报》、时务学堂时期宣传维新变法，与顽固保守人物激烈辩论之时，他已得心应手地运用公羊三世朴素进化观来解释历史和未来。由朴素进化观到系统的进化论学说，只是从较低阶段迈进到较高阶段，梁启超很自然完成这一过渡，并且深刻感受到用进化论改造整个史学领域的极端必要，因而成为"新史学"理论的奠基者和充满激情的倡导者。梁启超在同一时期，还规划了用进化论为指导改写全部中国史，并在学术思想史领域撰成了饮誉海内的长篇论文——《论中国学术思想变迁之大势》。梁氏早年是广州学海堂的优等生，受过传统学术严格的训练，以后长期勤奋学习，因而谙熟古代典籍。他信奉公羊朴素变易观，对传统学术的变迁早有深入的思考，故在接受西方进化论之后，认识更达到升华。此文以八万余字的简要篇幅，概述了中国数千年学术思想演进的历史趋势，划分为七个时代：（1）胚胎时代，春秋以前；（2）全盛时代，春秋末及战国；（3）儒学统一时代，两汉；（4）老学时代，魏晋；（5）佛学时代，南北朝隋唐；（6）佛儒混合时代，宋元明；（7）衰落时代，近两百五十年。相当有说服力地论述各个时代思想的主要特点、成就和缺陷，这些特点何以产生，前一时代的学术思想如何成为这一时代的渊源，这一时代的思想又对后代产生了什么影响。梁氏对学术思想变迁能这样做到纵贯分析，提挈脉络，叙述因果变化，正是《新史学》下述观点的体现："群与群之相际（按，群指人群，也可指学派），时代与时代之相续，其间有消息焉，有原理焉，作史者苟能勘破之，知其以若彼之因故生若此之果，鉴以往之大例，示将来之风潮，然后其书乃有益于世。"譬如，战国时代诸子百家争鸣，是中国学术的辉煌时期，梁氏从七个方面分析学术勃兴的原因：（1）由于前此学术思想蕴蓄之宏富；（2）由于社会急剧变动的刺激；（3）由于思想学术之自由："政权下移，游士往来列国之间，出现了处士横议的时代风气，正所谓海阔凭鱼跃，天高任鸟飞"；（4）由于交通之频繁，学术思想得到交流；（5）由于人材之见重；（6）由于文字之趋简，著述及传播较前容易；（7）由于讲学之风盛，学术思想得到有效的传播。显然，发展进化的观点使梁氏能成功地分析学术思潮变迁与时代的关系。故《论大势》一文，堪称是运用进化论哲学进行史学研究取得的第一个硕果，是《新史学》理论主张的出色实践。

（二）夏曾佑与《中国古代史》

夏曾佑（同治二年至民国十三年，1863—1924）是晚清新学的著名学者。浙江杭州人，字穗卿，别号碎佛。1890 年（光绪十六年）中进士，不久即任礼部主事。因受国家内忧外患形势刺激，治公羊今文之学，与梁启超、谭嗣同是讲学最契之友，主张变法维新。1896 年底到天津，与严复过从甚密，并与严复、王修植一同创办《国闻报》，从事新学和维新变法的宣传。1899 年冬，任安徽祁门知县。后致力于中国古代历史的研究，用新的体裁撰成《中国古代史》（原名为《最新中学中国历史教科书》，完成上古至隋，共两篇，约四十万字，1933 年收入《大学丛书》时改为今名，由商务印书馆再版）。1904 年，作为随员陪同清政府所派五大臣出洋考察宪政。1908 年，署理安徽广德知州。辛亥革命后，出任北洋政府教育部普通教育司司长。1916 年任京师图书馆馆长。

梁启超把夏曾佑誉为"晚清思想界革命的先驱者"。他称夏氏治经宗龚、刘今文之学，但又"不以公羊学家自居"。这些都是意味深长的。他经由公羊学说的沟通作用，走向了近代进化论，却并不停留在靠主观推论和带有浓厚神秘色彩的公羊学说上，以此自限。即是说，吸收了公羊学说的变易观点，而又能突破其牵强比附的体系，这是夏曾佑在历史研究上获得成功的重要原因。夏氏这种哲学个性，在《中国古代史》书中有确切的体现。他说："案此篇（指陆德明《经典释文》）皆唐人之学，至宋学兴，而其说一变，至近日今文学兴，而其说再变。年代久远，书缺简脱，不可详也。然以今文学为是。"[①] 又说："儒术中

---

① 夏曾佑：《中国古代史》第一篇第二章第十节《孔子之六经》。

有今文古文之争。自东汉至清初，皆用古文学，当世几无知今文为何物者。至嘉庆以后，乃稍稍有人分别今古文之所以然，而好学深思之士，大都皆信今文学。本编亦尊今文学者，惟其用意与清朝诸经师稍异，凡经义之变迁，皆以历史因果之理解之，不专在讲经也。"① 这些话说明，第一，夏氏推尊今文学，并且明确肯定晚清今文学风靡于世的进步意义，称赞当时信仰公羊学说者是"好学深思之士"。第二，他的学说，又与专讲"微言大义"的清朝经师不同。他不拘牵于经师的旧说，要运用今文学的精髓，与进化论的原理相结合，在书中阐明"历史因果之理"。故此，《中国古代史》开宗明义第一篇《世界之初》，论述人类起源，即揭示出达尔文进化学说与宗教神学的对立。宗教神学讲人类由"元祖降生"，昔之学人笃于宗教而盲从，至近代才逐渐从这种落后意识走出来。达尔文进化论学说，则"本于考察当世之生物，与地层之化石，条分缕析，观其会通，而得物与物相嬗之故"。又说，"由古之说，则人之生为神造；由今之说，则人之生为天演：其学如水火之不相容"。这就是宗教与科学的对立。他著史即以论述自然和人类社会由低级到高级发展进化的理论为指导，以此贯串全书。由公羊朴素进化论而达到近代科学的进化论，遂使夏氏的学术思想进入新境界，运用这一崭新观点而在通史研究领域获得丰硕之果。

《中国古代史》一经问世便使读者"有心开目朗之感"，"上下千古，了然在目"。这也是晚清新学传播历史上光彩四射的一页。对于进化论这一刚刚从西方传入的新学说，夏氏能避免生搬硬套、捉襟见肘的毛病，而做到正确的把握和比较熟练的运用，其原因，在于蕴积深厚。早在19世纪90年代前期，夏氏就如饥似渴地探求公羊朴素进化观，以此为指导，思考哲学、历史问题，以后与严复密切往还，自觉眼前豁然开朗，一通百通。因此，书中对中国几千年历史发展形成的阶段性演进的系统看法，

① 夏曾佑：《中国古代史》第二篇第一章第六十二节《儒家与方士的分离即道教之原始》。

乃是他自探求公羊学说以来长时间研求的成果，决非一蹴而就，骤然而得。中国历代"正史"的编撰，均以朝代起迄定终始，体例演用不变，编年体史书则按年代先后逐年编写，也一向无所改易。至夏氏通史著作出，才破天荒第一次以进化发展观点为指导，提出了一套划分中国历史发展阶段的自成体系的学说。他划分中国历史为三个大的阶段：上古之世，自传说时代至周初；中古之世，自秦至唐；近古之世，自宋至晚清。从他这一总体框架看法，我们也可感觉到公羊三世历史观的精髓存在其中。三大段又各自分为小的时期，从夏氏概括的各时代的特点，可以看出他对各个时代的递嬗和因果关系确有较好的把握。他划分上古之世为二期："由开辟至周初，为传疑之期。因此期之事，并无信史，均从群经与诸子中见之，往往寓言实事，两不可分，读者各信其所习惯而已，故谓传疑期。由周中叶至战国为化成之期。因中国之文化，在此期造成。此期之学问，达中国之极端，后人不过实行其诸派中之一分，以各蒙其利害，故谓之化成期。"夏氏又把中古之世划分为极盛期、中衰期、复盛期三期。"由秦至三国，为极盛之期。此时中国人材极盛，国势极强，凡其兵事，皆同种相战，而别种人则稽颡于阙廷。此由实行第二期人之理想而得其良果者，故谓之极盛期。由晋至隋，为中衰之期。此时外族侵入，握其政权，而宗教亦大受外教之变化，故谓之中衰期。唐室一代，为复盛之期。此期国力之强，略与汉等，而风俗不逮，然已胜于其后矣，故谓之复盛期。"近古之世，又划分为退化期和更化期。"五季宋元明为退化之期。因此期中，教殖荒芜，风俗凌替，兵力财力，逐渐摧颓，渐有不能独立之象。此由附会第二期人之理想，而得其恶果者，故谓之退化期。清代二百六十一年为更化之期。此期前半，学问政治，集秦以来之大成；后半，世局人心，开秦以来所未有。此盖处秦人成局之已穷，而将转入他局者，故谓之更化期。"① 由早年研求公羊学说以来长期淬厉的进化哲学思想，使这位历史学家对自己所处时代有洞中肯綮的看

---

① 夏曾佑：《中国古代史》第一篇第一章第四节《古今世变之大概》。

法：由秦代建立的封建专制政体已经注定要被废除，中国内部的变化和世界的潮流已经预示着社会将走向世界共同的民主政治道路。夏氏所委婉而言的"处秦人成局之已穷"和"世局人心，开秦以来所未有"，实际上便是这位维新思想家对时局的论断。公羊学"以经议政"、关心现实政治的特点，也在夏氏治史的实践中强烈表现出来。他对历史—现实—未来的关系，也提出深刻的见解。他把总结历史与当前救亡图强的紧迫需要紧密结合起来，认为研究历史，才能更加看清当前社会积贫积弱的症结所在，找到解救的良法："运会所遭，人事将变，目前所食之果，非一一于古人证其因，即无以知前途之夷险。"① 通过了解历史与现实的联系，又能使人们清醒地认识当前所处的环境，既包含将来可能发生更大的危机，又提供了通过变革、争取民族光明前途的机遇，加倍努力，所以他要写出一本"以供社会之需"的通史著作。

与全书独创的理论框架、具有新鲜时代气息的内容和方法相适应，《中国古代史》在史书形式上也有新颖的创造。夏氏借鉴于当时刚刚传入的外国史书分章叙述的方法，同时吸收了中国纪事本末体的优点，将二者糅合起来，创造了新的史书编纂形式。这同样体现了进步公羊学者要求变革旧事物、适应时代变化的思维方式和学术风格。通过夏曾佑的艰苦努力，《中国古代史》从内容到形式都给人以耳目一新之感。第一册自 1904 年印行后，至 1906 年即再版六次，受到读者热烈的欢迎，在传播新鲜历史观点和历史知识上产生了广泛影响。

在晚清新学创造的实践中，梁启超、夏曾佑所走的道路是成功的。他们接受了由龚自珍和魏源奠定、康有为所发扬的进步公羊学说的传统，站在哲学思考的高度，信奉万事万物处在变易之中和人类历史朴素进化的观点，强烈要求革新政治、以救亡图强为己任，同时，他们热心学习和传播西方进化论和其他进步学说，决不以公羊学家自限，不墨守清代经师附会经义的旧规，并

---

① 夏曾佑：《中国古代史》叙。

且摒弃主观武断的方法，努力运用近代进化论这一新鲜哲学观探求新知。因而成为本世纪初年"新史学"思潮的杰出代表人物，为推进迟迟不能脱下古老服装的 19 世纪学术向近代学术的飞跃作出宝贵的贡献。

（三）皮锡瑞与经学史研究

从公羊学说出发而走上新学道路的著名学者还有皮锡瑞（咸丰九年至民国十五年，1859—1926），他是今文经学大师，又是 20 世纪初年从事系统的经学史研究的开拓者。湖南善化（今长沙）人。字鹿门，因景仰西汉初《尚书》今文学大师伏生，署其所居为"师伏堂"，故学者称师伏先生。举人出身，三应礼部试，不售，遂潜心讲学著书，说经严守家法。甲午战争后，愤于清廷腐败卖国，极言变法不可缓。1898 年，任南学会会长，主讲学术。开讲三月，主讲十二次，所言皆贯通上下，融合中西，纵论变法图强，使听者大受感动。顽固派诋毁南学会时，他不避艰险，往复辩论，表现了救亡图存的满腔热情。戊戌政变后，清政府给他加上"离经叛道"的罪名，下令革去举人身份，逐回原籍，交地方官严加管束。晚年长期任教，并任长沙图书馆纂修。

皮锡瑞所撰经学史重要著作有《经学通论》和《经学历史》，这两部书，是 20 世纪初年学术近代化进程中破除对经书的迷信、进行客观和有系统研究之创始性著作，至今仍然是治经学史必读的参考书。《经学通论》阐明今文学家法，殊多卓见。他论孟子与《春秋》的关系说："孟子说《春秋》，义极闳远。据其说，可见孔子空言垂世，所以为万世师表者，首在《春秋》一书。孟子推孔子作《春秋》之功，可谓天下一治，比之禹抑洪水，周公兼夷狄、驱猛兽；又从舜明于庶物，说到孔子作《春秋》，以为其事可继舜、禹、汤、文、武、周公。且置孔子删《诗》《书》、订礼乐、赞《周易》，皆不言，而独举其作《春秋》，可见《春秋》有大义微言，足以治万世之天下，故推尊如此之至。两引孔子之言，尤可据信。是孔子作《春秋》之旨，孔子已自言之；孔子作《春秋》之功，孟子又明著之。……是《春秋》微言，大义显而易见，微言隐而难明，孔子恐人不知，故不得不自明其旨。其事则齐桓、晋文一节，亦见于《公羊》昭十二年传，大同小异。足见孟子《春秋》之学，与《公羊》同一师承，故其表章微言，深得《公羊》之旨。"这里揭示出孟子所论深得孔子之旨，而与《公羊》同一师承，是很重要的见解。皮氏又论曰："朱子云，'孔子之事，莫大乎《春秋》'，深得孟子、《公羊》之旨。云'治世之法，垂于万世，是亦一治'，亦与《公羊》拨乱功成、太平瑞应相合，人多忽之而不察耳。"① 这里指出朱熹的见解与孟子、《公羊》有相通之处，也值得注意。

赋予公羊学说以时代意义，用来解释变法图强的必要性，并将阐释公羊朴素进化观与西方进化论相沟通，展示人类社会未来美好的前景，这些尤为皮氏卓识所在。他以进化的观点、文明程度越高民族越平等的观点解释三世说："宣、成皆所闻世，治近升平，故殊夷狄。若所见世，著治太平，哀四年，'晋侯执戎曼子赤归于楚'，十三年，'公会晋侯及吴子于黄池'：夷狄进至于爵，与诸夏同，无外内之异矣。外内无异，则不必攘，远近小大若一，且不忍攘。圣人心同天地，以天下为一家，中国为一人，必无因其种族不同，而有歧视之意。而升平世不能不外夷狄者，其时世界程度，尚未进于太平，夷狄亦未进化，引而内之，恐其侵扰，故夫子称齐桓管仲之功，有被发左衽之惧，以其能攘夷狄、救中国，而特笔褒予之。然则以《春秋》为攘夷，圣人非无此意，特是升平主义，而非太平主义，言岂一端而已，夫各有所当也。拨乱之世，内其国而外诸夏，诸夏非可攘者，而亦必异外内，故董子明言自近者始。王化自近及远，由其国、而诸夏、而夷狄，以渐进于大同，正如由修身、而齐家、而治国，以渐至平天下。进化有先后，书法有详略，其理本极平常。"② 根据这些论述可以进一步看出，皮锡瑞治学遵从今文家法，但他摒弃那种穿

----

① 皮锡瑞：《经学通论》，卷四《春秋》，"论春秋大义在诛讨乱贼，微言在改立法制，孟子之言与公羊合，朱子之注深得孟子之旨"条，中华书局，1954 年版。

② 皮锡瑞：《经学通论》，卷四《春秋》，"论异内外之义与张三世相通，当竞争之时，尤当讲明《春秋》之旨"条。

凿附会、主观臆断的做法，具有朴实谨严的作风，实事求是，言必有据，持必有故，每设一义，务求深入地阐明自孔子、孟子、《公羊传》以下，至董仲舒、司马迁、何休、徐彦的解释，发掘其中实在含有而被人忽略者，故其立论，往往根据充足，能摘发幽隐，发前人之所未发。同时，皮氏又能对传统的今文家言加以发展，灌输进去时代的意义。他由《春秋》改制而论述变法是历史的必然，说：《史记》中论述《春秋》大义的两段话，"其言皆明白正大。云'据鲁、亲周、故殷'，则知《公羊》家存三统之义古矣。云'有贬损，有笔削'，则知《左氏》家'经承旧史'之义非矣。云'垂空文，当一王之法'，则知素王改制之义不必疑矣。《春秋》有素王之义，本为改法而设，后人疑孔子不应称王，不知'素王'本属《春秋》（原注：《淮南子》以《春秋》当一代）而不属孔子。疑孔子不应改制，不知孔子无改制之权，而不妨为改制之言。所谓改制者，犹今人之言变法耳。法积久而必变，有志之士，世不见用，莫不著书立说，思以其所欲变之法，传于后世，望其实行。自周秦诸子，及近之船山、亭林、梨洲、桴亭诸公皆然。亭林《日知录》明云，立言不为一时，船山《黄书》《噩梦》，读者未尝疑其僭妄，何独于孔子《春秋》，反以僭妄疑之！"① 这样论述《春秋》的改制大义，确实反映出时代跳动的脉搏，皮氏是从有根据地诠释古代文献讲出自己的真知灼见，人们不觉得穿凿离奇，而能进一步认识当前变法的必要性和迫切性，宜乎他在南学会多次讲演，听者无不动容。

《经学历史》一书，以比较简明的文字，论述了中国经学史的脉络，勾勒了发展、演变的主线。他划分经学史为十个时期：（1）经学开辟时代；（2）经学流传时代；（3）经学昌明时代；（4）经学极盛时代；（5）经学中衰时代；（6）经学分立时代；（7）经学统一时代；（8）经学变古时代；（9）经学积衰时代；（10）经学复盛时代。这种思维方式和划分阶段的方法，显然得

---

① 皮锡瑞：《经学通论》，卷四《春秋》，"论春秋改制犹今人言变法，损益四代，孔子以告颜渊，其作春秋亦即此意"条。

力于公羊朴素进化观和西方进化论。尽管皮氏的划分和概括未必十分恰当，但毕竟第一次做到按照经学发生、发展、演变的过程，分析其阶段性特点，把它视为其中包含有进化嬗变之理的客观研究的对象，并且提出了自成系统、自有见地的看法，因而明显地具有学术近代化的特征。较之基本上同一时期刘师培《经学教科书·序例》中所划分的"大抵两汉为一派，三国至隋、唐为一派，宋、元、明为一派，近儒别为一派"①，那样的将时代与学派混为一谈的做法，显然更为可取。皮氏恪守今文家法，书中虽对今文经学家有所抬高、偏袒，而对于古文经学家的成就也不抹杀。故被经学史家周予同评价为："为经学史辟了一新途径，是值得我们后学者尊敬的。"②

（四）公羊学家的创造力和朴素理性精神

由传统学术文化向近代学术文化转变是一次质的飞跃。在实现转变的过程中，自然有对旧文化糟粕部分激烈的批判和剔除，有对西方进步文化的大力输入，而同时，也有对原有文化优良部分的继承。中华民族在古代曾经创造了灿烂的文化，只是在近代落伍了。我们不应该采取民族虚无主义态度，对清代进步思想家激烈批判专制主义的民主意识，公羊学者倡导变革的主张和朴素进化观点，许多志士仁人对国家民族强烈的责任感和经世精神，以及朴学家严密考证的方法等这些宝贵的东西都视而不见。正是民主意识、变革主张和朴素进化观等项，成为 20 世纪初大力学习西方文化和创造近代学术文化的内在基础和动力，也促使中国近代文化具有自己的特点，能在本民族的土壤中生根。公羊学说在汉代和清代两次起过巨大的作用。在《公羊传》作者和董仲舒、何休身上，以及在清代为复兴公羊学说作出重要贡献的庄存与、刘逢禄、龚自珍、魏源、康有为、梁启超、夏曾佑、皮锡瑞身上，都不同程度地表现出创造的魄力和朴素理性精神，因而他们的主张才被后人所重视，具有生命力。随着 19 世纪结束、20

---

① 见《刘申叔先生遗书》己类。

② 周予同：《〈经学历史〉序言》四，见皮锡瑞著，周予同注《经学历史》，第 14 页。

世纪到来，清代公羊学复兴的时代，以及整个中国经学的时代已告结束。但是如同我们在进化论传播和"新史学"创立中所看到的那样，清代公羊学家学术的精髓已汇注其中，余波回响，并且向新的方向继续发展。

初版后记

1989 年，我在《孔子研究》第二期杂志上发表了《公羊历史哲学的形成和发展》一文。两年后 9 月初的一天，有位来自台湾的学者特地约好到我舍间坐谈，他对公羊学颇为关注，是因为看了那篇文章然后决定来造访的。谈话间，这位学者很感兴趣地问起，为什么会对公羊学这门很少有人问津的学问产生研究的意愿，是否有家学的渊源。我如实说明，1978 至 1981 年念硕士研究生时，我研究魏源的史学，与此相关联又研究了龚自珍的学术思想，龚、魏都是清中叶著名的今文学家，由此我开始对公羊学说产生兴趣。此后在教学和研究工作中，因为要做春秋经传和两汉史学这些题目，故又上溯到公羊学说的源头——《春秋经》、《公羊传》、董仲舒和何休的学术。总之都是与我十来年的专业研究有关，并非有家学的渊源。我们谈得很融洽，话题广泛。我因而感慨公羊学说在中国历史上经历了戏剧性的命运，自东汉末消沉一千多年以后，到了清朝中叶重新复兴，并且至戊戌时期风靡于世。这其中有公羊学本身蕴涵的具有积极意义的内含，有学术史上的辩证法，有嘉道以后历史变局对这一学说的需要，有自庄存与、刘逢禄以下诸公羊学大家各根据不同时代条件作出的不同贡献。公羊学复兴与清中叶以后的社会变迁和学术风气关系很大。中国近代早期改革主张和向西方学习的最早提出，此后戊戌维新的发动，乃至清朝统治的覆亡，都与这一主张变易、革新的学说直接相关系。20世纪初西方进化论的迅速传播，以及来势迅猛的"新史学"思潮的兴起，也都与晚清进步公羊学者的贡献分不开。但是对于这些问题迄今作系统研究还很不够，很有必要写一部清代公羊学的专书。在座的中国社会科学院哲学研究所徐远和先生也一起热烈讨论这些问题，并且当即热心地正式建议我写这样一本书。这次愉快的会面，便是此书写作的直接导因。

尽管我在此之前思想上考虑已有较长时间，材料上也已作了一些准备，然而书稿的完成却比原先预计的时间要长。主要的两个原因是：一来，工作量远远超过早先的设想。除了论述公羊学说源头的内容以外，从第二章以下，讨论了赵汸、庄存与、孔广森、刘逢禄、凌曙、陈立、龚自珍、魏源、戴望、王闿运、廖平、康有为、梁启超、夏曾佑、皮锡瑞等十五位学者的思想，涉及浩繁的著作和文献材料，钩稽贯串，分析归纳，需要花费大量功夫。二来，当前学术著作付梓殊非易事，书稿的撰写曾一度中断。经过徐远和先生和东方出版社的努力，困难终于获得解决，书稿得以问世，这是令人欣慰的。

公羊学说进步的、精到的内容，包裹在独特的，有时甚至是怪异的形式之下，需要究其底蕴，才能明了它真正的价值。康有为曾比喻为如同学数学若不懂四元、借根、括弧、代数则一式不能算一样，个中的体会可谓深刻。清代公羊学家的著作，有的喜聚材料，区分为名目繁多的例，骤读之下难得要领；有的文词傲诡连犴，纵横捭阖，使人三思难得其解；有的好用典故，议论之中常涉及诸多经典篇目，且不少是关于专门性问题；有的喜欢发挥，大量比附经传诸子和西方学说。然而，也正是在经过爬梳剔抉之后，真正获得了有价值的内容和富有哲理性的启示，这才感到眼前别有天地，豁然开朗，从辛劳中得到了乐趣。我工作在首都，有很好的学术氛围，师友中即有对经学史和清代学术深入研究的人。我每能从阅读他们的论著或互相切磋中得到有益的启发，尤其是杨向奎教授对清代今文经学发表过很有分量的论文，我在书中即有引用先生的论点。本书的出版得到东方出版社的大力帮助。台湾吴克先生、刘义胜先生为书稿的出版付出心血、提供赞助。谨此向各位师友和辛勤劳动的编辑衷心致谢!

在这里,我还要表达对年逾八旬的母亲的感激之情。母亲朱姓,讳慧茵,出身于教师家庭,20 世纪 30 年代初曾在粤东闻名的韩山师范就读,后奉外祖父之命辍学成婚,到陈家之后,终日从事劳作。我父亲不幸中年病逝,全靠母亲含辛茹苦、历尽艰难,将我们兄弟姊妹养育长大。母亲的坚强和慈爱不仅使我们深深敬爱,而且受到乡里许多人的称赞。我童年时,母亲常以她学过书本中人物的嘉言懿行教育我,有一篇《纳尔逊轶事》,写这位未来英国杰出将领青年时代身处逆境时的坚毅性格,有他一段名言:"吾人凡发念欲做一事,必做成之而后已,此大丈夫之举动也! 半途而废,面目扫地。"篇中又说:"纳公其后造赫赫之伟业,轰风云于大地,实赖此坚韧品格以玉成之。"母亲的教诲,我历久而不敢忘怀,当我遇到挫折、感到犹疑时,这些话就在耳畔激励着我。此书写作过程中也遇到不小的困难,但我终于把它坚持写完,母亲早年的教育实际上在这里也起了作用。再者,夫人郭芳多年以来负担了照顾家庭和教育子女的繁重事务,对我全力地支持,使我能集中时间和精力工作。我所写成的文字,都有她的辛劳和奉献精神凝聚其中。

清代公羊学说涉及的问题甚广,本书疏漏之处在所难免,我诚恳地期待专家和读者朋友给以批评指正。

陈其泰

1995 年 2 月元宵节

于北京师大丽泽 8 楼寓居

作者附记:本书据东方出版社 1997 年版《清代公羊学》排印,改为今名。除改正原版校对上的错字外,采用了学术界最新研究成果,纠正笔者原先在第三章中关于《春秋论》一书作者的错误判断,均此致谢!

2014 年 12 月 26 日

跋　语

读书治学之路崎岖曲折

却又充满欣喜格外充实

大学里种下梦想

研究生阶段幸遇名师指导

从此走进学术殿堂

深深庆幸自己赶上这伟大时代

沐浴着学术发展的大好春光

刻苦自励辛勤耕耘

三十几个寒暑

三百万字篇章

抒写我对祖国优良文化传统的挚爱

对新世纪学术灿烂前景的渴望

上面这段话，表达了我编完《史学萃编》全书后的真切感受。直至此刻，我的心中仍然洋溢着殷切的感激之情，因为这九种著作的相继撰成和全书汇集出版，论其根源都应得力于时代之赐！这也正如我在最近完成的《历史学新视野——展现民族文化非凡创造力》一书后记中所言："置身于这个伟大的时代，我才有真情、有毅力为深入发掘和理性对待祖国优秀传统文化而接连写出这些论著，并且充满乐观和深情地展望我们民族的未来。"

北京师范大学历史学院对本书的汇集出版给予了宝贵的大力支持。华夏出版社对全书出版予以热心帮助，责任编辑杜晓宇、董秀娟、王敏三位同志为编校工作付出很大心力。为这九本书稿做查核引文、校正错字、规范注释的工作甚为复杂繁重，幸赖各位教授、博士热心为我帮忙，细致工作，付出很大心力，他们是：晁天义、张峰、刘永祥、屈宁、焦杰、李玉君、张雷、施建雄、宋学勤、谢辉元。谨在此向以上单位和朋友郑重表示衷心的谢忱！夫人郭芳多年以来除尽力服务于其本职工作和照顾家庭之外，又为帮助我电脑录入、校对文稿等项付出辛勤的劳动，也在此向她深切致谢！

书中不当之处，诚恳地期望专家、读者惠予指正！

陈其泰

2017 年 8 月 12 日